Konrad Adenauer
Geschichtsverständnis, Weltanschauung
und politische Praxis

Anneliese Poppinga

Konrad Adenauer
Geschichtsverständnis, Weltanschauung und politische Praxis

Deutsche Verlags-Anstalt

Inaugural-Dissertation zur Erlangung des Doktorgrades der Philosophischen Fakultät der Ludwig-Maximilians-Universität zu München unter dem Titel: „Das Grundsätzliche in der Politik Konrad Adenauers in seinem Selbstverständnis – Eine Untersuchung über die Bedeutung von Geschichte und Weltanschauung für seine Politik“

Schutzumschlagentwurf: Edgar Dambacher, Korb
Gesamtherstellung: Deutsche Verlags-Anstalt GmbH, Stuttgart
Printed in Germany
ISBN 3 421 **01713** 1

„. . . man muß die Dinge auch so tief sehen, daß sie einfach sind.
Wenn man nur an der Oberfläche der Dinge bleibt,
sind sie nicht einfach, aber wenn man in die Tiefe sieht,
dann sieht man das Wirkliche, und das ist immer einfach."

Konrad Adenauer

Für Ria und Walter Reiners

Inhalt

Die Weltanschauung Konrad Adenauers – Konturen, Schwerpunkte und Perspektiven seiner geistigen Grundhaltung –

Einleitung

Als Konrad Adenauer nach vierzehnjähriger Kanzlerschaft sein Amt niederlegte, wurde er in einem Fernsehinterview gefragt, welche Eigenschaften einen Politiker in die Regierungszentrale führten: Sei es sein Wissen, der nüchterne Tatsachensinn, die Entschlußkraft? Sei es, wie viele glaubten, die Intuition, oder was sonst? Hierauf Adenauer: „Sie werden erstaunt sein über meine Antwort: Das Wichtigste ist der Mut. Meine Herren, der gute Politiker muß nicht nur vieles wissen, er muß nicht nur realistisch denken, der muß überlegen können, aber er muß auch Mut haben. Dasjenige, was er als richtig erkannt hat, den anderen zu sagen, zu vermitteln und durchzuführen."[1]

Diese Antwort gewinnt ihre volle Bedeutung, wenn man sich vergegenwärtigt, daß es für Adenauer Politik ohne Wagnis nicht gab[2]. Für ihn war nichts stärker in Bewegung, nichts unüberschaubarer als Politik, voller Möglichkeiten und voll von unberechenbaren Momenten[3]. Im Jahre 1924 verglich er Maßnahmen eines Oberbürgermeisters mit unsicheren Wechseln auf die Zukunft, denn der Blick in die Zukunft sei nicht so einfach und klar wie die Betrachtung des Vergangenen und Gewordenen[4]. Die gleiche Einschätzung von auf die Zukunft gerichtetem Handeln drückte er aus, als er 18 Jahre später in einer Diskussion mit Parteifreunden erklärte, „den mathematisch schlüssigen Beweis" für die Richtigkeit politischer Maßnahmen könne man nicht erbringen[5]. Für ihn waren in jeder politischen Kalkulation „Unbekannte" enthalten[6]. Angesichts dieser Einschätzung der Politik stellt sich die Frage: Welches war der Kompaß, nach dem Adenauer handelte? Gab es einen Orientierungsrahmen für ihn?

Adenauers innenpolitischer Rivale, Dr. Kurt Schumacher, warf ihm zu Beginn seiner Regierungszeit vor, seine Politik erschöpfe sich in bloßer „Taktiererei", Schumacher sprach von „Scharlatanerie"[7]. Inzwischen stimmt die wissenschaftliche Literatur weitgehend darin überein, daß die Politik Adenauers nach Grundsätzen ausgerichtet war. Unterschiedliche Auffassungen finden sich hinsichtlich des Inhalts seiner Grundsätze und hinsichtlich des konzeptionellen Zusammenhanges seiner Politik[8]. Adenauer selbst bezeichnete als „Hauptgrund" für den Erfolg der während seiner Regierungszeit geleisteten Arbeit die Befolgung fester Grundsätze[9]. Prononciert unterstrich er die Bedeutung des Grundsätzlichen[10]. Eine zusammenfassende Darstellung und Erläuterung seiner Grundsätze und des Grundsätzlichen in seiner Politik hat er jedoch nicht gegeben. Ziel der folgenden Untersuchung ist es, die Grundsätze Adenauers herauszuarbeiten, wie sie sich aus der Vielzahl seiner Äußerungen erkennen lassen, und Ziel ist, herauszuarbeiten, was sich als das Grundsätzliche in seiner Politik zeigt. Die Frage nach dem Grundsätzlichen ist zu verstehen als Frage sowohl nach der geistigen Basis seiner Politik als auch nach einem konzeptionellen Zusammenhang, in den er seine Grundsätze stellte. Sie ist gleichbedeutend mit der Frage nach dem Orientierungsrahmen seiner Politik und nach dem Maß seines Handelns. Im Hintergrund der Untersuchung stand das Interesse, zu erkennen, wie ein die Zukunft bestimmender Staatsmann die unmittelbare Wirklichkeit als zu gestaltende Geschichte erfaßt und wie dabei das Moment der Spontaneität und der schöpferischen Initiative sichtbar wird.

Bei der Untersuchung über das Grundsätzliche in der Politik Adenauers zeigte sich, daß sie unlösbar verknüpft war mit einer Klärung folgender Fragen:

1. Adenauer vertrat die Auffassung, daß alles im Leben, ganz besonders aber die politische Arbeit, kontinuierlich und konsequent sein müsse, wenn sie Erfolg haben solle[11]. Er warnte davor, sich in das „Dickicht der Tagesereignisse" zu verlieren[12]. Wie bereits gesagt, bekannte er sich zu der Befolgung fester Grundsätze. Er sprach von „Stetigkeit und Klarheit des politischen Handelns"[13], von „Klarheit und Folgerichtigkeit der Konzeption"[14]. Vor allem in der Außenpolitik, so eine seiner Thesen, müsse ein Stein auf dem anderen stehen, ein Schritt nach dem anderen folgen[15]. „Wie in einer Kette ein Glied an das vorhergehende sich anhängt, wie beim Bau eines Hauses zuerst das Fundament gelegt werden muß, ehe das Haus errichtet

werden kann, und erst dann mit einem Dach versehen wird, so ist es auch in der Außenpolitik; hier muß man wissen, was man will, und klar sehen und folgerichtig danach handeln."[16] Andererseits jedoch verlangte er, daß die Politik sich elastisch jeder Lage anzupassen habe[17]. Aus seiner Abneigung gegen Theorien und theoretisches Denken machte er kein Hehl[18]. Von Programmen hielt er nicht viel[19].

Bismarck äußerte einmal, es hieße das Wesen der Politik verkennen, wolle man annehmen, ein Staatsmann könne einen „weit aussehenden" Plan entwerfen und sich als Gesetz vorschreiben, was er in einem, zwei oder drei Jahren durchführen wolle[20]; Konsequenz in der Politik werde häufig zum Fehler, zu Eigensinn und „Selbstwilligkeit"[21]. Wenn er mit Grundsätzen durchs Leben zu gehen hätte, käme er sich vor, als hätte er durch einen engen Waldweg zu gehen und müßte eine lange Stange im Mund tragen[22]. Metternich hingegen betonte die Notwendigkeit von Grundsätzen und war um eine systematische Durchdringung der Politik bemüht[23]. Welche Antwort findet sich bei Adenauer auf die Frage nach der Vereinbarkeit von Grundsätzen und Politik? Welcher Art waren seine Grundsätze? Was verstand er unter Konzeption, und welches waren ihre Merkmale?

2. Politik, schreibt Adenauer im dritten Band der „Erinnerungen", sei die Kunst, das auf ethischer Grundlage als richtig Erkannte zu verwirklichen[24]. Nach seiner Auffassung, so liest man im zweiten Band der „Erinnerungen", seien es die „großen Ideen", die „ethischen Grundsätze", die das Schicksal der Menschen bestimmten[25]. Ein Jahr nach seinem Rücktritt vom Amt des Bundeskanzlers findet sich die Feststellung, seine politische Überzeugung, sein Handeln und seine Arbeit seien immer in erster Linie von geistigen Werten bestimmt worden[26]. Doch nicht nur in der Rückschau vertrat er diese Auffassung, er bekannte sich zu ihr wiederholt während der vielen Jahre seiner politischen Tätigkeit[27]. Es finden sich aber auch zahlreiche Aussagen, die ihn als Pragmatiker par excellence auszuweisen scheinen. Er sprach die Warnung aus, daß ein sich vornehmlich mit geistigen Dingen beschäftigender Mensch leicht dem Fehler verfalle, über seinen höheren, oft abstrakten Zielen die praktische Wirklichkeit aus dem Auge zu verlieren[28]. Er verlangte von einem Politiker „realistisches Denken", und dies namentlich in der Außenpolitik. „Gerade in der Außenpolitik, aber auch in der gesamten Politik ist realistisches Denken wirklich die Hauptsache von al-

lem."[29] Der Politiker habe von einer klaren Erkenntnis der Gegebenheiten und der Möglichkeiten auszugehen. „Das ist eine der Hauptsachen in der Politik, daß man nicht Phantasien oder Utopien nachläuft, sondern, genau so wie es der Handwerker, der Kaufmann, der Landwirt in seinem Beruf tun muß, klar die realen Gegebenheiten und Möglichkeiten erkennt."[30] Auf die Außenpolitik gemünzt, warnte er, sie setze mehr als ein „lauteres Herz" voraus[31]. Er scheute sich auch nicht vor dem Bekenntnis, daß „Gerissenheit" durchaus zum Rüstzeug eines Politikers gehören müsse[32].

Weisen diese Äußerungen Adenauers über seine politischen Handlungsmaximen auf einen Widerspruch hin zwischen Wertorientierung und Realitätsbezogenheit?

Adenauer selbst ist diesen Fragen nicht theoretisierend nachgegangen, und er hat sich auch nicht, wie bereits festgestellt wurde, in einer zusammenfassenden Darstellung zu dem Grundsätzlichen in seiner Politik geäußert. Wohl finden sich über viele Jahre hin verstreut einzelne Aussagen, die Zugang zu der Thematik erlauben; doch aus ihnen allein kann man sie nicht aufschlüsseln. Aber es gibt zwei Ansätze, von denen her sie sich behandeln läßt. Hinweise auf die Bedeutung, die Adenauer geschichtlichen Kenntnissen und einem historischen Bewußtsein für die Politik zumaß, sowie das Bekenntnis zu der weltanschaulichen Basis seiner Politik sind über weite Zeiträume hin konstant nachweisbar. In der folgenden Arbeit nun wird der Versuch unternommen, aufgrund einer Analyse des Verhältnisses von Geschichte und Politik, wie es sich in seinen Äußerungen und Handlungen widerspiegelt, und einer Analyse seiner Weltanschauung einer Antwort auf die Themenstellung nahezukommen. Es gilt dabei zu bedenken, daß man bei Adenauer nicht davon sprechen kann, seinem Verhältnis zur Geschichte habe eine durchreflektierte Geschichtsphilosophie und seiner Weltanschauung eine durchreflektierte Lebensphilosophie zugrunde gelegen. Doch bei den Analysen wird eine geistige Grundhaltung sichtbar, die Aufschluß gibt über seine Antworten auf die genannten Fragen und damit auch eine Antwort zuläßt auf die Frage nach dem Grundsätzlichen in seiner Politik.

Zu diesem methodischen Ansatz ist generell zu bemerken, daß die Weltanschauung Adenauers und sein Verhältnis zur Geschichte aufs engste zusammenhingen. Sein Verhältnis zur Geschichte wurde letztlich von seiner Weltanschauung her bestimmt. Andererseits läßt sich allerdings auch feststellen, daß seine Geschichtskenntnisse und

die von ihm selbst durchlebte Geschichte seine Weltanschauung wesentlich mitgeformt haben. Eine Folge dieser engen Verflechtung ist, daß Überschneidungen in der Gedankenführung in den folgenden Analysen unvermeidbar sind. Der Grund für die Trennung ist methodischer Art. Denn auf diese Weise wird die Freilegung der Vielzahl und Verschiedenartigkeit der Dimensionen und Facetten seines Denkens und seiner Politik ermöglicht, wobei die Analyse von Geschichte und Politik insbesondere eine Antwort auf seine Sicht der Verbindung von Grundsätzen und Politik sowie von Konzeption und Politik zuläßt und die Analyse seiner Weltanschauung den Blick freigibt für seine Sicht des Verhältnisses von Wertorientierung und Realitätsbezogenheit. Zu bemerken ist ferner, daß die Analyse von Geschichte und Politik der Analyse der Weltanschauung bewußt vorangestellt wurde. Dieser Weg erlaubt, in quasi einführender Weise die fundamentale Funktion der Weltanschauung Adenauers für seine Politik sichtbar zu machen. Die sich anschließende Untersuchung der Weltanschauung Adenauers und ihrer Bedeutung für seine Politik ist als notwendige Ergänzung und als Überhöhung der vorhergehenden Analyse von Geschichte und Politik zu verstehen.
Das Verhältnis Adenauers zur Geschichte, seine Weltanschauung und das Grundsätzliche in seiner Politik wurden beeinflußt und sind zum Teil erklärbar durch seine Herkunft, seinen Lebensweg und durch Wesenszüge seiner Persönlichkeit. In einem ersten Kapitel werden daher personengebundene Gegebenheiten herausgestellt, die zum Verständnis seiner Politik wesentlich sind. Der Schwerpunkt wird dabei auf Selbstzeugnisse Adenauers gelegt. Doch dies gilt ganz generell für die vorliegende Arbeit. Denn ihr Ziel war, herauszuarbeiten, was sich als das Grundsätzliche in Adenauers Politik in seinem Selbstverständnis zeigt. Daß zudem bei dieser Zielsetzung weitgehend deskriptiv-analytisch vorzugehen war, liegt auf der Hand.

Bei der folgenden Untersuchung muß man sich vergegenwärtigen, daß eine systematische Darstellung ohne Vereinfachung nicht möglich ist. Der Zwang zur Auswahl aus der Fülle des Stoffes, aus den komplexen Verwobenheiten der Wirklichkeit führt unausweichlich zu einer gewissen Verfremdung. Eine Wiedergabe dessen, „wie es eigentlich gewesen" ist, erweist sich erkenntnistheoretisch gesehen als eine Illusion[33]. Daß ich bei der vorliegenden Arbeit um größtmögliche Objektivität bemüht war, versteht sich von selbst. Auch von selbst versteht sich aus den angedeuteten Gründen, daß sie nicht völlig verwirklicht werden konnte. Ich teile die Auffassung Ralf Dahrendorfs, der dafür eintritt, daß ein Thema von mehreren Wissenschaftlern unabhängig voneinander behandelt werden sollte, um eine optimale Annäherung an das wissenschaftliche Ideal der Objektivität zu erreichen[34]. Die vorliegende Arbeit wird in diesem Sinne als ein Beitrag und nicht etwa als eine abschließende Antwort auf die Frage nach dem Grundsätzlichen in der Politik Adenauers verstanden.

Zur Person

Lebensweg

„Klugheit ist gut bei einem Politiker, aber Erfahrung ist noch besser . . .“, so sagte Konrad Adenauer zwei Monate vor seinem Tod zu einem französischen Journalisten in einem seiner letzten Interviews[1]. Erfahrungen, meinte er bei anderer Gelegenheit, seien eigentlich durch nichts zu ersetzen, nicht durch Wissenschaft, nicht durch Lernen, nicht durch angeborene Klugheit: „Das alles ist es nicht, sondern wenn man durch eine wechselvolle Zeit hindurchgeschritten ist, bald an höherer, bald an weniger höherer Stelle, und das alles in sich aufgenommen hat, dann bekommt man doch ein Gefühl dafür, was das Echte, das Wahre und das Bleibende ist.“[2] Nach Adenauer waren Erfahrungen Saatkörner, aus denen Klugheit erwächst[3].
Als er im Jahre 1965 auf die Erfahrungen seiner vierzehnjährigen Kanzlerschaft angesprochen wurde, gab er zu bedenken, daß er schon ein „großes und starkes Fundament an Erfahrungen“ erworben hatte seit 1917[4]. In diesem Jahr war er mit 41 Jahren zum Oberbürgermeister von Köln gewählt worden. In seinen Studienjahren war sein Berufsziel, Notar auf dem Lande zu werden „in einer schönen Gegend und mit nicht zu viel Arbeit“[5]. Im Jahre 1906 aber wurde er „mehr durch Zufall als durch etwas anderes“, so seine eigene Formulierung, Beigeordneter der Stadt Köln[6], und die einmal begonnene kommunale Laufbahn führte ihn bereits im Jahre 1909 auf die Position des Ersten Beigeordneten[7]. Acht Jahre später wurde er mit sämtlichen 52 gültigen Stimmen zum Oberbürgermeister gewählt. Er wurde ein in der Bevölkerung Kölns beliebtes Stadtoberhaupt, doch er war auch ein umstrittener, ein unbequemer Mann. Man sagte ihm autoritäres Gebaren nach und warf ihm vor, die

Kassen der Stadt für allzu großzügige Pläne zu leeren. Seine Wiederwahl im Jahr 1929 erfolgte mit nur einer Stimme Mehrheit[8].

Adenauer entwarf und setzte sich ein für Projekte, die ihm den Ruf einbrachten, Köln zu einer der modernsten Großstädte Westeuropas gemacht zu haben[9]. Adenauer verfolgte weit in die Zukunft gesteckte Ziele für den Ausbau Kölns in einer Zeit, die für ganz Deutschland, aber insbesondere für die Rheinlande drückend war. 1918 war die Welle der Revolution auch über Köln hinweggegangen; er erlebte den Zerfall der Autoritäten, die nach seiner Auffassung schon lange vorher morsch gewesen waren[10]. Er erlebte den Übergang vom Kaiserreich zur Demokratie. Im Rückblick auf diese Zeit heißt es 1925 in einer Rede, noch unter dem unmittelbaren Eindruck der Ereignisse nach dem Ersten Weltkrieg: „Diese Jahre haben so Ungeheures gesehen – chaotische Unordnung im Innern, schwersten Druck von außen, Aufstände der Extremen von links und von rechts, wirtschaftliche Not und Erschütterungen –, daß unser Geist auch jetzt noch nicht in der Lage ist, sich ein völlig klares Bild zu machen, alles das zu erfassen, was wir erlebt und durchlitten haben. Erst langsam verweht der Staub, der den Zusammenbruch begleitet hat, unser Auge beginnt erst klarer zu sehen, unser Verstand beginnt erst, das Geschehene zu begreifen und zu würdigen." In welch „furchtbarer Gefahr" Deutschland damals geschwebt habe, erkenne man mit „Entsetzen und Schrecken", wenn man das Geschick Rußlands betrachte. In der Fülle der sich überstürzenden Geschehnisse aber werde nur zu bald vergessen, was damals auf dem Spiele und wie nahe Deutschland am Rande des Abgrundes gestanden habe. In dieser Zeit hätten die Grundlagen eines demokratischen Staates gelegt werden und sich bewähren müssen. Aber es habe an Überlieferung gefehlt, und „aus der Vergangenheit strahlte herüber die Kaiserkrone, deren Glanz nur zu leicht den Blick für das Gegenwärtige, für gegebene Notwendigkeiten blenden konnte"[11].

In diesen für ganz Deutschland bedrückenden Jahren war Adenauer als Oberbürgermeister von Köln durch die Rheinlandbesetzung mit zusätzlichen Schwierigkeiten konfrontiert. Den Gefahren separatistischer Strömungen mußte widerstanden und die Zeit des passiven Widerstandes durchkämpft werden[12]. Dazu kamen einschneidende wirtschaftliche und soziale Auswirkungen der Inflation in der ersten Hälfte der zwanziger Jahre. In diesen infolge des Krieges und der Nachkriegszeit mit allen ihren wirtschaftlichen und politischen Konsequenzen harten Jahren waren die Maßnahmen Adenauers als Oberbürgermeister Kölns nach seinen eigenen Worten vor allem auf folgendes gerichtet: Er wollte der Bevölkerung Mut geben, und er wollte Köln angesichts französischer Bestrebungen zur Abtrennung des linken Rheinufers im Bewußtsein des ganzen Deutschland als deutsche Stadt verankert wissen. „Ich habe deshalb alles getan, um bei den Kölnern – und nicht nur bei ihnen, sondern in ganz Deutschland – den Glauben an die Zukunft Kölns und an das linke Rheinufer zu festigen."[13] Köln sollte „zum Mittelpunkt des Handels und des Verkehrs zwischen Deutschland und dem Westen" werden[14]. Er ging davon aus, „daß das Gesicht Deutschlands sich in Zukunft mehr nach dem Westen neigen würde"[15].

Als Oberbürgermeister von Köln war Adenauer ganz von selbst – „zwangsläufig", wie er selbst sagte – „in die Politik" hineingekommen[16]. Von Amts wegen wurde er aufgrund der preußischen Verfassung auch gleichzeitig Mitglied des Preußischen Herrenhauses, später des Preußischen Staatsrats. Außerdem wurde er in den Provinziallandtag der Rheinprovinz gewählt, war von 1918 bis 1932 Vorsitzender des Provinzialausschusses der Rheinprovinz, gehörte dem Vorstand der Zentrumspartei an, war Mitglied des Deutschen Städtetages sowie des Preußischen Städtetages und von 1920 bis 1933 Präsident des Preußischen Staatsrats[17]. Wiederholt ist ihm das Amt des Reichskanzlers angeboten worden, er hat es jedesmal ausgeschlagen[18]. Adenauer hat sich in späteren Jahren, nach seinem Eingeständnis, manches Mal gefragt, ob er es hätte übernehmen sollen, ob es ihm gelungen wäre, „die ganze Sache zu unterdrücken, nämlich die Ernennung Hitlers zum Reichskanzler". Unter Bezug auf eine eventuelle Nominierung im Jahre 1926 erklärte er, dies wäre jedoch „sehr unwahrscheinlich" gewesen. Ihm wäre es nicht gelungen, die notwendige Mehrheit im Reichstag für eine handlungsfähige Regierung unter seiner Führung zu gewinnen, was er vor allem auf die Haltung Gustav Stresemanns und der von ihm geleiteten Deutschen Volkspartei zurückführte[19].

Durch seine Tätigkeit im Provinzialausschuß und im Provinziallandtag, vor allem im Preußischen Staatsrat habe er die politischen und wirtschaftlichen Probleme in einem größeren Rahmen kennengelernt, als dies im allgemeinen einem Oberbürgermeister möglich sei, wie er rückblickend feststellte[20]. Er kannte die meisten der führenden Politiker der Weimarer Republik persönlich, er konnte aus nächster Nähe in seiner Eigenschaft als Präsident des Preußischen

Staatsrats die Vorgänge in Berlin beobachten und beurteilen. Er hatte Erfahrungen sammeln können aufgrund einer Ämterkumulation, wie sie auch für seine politische Tätigkeit nach 1945 kennzeichnend werden sollte. Diese Ämterkumulation fand ihr abruptes Ende durch die Machtergreifung Hitlers.

Adenauer war in der Bevölkerung Kölns beliebt, wenn auch nicht unumstritten gewesen, und die neuen Machthaber hätten sich seiner gerne möglichst ohne viel Aufhebens entledigt. Man war an ihn herangetreten mit der Frage, ob er freiwillig zurücktreten würde, und stellte für diesen Fall eine Pension in Aussicht. Er wies das Angebot ab. „Ich habe denen damals gesagt, ich denke nicht daran, hier stehe ich und hier bleibe ich.“[21] Ein Kompromiß mit den Nationalsozialisten kam für ihn nicht in Frage, er nahm entschieden gegen sie Stellung[22]. Im März 1933 wurde er aller Ämter enthoben; er wurde von den Nationalsozialisten öffentlich zum „Volksfeind“ und „Verbrecher“ erklärt[23]. Man strengte gegen ihn einen Prozeß an; man warf ihm im Zusammenhang mit den separatistischen Strömungen im Rheinland Anfang der zwanziger Jahre landesverräterische Betätigung vor. Der Prozeß mußte eingestellt werden, die Vorwürfe waren nicht aufrechtzuerhalten. Zweimal wurde er während der nationalsozialistischen Zeit verhaftet, im Jahre 1934 im Zusammenhang mit der Röhm-Affäre, im Jahre 1944 im Zusammenhang mit dem mißglückten Putsch-Versuch vom 20. Juli[24].

Nach Kriegsende wurde Adenauer von den Amerikanern wieder als Oberbürgermeister von Köln eingesetzt. Er übte dieses Amt bis zum 6. Oktober 1945 aus. Im Juni 1945 hatten die Engländer die Amerikaner als Besatzungsmacht abgelöst, und Adenauer war mit den Engländern in Konflikt geraten. Die Begründung seiner Entlassung: „Unfähigkeit“[25]. Gleichzeitig wurde ihm unter Androhung eines Militärgerichtsverfahrens jegliche politische Betätigung verboten. Doch er fand Wege, dennoch politisch tätig zu werden. Seit Beginn des Jahres 1946, nach Aufhebung des Verbotes, entfaltete er eine erstaunliche Aktivität. Ende Februar 1946 trat er mit einem mehr oder weniger fertigen Programmentwurf vor die Vertreter der CDU der britischen Zone auf ihrer Tagung in Neheim-Hüsten, mit einer Art Grundgesetz der CDU[26]; es war der Auftakt zur zweiten Phase seiner politischen Laufbahn. Der angewandte Stil bei Erlangung entscheidender politischer Schlüsselpositionen war von Rang. Adenauer bewies einen genialen Spürsinn für Möglichkeiten und Instrumentarien der Macht[27]. Er wurde Vorsitzender der CDU der britischen

Zone, wurde Mitglied des von der britischen Militärregierung berufenen Hamburger Zonenbeirates, trat in den Landtag von Nordrhein-Westfalen ein und wurde Vorsitzender der dortigen CDU-Fraktion. Am 1. September 1948 wählte man ihn zum Präsidenten des Parlamentarischen Rates.

Verlief dieser Parforce-Ritt nach Plan? Es sei Karl Arnold gewesen, der spätere Ministerpräsident von Nordrhein-Westfalen, der ihn gebeten habe, in den Parlamentarischen Rat zu gehen, erinnerte sich Adenauer Anfang 1961. „Ich gab ihm erst auf sein starkes Drängen hin nach. Ich hatte beabsichtigt, meine politische Tätigkeit auf das Land Nordrhein-Westfalen zu beschränken und sie damit abzuschließen.“[28] Er war zu diesem Zeitpunkt 72 Jahre alt und wußte, was das für die Schaffenskraft eines Menschen bedeutete[29]. Doch mit zunehmenden Aufgaben wuchsen offensichtlich auch die Kräfte[30]. Am 15. September 1949 wurde er zum ersten Bundeskanzler der Bundesrepublik Deutschland gewählt. Sein Arzt hatte gemeint, ein Jahr, vielleicht auch zwei Jahre werde er dieses Amt wohl ausüben können[31]. Er blieb Bundeskanzler bis zum 15. Oktober 1963. Vom 15. März 1951 bis zum 6. Juni 1955 war er außerdem Außenminister. Gleichzeitig war er seit 1950 Vorsitzender der CDU; er legte dieses Amt im März 1966 nieder. Nach seinem Rücktritt als Bundeskanzler begann er mit der Niederschrift seiner Memoiren. Es wurde ein vierbändiges Werk. Abgeordneter des Deutschen Bundestages blieb er von der ersten Legislaturperiode bis zu seinem Tode am 19. April 1967.

Sein Leben, so meinte er vor Parteifreunden in Erwiderung auf einen Glückwunsch zu seinem 80. Geburtstag, habe einen merkwürdigen Gang gehabt. Es habe ihm gezeigt, daß man selbst über sein Leben nur sehr selten entscheiden könne. Er habe niemals in das öffentliche Leben gehen wollen. „Aber, meine Damen und Herren, man denkt, man überlegt sich, und eine andere Kraft greift einen dann und führt einen. Ich glaube, der Mensch kann da nichts Besseres tun, als sich dieser Führung zu überlassen, um auf alle Fälle die Aufgaben, mögen sie groß oder klein sein, zu erfüllen, die ihm nun aufgetragen sind. Das ist das Wesentliche für den Menschen, und das ist auch das Wesentliche für den Christen. Es ist aber auch das Wesentliche für den Politiker, obgleich die Politiker nach meinen Erfahrungen schlechte Christen sind. Ich schließe mich ein und schließe keinen von uns aus!“[32]

Charakteristika

Als Adenauer zum Weihnachtsfest 1963 eine Biographie des Fürsten Metternich geschenkt wurde, legte er sie mit der Bemerkung zur Seite, in der Geschichtsschreibung werde ja so viel gelogen. Wer könne schon mit Gewißheit sagen, wie dieser Mensch wirklich gewesen sei?[33] Ähnliches mag zu Adenauer-Biographien gesagt werden, zu Skizzen seiner Persönlichkeit. Er war ein Mensch, der in sich starke Spannungen zwischen polaren Kräften, Neigungen und Wesenszügen trug[34]. Wird es je gelingen, sie im einzelnen zu erkennen und darzulegen, ihre Gewichte so zu sehen, wie sie in ihm in einer Situation jeweils wirksam waren? Sind Verzerrungen, Verzeichnungen überhaupt vermeidbar? Außerdem: Wie immer der Versuch ausfallen mag, er wird umstritten bleiben wie die Politik, die Adenauer nach 1945 verfolgte. Dies um so mehr, da der Zeitabstand zu seinem Wirken erst gering ist und festgefahrene Schablonen, mit denen Freunde und Gegner seine Persönlichkeit zu fassen suchten, den Zugang zu ihrem Verständnis nicht erleichtern[35].

Adenauer selbst war um nüchterne Selbsteinschätzung bemüht, wenngleich er sie nicht propagierte. Er war generell der Auffassung, zu öffentlicher Selbstkritik sei niemand verpflichtet[36]; er ging mit ihr sehr sparsam um. Doch fielen derartige Äußerungen, so spricht manches dafür, daß sie ihm ernst waren. Wie immer dem auch sei, nach seinen eigenen Worten dachte er nicht übermäßig hoch von sich selbst. Für ein Genie hielt er sich keinesfalls[37]. Er meinte, „. . . ich bin absoluter Durchschnitt – nur Durchschnitt."[38] Jedoch Minderwertigkeitskomplexe plagten und lähmten ihn wohl nie. In gesundem Selbstvertrauen hatte er sich im Jahre 1906 um die Stelle eines Beigeordneten bemüht. So gut wie der andere Bewerber sei er auch, hatte er dabei erklärt[39]. Die Tatsache, daß er bei seiner Wiederwahl zum Oberbürgermeister im Jahre 1929 nur eine Stimme Mehrheit erhielt, kommentierte er später mit der Bemerkung: „Köln hat Glück gehabt, daß ich wiedergewählt wurde."[40] Und das war meines Erachtens nicht nur humorig gemeint. Mit größter Selbstverständlichkeit übernahm er den Vorsitz der ersten Tagung des Zonenausschusses der CDU der britischen Zone in Herford Ende Januar 1946[41]. Und mit nur einer Stimme Mehrheit stellte er sich am 15. September 1949 den Aufgaben des ersten Regierungschefs der Bundesrepublik Deutschland. Sein Selbstvertrauen mag auf manchen seiner politischen Freunde und Gegner irritierend gewirkt haben, seiner Politik kam es gewiß nur zugute. Es ging einher mit einer ausgewogenen Selbstachtung. Selbstvertrauen und Selbstachtung brachten eine Sicherheit des persönlichen Auftretens, die den von ihm wahrgenommenen Interessen gewiß nicht zum Schaden gereichten. Selbstachtung und die daraus resultierende Würde zeigten sich in seinem Auftreten gegenüber den Besatzungsmächten nach dem Ersten Weltkrieg genauso wie nach 1945. Sie zeigten sich im Umgang mit seinen politischen Freunden wie mit seinen Widersachern[42], nur daß die Widersacher geneigt waren, sie eher als Unverfrorenheit oder Kaltschnäuzigkeit, auch wohl als Unverschämtheit zu etikettieren.

War Adenauer ehrgeizig? In einem Bericht aus dem Jahre 1919 wird er als „sehr ehrgeizig" bezeichnet[43]. Er selbst stritt ab, es zu sein. Betont unterstrich er wiederholt, keinesfalls habe er den Ehrgeiz gehabt, „groß in der Politik herauszukommen"[44]. Aber Adenauer bekannte sich zu Strebsamkeit, zu dem Bemühen, Aufgaben, die ihm zufielen, die ihm übertragen wurden oder die er sich selbst stellte, so gut er konnte, nachzukommen und zu erfüllen. Vor allem hatte er ein ausgeprägtes Pflichtgefühl[45]. Strebsamkeit in Verbindung mit Pflichtgefühl und Willensstärke und dazu noch Selbstvertrauen können sehr wohl ähnliche Wirkungen haben wie Ehrgeiz. Wo ist da die Grenze? Golo Mann, ein durchaus nüchterner Kritiker Adenauers, stellt fest, „egozentrisch Verkrampftes" sei nicht in Adenauer zu finden. Unter Hinweis auf die von Adenauer im Jahre 1926 ausgeschlagene Reichskanzlerschaft schreibt er: „Die Haltung eines dämonisch Ehrgeizigen, vom Bild der eigenen Größe Besessenen war das nicht." Er habe wohl die eigene Pflicht sehr ernst genommen, „aber nicht die eigene Größe"[46].

„Fleiß, Ausdauer und Geduld, Arbeit" waren nach Adenauers eigenem Urteil kennzeichnend für ihn[47]. Sein konsequentes, zielbewußtes Arbeiten sein Leben lang sei eigentlich seine beste Tugend, meinte er, „und dazu Beobachtung und gesunde Skepsis, nicht nur Menschen, auch Entwicklungen gegenüber"[48]. Wie wenig sich Entwicklungen mit Sicherheit berechnen und voraussagen ließen, hatte er im Laufe seines Lebens erfahren[49]. Und auch das Verhalten von Menschen hatte er während seines Lebens beobachten können. Treue Freunde seien sehr selten, das erfahre man, wenn man im Leben so tief gesunken sei wie er, konstatierte er in einem Interview im Jahre 1962 in Erinnerung an seine Entlassung als Oberbürgermeister im Jahre 1933 und die nationalsozialistische Zeit[50]. Als „einzigen, wirklichen Freund" hat er im Jahre 1954 seinen Jugendfreund Raimund Schlüter bezeichnet[51]. Er sagte einmal von sich, er sei von Natur aus „etwas vorsichtig", ehe er Glauben schenke, und das sei sehr „zart" ausgedrückt[52], er traue nur erprobten Menschen[53]. Eine Verschlossenheit in persönlichen Fragen, eine allgemeine Zurückhaltung Menschen gegenüber war gewiß in seinem Wesen angelegt, wurde jedoch durch seine Erfahrungen verstärkt.

Mißtrauen und Skepsis Adenauers zeigten sich oft in einem bitteren Spott, auch in Anklängen von Sarkasmus, wenngleich sein Humor diese Töne gut zu verdecken verstand. Er war stets um Distanz bemüht, zu sich, zu anderen, zu Situationen. Er steckte „in den Dingen" und bemühte sich gleichzeitig, über ihnen zu stehen. Nicht zuletzt daraus entsprang sein vielgerühmter Humor. Im Jahre 1928 meinte er vor einem Kreis von Journalisten: „Spotten und zweifeln ist leicht, Pessimismus zeigen ist bequem, aber nichts ist auch unfruchtbarer als Spott, Zweifel und Pessimismus. Die Fehler und Mängel der menschlichen Natur und der Welt werden durch sie niemals bezwungen werden; sie werden nur bezwungen durch positiv gerichtete Kräfte, durch einen lebensfreudigen Optimismus, durch starkes Glauben und durch starkes Wollen."[54] Bei Adenauer selbst lassen sich sehr wohl Neigungen zu Spott, Zweifel und Pessimismus nachweisen. Namentlich Pessimismus war ihm nicht fremd. Aber Skepsis und Pessimismus wurden bei ihm aufgefangen durch einen starken Willen zum Optimismus. Immer wieder bewiesen habe er „seine Kraft, Pessimismus durch willensstarke Zuversicht niederzuhalten und sich selbst zu überwinden", heißt es über ihn in einem Kommentar des „Kölner Lokalanzeiger" vom 2. November 1921 im Zusammenhang mit einer Kontroverse um den Bau der „Kölner Messe". Dieses Urteil hat auch für spätere Jahre seine Gültigkeit behalten. Skepsis und Pessimismus wurden bei ihm auch aufgefangen durch ein letztlich im Glauben verankertes Vertrauen, daß die Entwicklungen schließlich doch zum Guten führten und sich im Sinne der Gerechtigkeit vollzogen[55]. Ihnen wirkte auch sein Mut entgegen. Er meinte von sich, er leide im allgemeinen nicht unter Furcht. „Der eine hat Furcht, der andere nicht; das ist vielleicht eine Gabe, für die man dankbar sein kann, wenn man sich nicht so leicht fürchtet, und diese Gabe habe ich."[56]

Standvermögen hat Adenauer in seinem Leben wiederholt unter Beweis gestellt. Ausdauer, Zähigkeit und Willensstärke werden dazu beigetragen haben. Auch während der nationalsozialistischen Herrschaft habe er nie die Hoffnung aufgegeben, bekannte er rückblikkend[57]. Verzweifeln dürfe man nicht. „Das hat überhaupt keinen Zweck. Man muß eben wieder von neuem anfangen", meinte er im Hinblick auf das Scheitern der Europäischen Verteidigungsgemeinschaft im Jahre 1954 und brachte mit dieser Äußerung eine generelle Grundhaltung zum Ausdruck[58]. Er ließ sich auch durch Rückschläge nicht in dem als richtig Erkannten beirren. „Aber, meine Damen und Herren, ein Rückschlag und eine Krise, ist das der Beweis dafür, daß das, was man getan hat und was man weiter tun wird, falsch war?"[59]

Sein Durchhaltevermögen wurde zweifellos unterstützt durch eine Tugend, der er größte Bedeutung im alltäglichen Leben wie in der Politik beimaß, und das war Geduld. „Man darf nicht zuviel von heute auf morgen erwarten, nicht zu schnell enttäuscht werden", erklärte er im November 1949 im Hinblick auf das deutsch-französische Verhältnis[60]. Geduld sei die stärkste Waffe eines besiegten Volkes, heißt es in einer Rede im Jahre 1946[61]. „. . . Geduld müssen wir haben, weil wir nur Schritt für Schritt weiterkommen können, mit Zähigkeit und mit Ausdauer", so liest man in einer Rede des Jahres 1952[62]. Geduld war für ihn in der Politik ganz allgemein unabdingbar.

Seine Beharrlichkeit und Zähigkeit wurden vielfach als Starrsinn, als Unbeweglichkeit des Denkens ausgelegt[63]. Aber was der eine als Festhalten am Grundsätzlichen anerkennend hervorhebt, verwirft ein anderer als Immobilität. Das Urteil hängt vom jeweiligen politischen Standort ab, von den Wertvorstellungen und Zielen, die ihn bestimmen. Respekt vor Prinzipientreue und abwertende Kritik wegen Starrsinn – in den Urteilen über Adenauer wird sich wohl stets beides finden lassen. Unbestritten aber ist sicherlich, daß Adenauer durch zähe Beharrlichkeit manch einem Gesprächspartner stark an den Nerven zerrte. André François-Poncet meinte einmal: „Sie haben sehr viele Qualitäten, Herr Bundeskanzler, aber wenn Sie sich in einer Frage festgelegt haben, ist es außerordentlich schwierig, Sie daraus wieder herauszuleiten."[64] Was als „in einer Frage festgelegt" gesehen wurde, mag nach intimer Kenntnis der Vorgänge und Fakten als Ausdruck taktischer Überlegungen und Manöver erkannt und bewertet werden im Dienste übergeordneter Zielsetzungen, als das Aufbauen taktischer Positionen, die man im rechten Moment für etwas anderes auszutauschen versteht[65]. Für Adenauer mußte die Politik sich jeder Lage, ungeachtet der Schwierigkeiten der anste-

henden Probleme, elastisch anzupassen vermögen[66]. Kompromißbereitschaft gehörte für ihn zur Politik[67], sie lief seinem Wesen durchaus nicht zuwider. Das Beharren auf doktrinär erscheinenden Positionen läßt sich genauso nachweisen wie Wandlungsfähigkeit, von der Arnulf Baring sogar meint, sie sei „höchst verwirrend“[68].
Adenauer verfügte über ein solides Vertrauen in seinen eigenen Verstand, eine Voraussetzung sowohl für sein Durchhaltevermögen als auch für seine Wandlungsfähigkeit. Dieses Vertrauen in den eigenen Verstand schloß jedoch nicht aus, daß er für Kritik zugänglich war, ja sogar Kritik als nützlich empfand, kam sie gelegen und zur rechten Zeit. Er bezeichnete Kritik als befruchtend und meinte, Kritik brauche jeder, denn keiner sei im Besitze der alleinigen Wahrheit: „Nur durch Rede und Gegenrede und durch gegenseitigen Austausch kann man hoffen, doch der Wahrheit möglichst nahe zu kommen.“[69] Er sah durchaus den positiven Wert von Kritik, denn, so meinte er begründend, sie könne Anlaß sein, noch einmal zu überdenken, ob der eingeschlagene Weg richtig sei[70]. Daß er jedoch ein warmes Verhältnis zur Kritik besaß, wird sich mit seinen Äußerungen kaum belegen lassen. Kritik unter vier Augen war ihm zudem bei weitem willkommener als in großem Kreis[71]. Kritik als Indiz für die Chancen zur Realisierung von Zielen, die er anstrebte, bestimmte für ihn wohl auch ihren Wert und auch den Grad dessen, wie weit er auf sie einging. Denn Mehrheiten mußten gesichert sein. Wie für Bismarck, so war auch für Adenauer Politik die Kunst des Möglichen. War er gezwungen, Kritik als berechtigt anzuerkennen, so verstand er, dies in wohlgemessener Weise zu nehmen. Er schätzte durchaus ein offenes Wort. Felix von Eckardt schreibt, man konnte ihm ohne Gefahr widersprechen, wenn man für die eigene Auffassung brauchbare Argumente vorzubringen hatte[72]. Für ihn selbst wie wohl auch für andere ließ Adenauer die Erkenntnis gelten: „Sehen Sie, meine Damen und Herren, jeder Mensch, wir alle miteinander und jede Fraktion und jede Partei hat ein Recht, was zu den Menschenrechten gehört, und das ist das Recht, klüger zu werden.“[73]
Eng im Zusammenhang mit dieser Argumentation sollte man sein Verhältnis zur Wahrheit sehen. Dazu folgende Einsicht: „Im politischen Leben ist alles wechselnd, und was gestern vielleicht richtig war, ist morgen nicht mehr richtig, weil sich die Verhältnisse geändert haben.“[74] Alles menschliche Denken und Handeln sei vielfach zeitgebunden und dem Wechsel unterworfen[75]. „Was kümmert mich

das Geschwätz von gestern!", ein geflügeltes Wort Adenauers, mußte keineswegs heißen, daß die Aussage vom Vortage wider besseres Wissen geschah. „Lüge nie, [. . .] auch nicht in der Politik! Denn du kannst ja doch nicht alles behalten, was du gesagt hast", lautete einer der Ratschläge, die er im Jahre 1946 einem Politiker erteilte[76]. Adenauer verfügte zwar über ein erstaunlich gutes Gedächtnis, aber hinsichtlich der Wahrheit entsprang seine Haltung eben doch einer prinzipiellen Einstellung. Nach seinem Urteil zahlte sich Unwahrhaftigkeit in der Politik, insbesondere in der Außenpolitik, nicht aus[77]. Diese seine prinzipielle Einstellung nahm ihm nur nicht jeder ab[78]. Ihm wurde eine recht differenzierte Sicht der Wahrheit nachgesagt. Nach ihm soll es die reine, die lautere und die statistische Wahrheit gegeben haben. Am Vorabend seines 90. Geburtstags hierauf angesprochen, setzte er sich gegen diesen Ruf zur Wehr: „Diese dreifache Art von Wahrheit habe ich nicht erfunden, sondern mein verstorbener Freund Robert Pferdmenges. Und als Scherz haben wir manchmal dann die Redewendung von ihm gebraucht. Nun werden Sie sagen, der Politiker kann nicht immer alles sagen; da haben Sie recht. Aber das, was er sagt, muß wahr sein. Natürlich kann er nicht alles immer sagen; das ist so selbstverständlich, daß ich kein Wort dazu zu sagen brauche. Aber der Politiker soll in dem, was er sagt, ehrlich sein." Darauf die Gegenbemerkung: „Er soll nicht schwindeln, meinen Sie." Adenauer: „Er soll nicht schwindeln. Lügen haben kurze Beine." Frage: „Notlügen sind erlaubt?" Adenauer: „Notlügen gibt es dabei nicht. Man ist immer in Not und würde dabei immer lügen, wenn Notlügen erlaubt wären."[79] Als Schumacher ihm im Jahre 1946 den Vorwurf der „subjektiven Unwahrhaftigkeit" machte, reagierte Adenauer sehr empfindlich[80]. Doch von subjektiven Färbungen der Sicht einzelner Tatbestände, dieser oder jener Situation oder Handlung, namentlich aus der Rückschau, kann man Adenauer nicht freisprechen[81]. Aber kann man überhaupt jemand davon freisprechen? Er selbst war sich der sich hieraus ergebenden Gefahren bewußt, und nicht zuletzt aus diesem Grunde war er bei der Niederschrift seiner „Erinnerungen" um möglichst exakte Rekonstruktion der Vergangenheit durch enge Anlehnung an dokumentarische Unterlagen bemüht. Er selbst bezeichnete sich einmal als einen „subjektiv gerichteten Menschen"[82]. Wie es jeweils für eine Situation in seine Sicht paßte, damit es paßte, formte er etwas mit, ob bewußt oder unbewußt, ist meines Erachtens eine Frage, der nachzugehen müßig wäre. War Adenauer wirklich „mehr durch Zufall als durch etwas anderes“ Beigeordneter der Stadt Köln geworden?[83] War er wirklich nur mit großem Widerstreben in den Parlamentarischen Rat gegangen, wie man seiner Äußerung aus dem Jahre 1961 entnehmen muß? Entsprach es wirklich seiner vollen Erkenntnis, als er verkündete, ein Wahlsieg der SPD bedeute das „finis Germaniae“?[84]

Daß Adenauer stets um Wahrhaftigkeit bemüht war und den Willen hatte, ihr nicht zuwiderzuhandeln, möchte ich nicht in Frage stellen. Letztlich beweisen läßt es sich natürlich nicht. Es muß der Hinweis auf den Ernst seiner Lebensauffassung genügen. Außerdem hielt er Lügen für Dummheit. Und Dummheit in der Politik, was Versagen gleichkam, war für ihn schuldhaft[85], womit Lügen für ihn in doppelter Hinsicht unmoralisch war. Unmoralisch war für ihn jedoch nicht Gerissenheit[86]. Es versteht sich, daß die letztere die Wahrhaftigkeit nur zu leicht in Mißkredit bringen kann. Der Herr habe ihn sehr beschwert, er müsse seine Memoiren schreiben, heißt es in einer Rede kurz vor seinem Tod. Das sei nicht einfach, „wie vorsichtig man sein muß, um doch die Wahrheit zu sagen“.[87] Dies war Humor, aber nicht allein.

Das Verhältnis Adenauers zur Wahrheit muß man auch sehen im Zusammenhang mit seiner besonderen Gabe und Fähigkeit, Verhältnisse, Situationen, komplizierte Sachverhalte einfach zu sehen und sie auf einen wesentlichen Kern zu reduzieren. „Ich muß vereinfachen, damit es klar wird“, war eine seiner Maximen[88]. Doch dies bedeutete, daß viele Einzelheiten jeweils in der Darstellung eines Tatbestandes fortfallen mußten. Verzerrungen waren dabei kaum vermeidbar, und was aus seiner Sicht der Wahrheit entsprach, tat es aus der Sicht des politischen Gegners noch lange nicht. Adenauer forderte zwar ausdrücklich für die Politik eine nüchterne Sicht. Ob sie ihm immer gleichermaßen gelungen ist, muß offenbleiben. Mit der Differenziertheit der Wirklichkeit in Widerspruch stand vor allem seine apodiktische Ausdrucksweise in öffentlichen Reden, die zudem noch gepaart war mit einer ästhetisch wenig anspruchsvollen Wortwahl. Doch apodiktischer Redestil und Einfachheit der Sprache verliehen seinen Äußerungen Durchschlagskraft und Überzeugungsstärke und kamen massenpsychologischen Erfordernissen in einer Demokratie entgegen, indem sie entscheidend dazu beitrugen, Mehrheiten zu gewinnen. Aber einer Verdeutlichung der tatsächlichen Vielschichtigkeit seines politischen Kalküls konnten sie kaum gerecht werden. Für manch einen Intellektuellen wurde Adenauer zur

Dauerprovokation. Man attestierte ihm „Undifferenziertheit seines Denkens“ und „Ausdrucksarmut der Argumente“[89]. Nicht daß Adenauer hierdurch gepeinigt wurde, doch er hätte sich gefreut, wie er zu erkennen gab, wäre es ihm gelungen, seiner Partei eine intellektuelle Größe „ins Knopfloch“ zu stecken[90]. Für ihn war indes gewiß von Trost, „nicht alle Wähler haben Philosophie studiert, sondern die meisten Wähler wollen einfach und klar angesprochen werden“.[91] Und auf die Mehrheit kam es ihm an.

Ein weiterer Lehrsatz Adenauers lautete: „Greife niemand an, der abwesend ist und sich nicht verteidigen kann. Wenn er da ist, zieh ruhig gegen ihn los. Lege unangenehme Dinge sofort auf den Tisch des Hauses.“[92] Aufrichtigkeit und Offenheit waren Eigenschaften, die er schätzte und denen zu entsprechen er sich bemühte. „Dieser Dr. Adenauer ist ein begabter, aber unverschämter Mensch!“[93] Ein derartiges Urteil konnte das Resultat dieser Aufrichtigkeit und Offenheit sein. Ein anderes Resultat das Vertrauen in seine Zuverlässigkeit. Und daran lag ihm sehr viel. Vertrauen war nach Adenauer das Fundament für eine erfolgreiche Politik, und eine Voraussetzung für Vertrauen war nach seiner Auffassung Aufrichtigkeit[94]. Doch er wußte gegenüber wem und wußte, in welcher Situation Offenheit und Aufrichtigkeit in Dummheit umschlugen. Es gelten nun einmal besondere Regeln in der Politik. Adenauer hatte seine Aufrichtigkeit und Offenheit gut gezügelt. Wie überhaupt Selbstdisziplin bei ihm hoch im Kurs stand. Und sie wiederum war verknüpft mit seinem Bestreben, stets Maß zu halten. „Maßhalten in allem ist eine der besten und wertvollsten Eigenschaften des Menschen.“[95]

Seine Aufrichtigkeit und Offenheit hatten, wie bereits angedeutet, auch ihre Schattenseiten für manch einen seiner Mitmenschen, und dies um so mehr in Verbindung mit einem weiteren Wesensmerkmal Adenauers: Er liebte den Kampf und übte sich fleißig in ihm. Leisetreterei war nicht sein Stil. Wahlen ließen sich nach seiner Meinung nur in der Offensive gewinnen, und zwar indem man die Schwächen des Gegners schonungslos offenlegte[96]. Dies entsprach durchaus seinem Temperament. Sah er sich selbst herausgefordert, konnte er unangenehm scharf, auch polemisch reagieren. Doch die Herausforderung war schon nötig als entsprechendes Stimulans. Dies muß man bedenken bei Schlägen Adenauers, die manchem sensiblen Menschen unter der Gürtellinie zu liegen schienen[97]. Adenauer wußte zu kämpfen, wenn es ihm wert erschien. „Wenn ich das kann, dann drücke ich die Konkurrenz an die Wand!“[98] Diese Bemerkung fiel im Zusammenhang mit seinem Bemühen zur Einführung eines Zweiten Deutschen Fernsehprogramms im Jahre 1960. Sie ist kennzeichnend für ihn. Im übrigen war er der Auffassung, wer nie einen Konflikt gehabt habe, tauge auch nicht viel. „Nun, man muß Konflikte haben, man muß sie ausfechten. Wenn sie ausgefochten sind, gehören sie der Vergangenheit an."[99] Die Schlußfolgerung, daß er die Konflikte dann vergaß, darf man aus dieser Bemerkung jedoch nicht ziehen. Denn für ihn galt: „Ich vergesse nicht so leicht, nur zeige ich es nicht immer."[100] Überhaupt war er der Auffassung, wer ein schlechtes Gedächtnis habe, solle lieber die Finger von der Politik lassen[101]. Adenauer deshalb einen kleinlich-nachtragenden Charakter nachzusagen, wäre jedoch eine Fehlinterpretation. Nur: Er wußte sich halt manches zunutze zu machen. Im übrigen galt seine Bemerkung hinsichtlich des Gedächtnisses ganz generell für die Politik.

Der politische Kampf, den Adenauer liebte, ohne den er das Leben langweilig fand[102], setzte Härte voraus gegen sich und gegen andere. Härte gegen sich hatte er wiederholt bewiesen. Aus seiner Studentenzeit liegen Berichte von Kommilitonen vor, nach denen er ihnen mit seinen Leistungen imponierte, „zumal, da wir wußten, daß er seine körperlichen Leistungen nicht etwa seinen Kräften, sondern seiner Energie und Zähigkeit verdankte".[103] Über eine starke physische Konstitution verfügte er nicht. In jungen Jahren litt er unter Zuckerkrankheit, damals gab es noch keine Heilmittel gegen sie. Er kämpfte mit eiserner Selbstdisziplin gegen sie an[104]. Im November 1961 flog er trotz Fieber in die USA, da er wichtige Entscheidungen des Präsidenten John F. Kennedy zu beeinflussen suchte und eine Verschiebung der Reise ihm als höchstgradig inopportun erschien. Obwohl er wenige Monate zuvor einen Herzinfarkt erlitten hatte, stattete er im Juni 1962 Frankreich einen einwöchigen Staatsbesuch ab. Trotz hohen Alters bewältigte er eine Arbeitslast, die manch einem Jüngeren zu schwer gewesen wäre. Enttäuschungen verstand er zu verbergen und zu überwinden.

Aber Adenauer war nicht nur hart gegen sich selbst, er konnte es auch gegen andere sein[105]. Sein Gewissen war eben, wie er selbst einmal bemerkte, „diffiziler" als das manch eines anderen Politikers[106]. Er wußte die Fähigkeiten von Menschen vom Nützlichkeitsstandpunkt in bezug auf die von ihm verfolgte Politik zu werten, eine Haltung, die in seiner Position schlichtweg eine Notwendigkeit war. Wie Revolutionen nicht mit Rosenwasser gemacht würden, schreibt Golo Mann, so auch starke demokratische Regierungen nicht[107]. Daß Adenauer die Schwächen der Menschen zu nutzen wußte, gestand er freimütig ein. Daß man ihn als einen „Menschenverächter" bezeichnen wollte, wies er jedoch zurück. „Aber natürlich, daß man die Schwächen der Menschen, mit denen sie nun einmal behaftet sind, als Kalkül bei allen Überlegungen einschaltet, das ist wohl klar."[108]

Auch Heinrich Böll spricht von der Menschenverachtung Adenauers. Er glaubt feststellen zu können, Adenauer habe nicht „den geringsten Sinn für Ethos" gehabt. Der erste Band seiner Memoiren erscheint Böll geradezu als Unterrichtsmaterial zur Einübung in Materialismus, Opportunismus, Pragmatismus und Zynismus[109]. Es gehört mehr als eine oberflächliche Beurteilungsweise dazu, Adenauers Persönlichkeit zu erfassen, und wohl auch eine unvoreingenommene Bereitschaft, ihr gerecht zu werden. Eine sich extrem von Böll unterscheidende Beurteilung der Persönlichkeit Adenauers gibt Wilhelm Hausenstein. Er schreibt, er habe Adenauers Gesicht in „gründlich verschiedenen Abwandlungen des Ausdrucks", ja sogar der „vom Ausdruck mitverwandelten Form" gesehen. Er habe die erstaunlichsten Metamorphosen beobachtet, und jede sei eine Wahrheit gewesen. „Ich habe, unter der Wirkung bestimmter politischer Situationen, in der Nähe persönlicher Begegnungen zu zweit, die den Kanzler entspannten, das Antlitz tiefer Bewegung des Gemüts, das Angesicht auch reiner Güte gesehen, das dem Ganzen der Bedrohtheit Europas, dem Ganzen menschlicher Not zugewendet war. Ich habe auf diesem Gesicht die unverkennbaren Zeichen der Beteiligung des Herzens, die langsam keimenden Grade einer Wärme wahrgenommen, die, dem Ganzen geltend, durch eine generelle Enttäuschung, ein generelles Mißtrauen hintangehalten gewesen war. Er hat ein beleidigtes, ein verletztes Herz, wohl – aber das Herz ist da."[110]

Nach Auffassung Adenauers hatte in der Politik das Gefühl zurückzutreten. Der Verstand hatte zu entscheiden. Politik war für ihn eine Frage des Kalküls, der „Nerven"[111]. Diese Auffassung war jedoch vereinbar mit der Tatsache, daß er ein Politiker mit leidenschaftlichem Engagement war. Klugheit allein und die Konzipierung von Zielsetzungen genügen nicht in der Politik, es muß eine Kraft dahinterstehen, die dazu treibt, die Zielsetzungen in die Wirklichkeit umzusetzen. Politik mußte auch mit dem „Herzen" gemacht werden, war Adenauers Standpunkt[112]. Die Leidenschaftlichkeit, mit der er seine Argumente und Überzeugungen zu vertreten wußte, ist deutlich spürbar, liest man Stenogramme von Reden oder Protokolle von parteiinternen Sitzungen[113]. Die Leidenschaftlichkeit seines Engagements, handelte es sich nun um die Verfolgung außen- oder innenpolitischer Ziele, war ein wichtiger Motor für ihn. Doch er hatte seine Leidenschaftlichkeit unter Kontrolle. Er ging mit seiner Aufregung sparsam um, was er auch anderen zu tun empfahl. „Regen Sie sich nur in Wahlversammlungen auf, aber außerhalb von Wahlversammlungen überhaupt nicht“, erklärte er väterlich wohlwollend einem Parteifreund, der sich nach seinem Urteil über Gebühr während einer Beratung ereifert hatte[114]. Bei einem Politiker galt ihm wohl alles Handeln aus unkontrollierten Wallungen und Erregungen heraus als eine Todsünde. Er meinte: „Es ist nun einmal Tatsache, daß politische Emotion als Antriebskraft zwar unabdingbare Voraussetzung zur Erreichung eines großen Zieles ist, konkrete politische und wirtschaftliche Probleme sich jedoch nur mit beherrschter Klugheit, geduldiger Zähigkeit und nüchternem Sachverstand lösen lassen.“[115]

Nüchterner Sachverstand und sachbezogenes Denken waren für Adenauer von der politischen Methodik nicht zu trennen. Doch gleichzeitig dachte er auch ausgesprochen personenbezogen. Bei Verfolg bestimmter politischer Aufgaben hatte er stets die Komponente der Persönlichkeit, ihre besonderen Fähigkeiten und Charaktereigenschaften vor Augen. Dies galt im Hinblick auf Aufgaben, mit denen er jemand zu betrauen gedachte, und es galt gleichermaßen unter dem Aspekt von Verhandlungen, die er führte. Menschenkenntnis und Psychologie, und zwar im Hinblick auf Einzelpersonen wie im Hinblick auf die psychologische Situation von Gemeinschaften, waren nach seinen Erfahrungen in der Politik von größter Bedeutung[116].

Doch sein Denken war in gleicher Weise sachbezogen. Dabei war es gekennzeichnet durch einen nüchternen Rationalismus, der geschult worden war durch sein juristisches Studium und seine juristische Tätigkeit vor Beginn seiner kommunalpolitischen Laufbahn. Aber die juristische Schulung hatte nicht dazu geführt, daß man Adenauer einen theoretisierenden Systematiker nennen könnte. Er war alles andere als ein Theoretiker aus Leidenschaft. Er war ein auf Handeln angelegter Mensch und schätzte vor allem praktische Erfahrung und Kenntnisse. In einer Rede vor der neugewählten Kölner Stadtverordnetenversammlung erklärte er im Oktober 1919, nirgendwo erweise sich doktrinäre, weltfremde Theorie so schnell als unfruchtbar, nirgendwo fühle die Wählerschaft so schnell, ob die von ihr Gewählten nicht nur gute Worte, sondern auch gute Taten aufzuweisen hätten, nirgendwo zeige sich so bald die „eiserne Logik der Tatsachen" wie gerade in der kommunalen Tätigkeit. Die praktische Arbeit zwinge oft unerbittlich, „das Rößlein der Theorie" ruhig im Stalle stehen zu lassen. „Da helfen die beste Theorie und der beste Wille allein nicht, wenn nicht Kenntnisse der Vorgänge und Personen hinzukommen, Kenntnisse des Gewordenen, Kenntnisse der Zusammenhänge."[117] An dieser Grundhaltung zur Theorie hat sich im Laufe seines Lebens kaum viel geändert. Für Adenauer war bezeichnend ein handlungsbezogenes Denken, er dachte dabei weniger in Begriffen als in konkreten Inhalten.

Verallgemeinernd läßt sich feststellen, daß Pragmatismus in Adenauers Persönlichkeit angelegt war. Auf empirischer Basis gewonnene Einsichten prägten seine Politik und gaben ihr den Stempel des Pragmatischen. Doch in seiner Persönlichkeit verankert war gleichzeitig die feste Ausrichtung seines Denkens und Handelns nach bestimmten Grundsätzen, deren Basis und Inhalte herauszuarbeiten Aufgabe der folgenden Studie sein wird.

Geschichte und Politik

I. Zur Einführung

Hegel macht in der „Einleitung" zu den „Vorlesungen über die Philosophie der Geschichte" die Bemerkung, man verweise Regenten, Staatsmänner, Völker vornehmlich an die Belehrung durch die Erfahrung der Geschichte. Was die Erfahrung aber und die Geschichte lehrten, sei dieses, daß Völker und Regierungen niemals etwas aus der Geschichte gelernt und entsprechend ihren Lehren gehandelt hätten. Jede Zeit habe so eigentümliche Umstände, sei ein so individueller Zustand, daß in ihm aus ihm selbst entschieden werden müsse und allein entschieden werden könne. Im „Gedränge der Weltbegebenheiten" helfe nicht ein allgemeiner Grundsatz, nicht das Erinnern an ähnliche Verhältnisse, denn so etwas wie eine „fahle Erinnerung" habe keine Kraft gegen die „Lebendigkeit und Freiheit der Gegenwart"[1].

Das Verhältnis Adenauers zur Geschichte steht nicht im Einklang mit dieser Auffassung. In der „Einleitung" zu dem ersten Band seiner „Erinnerungen" wird dies deutlich. Er berichtet dort über einen Disput mit einem Historiker, in dem dieser den Standpunkt vertrat, der Historiker habe sich nur mit der Vergangenheit zu befassen. Er, so schreibt Adenauer zu seiner eigenen Position, sehe die Aufgabe von Historikern anders. Er sei der Auffassung, Historiker, namentlich Professoren der neueren Geschichte, müßten wenigstens den Versuch machen, auf dem Wege von Analogieschlüssen aus dem „Geschehen unserer Zeit, sogar unserer Tage" zu erkennen, wohin der Lauf der Entwicklung wahrscheinlich gehen werde, und sie müßten in ihrer Lehre hinweisen auf zu erwartende Entwicklungen und eventuell warnen. Er verlange natürlich keine Prophezeiungen von einem Historiker, „aber ich meine, seine Arbeit, namentlich bei einem Historiker für neuere Geschichte, sei nur wirklich getan,

wenn er, so gut wie möglich, zukünftige Entwicklungen aus dem jetzigen Geschehen folgere".[2]
In diesen Ausführungen klingt das grundsätzliche Verhältnis Adenauers zur Geschichte an, ein Verhältnis, das sich nicht erst durch die Niederschrift seiner Memoiren entwickelte. Wie ein roter Faden ziehen sich durch seine Äußerungen im Laufe von Jahrzehnten Hinweise auf die Funktion historischer Kenntnisse für die Politik. Liest man eine Rede Adenauers vom 1. Februar 1919, so findet sich bereits hier ein anschauliches Beispiel für seine Methode, politische Vorgänge in den Gesamtzusammenhang des historischen Prozesses zu stellen und aus diesem Bezug heraus seine Vorstellungen zu entwickeln[3]. In einem Vorwort zu einer auf seine Veranlassung hin verfaßten Publikation über Köln, herausgegeben im Jahre 1926, spricht er sein Verhältnis zur Geschichte direkt an, wenn er schreibt, daß „nur das Studium und die Kenntnis der Vergangenheit" es ermöglichen, „die schwarzverhangene Zukunft" zu erkennen[4]. In den Reden Adenauers nach 1945 trifft man häufig auf Äußerungen zur Geschichte. Sie galten der Mahnung, niemals die geschichtlichen Zusammenhänge zu vergessen, und der Forderung, die „Fäden" zu verfolgen, wie sie durch das ganze Geschehen hindurchliefen, denn erst dann, so Adenauer, bekomme man die richtige Einstellung auch zu dem Heute[5]. In einer Rede aus dem Jahre 1951 liest man: „Die Arbeit und die Entwicklung eines jeden Tages baut sich auf und schließt sich an an die Entwicklung der dahinterliegenden Zeit. Man verliert die Übersicht, und man verliert das Urteil, den richtigen Maßstab, wenn man die Dinge nicht im Zusammenhang und in ihrer Entwicklung betrachtet."[6] Er forderte, man müsse den Versuch machen, aus der Vergangenheit für die Zukunft zu lernen[7]. Er war der Auffassung, „die Geschichte ist und bleibt eine Lehrmeisterin für verantwortliche Staatsmänner".[8]
„Übersicht", „Zusammenhang", „Urteil", „Maßstab" sind Stichworte, die auf die Funktion hindeuten, die für Adenauer die Geschichte im politischen Entscheidungsprozeß besaß, eine Funktion, die sich daraus ergab, daß sein Verhältnis zur Geschichte letztlich von der Frage diktiert wurde, wie die Wirklichkeit zu erfassen und im Blick auf die Zukunft zu gestalten war.
Erfolg oder Versagen der Politik war nach seiner Auffassung weitgehend bestimmt vom „Wirklichkeitssinn"[9]. „Wirklichkeitssinn" bewies sich für ihn darin, daß man in seiner Politik von einer gegebenen Weltlage ausging[10] und „von einer klaren Erkenntnis des Not-

wendigen und der eigenen Kräfte"[11]. Einen Grund für das Versagen der deutschen Außenpolitik in der ersten Hälfte dieses Jahrhunderts sah er darin, daß die Vorgänge in der Welt nicht nüchtern und nicht real genug gesehen wurden[12]. Damit sei eine Selbstüberschätzung und eine Unterbewertung der Kräfte anderer Völker einhergegangen, und das habe eine Außenpolitik zur Folge gehabt, so Adenauer, die fast notwendig in die Katastrophen habe hineinführen müssen[13].

Die Wirklichkeit nun sah er als ein Geflecht verschiedenartigster Kräfte und Tendenzen, vielschichtig verteilt und verwoben, vielfältig ineinandergreifend[14]. Als ein Hilfsmittel, sie bloßzulegen und zu analysieren, dienten ihm Kenntnisse darüber, wie es zur Gegenwart gekommen und wie sie aufgrund der Kenntnis von Vergangenem zu werten war. Geschichte war für Adenauer aber nicht ein beliebiges Mittel und Werkzeug im Dienste der Politik. Wenn man den im folgenden skizzierten Gedanken Adenauers nachgeht, wird deutlich, daß aus dem Bewußtsein verantwortlichen Handelns für ihn Politik und Geschichte nicht zu trennen waren.

Die Politik Adenauers basierte, wie er immer wieder betonte und worauf noch ausführlich einzugehen sein wird, in dem Leitsatz, nach dem der Wert eines jeden einzelnen Menschen unersetzbar ist[15]. Dieser Leitsatz diktierte eine Politik, die „Wirklichkeitssinn" voraussetzte und evolutionäre Wege – Adenauer bezeichnete sie meist als Wege „organischer" Natur[16] – in Richtung auf die erstrebte politische Zielsetzung vorschrieb. „In der Geschichte wirken die plötzlich eintretenden Ereignisse, wie Revolutionen und Kriege, mörderisch und zerstörend. Die auf Grund innerer Entwicklung mit Naturnotwendigkeit eintretenden Veränderungen sind zwar langsamer, aber erfolgreicher." So ist im dritten Band der „Erinnerungen" zu lesen[17]. Erfolgreicher waren sie für ihn vor allem im Hinblick auf Wert und Leben des einzelnen Menschen. Seine Ostpolitik, seine Deutschlandpolitik, seine Europapolitik sind Beispiele der sich an Evolution ausrichtenden Methode Adenauers, einer Politik des „Schritt für Schritt", wie er sie auch nannte[18]. Sie wird in diesem Kapitel noch zu entfalten sein.

Um Wege „organischer Natur" zu sichern, war zu berücksichtigen, daß es immer eine Vielzahl von Strömungen gab, „gute und weniger gute"[19]. Aufgabe eines Politikers hatte es für Adenauer zu sein, diese Vielzahl der Strömungen zu erkennen, zu beobachten und zu beeinflussen. „Einige werden von anderen überschattet und daher unterbewertet. Sehr plötzlich werden sie dann sichtbar und nehmen Gestalt an durch Ereignisse oder durch bestimmte Männer. Meine Auffassung von der Aufgabe des Politikers ist, die Strömungen zu erkennen, zu beobachten und zu beeinflussen; er muß es, und er kann es. Man darf sie nicht treiben lassen. Hier liegt die Aufgabe des Politikers, wie ich sie sehe."[20] Um dieser Aufgabe gerecht werden, um die Strömungen erkennen und sie in ihrer Bedeutung und ihren möglichen Auswirkungen erfassen zu können, war die Kenntnis historischer Vorgänge und Gegebenheiten für Adenauer unerläßlich. Evolution setzt empirisches Vorgehen voraus. Empirisches Vorgehen wiederum verlangte für Adenauer Heranziehung der Geschichte.

Die Motivation für die Anwendung historischen Wissens im Dienste der Politik aus dem Bewußtsein verantwortlichen Handelns wird auch aus den folgenden Gedankengängen Adenauers erkennbar.

Für Adenauer gab es keine Politik ohne Wagnis[21]. Der Politiker hat damit zu rechnen, daß es immer wieder neue, nicht voraussehbare Kräfte gibt, die die Gesamtsituation verändern können[22]. Für ihn war Politik nicht allein auf Regeln der Logik und auf Kausalität reduzierbar. Das „Unberechenbare" in der Politik sei es, bemerkte er einmal, was sie sehr schwierig mache und warum Mut dazu gehöre, einen als richtig erkannten Weg zu verfolgen[23]. Zufälle, Dummheit und psychologisch bedingte Imponderabilien, begründet im Verhalten einzelner Politiker wie auch von Gemeinschaften, zählte er zu den Faktoren, die zu ihrer Unberechenbarkeit beitrugen[24]. „Es gibt Dinge, die logisch unmöglich sind, und trotzdem sind die psychologisch möglich. Auch irrationale Kräfte wirken in der Politik."[25] Angesichts des hierdurch letztlich Unberechenbaren in der Politik, angesichts des zum Wesen der Politik gehörenden Risiko des Scheiterns war es Aufgabe des Politikers, die konkret hier und jetzt gestellten Aufgaben zu lösen. Der Zwang zur Entscheidung war für Adenauer unausweichlich, und unausweichlich war für ihn, daß der Politiker nach dem „Danach" zu fragen hat und daß er dafür verantwortlich ist[26]. Versagen in der Politik bedeutete für Adenauer Schuld; durch Unterlassen konnte er dabei genauso schuldig werden wie durch Handeln.[27]

Doch das mit der Politik unvermeidbar verbundene Risiko des Scheiterns war für Adenauer eingrenzbar durch die Nutzbarmachung der Geschichte. Die Chancen des Erfolges in der Politik konnten durch sie erhöht werden. Verantwortung für das „Danach" erforderte für Adenauer, daß sie bei der Gestaltung der Zukunft zu beachten war. „Man muß das Gestern kennen, man muß auch an das

Gestern denken, wenn man das Morgen wirklich gut und dauerhaft gestalten will“, heißt es in einer Rede im Jahre 1952[28]. Er bemühte sich um Berücksichtigung dieses Leitsatzes. Der dynamisch gesinnte Mensch vergesse zu leicht und zu gern die Vergangenheit, besonders wenn die Vergangenheit nicht ganz so sei, wie er es gerne möchte, meinte er. „Darin liegt eine sehr große Gefahr. Die Vergangenheit *ist,* sie läßt sich durch nichts aus der Welt schaffen, und sie wirkt fort, auch wenn man die Augen schließt, um sie zu vergessen.“[29]

Adenauer bezog seine historischen Kenntnisse aus einer umfangreichen Bibliothek[30]. Ihn jedoch als historisch außergewöhnlich versiert bezeichnen zu wollen, wäre eine Übertreibung. Seine Kenntnisse durchbrachen kaum den Rahmen der Durchschnittsbildung der gehobenen Bürgerschicht seiner Zeit, was vergangene Jahrhunderte betraf. Dies gilt allerdings nicht für Vorgänge während der Zeit seines Lebens. Für sie sind als gewichtigste Quelle seines Wissens zu beurteilen die selbstgewonnenen Einsichten aus der miterlebten Geschichte. Der hohe Rang, den er Erfahrungen zumaß, wird darauf zurückgeführt, daß er mit ihnen gleichzeitig sein Verhältnis zur Geschichte ansprach. Denn viele seiner Erfahrungen waren verbunden mit dem, was inzwischen Geschichte geworden war. In diesem Zusammenhang ist anzumerken, daß Adenauer offensichtlich sich der in der Geschichtswissenschaft gepflegten Differenzierung zwischen den „res gestae“ und der „historia rerum gestarum“, zwischen dem Geschehenen und dem Bericht über das Geschehene, nicht bewußt war, beides verfloß für ihn in den Begriff Geschichte.

Aus eigener Anschauung kannte Adenauer das Kaiserreich, wußte er von den Auswirkungen Bismarckscher Maßnahmen auf dem Gebiet der Innenpolitik, der vergifteten Atmosphäre durch Sozialistenverfolgungen und Kulturkampf beispielsweise[31]. Er hatte den Niedergang des Deutschen Reiches erlebt, den Ersten Weltkrieg, die Revolution von 1918, die Weimarer Republik. Als Präsident des Preußischen Staatsrats hatte er während dieser Zeit durch Akteneinsicht und persönliche Begegnung mit Akteuren des damaligen politischen Geschehens Kenntnisse über innen- und außenpolitische Vorgänge gewonnen, wie sie keine noch so guten Geschichtswerke vermitteln können. Er hatte die Folgen des amerikanischen Isolationismus für die europäische Szenerie beobachten können, er hatte Beginn und Verlauf der großen ideologischen Auseinandersetzungen erlebt, Entstehen und Aufstieg des Nationalsozialismus, die Auswüchse eines übersteigerten Nationalgefühls, den Zweiten Weltkrieg und das geistige und materielle Chaos, das sich anschließend zeigte. Weltpolitische Veränderungen größten Ausmaßes, gewaltige Machtverschiebungen kennzeichnen die von ihm durchlebte Zeit, Veränderungen nicht zuletzt im Gefolge des technischen Fortschritts, erst durch die Entwicklung des Flugzeuges, dann in weitaus radikalerer Weise durch die Atombombe.

Es fällt auf, daß Adenauer sich in seinen Äußerungen zur Geschichte vor allem auf den selbst durchlebten Zeitraum bezog. Dies mag darin begründet sein, daß die auf die Gegenwart ausgerichtete genetische Sicht für ihn großes Gewicht besaß und es sich hierbei von selbst versteht, daß die Ereignisse jüngeren Datums bedeutsamer sind als Ereignisse vor beispielsweise 200 oder 300 Jahren. Als er im Jahre 1954 seine Forderung, „historisch" zu denken, in einer Rede vor Studenten erläuterte, machte er deutlich, daß es ihm bei dem Verhältnis zur Geschichte hauptsächlich auf die Kenntnis der letzten Jahrzehnte ankam. „Verstehen Sie mich recht", so führte er damals aus, „ich fordere Sie nicht auf, nun jahrhundertelang zurückzugehen im Studium der Geschichte, aber ich möchte Sie bitten, doch sich wenigstens anzueignen die geschichtliche Entwicklung Deutschlands und der Welt in den letzten Jahrzehnten. Wenn Sie die großen Linien dieser geschichtlichen Entwicklung kennen, können Sie die Ereignisse unserer Tage richtig würdigen und dazu Stellung nehmen."[32]

Doch es ist nicht allein die genetische Sicht Adenauers, die für die folgende Untersuchung von Relevanz ist. Stellt man die Frage nach den praktischen Auswirkungen, die Geschichte als „Lehrmeisterin" auf die Politik Adenauers hatte, was letztlich mit auf eine Beantwortung der Frage nach dem Grundsätzlichen in seiner Politik hinausläuft, so bieten sich aufgrund seiner Aussagen folgende drei Ansatzpunkte an, von denen her sie sich herausstellen lassen: 1. Adenauer machte historische Kenntnisse nutzbar durch die Anwendung von Analogien. 2. Sein Verhältnis zur Geschichte wirkte sich aus durch seine genetische Betrachtungsweise. 3. Sein Verhältnis zur Geschichte beeinflußte seine Denkweise und seine politische Methodik.

In der politischen Praxis Adenauers bildeten diese drei Ansatzpunkte eine Einheit. So wurden seine Denkweise und seine Methodik mit bestimmt durch das, was er aufgrund genetischer Betrachtung erkannte. Die genetische Sicht selbst wurde durch seine Denkweise und seine Methodik zur politischen Nutzbarmachung herangezogen.

Die vergleichende Methode, bei der der Blick, losgelöst vom Kontinuitätsstrom, auf das Regelhafte des Geschehens gerichtet war, durchsetzte in ergänzender Weise die genetische Sicht, wie überhaupt festzustellen ist, daß vielfach erst durch die Ergebnisse der genetischen Sicht die historische Analogie relevant wurde. Ausdrücklich muß betont werden, daß eine Beurteilung der Politik Adenauers von einem der genannten Ansatzpunkte her allein zu Verzerrungen führen muß. Eine differenzierende Darstellung war aber erforderlich, um die Konsequenzen von Adenauers Verhältnis zur Geschichte für seine Politik sichtbar machen zu können. Hierdurch wird eine Auffächerung seines Denkens und seiner Politik ermöglicht, die Einblick vermittelt in die verschiedenartigen Faktoren seiner Überlegungen und die verschiedenen Ebenen seiner Gedankenführung. Die Ergebnisse dieser Aufgliederung müssen jedoch im Gesamtzusammenhang gesehen werden. In einem anschließenden Abschnitt wird das Schwergewicht auf die Herausstellung dieses Gesamtzusammenhanges gelegt, wobei das Thema der Untersuchung, die Frage nach dem Grundsätzlichen in der Politik Adenauers, in den Mittelpunkt gerückt wird.
Es wurde in der Einleitung darauf hingewiesen, daß die Trennung der Analyse von Geschichte und Politik von der Analyse der Weltanschauung Adenauers eine theoretische Hilfskonstruktion ist, die notwendig erschien, um das Grundsätzliche in der Politik Adenauers freilegen zu können. Es gilt, bei den folgenden Ausführungen im Auge zu behalten, daß die Analyse von Geschichte und Politik zwar in entscheidender Weise den Blick auf das Grundsätzliche in der Politik Adenauers freigibt, daß sich jedoch das Ergebnis der Untersuchung nicht allein auf das Verhältnis Adenauers zur Geschichte reduzieren läßt. Die Dimension des Weltanschaulichen wird zu beachten sein. Auf die Verschränkung der weltanschaulichen Grundlage Adenauers mit den aus der Analyse von Geschichte und Politik gewonnenen Einsichten wird in dem abschließenden Abschnitt dieses Kapitels eingegangen.

II. Der Einfluß der Geschichte auf die Politik Adenauers

1. Einfluß der Geschichte durch Analogien

Es gebe Analogien, die könnten nicht nur „wertlos", sondern auch „schädlich" sein, weil sie „die jeweilige Geschichtlichkeit der Dinge" nicht erst ins Blickfeld kommen ließen, so wird von einem namhaften Historiker unserer Zeit vor der Anwendung von Analogien gewarnt. Es wird hingewiesen auf die Unvergleichbarkeit von Situationen und auf den Unterschied der inneren Kräfte, die sie jeweils bestimmten. Historische Analogien im Dienste politischer Diagnosen, heißt es, seien „bedenklich", durch sie könnten die Überlegungen der Praktiker „irregeführt" werden[1]. Adenauer teilte diese unter Historikern weitverbreitete Skepsis gegenüber Analogien nicht. Er fand Analogien offenbar recht brauchbar. Die Singularität einer jeden Situation, die er keineswegs übersah, hielt ihn nicht ab, auf seine Weise Nutzen aus ihnen zu gewinnen. Er war allerdings weit entfernt davon, etwa mit Hilfe einer ausgefeilten geschichtswissenschaftlichen Methodik Analogien zur Entschlüsselung des politischen Kräftefeldes der Gegenwart und zur Erhellung der Zukunft zu Rate zu ziehen. Allen von ihm angewandten Analogien ist gemeinsam, daß er sie nur in groben Konturen umriß. Die aus ihnen gewonnenen Einsichten waren letztlich nicht mehr als ein Teilbeitrag zur allgemeinen Richtung seines Handelns. Zur Nachahmung vergangener Situationen verführten ihn Analogien nicht. Genetische Sicht und eine Denkweise, die auf Wandel und Veränderung basierte, wirkten den mit ihnen verbundenen Gefahrenquellen entgegen, wozu nicht zuletzt Pauschalurteile zu zählen sind.

Adenauer ging davon aus, daß sich in der Geschichte nichts genau wiederholt, daß sich aber doch in gewissem Sinne Tatbestände und

Perioden ähnlich sind[2]. Von dieser Grundeinstellung her treten drei Gesichtspunkte hervor, unter denen er Analogien anwandte, wobei allerdings gesehen werden muß, daß in der Praxis die drei Gesichtspunkte zumeist gleichzeitig wirksam waren, nur mit unterschiedlicher Akzentsetzung.

Erster Gesichtspunkt: Die Kenntnis vergangener Situationen und Tatbestände hatte für Adenauer den Sinn, bei analogen Situationen der Gegenwart mögliche Ansatzpunkte für Gefahren zu erkennen, um rechtzeitig wirksame Gegenmaßnahmen ergreifen zu können. Hierbei lassen sich drei Analogiekomplexe unterscheiden, die für seine Politik von Bedeutung wurden.
Zunächst ist zu nennen ein Analogiekomplex, der zusammenhing mit der Zeit des Nationalsozialismus. Er wirkte sich insbesondere aus in Adenauers Haltung zur Sowjetunion. Wiederholt erinnerte er an die Erfahrungen der dreißiger Jahre. Er zog Parallelen zu dem Verhalten der Sowjetunion nach 1945 und wies auf mögliche Gefahren hin, wenn man die Lehren, die Hitler erteilte, nicht beachte. Habe sich nicht Hitler dadurch zum Angriff verleiten lassen, daß er glaubte, er sei stärker als die anderen Staaten, fragte er beispielsweise in einer Rede aus dem Jahre 1952, als es darum ging, die Bundesrepublik in das westliche Bündnissystem einzuordnen und dieses zu stabilisieren. „Ich bin fest überzeugt", führte er aus, „wenn die anderen Staaten sich damals auch stark gemacht hätten, Hitler wäre niemals zum Angriff auf sie übergegangen. Die Lage ist heute so ähnlich wie damals."[3] Hitlers Verhalten galt ihm als Beispiel dafür, daß man einen hochgerüsteten totalitären Staat nicht von einer Aggression abhielt, indem man allein mit moralisch-ethischen Argumenten auf ihn einzuwirken suchte. Als Hitler aufrüstete, schreibt er in den „Erinnerungen", sei zunächst von den anderen europäischen Staaten und von seiten der Vereinigten Staaten von Amerika nichts geschehen. Weil Hitler ihre militärische Schwäche bekannt gewesen sei, habe er in dem Augenblick losgeschlagen, als er glaubte, er wäre stark genug, um einen schnellen Sieg zu erringen[4]. Eine Bestätigung dieser von Hitler erteilten Lehre lieferte für Adenauer die Sowjetunion in der Zeit nach 1945. Da sie bewaffnet geblieben sei, während die anderen Staaten abgerüstet hätten, so Adenauer, habe sie von ihrer militärischen Überlegenheit rücksichtslos Gebrauch gemacht. Er war überzeugt, Sowjetrußland hätte das rigorose Vorgehen in Osteuropa nicht gewagt, hätte es befürchten

müssen, die anderen Mächte würden ihm „in den Arm" fallen[5]. Für Adenauer ergab sich daraus, daß zum Schutz gegenüber der Sowjetunion der Westen stark sein müsse, denn dem Wesen des totalitären Staates war nach seiner Auffassung eigen „die krankhafte Sucht der Expansion der Macht auf Kosten anderer Völker"[6]. In einem Interview vom April 1949 heißt es: „Aus der historischen Entwicklung der letzten 15 Jahre haben wir gelernt, daß totalitäre Mächte nur dann ihre aggressiven Ziele aufgeben, wenn sie mit einem Gegner zu rechnen haben, der nicht nur militärisch hoch gerüstet, sondern auch vom Willen beseelt ist, dieses Potential zur Verteidigung seiner Existenz unter allen Umständen einzusetzen."[7] Aus dem Verhalten Hitlers und der Sowjetunion zog er die Lehre, „diktatorisch regierte Staaten verachten den Schwachen. Sie kennen kein Recht, sie kennen nur die Macht, und die verhandeln nur mit einem Land, das ebenfalls stark ist."[8] Diese Lehren aus der Geschichte trugen mit dazu bei, daß Adenauer die Erreichung der Wiedervereinigung Deutschlands nur auf dem Wege über einen festen Anschluß an den Westen für möglich hielt, da die Bundesrepublik Deutschland für die Sowjetunion kein adäquater Gesprächspartner sein würde. Weiter trugen diese Lehren dazu bei, daß Adenauer eine Neutralisierung der Bundesrepublik oder eines wiedervereinigten Deutschlands entschieden ablehnte[9]. Vor allem ist in ihnen eine wichtige Motivation für seine Forderung zur Vereinigung Europas zu sehen[10].

Auf einen Vergleich mit der Zeit des Nationalsozialismus sollte zum Teil auch zurückgeführt werden Adenauers Auffassung, daß eine Revolution „in einem diktatorisch regierten Lande" nicht möglich ist[11] und er deshalb um größte Behutsamkeit in seinem Verhalten gegenüber Moskaus osteuropäischen Satellitenstaaten bemüht war[12]. Adenauer hatte die Auswirkungen des nationalsozialistischen Machtapparates auf die Bevölkerung selbst beobachten und erfahren können[13]. Er hatte keine Veranlassung zu der Annahme, daß der Machtapparat in der Sowjetunion und in ihrem Satellitenbereich sanfter gehandhabt wurde, wie ihm der 17. Juni 1953 und der Aufstand in Ungarn im Jahre 1956 bewiesen.

Mit dem Analogiekomplex des Nationalsozialismus hängen auch zusammen Maßnahmen und Urteile auf innenpolitischem Gebiet. Als Präsident des Parlamentarischen Rates war er mit dafür eingetreten, daß in das Grundgesetz Artikel aufgenommen wurden, die verhindern sollten, daß aus einem übertriebenen Liberalismus heraus die Grundlagen der Demokratie zerstört werden konnten und die Vor-

gänge von 1933 sich wiederholten[14]. Die Situation zum Ende der Weimarer Republik galt ihm außerdem als Lehrstück dafür, wohin wirtschaftliches Elend führen kann, welch gefährlicher Nährboden für radikale Strömungen es bildet. Nicht zuletzt deshalb sah er in der wirtschaftlichen Notlage des deutschen Volkes nach 1945 außerordentlich hohe Gefahren, und nicht zuletzt deshalb war mit ein Hauptanliegen seiner Politik, durch eine solide Wirtschafts- und Finanzpolitik einen angemessenen Wohlstand für alle zu erreichen[15].
Zweitens ist zu nennen ein Analogiekomplex, der sich aus einem Vergleich der Situation nach 1918 mit der Situation nach dem Zweiten Weltkrieg ergab und der sich auf Deutschland als besiegtes Land bezog. Er läßt sich als „Versailles-Komplex" charakterisieren. Im Zusammenhang mit diesem Komplex ist Adenauers Auffassung unmittelbar nach 1945 zu sehen, nach der es kein großes Unglück wäre, wenn ein Friedensvertrag mit Deutschland nicht so bald käme. Er warnte vor einem Vertrag, der diktiert sein würde aus einer Situation heraus, die noch von Haß, Furcht, Mißtrauen und Revanchegefühlen gegen Deutschland bestimmt wäre[16]. Der Versailler Vertrag, über dessen Erfüllungsmöglichkeiten man sich nach Auffassung Adenauers schon bei der Unterzeichnung keinen Zweifeln hingegeben hatte, war die beste Propaganda für einen zügellosen Nationalismus gewesen[17]. Er warnte vor einem erneuten Versailles unter Hinweis auf entsprechende Folgen[18]. Gebietsansprüche von Belgien, Frankreich und Holland, die Forderung nach Internationalisierung des Ruhrgebietes standen neben Reparationsforderungen finanzieller und materieller Art nach Ende des Zweiten Weltkrieges zur Diskussion; hinsichtlich der Gebiete jenseits von Oder und Neiße hatte die Sowjetunion durch die Vertreibung von Millionen Deutscher sich bemüht, in unmißverständlicher Weise Tatsachen zu schaffen, wenn auch ihre rechtliche Fixierung eine offene Frage blieb. Adenauer hatte selbst während der Weimarer Republik miterlebt, wie schwer Bemühungen um Revision des Versailler Vertrages gewesen waren. Er hoffte, die Zeit werde für Deutschland arbeiten[19]. Je mehr der Haß in den ehemaligen Feindstaaten abklinge, kalkulierte er, je weiter die Erinnerung an den Krieg und die nationalsozialistischen Greuel zurückliege, desto günstiger werde ein künftiger Friedensvertrag ausfallen[20].
Verbunden mit dem „Versailles-Komplex" muß gesehen werden ein dritter Komplex, der sich als „Vereinsamungs-Komplex" bezeichnen läßt. Zu ihm gehören Schlüsse, die Adenauer aus der allgemeinen

außenpolitischen Situation des Deutschen Reiches seit seiner Gründung zog, einer Situation, die er vor allem unter dem Aspekt sah, daß Deutschland immer allein gestanden habe. „Denken Sie bitte etwas zurück in der Geschichte, 60, 70 Jahre. Denken Sie daran, daß es das große Unglück Deutschlands war, daß es immer ohne wirkliche Freunde gewesen ist“, führte er zum Beispiel im Jahre 1955 vor Parteifreunden aus[21]. Den Dreibund mit Österreich und Italien schätzte er nicht hoch ein. Österreich sei damals ein Land gewesen mit der Funktion, den Balkan „mit dem Blick nach Westen“ zusammenzuhalten, eine Aufgabe, die es „glänzend“ erfüllt habe. Aber eine militärische und außenpolitische Kraft stellte Österreich-Ungarn damals nach Auffassung Adenauers schon nicht mehr dar. Und Italiens Rolle bewertete er auch nicht gerade hoch, zumal es dem Dreibund nur unter der Bedingung beigetreten war, daß es zu militärischen Leistungen nicht verpflichtet wäre, falls England auf der Gegenseite stand[22]. Wiederholt wies er auf Bismarck hin, dessen „schwerste Sorge“ er in dem Bemühen sah, für Deutschland Freunde zu gewinnen[23], und dessen Memoiren davon zeugten, wie ihn der Gedanke an die Isolierung Deutschlands verfolgt habe[24]. Adenauer stellte fest, trotz der großen militärischen und wirtschaftlichen Macht des Deutschen Reiches nach dem Krieg von 1870/71 habe es nachher „allein da gesessen“, durch eine „dumme und nicht weitsichtige Politik“; die von Bismarck befürchtete Isolierung habe das Deutsche Reich, als es die stärkste Militärmacht der Welt gewesen sei, in den Krieg von 1914/18 geführt, der es „von der stolzen Höhe, auf der es stand“, heruntergeworfen habe. „Derjenige, der überklug sein will und sich zwischen sämtliche Stühle setzt, der sitzt nachher auf der Erde, und die anderen trampeln auf ihm herum.“[25] „Wir waren immer isoliert, zum Teil sicher durch eigene Schuld. Eine gewisse Hybris, eine gewisse Selbstüberschätzung hat uns dazu gebracht, daß wir sagten: ‚Wir haben es nicht nötig, uns nach Bundesgenossen umzusehen!‘ Und diese Politik ist unser Verderb gewesen.“[26] Diese Politik habe den politischen Blick verengt, denn nur, wenn man in wirklicher politischer Gemeinschaft mit anderen Nationen lebe, meinte er, erweitere sich der Blick auch für die politischen Verhältnisse und die Notwendigkeiten anderer Völker. Die letzte große Gelegenheit, aus der „Vereinsamung“ herauszukommen, sah er vor 1914, als London sich um eine Verständigung mit Deutschland bemühte. „Dieser Versuch“, urteilte er über die damaligen Vorgänge, „der ernst gemeint war, [. . .] ist gescheitert an der ver-

hängnisvollen Hybris der Deutschen, die nur immer auf sich sahen, die kein Verständnis hatten für die Notwendigkeiten der anderen. Und seit der Zeit haben wir zwei Kriege erleben müssen, Kriege, die verhängnisvolle Folgen für uns gehabt haben."[27]
Die „Vereinsamung" Deutschlands sollte nach seinen Intentionen ein Ende finden durch die von ihm konsequent verfolgte Politik der europäischen Einigung und der Pflege der Beziehungen zu den USA. Die Erfahrungen mit dem Friedensdiktat von Versailles in Verbindung mit Folgerungen aus dem „Vereinsamungs-Komplex" erhöhten seine Wachsamkeit gegenüber der Möglichkeit von Vereinbarungen über Deutschland, ohne daß es dazu gehört würde, eine Sorge, die er während seiner Regierungszeit wiederholt aussprach und die in dem Potsdamer Abkommen ihre konkrete Begründung besaß[28]. Sie geben mit eine Erklärung für die Vehemenz, mit der Adenauer Vorstellungen der SPD zu einer Politik der „Bündnislosigkeit" Deutschlands, wie sie Mitte der fünfziger Jahre von Vertretern dieser Partei verfochten wurden, zurückwies[29].

Zweiter Gesichtspunkt: Analogien dienten Adenauer zur Anregung bei der Konzipierung von Plänen, quasi als Lehrmaterial, sowie als Ermutigung bei Verfolgung bestimmter politischer Zielsetzungen. Das Moment der Anregung, allerdings unter negativen Vorzeichen, wurde bereits bei den unter dem ersten Gesichtspunkt angeführten Beispielen deutlich. Es tritt auch hervor bei Folgerungen, die Adenauer aus der Geschichte der deutsch-französischen Beziehungen für seine Politik zog und bei denen die vergleichende Methode offensichtlich wird, wenngleich ein enger Zusammenhang mit der genetischen Sicht besteht. In der bereits erwähnten Rede vom 1. Februar 1919 zum Beispiel wies er im Rahmen einer eingehenden außenpolitischen Situationsanalyse auf den verhängnisvollen Circulus vitiosus hin, den er darin sah, daß Gewalt immer wieder von neuem Gewalt herausforderte. „Der Streit und der Kampf zwischen Deutschland und Frankreich tobt schon viele hundert Jahre hin und her. In den letzten hundert Jahren hat Frankreich, wenn ich von dem gegenwärtigen Kriege absehe, den kürzeren gezogen. Die Freiheitskriege haben damit geschlossen, daß den Franzosen das abgenommen worden ist, was sie sich bereits einverleibt hatten; der Krieg 70/71 hat damit geendet, daß wir den Franzosen die Provinzen Elsaß und Lothringen abgenommen haben, die mehrere Jahrhunderte mit ihnen verbunden waren." Und nunmehr, nach dem Kriege 1914/18, sei damit zu rechnen, daß Frankreich alles tun werde, um Deutschland niederzuhalten, schon allein aus Furcht vor der Revanche Deutschlands. „Frankreich muß sich sagen, daß Deutschland an Frankreich Revanche nehmen wird, wie es selbst nach 50 Jahren Revanche an Deutschland genommen hat. Frankreich muß sich weiter sagen, daß es, wenn der Augenblick der Revanche für Deutschland gekommen ist, nicht mehr die Mächtekonstellation zur Seite hat wie jetzt. Aus diesen Erwägungen heraus folgt für Frankreich die absolute Notwendigkeit, zum Schutze seiner nationalen Existenz Garantien zu verlangen und zu schaffen, die nach menschlichem Ermessen es Deutschland unmöglich machen, in absehbarer Zeit diese Revanche an ihm zu nehmen."[30] Um diesen Teufelskreis zu durchbrechen, machte Adenauer konkrete Vorschläge, indem er eine neue Staatsstruktur Deutschlands unter Beseitigung des preußischen Übergewichts zur Diskussion stellte[31] und Vorschläge zur Verflechtung deutsch-französischer Industrien unterbreitete[32]. Nach dem Ende des Zweiten Weltkrieges findet sich das gleiche Bestreben, gegen den Circulus vitiosus zu wirken. Wie nach dem Ersten Weltkrieg, so schlug er auch nach 1945 Lösungen vor, die in konstruktiver Weise dazu beitragen sollten, die durch den Krieg aufgerissenen Gräben zuzuschütten und zu überwinden[33]. Gewalt werde nur immer wieder Gewalt provozieren, warnte er[34]. Es war eine Lehre, deren Gültigkeit ihm durch vergleichende Geschichtsbetrachtung hinreichend bewiesen schien.

Anregung und gleichzeitig Ermutigung gewann Adenauer aus Analogien insbesondere im Zusammenhang mit dem Ziel der europäischen Einigung. Er meinte, in der Entstehungsgeschichte der Nationalstaaten würden sich genügend Beispiele finden, die zeigten, wie Schwierigkeiten, die der Vereinigung Europas entgegenstanden, überwunden werden konnten. Die Entstehungsgeschichte der USA, des Deutschen Reiches und die Geschichte der schweizerischen Eidgenossenschaft waren entsprechende Beispiele für ihn[35]. Ein besonders überzeugendes Beispiel sah er in der Geschichte der schweizerischen Eidgenossenschaft. „Die Urkantone haben sich zunächst zusammengeschlossen, um dem Druck Habsburgs zu widerstehen. Allmählich hat sich dann die Gemeinschaft durch freiwilligen Anschluß vergrößert. Landesteile und Gemeinwesen, die zunächst nicht unmittelbare Mitglieder der Eidgenossenschaft zu sein wünschten, waren ihr, wie es hieß, ‚zugewandt'." In der Sprache der europäischen Integrationsbestrebungen, so erläuterte er, würde man sagen, sie seien assoziiert. „Der Wirklichkeitssinn der Schweizer hat das Problem der 4 Sprachen überwunden. Er hat die Erinnerung an viele vorangegangene Fehden in einem positiven Sinne für die Eidgenossenschaft fruchtbar gemacht. Diesem wahrhaft politischen Sinn verdankt die Schweiz ihr Dasein, ihren Wohlstand, die Freiheit und die Sicherheit ihrer Bürger."[36] Am häufigsten finden sich jedoch Hinweise auf die Entstehungsgeschichte des Deutschen Reiches und die Tatsache, daß es hierbei möglich war, durch wirtschaftliche Annäherung in die politische Vereinigung hineinzuwachsen; die Geburtshilfe in Gestalt der Kriege von 1866 und 1870/71 ließ er allerdings unerwähnt[37]. Als Ermutigung dienten diese Analogien ihm insbesondere insofern, als sie bewiesen, daß derartige Zusammenschlüsse nicht von heute auf morgen sich vollzogen[38].

Ein Beispiel, in dem eine Analogie ausschließlich der Ermutigung diente, zeigt sich in Ausführungen zum Verhalten der Polen hinsichtlich der Einheit ihres Volkes. Im Zusammenhang mit der Schilderung seines Vorschlags zur Lösung der deutschen Frage, den er im März 1958 dem sowjetrussischen Botschafter Smirnow unterbreitete, schreibt Adenauer in den „Erinnerungen", er habe immer wieder „das Beispiel aus der Geschichte Polens vor Augen, die Zähigkeit und Ausdauer des polnischen Volkes bei Verfolgung des Zieles, seine Einheit wiederzuerlangen"[39]. Es wird dabei deutlich, daß er diese Analogie nicht etwa im Sinne eines Musterbeispiels dahingehend verstand, in welcher Weise nun die deutsche Wiedervereinigung zu realisieren wäre. Für ihn zählte der moralische Ansporn, den die Haltung der Polen nach seinem Urteil zu geben vermochte.

In engem Zusammenhang mit dieser zuletzt erwähnten Analogie ist seine Auffassung zu sehen, nach der es eines der „vornehmsten Gesetze" der Geschichte war, daß Recht Recht bleibt. „Auch in der Geschichte folgt dem Bruch des Rechts die Strafe. Wann die Strafe folgen wird, wann die schädlichen Folgen des Rechtsbruches sich zeigen, das weiß man nicht vorher."[40] Nach seiner Auffassung wirkte die Geschichte auf lange Sicht im Sinne der Gerechtigkeit, und zwar mit oder ohne Einwirken der Beteiligten[41]. Analogien haben gewiß zu dieser Einsicht beigetragen, doch der Einfluß seiner weltanschaulichen Überzeugungen auf sie muß als gleichgewichtig gesehen werden, wenn nicht als Hauptwurzel[42].

Dritter Gesichtspunkt: Analogien dienten Adenauer immer gleichzeitig auch als Argumentationshilfe, sei es zur Unterstreichung seiner politischen Forderungen, sei es als Mittel der Abschreckung vor einer von ihm bekämpften Politik. Er benutzte Analogien bei Verhandlungen mit politischen Freunden, um für seine Pläne zu werben, in öffentlichen Reden, um Wählerstimmen zu gewinnen, in der Auseinandersetzung mit dem parteipolitischen Gegner, um die Unhaltbarkeit von dessen Vorstellungen zu beweisen. So wurden zum Beispiel die Isolierung Deutschlands und die ihr zugeschriebenen Konsequenzen von ihm insbesondere in Verbindung mit einer Werbung für seine Politik des Beitritts der Bundesrepublik zur Europäischen Verteidigungsgemeinschaft vorgetragen[43]. An die Politik Hitlers erinnerte er zur Unterstützung seiner These, daß ein fester Anschluß an den Westen unerläßlich sei als Schutz vor der totalitären Sowjetunion[44]. Hinweise auf die Folgen von Versailles dienten ihm zur Unterstützung seiner Bemühungen um Lockerung und Abbau von Demontagebestimmungen der ersten Nachkriegszeit[45] und um Erlangung größerer Handlungsfreiheit für die Bundesrepublik[46].

In allen nachweisbaren Fällen, in denen Adenauer Analogien heranzog, handelte es sich stets darum, daß er sie in den Dienst bestimmter Zielsetzungen stellte. Es läßt sich nun argumentieren, daß die jeweilige Zielsetzung das Primäre war und die Analogien im Nachhinein gebildet wurden, um die bereits gewonnene politische Auffassung zu stützen. Zweifellos gibt es Fälle, auf die eine derartige Argumentation zutrifft. Seine Hinweise auf die Entstehungsgeschichte des Deutschen Reiches werden als solche gesehen, dies um so mehr, als die von ihm gebildete Analogie nicht einmal ganz korrekt ist. Ein anschauliches Beispiel liefert auch eine Rede aus dem Jahre 1950, in der er die damalige Situation Europas mit derjenigen zur Zeit der Napoleonischen Kriege verglich. Auch damals hätten jahrzehntelange Kriege ganz Europa verwüstet und durcheinandergeschüttelt, so führte er aus. Mit vereinten Kräften sei damals Frankreich von den Alliierten besiegt und Napoleon entthront worden. Die Staatsmänner, die damals Europa neu zu ordnen gehabt hätten, seien aber so klug gewesen, daß sie unter Zurückstellung aller Haßgefühle und aller Bitterkeit das besiegte Frankreich, den Urheber des damaligen Leides in Europa, als gleichberechtigten Partner behandelten bei der Neuordnung Europas auf dem Wiener Kongreß. Diese Männer hätten das sicher nicht getan aus Liebe zu Frankreich. Aber sie hätten es getan, weil sie eingesehen hätten, daß sonst eine dauerhafte Lösung des europäischen Problems nicht möglich gewesen

wäre. Es folgte ein Appell an die „europäischen Staatsmänner von heute“, „ebenso klug, ebenso weise, ebenso kühn zu sein, wie jene Männer damals gewesen sind.“[47]
Das Verhältnis von politischer Zielsetzung und Analogie ist jedoch selten so durchsichtig wie in diesem Fall. Die unter den beiden ersten Gesichtspunkten vorgetragene These, Analogien hätten auf die Konzipierung der politischen Vorstellungen Adenauers direkten Einfluß gehabt, wird zweifellos durch den dritten Gesichtspunkt abgeschwächt, doch widerlegt wird sie durch ihn kaum.

2. Einfluß der Geschichte durch genetische Sicht

Generelle Einschätzung ihres Wertes für die Politik Adenauers

In einer Rede vom März 1946 fragte Adenauer aus der Situation des niedergeworfenen und sich in einem chaotischen Zustand befindlichen deutschen Volkes heraus, welches die „tiefsten Gründe“ dafür seien, daß es in einen solchen Abgrund gestürzt war. Auf Einzelheiten komme es bei einer derartigen Untersuchung nicht an, aber „die tieferen, die wirkenden Ursachen“ dieser Katastrophe müsse man suchen, forderte er, wenn man den richtigen Weg zum Wiederaufstieg finden wolle[1]. Er frage sich, so heißt es, wie es möglich gewesen sei, daß die nach 1918 entstandene Weimarer Republik keine fünfzehn Jahre habe existieren können; wie es möglich gewesen sei, daß das Bismarcksche Reich, 1871 gegründet, das sich bald zu einem der mächtigsten Staaten der Welt entwickelte, bereits 1918, nach noch nicht fünfzig Jahren, zusammengebrochen sei, dieses Deutsche Reich, das so stark und fest gewesen zu sein schien wie kaum ein anderes europäisches Land jener Zeit[2].
Diese Fragen sind als typischer Ansatz seiner Methode zu sehen, durch genetische Sicht die Vergangenheit für die Zukunft nutzbar zu machen. Bei seiner Urteilsbildung beispielsweise über die Sowjetunion, die USA oder bei Analysen zur europäischen Situation verfuhr er in gleicher Weise wie auch bei innen- oder außenpolitischen Einzelproblemen[3].
Die Bedeutung der genetischen Betrachtungsweise für die Politik Adenauers ist weitaus größer als die der Anwendung von Analogien.

Durch die genetische Betrachtungsweise war Adenauer bemüht, sich ein Bild von den Kräften und Tendenzen, ihrer Stärke und Richtung zu machen, die in einer bestimmten Situation enthalten waren und aus der Vergangenheit fortwirkend die Zukunft beeinflussen und bedingen konnten. Dies galt vor allem für das Gebiet der Außenpolitik. Nach seiner Auffassung gab es in der Außenpolitik „Entwicklungstendenzen und Entwicklungsreihen", die man niemals ungestraft außer acht lassen durfte[4]. Über Außenpolitik lasse sich sehr schön reden mit allen möglichen Redensarten, meinte er, aber zur Außenpolitik gehörten eine intensive Arbeit, ein genaues Studium der Zusammenhänge und eine „historische Kenntnis der Dinge"[5], Kenntnisse insbesondere über die politischen Strömungen und die Ziele der verschiedensten Länder, die zu einer bestimmten Situation geführt hatten[6]. Das spätere Erkennen helfe in der Außenpolitik nichts. „Wenn man die Zeche gemacht hat, dann muß sie gezahlt werden!"[7] Er bemühte sich um möglichst genaue Kalkulation, um den Preis selbst bestimmen zu können.

Es läßt sich eine Reihe von „Entwicklungstendenzen und Entwicklungsreihen" nachweisen, die über weite Zeiträume hin von Adenauer beachtet wurden, wobei er sie als in Bewegung befindlich und möglichen Veränderungen unterworfen in Rechnung stellte und nicht etwa als unabänderlich determinierte Kausalketten beurteilte. Sie wurden von ihm nicht gesehen als Folge von Ereignissen, deren Verbindung sich unbedingt kausal nachweisen lassen mußte oder ließe. Ihre Verbindung und Verdichtung zu „Entwicklungstendenzen und Entwicklungsreihen" vollzog sich bei Adenauer vor allem durch subjektives Verstehen von Wirkungszusammenhängen. Den Verlauf dieser Tendenzen sah er von einer Vielzahl von Faktoren und Einflüssen abhängig, künftige Intensität oder auch mögliche Auflösung waren für ihn mit Gewißheit nicht vorhersagbar. Dennoch ist in ihnen ein wesentlicher Beitrag zu einem Grundgefüge seiner Politik zu sehen, allerdings ein Beitrag, der relativiert war in seinem Wert durch die spezifischen historischen Bedingungen der Zeit seines politischen Wirkens und durch die Erfahrungsbasis des jeweiligen Tagesgeschehens.

Adenauer ging grundsätzlich davon aus, daß man sich stets den Lauf der Ereignisse vergangener Jahre zu vergegenwärtigen hatte, um die fortwährend wechselnden Tagesereignisse ins rechte Licht rücken zu können[8]. „Entwicklungsreihen", „Entwicklungstendenzen" galt es zu berücksichtigen, es galt den „Entwicklungsstrom" zu erfassen[9], es kam auf die Beachtung der „großen Linien" an[10], auf die „Fäden", die das Vergangene durchzogen[11], auf die Kenntnis der „wirkenden Ursachen"[12]. Zurückliegende Ereignisse beeinflußten folglich seine Sicht und sein Urteil über den Wert neuer Tatbestände. Durch das Studium der Vergangenheit sichtbar gewordene „Entwicklungsreihen" und „Entwicklungstendenzen" bestimmten den Stellenwert der Tagesereignisse. Fortschreitende Entwicklung, neue Ereignisse und Fakten hatten jedoch auch ihrerseits Rückwirkungen auf seine Situationsanalysen, auf den Stellenwert von ihm in der Vergangenheit aufgespürter Entwicklungsreihen[13]. Zu verschiedenen Zeitpunkten erschien ihm der Lauf der Ereignisse jeweils unter dem verändernden Aspekt neuer Tatbestände in gewandelter Form. Dies zeigt sich bei einem Vergleich seiner Analysen aus verschiedenen Jahren. Es fällt auf eine unterschiedliche Akzentsetzung in der Bewertung von „großen Linien", „Entwicklungstendenzen" und „wirkenden Ursachen". Zurückliegende Ereignisse verloren angesichts neuer Tatbestände an Bedeutung, andere gewannen plötzlich erhöhtes Gewicht[14]. Außerdem weichen die Analysen voneinander ab durch die Herausstellung unterschiedlicher Zusammenhänge. Die Zusammenhänge waren offensichtlich diktiert von der Dringlichkeit aktueller Tatbestände. Variierende Zusammenhänge sind jedoch nicht allein auf den Einfluß zeitlicher Standorte der Analysen zurückzuführen, sondern sie sind auch als Folge spezifischer Fragestellungen zu sehen, die Adenauer an die Vergangenheit herantrug[15].

Eine endgültige und allumfassende, allgemeingültige Situationsanalyse hätte für Adenauer angesichts der Vielzahl möglicher Perspektiven, angesichts vor allem des Wandels und der fortlaufenden Veränderungen, angesichts des „Dunkels der Zukunft" eine Absurdität sein müssen. In welchem Gesamtzusammenhang eine jeweilige Tendenz höchste Bedeutung gewinnen konnte, ließ sich nicht vorhersagen, welche Tendenz aufgrund welchen Ereignisses plötzlich im Vordergrund stehen oder aber bedeutungslos würde, war mit Sicherheit nicht im voraus erkennbar. Adenauer war sich dieser Problematik bewußt. Politisches Handeln zwang Adenauer zu Prognosen, doch diese Prognosen hatten durch die Offenheit der Zukunft einen stark eingeschränkten Wert. „Was betrachten Sie als die schwersten Probleme für die Zukunft im allgemeinen?" wurde er im Jahre 1962 gefragt. Darauf Adenauer: „Ja, was verstehen Sie unter Zukunft eigentlich? Meinen Sie die nächsten Monate oder Jahre?" Als ihm die Antwort gegeben wurde, man verstehe darunter die nächsten zwanzig Jahre, meinte er nur: „Ach Gott, da würde ich gar nicht versuchen, so weit in die Zukunft zu schauen, das ist immer falsch."[16] Wichtig aber war ihm, daß man sah, was sich entwickelte und wohin das führen konnte, und daß man sich die Frage stellte, ob es eine richtige Entwicklung oder keine richtige Entwicklung sei[17]. Prognosen konnten sich als richtig erweisen, mußten es aber nicht. Nach dem Ende des Zweiten Weltkrieges zum Beispiel rechnete er mit einer wachsenden Spannung zwischen Ost und West und setzte eine Teilung in Ost- und Westeuropa ins Kalkül[18]. Diese Spannung konnte sich in Richtung auf eine Stabilisierung der Verhältnisse in Westeuropa entwickeln, konnte aber auch zu einer Einbeziehung ganz Europas in den sowjetrussischen Herrschaftsbereich führen[19]. Für Adenauer galt die Forderung, alle Tendenzen, die im Vordergrund stehenden und die unterschwellig wirksamen, im Blickfeld zu haben[20]. Auf die Außenpolitik bezogen, meinte er, sie bedürfe einer sehr scharfen Berechnung und Abschätzung der Kräfte, aber auch der Phantasie. „Man muß die verschiedenen Möglichkeiten sehen, die kommen können. Es kann niemals eine Außenpolitik sich nur festlegen dürfen auf eine Möglichkeit, denn es sind immer verschiedene Möglichkeiten, die kommen können. Aber man muß sie sehen, und man muß die gefährlichsten Möglichkeiten an die Spitze seiner Beobachtungen stellen und sich auch danach richten."[21]

Die genetische Sicht Adenauers ist in ihren praktischen Auswirkungen auf seine Politik sehr komplex. Sie bot keine Gewähr, daß neueste Erkenntnisse die letzten sein würden. Es lassen sich aber über weite Zeiträume hin sich in ihrem Aussagewert gleichbleibende Hinweise auf bestimmte Entwicklungsreihen feststellen. Diese Entwicklungsreihen sind es, die in hohem Maße den grundsätzlichen Charakter seiner Politik bedingten und zum großen Teil Adenauers Zielsicherheit erklären, während paradoxerweise gleichzeitig als ihr gemeinsames Merkmal Wandel und Veränderung zu sehen sind.

Sie werden im folgenden zum Teil isoliert, zum Teil zu Tendenzkomplexen zusammengefaßt skizziert, wobei gleichzeitig darauf hingewiesen wird, in welcher Weise Adenauer ihre Bewegung zu beeinflussen und unter Kontrolle zu halten suchte. Die mehr oder weniger systematische Unterteilung erfolgte in Anlehnung an von Adenauer selbst gemachte Differenzierungen. Ganz generell gilt, daß er die geschilderten Entwicklungsreihen und Tendenzkomplexe nicht voneinander getrennt sah, sondern als ineinander übergreifend und sich gegenseitig bedingend.

Auseinandersetzung mit dem Materialismus Als einen das politische Geschehen seiner Zeit bestimmenden und durchdringenden Grundzug sah Adenauer die Auseinandersetzung zwischen atheistischem Materialismus einerseits und dem Christentum und anderen monotheistischen Religionen andererseits. Er sprach von einem „Kampf der Weltanschauungen, der sich über die ganze Welt erstreckt“[22]. Eine Erwähnung nichtchristlicher Religionen ist jedoch selten[23]. Seine Äußerungen zu diesem Tendenzkomplex sind ausgesprochen auf den europäisch-amerikanischen Kulturkreis hin ausgerichtet.
Bei der Auseinandersetzung mit dem Materialismus handelte es sich für ihn um „die entscheidende Frage der geschichtlichen Periode, in der wir leben“[24], wie er es in einer Rede im Jahre 1956 formulierte. Diese Auseinandersetzung vollzog sich nach seinem Verständnis im Rahmen einer historischen Entwicklung, die im 19. Jahrhundert durch einen allgemeinen Verlust an Tradition und durch den Fortschritt der Technik gefördert worden war. Zunehmende Industrialisierung, die Zusammenballung großer Menschenmassen in den Städten, die damit verbundene Entwurzelung, materielle Not als Folge des verlorenen Krieges von 1914/18 hatten nach seiner Auffassung in den ersten Jahrzehnten dieses Jahrhunderts dazu beigetragen, namentlich im deutschen Volk den Weg freizumachen für das „verheerende Umsichgreifen der materialistischen Weltanschauung“, für eine Entwicklung, die durch den Nationalsozialismus einen Höhepunkt erreicht hatte[25]. Doch mit der Niederwerfung des Nationalsozialismus war sie für ihn nicht abgeschlossen, ihre Fortsetzung sah er vor allem in der Auseinandersetzung mit dem Kommunismus/Marxismus[26].
Die Auseinandersetzung mit dem Materialismus hatte sich aus der Sicht Adenauers im Laufe der Entwicklung auf die Frage zugespitzt, ob die Vorstellung einer freiheitlich-rechtsstaatlichen oder aber einer totalitär-kollektivistischen Gesellschaftsordnung sich durchsetzen werde[27]. Diese Frage enthielt den Kerngehalt, um den es für ihn bei dem politischen Machtkampf der westlichen Staaten mit dem kommunistischen Imperium Moskaus ging. Aus seiner Sicht wirkte sich diese Auseinandersetzung nicht nur auf die zwischenstaatlichen Beziehungen aus, sie erstreckte sich darüber hinaus auf alle Gebiete des menschlichen Zusammenlebens. Die Entscheidung über ihren Ausgang hing nach seiner Auffassung nicht nur von Vorgängen auf

machtpolitischer Ebene ab, sondern der Ausgang wurde auch bestimmt in der Familie, bei der Erziehung der Kinder genauso wie in der täglichen Arbeit[28].

Der Materialismus hatte für Adenauer viele Gesichter, auf die bei der Untersuchung seiner weltanschaulichen Grundlage noch näher eingegangen wird[29]. In diesem Zusammenhang muß dieser generelle Hinweis genügen. Er ist notwendig, um aufzuzeigen, daß durch die Bedeutung und die Qualität einer universalen Entwicklungstendenz, die Adenauer der Auseinandersetzung mit dem Materialismus zuschrieb, eine moralisch-ideologische Dimension in die für seine Politik relevanten Ergebnisse aus seinem Verhältnis zur Geschichte hineingetragen wurde. Dieser Gesichtspunkt gewinnt erhöhtes Gewicht im Zusammenhang mit Adenauers Einsicht, daß sich infolge der gesamten Entwicklung der letzten Jahrzehnte eine wachsende Tendenz zu einer immer dichter werdenden weltweiten Verflechtung aller politischen Probleme ergeben hatte, einer Entwicklung, die sich zwar unabhängig von der Auseinandersetzung mit dem Materialismus vollzog, aber dennoch auf vielfältige Weise durch ihre Parallelität deren Wirkung intensivierte.

Wachsende weltweite Interdependenz Die Grundsituation der Weltpolitik sah Adenauer folgendermaßen: Die Entwicklung hatte dazu geführt, daß alle Spannungen auf der Erde in einem inneren Zusammenhang miteinander standen[30]. Alle Staaten waren im Vergleich zu vergangenen Jahrzehnten in immer enger werdende politische Verbindungen – „positive wie negative" – hineingewachsen, sie waren durch die Fortschritte der Technik, des Verkehrs und der Waffenproduktion so nah aneinandergerückt, daß größere Probleme nicht mehr voneinander isoliert lösbar waren[31]. Durch die „Zusammenschrumpfung der Erde" infolge der technischen Fortschritte waren die Kontinente „aufs engste auf Gedeih und Verderb" aneinandergebunden[32]. Adenauer prägte das Wort vom „Zeitalter einer planetaren Politik"[33]. In einer Rede des Jahres 1953 ist zu lesen, man müsse, um richtig urteilen zu können, die ganzen weiten Zusammenhänge sehen, „das einzelne Problem ist in sie eingebettet und gewinnt oftmals hierdurch seine besondere Bedeutung, und umgekehrt beeinflußt ein scheinbar alleinstehendes Problem ein ganzes Bündel von politischen Schwierigkeiten".[34] Adenauer versuchte, dieses Aufeinanderbezogensein einzelner Probleme durch den Vergleich mit „kommunizierenden Röhren" zu veranschaulichen[35].

Folgende Beispiele mögen als Verdeutlichung der Sicht Adenauers und ihrer praktischen Konsequenzen für seine Überlegungen dienen: Der Korea-Konflikt im Jahre 1950 gab den Anstoß zum Pleven-Plan, aus dem sich die EVG-Konzeption entwickelte; gleichzeitig gab er den Anstoß zu Verhandlungen über die Ablösung des Besatzungsstatuts, die zum Deutschlandvertrag führten[36]. In Bemühungen des damaligen französischen Ministerpräsidenten Pierre Mendès-France zur Beilegung des Konfliktes in Indochina vermutete Adenauer gewichtige Gründe, die zum Scheitern der EVG beitrugen[37]. Die Ablehnung eines Kredits an Ägypten für den Bau des Assuan-Staudammes durch die USA und die Weltbank sah Adenauer als unmittelbaren Anlaß zum Ausbruch des Suez-Konfliktes im Jahre 1956[38] und damit als indirekten Anlaß zu einem von ihm schon damals befürchteten Einbruch der Sowjetunion in den Mittelmeerraum mit entsprechenden Konsequenzen für die Sicherheit Westeuropas[39]. Die Stimmenthaltung der USA bei einem Tadelsvotum der UNO gegen Frankreich wegen der Algierfrage im Jahre 1959 beurteilte er als wichtige Quelle mancher Schwierigkeiten, die in der Folge die Beziehungen zwischen Washington und Paris belasteten und als weitere Konsequenz zur Gefährdung der westlichen Einheit und des Bestandes der NATO beitrug[40]. Durch das wachsende Engagement der USA in Vietnam befürchtete Adenauer eine Schwächung der europäischen Staaten gegenüber der Sowjetunion[41]. Die Beispiele ließen sich vermehren[42].

Es ist diese Einsicht in die weltweite Verflechtung aller großen Probleme, in die Multikausalität von Entscheidungen, in die Vielzahl möglicher Auswirkungen einzelner Beschlüsse und Maßnahmen, deren Kenntnis insbesondere zum Verständnis der von Adenauer verfolgten Wiedervereinigungspolitik unerläßlich ist. Dies wird in einem anderen Zusammenhang noch näher erläutert werden[43].

Die Verflechtung der großen Probleme und die von ihr nicht getrennt zu sehende, alles politische Geschehen umspannende Auseinandersetzung mit dem Kommunismus/Marxismus beziehungsweise mit dem Materialismus erzwangen für Adenauer einerseits die Notwendigkeit zu globaler Perspektive, und andererseits wirkten sie sich zudem auf seine Sicht des Verhältnisses von Innen- und Außenpolitik aus.

Innen- und Außenpolitik der einzelnen Staaten sah Adenauer infolge der gesamten Entwicklung aufs engste miteinander verkettet. Schon der letzte Krieg habe bewiesen, schreibt er in einem Aufsatz zu

Beginn des Jahres 1953, daß außen- und innenpolitische Entscheidungen nicht mehr zu trennen seien, werde er doch geradezu als „europäischer Bürgerkrieg“ bezeichnet. Totalitäre Machtansprüche, ob sie von nationalsozialistischer oder kommunistischer Seite kämen, würden zu außenpolitischen Entscheidungen zwingen, die weit in die moralische Existenz jedes einzelnen hineinreichten. Die entschiedene Westorientierung der Bonner Außenpolitik bedeute aus dieser Sicht zugleich eine entschiedene Stellungnahme für die freiheitlich-rechtstaatliche Gesellschaftsordnung[44].

Eine dichte Wechselwirkung von Außen- und Innenpolitik galt für Adenauer in besonders hohem Maße für die Bundesrepublik. Als er im September 1949 die Regierung übernahm, gehörte Außenpolitik zunächst zu dem Zuständigkeitsbereich der Alliierten Hohen Kommission. Es ergab sich jedoch „das Paradoxe“, wie Adenauer es in seiner ersten Regierungserklärung vom 20. September 1949 nannte, daß, obgleich die „auswärtigen Angelegenheiten“ Deutschlands von der Alliierten Hohen Kommission wahrgenommen wurden, jede Tätigkeit der Bundesregierung oder des Deutschen Bundestages auch in Angelegenheiten der Innenpolitik „irgendwie eine ausländische Beziehung“ in sich schloß. „Deutschland ist infolge Besatzung, Ruhrstatut, Marshall-Plan usw. enger mit dem Ausland verflochten als jemals zuvor.“[45] Dieses hohe Maß der Verzahnung und Verflechtung von Innen- und Außenpolitik blieb auch in den folgenden Jahren bestehen, als die Besatzungskontrollen abgebaut waren und die Bundesrepublik Souveränität auf außenpolitischem Gebiet erreicht hatte. Spannung zwischen Ost und West und die Spaltung Deutschlands bedingten für Adenauer eine Verbindung von Außen- und Innenpolitik schon allein durch die Tatsache der Viermächteverantwortung der Siegermächte für die Wiedervereinigung Deutschlands. Durch sie mußte jede Außenpolitik Bonns Rückwirkungen auf die Frage der Wiedervereinigung haben, einem zugleich außenpolitisch wie innenpolitisch eminent wichtigen Problem einer jeden deutschen Politik[46]. Zudem besaß dieser Gesichtspunkt doppeltes Gewicht durch die Koppelung des Wiedervereinigungsproblems an die Auseinandersetzung zwischen zwei einander diametral gegenüberstehenden Systemen innenpolitischer Wertungen.

Aber auch Abbau oder eventueller Fortfall des ideologischen und machtpolitischen Ost-West-Gegensatzes hätten angesichts der Tatsache der Waffenbrüderschaft der vier Mächte und der Tatsache, daß Deutschland der frühere gemeinsame Feind war, eine Lockerung der Koppelung von Außen- und Innenpolitik für Adenauer nicht zur Folge gehabt[47]. In jedem Fall konnten nur durch geschickte Außenpolitik Vereinbarungen über Deutschland verhindert werden, die Quelle innenpolitischer Schwierigkeiten würden, sei es in Form von friedensvertraglichen Regelungen ähnlich denen von Versailles, sei es durch Fixierung eines rechtlich minderen Status für Deutschland, wie Adenauer sie durch eine Neutralisierung Deutschlands gesehen hätte[48].

Ein weiterer Aspekt der Verflechtung von Innen- und Außenpolitik aus der Sicht Adenauers wird deutlich durch seine allgemeine Beurteilung des Verhältnisses von Außenpolitik und Wirtschaft. Für ihn war von der Grundtatsache auszugehen, daß die Bundesrepublik um der Existenz ihrer Bevölkerung willen auf Export angewiesen war. Export war aber nach seiner Auffassung nur dann gesichert, wenn nicht nur gute Waren geliefert, sondern auch eine gute Außenpolitik betrieben wurde[49]. Außenpolitische Geltung und wirtschaftliche Geltung standen für ihn in engstem Zusammenhang. Wer außenpolitisch nichts bedeute, erklärte er im Jahre 1950, sei bei der Verteilung der Wirtschaftsgüter dieser Welt immer der letzte und werde auch bei Handelsverträgen nicht gerade besonders gewertet und gewürdigt[50]. „Wenn wir in der Außenpolitik Dummheiten machen oder noch Schlimmeres als Dummheiten, dann ist es mit dem Export zu Ende", warnte er im Jahre 1953 im Hinblick auf außenpolitische Vorstellungen der SPD, dann werde eine „wirtschaftliche Katastrophe größten Ausmaßes" eintreten[51]. Für ihn galt als Faustregel: „Politik läßt sich nicht treiben ohne Wirtschaft, aber Wirtschaft läßt sich noch viel weniger treiben ohne vernünftige Politik."[52]

Adenauer meinte, es werde häufig davon gesprochen, daß man in Deutschland nicht die Außenpolitik der Innenpolitik vorziehen sollte. Der darin zum Ausdruck kommende Vorwurf wurde nach seiner Auffassung der Wirklichkeit nicht gerecht[53]. Ohne eine gute Außenpolitik ließ sich, so Adenauer, weder eine gute Wirtschafts- noch eine gute Sozialpolitik betreiben. Die Außenpolitik sah er als schlechthin entscheidend an für die Zukunft des deutschen Volkes[54]. „Wir liegen mitten in dem Spannungsfeld zwischen Sowjetrußland und seinen Satellitenstaaten einerseits und den Westmächten andererseits. Wenn man da keine gute und vernünftige und kluge Außenpolitik treibt, dann hilft uns unsere ganze Aufbauarbeit nichts."[55] Alle Gesichtspunkte der Verschränkung von Innen- und Außenpolitik mußten für ihn zu dem Resultat führen, daß der Außenpolitik das

Primat zukam, „denn eine gute Außenpolitik ist für ein Land wie Deutschland die Grundlage jeder anderen Politik.“[56]
Andererseits war es für ihn eine Selbstverständlichkeit, daß es ohne eine gute Innenpolitik keine Basis für die Außenpolitik gab. Dies sah Adenauer einmal unter dem Gesichtspunkt, daß ohne entsprechende Innenpolitik gar nicht die Voraussetzung geschaffen werden konnte, die Regierungsmehrheit zu erringen und damit überhaupt seine außenpolitischen Zielvorstellungen zu verwirklichen. Es war ein Gesichtspunkt, der ihm vor allem in den fünfziger Jahren als außerordentlich wichtig erschien, da eine Regierungsmehrheit der SPD eine Änderung des außenpolitischen Kurses der Bundesrepublik zur Folge gehabt hätte. Ablehnung der Wiederbewaffnung Deutschlands, Ablehnung der EVG, Ablehnung des Beitritts zur NATO und Bündnislosigkeit waren für ihn Stichworte, die auf eine verhängnisvolle Außenpolitik deuteten für den Fall, die SPD würde sie bestimmen[57]. Ein zweiter Gesichtspunkt, unter dem er eine gute Innenpolitik als unerläßliche Plattform für die Außenpolitik bewertete, wird erkennbar im Zusammenhang mit seinem Bestreben, das Vertrauen des Auslandes in die Zuverlässigkeit der Deutschen zurückzugewinnen. Dies wäre durch das Aufflammen radikaler Tendenzen von links oder rechts empfindlich gestört worden angesichts der Sensibilität des Auslandes für derartige Erscheinungen in Erinnerung an die deutsche Vergangenheit[58].
Die genaue Kenntnis der außenpolitischen Situation, so betonte Adenauer wiederholt, sei die erste Voraussetzung, um zu richtigen Entscheidungen kommen zu können. „Außenpolitik kann man nicht aus der flachen Hand planen.“[59] Die wachsende Tendenz zu einer Interdependenz der großen Probleme, das Ineinandergreifen von Innen- und Außenpolitik, das ja nicht nur für die Bundesrepublik galt, die zunehmende Tendenz zu großräumigen Zusammenschlüssen, die Multikausalität von Entscheidungen und die vielfältigen Auswirkungen einzelner Beschlüsse machten aus der Sicht Adenauers ein verstärktes Maß an Wissen bei den verantwortlichen Politikern notwendig, nicht zuletzt um den außenpolitischen Spielraum bei Entscheidungen einer Regierung, mit der verhandelt wurde, abschätzen und das Maß des Erreichbaren berechnen zu können[60]. Man dürfe nicht „egozentrisch“ sein, mahnte er, wozu eine „übergroße Dynamik“ leicht führe. Man dürfe nicht übersehen, „daß auch andere Völker mit berechtigten Ansprüchen, mit eigenen Gedanken und Ideen auf der Welt sind.“[61] Um die außenpolitische

Lage richtig beurteilen und verstehen zu können, durfte man die Welt nicht nur von der eigenen Situation aus betrachten, „von dem aus, was wir Deutschen tun", wozu viele deutsche Politiker nach seiner Meinung neigten[62].

Im Jahre 1957 wurde Adenauer während einer Pressekonferenz gefragt, ob sich nach seiner Überzeugung „die Horizonte in der Politik" im Laufe der Zeit verschoben hätten. „Ich meine, wenn jemand, der Politiker werden möchte, Sie, Herr Bundeskanzler, um Rat fragen würde, welche Grundsätze und Richtlinien er sich zu eigen machen müßte, um erfolgreich zu sein, wie würden sich Ihre Ratschläge heute von denen unterscheiden, die Sie etwa vor 50 Jahren erteilt hätten?" Adenauer erwiderte hierauf, die Hauptgrundlage einer guten Außenpolitik sei die Kenntnis der Entwicklungen und die Kenntnis der außenpolitischen Zusammenhänge. „Das ist eine sehr ernste Sache, die ein viel größeres Studium und viel größere Kenntnisse voraussetzt, als das früher der Fall gewesen ist, weil eben die Zusammenschlüsse der einzelnen Länder erfolgt sind und weitere folgen werden, und weil schließlich in der Regel alle diese Gebilde insoweit zusammenhängen, als die Entwicklung in dem einen Gebilde sich auch bemerkbar macht in den anderen. Man muß deswegen sehr gründlich arbeiten und studieren und lernen und seine Kenntnisse stetig vervollkommnen, weil sich ständig das Bild ändert. Wann wir wohl mal in eine gewisse Ruhelage kommen, kann kein Mensch jetzt sagen. Ich würde sagen, derjenige, der sich jetzt der Politik und insbesondere der Außenpolitik widmen will, muß viel mehr arbeiten, als das vor 50 Jahren einer gebraucht hätte."[63]

Kräftezerfall Europas Eine Konstante in den Ausführungen Adenauers nach dem Zweiten Weltkrieg findet sich in Hinweisen, mit denen er auf den Prozeß des Kräftezerfalls der europäischen Staaten aufmerksam zu machen versuchte. Es sind Hinweise darauf, daß die erste Hälfte dieses Jahrhunderts eine Entwicklung gebracht hatte, die die Selbständigkeit der europäischen Staaten bedrohte und ihre völlige Entmachtung zur Folge haben konnte[64]. Dieser Prozeß stellte für ihn einen nicht zu übersehenden Faktor im weltpolitischen Geschehen dar. Seine Politik, auf welches Ziel auch immer sie gerichtet war, ist nicht voll zu verstehen, wenn sie getrennt gesehen wird von seiner Einschätzung dieser „Entwicklungsreihe", die er auf vielfältige Weise aufzuhalten und umzulenken versuchte. Durch die in ihr gesehene Herausforderung und die von ihm gegebenen Antworten erhielt seine Politik in hohem Maße ihr spezifisches Gepräge.

In diesem Zusammenhang gilt festzuhalten, daß für Adenauer Europa nicht am Eisernen Vorhang aufhörte. Aber durch den wachsenden Machtfaktor Sowjetunion und durch die faktische Teilung Europas sah er der politischen Bewegungsfreiheit hin zu einem Gesamteuropa schwer überwindbare Grenzen gezogen[65]. Sie hatten Rückwirkungen auf seine konkret verfolgten Zielsetzungen wie auch auf seine öffentlichen Aussagen. Noch im Mai 1946 findet sich in einer Rede im Zusammenhang mit seiner Forderung zur Schaffung eines vereinigten Europa eine Bemerkung, nach der er sogar eine Teilnahme derjenigen Sowjetrepubliken nicht ausschloß, die „auf europäischem Boden" lagen. „Warum sollten diejenigen Republiken Rußlands, die auf europäischem Boden liegen, nicht auch Mitglied der Vereinigten Staaten von Europa werden? Warum sollte das nicht möglich sein? Es muß doch endlich einmal in diesem gequälten Erdteil Europa Friede und Ruhe geschaffen werden!"[66] Eine Vorwegnahme der Forderung seines späteren Freundes Charles de Gaulle nach einem Europa vom Atlantik bis zum Ural! Doch diese Vorstellung Adenauers, sollte sie überhaupt in ernsthafter Weise Bestandteil seiner Überlegungen gewesen sein, unterlag gewiß schon bald einer Veränderung durch die fortlaufende Entwicklung. Es wurde deutlich, daß die Sowjetunion für ihn ein „Großkontinent" für sich war[67]. Auf Äußerungen, die an die im Jahre 1946 genannte Möglichkeit erinnerten, trifft man in den folgenden Jahren nicht wieder, wohl aber auf derartige Bemerkungen hinsichtlich Moskaus osteuropäischer Satelliten[68].

Wenn die Meinung vertreten wird, von einer „Gesamtschau europäischer Politik" bei Adenauer könne keine Rede sein, dazu sei er „zu wenig intellektuell" gewesen[69], so scheint es vielmehr, daß er zu realistisch war, um etwa im Stile weltfremder Wunschtraummalerei seine Handlungen und Äußerungen an Utopien zu orientieren und dabei nüchterne machtpolitische Tatsachen außer acht zu lassen. Auch er hielt ein Gesamteuropa für erstrebenswert. Entschieden wandte er sich gegen die Unterstellung, daß er zu Europa nur die westeuropäischen Staaten rechne. „Was heißt es denn [. . .], hier eine lange Rede darüber zu halten, Europa höre nicht am Eisernen Vorhang auf? Das weiß ich genau so gut wie Sie! Wollen Sie aber vielleicht jetzt nach Moskau eine Note senden: Wir verlangen, daß ihr alles das freigebt, damit wir ein großes und freies Europa bekommen?“ So in einer Entgegnung auf eine derartige Unterstellung während des 6. Bundesparteitages der CDU in Stuttgart im Jahre 1956[70]. Er hielt Zurückhaltung in Äußerungen hinsichtlich der osteuropäischen Staaten auch in deren Interesse für klüger. Avancen von seiten der Bundesrepublik, meinte er in der Situation von 1957, würden durch um so härteres Anziehen der Zügel durch Moskau beantwortet werden und kaum einer Entwicklung hin zu mehr Freiheit in diesen Ländern dienen[71]. Handeln könne man zur Zeit nur für die freien europäischen Völker, heißt es in einer Rede in Amsterdam am 23. November 1957: „Die Zerschneidung der europäischen Mitte und die ständige sowjetische Drohung bleiben bis auf weiteres Tatsachen von größter schicksalschwerer Bedeutung für uns alle.“[72] Diese Feststellung signalisierte jedoch nicht den Glauben an die Unabänderlichkeit dieses Zustandes. In seiner Rede in Madrid am 16. Februar 1967 machte er ein letztes Mal deutlich, daß er den östlichen Teil Europas nicht aus seinem politischen Horizont verbannt hatte[73].

Wie bei anderen Problemkreisen, so gewann Adenauer auch hinsichtlich seiner Feststellungen zum Kräftezerfall Europas Einsicht in die Ursachen und Kennzeichen dieser Entwicklung durch Vergleich der Gegenwart mit einem früheren Stadium. Er ging hierbei von der Lage um 1900 aus und verglich sie mit dem Zustand Europas, wie er sich ihm zum jeweiligen Zeitpunkt seiner Analysen zeigte, wobei er aktuelle Ereignisse und neueste Entwicklungen, die die europäische Situation betrafen oder betreffen konnten, mit einbezog. In den Jahren 1952 bis 1955 zum Beispiel war es der Kampf um die Ratifizierung des Deutschlandvertrages und der EVG beziehungsweise nach ihrem Scheitern im August 1954 der Beitritt der Bundesrepublik zur NATO. In einer großen Europarede in Brüssel am 25. September 1956 war es die sich zuspitzende Suezkrise, in einer Rede am 23. November 1957 in Amsterdam wurde die Gedankenführung durch die Auswirkungen des russischen Sputnik bestimmt, in seiner Rede vom 16. Februar 1967 in Madrid von dem zu jener Zeit zwischen den USA und der Sowjetunion geplanten Vertrag zur Nichtweiterverbreitung von Kernwaffen, den sogenannten Atomsperrvertrag.

Mit knappen Hinweisen pflegte er die Situation um 1900 zu skizzieren: Deutschland habe damals über das stärkste Landheer in Europa verfügt[74]. Englands Flotte sei doppelt so groß gewesen wie die beiden nächstgrößten Flotten zusammengenommen[75]. Frankreich und Italien hätten jedes eine Streitmacht „allerersten Ranges" befehligt[76]. Es finden sich Hinweise auf die Funktion Österreich-Ungarns als Kräftestabilisator in Osteuropa und als Brücke zu Westeuropa[77]. Rußland sei damals nicht eine „rein asiatische Macht" gewesen und habe sich bemüht, sich in die allgemeine europäische Situation einzuordnen[78]. „Rußland, dessen Westgrenze damals, grob gesprochen, von Memel über Warschau nach Odessa verlief, war noch in seinem Denken von westrussischen und europäischen Elementen maßgebend bestimmt. Seine Militärmacht war zwar groß, aber ihr standen andere Militärmächte auf dem europäischen Kontinent gegenüber."[79] Indien, Japan, China und andere Völker Asiens und Afrikas seien noch nicht in entscheidender Weise auf der Bühne der Weltpolitik erschienen[80]. Die Vereinigten Staaten von Amerika hätten sich erst nach 1918 zu einem bedeutenden Faktor der Weltgeschichte entwickelt[81]. Ihr Emporwachsen, so unterstrich er, beleuchte nichts besser als die Feststellung, daß sie, noch bis zum Ersten Weltkrieg ein Schuldnerland, nach dem Zweiten Weltkrieg die halbe Welt mit ihrem Kapital versorgten[82].

Scharf kontrastierte er diese Situation vor Beginn des Ersten Weltkrieges, in der das Europa der mächtigen Nationalstaaten richtunggebend die Weltpolitik bestimmte, mit den Verhältnissen nach 1945: Europa „wirtschaftlich verarmt und politisch geschwächt"[83], zu einem „machtlosen Erdteil" herabgesunken[84], angewiesen auf die Vereinigten Staaten von Amerika[85], seine innere Struktur völlig verändert durch das Vordringen der Sowjetunion bis zur Elbe[86].

Die Gründe, die zu diesem Sturz der europäischen Staaten beigetragen hatten, wären nach Adenauers Meinung zum Teil vermeidbar gewesen, zum Teil aber auch sah er die sinkende Bedeutung Europas als Resultat von unausweichlichen Entwicklungen.

Zu den vermeidbaren Gründen zählte er in erster Linie die „Selbstzerfleischung" Europas[87], das „seinen Reichtum mit Füßen getreten", das seine Wirtschaft durch ständige Kriege „ruiniert" hätte[88], eine Selbstzerfleischung, die insbesondere durch die Rivalität zwischen Frankreich und Deutschland ausgelöst worden war[89]. Adenauer forderte, daß man aus den „trüben Erfahrungen der Vergangenheit" die richtigen Folgerungen für eine bessere Zukunft zog[90]. Diese Folgerungen sah Adenauer darin, daß anstelle des Gegeneinander der europäischen Staaten ein Miteinander in Form ihres Zusammenschlusses gesetzt werde. Er meinte, jeder halbwegs denkende Mensch müsse zu dieser Erkenntnis kommen[91].

Eng an die Einsicht in die Notwendigkeit des europäischen Zusammenschlusses war für Adenauer gekoppelt eine weitere Lehre aus der Vergangenheit, die für seine Politik quasi axiomatischen Charakter besaß. Es war die Einsicht, daß ohne eine echte Verständigung zwischen Frankreich und Deutschland eine Vereinigung Europas nicht möglich sein werde, „daß Europa und damit Frankreich und Deutschland nur dann gerettet werden können, wenn der jahrhundertealte Zwist zwischen Frankreich und Deutschland endgültig aus der Welt geschafft wird“[92]. Ein Fortbestehen, auch nur ein latentes Weiterschwelen der Spannungen zwischen Deutschland und Frankreich werde jeden Versuch, so fürchtete er, den europäischen Zusammenschluß herbeizuführen, unmöglich machen[93]. Umgekehrt allerdings galt auch für ihn, daß nur „durch den Neuaufbau der europäischen Staatenwelt zu einer Union“ eine endgültige Lösung des deutsch-französischen Verhältnisses im Sinne einer Verständigung und Zusammenarbeit gelingen könne[94]. Deutsch-französische Aussöhnung und europäischer Zusammenschluß waren für ihn dialektisch aufeinander bezogen.

Im Jahre 1947 erklärte Adenauer in einer Rede, daß er seit „Jahrzehnten“ das „einzige Heil für Europa“ in einer Verständigung zwischen Frankreich und Deutschland erblickt habe[95]. Seine Rede vom 1. Februar 1919 ist ein Nachweis für diese Feststellung. Auch damals entwickelte er seine Überlegungen zur Überwindung des deutsch-französischen Gegensatzes in Antwort auf historische Gegebenheiten, und zwar auf die Kriege von 1870/71 und von 1914/18[96]. Er beließ es nicht bei Worten. Anfang der zwanziger Jahre unternahm er praktische Schritte zur Konkretisierung seiner Erkenntnis, doch blieben sie damals ohne Konsequenzen[97]. Nach 1945 knüpfte er an seine alten Vorstellungen an. Er erstrebte Lösungen, die nicht nur wirtschaftlichem Nutzen, sondern bei gleichzeitiger Berücksichtigung des französischen Sicherheitsverlangens gegenüber Deutschland vor allem dem Ziel dienen sollten, durch eine allgemeine wirtschaftliche Verflechtung zu einer unlösbaren Zusammenarbeit zu kommen[98]. Als Grundlage der Gedankenführung, die hinter seinen Vorschlägen stand und die bis zu seinem Tode bestimmend blieb, ist folgende Passage einer Rede vom Oktober 1948 zu sehen: „Die deutsch-französische Frage bleibt eine der Hauptfragen Europas. Die Spannung, die jetzt zwischen Sowjetrußland und den Vereinigten Staaten besteht, wird eines Tages so oder so wieder aus der Welt verschwinden, aber Deutschland und Frankreich bleiben Nachbarn, solange diese Länder von Menschen bewohnt sind. An einer wirklichen und dauernden Verständigung zwischen Deutschland und Frankreich hängt die ganze europäische Zukunft.“[99]

Wenige Wochen nach Aufnahme seiner Regierungstätigkeit als Bundeskanzler findet sich eine Erklärung, in der er seine Entschlossenheit manifestierte, die deutsch-französischen Beziehungen zu einem „Angelpunkt“ seiner Politik zu machen. Er stellte dabei in Rechnung, daß „viel historisches Gestrüpp“ fortzuräumen sein werde, das den beiden Völkern die Aussicht versperrte und den Weg zueinander erschwerte. Aber der Zustand Europas, warnte er, erlaube keine „Erbfeindschaften“[100]. Zäh hielt er trotz mancher Rückschläge und Hindernisse an seiner Grunderkenntnis fest und bemühte sich während seiner vierzehnjährigen Kanzlerschaft, in ihrem Sinne zu wirken[101].

Die bereits nach dem Ersten Weltkrieg gewonnene Einsicht in die Notwendigkeit eines engen Zusammengehens zwischen Deutschland und Frankreich erhielt nach 1945 für Adenauer erhöhte Bedeutung durch die Tatsache, daß die Sowjetunion bis in die Mitte Deutschlands vorgedrungen war[102]. Adenauer befürchtete, daß, wenn Deutschland und Frankreich nicht eng miteinander verbunden waren, die Sowjetunion über Möglichkeiten verfügte, alte Spannungen zu neuem Leben zu erwecken und das eine Land gegen das andere auszuspielen mit dem Resultat, daß das ganze Europa über kurz oder lang dem russischen Herrschaftsbereich einverleibt würde. Auch aus dieser Perspektive kam für Adenauer dem deutsch-französischen Verhältnis eine Schlüsselrolle zu[103]. Denn eine weitere Lehre aus der Geschichte war für ihn, daß Rußland sich von jeher Spannungen zwischen Deutschland und Frankreich zunutze gemacht hatte[104]. Nur ihr fester Zusammenschluß konnte nach seiner Auffassung einen stabilen Damm gegen eine weitere Ausdehnung der sowjetrussischen Einflußsphäre in Westeuropa bilden[105]. Eine Bolschewisierung Deutschlands würde auch eine Bolschewisierung Frankreichs bedeuten, hatte er im Jahre 1919 in einem Interview mit einem französischen Journalisten gewarnt[106]. Die gleiche Aussage findet sich nach 1945[107]. „Unser Geschick ist auch das Geschick Frankreichs. Wenn wir von den Russen verschlungen werden, wird auch Frankreich von den Russen verschlungen werden.“[108] So die Formulierung dieses Grundgedankens zwei Jahre vor seinem Tod.

Zu den vermeidbaren Gründen, die zum Niedergang Europas geführt hatten, zählte Adenauer insbesondere Auswirkungen des Nationalismus, der, von ihm als „Produkt der französischen Revolution“ verstanden[109], nach seiner Auffassung im 19. Jahrhundert eine verhängnisvolle Entwicklung eingeschlagen hatte[110]. Er lastete ihm eine Förderung der „Zersplitterung des europäischen Lebens“ an[111] und schrieb ihm zu, daß er den Staat, „und zwar in jedem Volk seinen eigenen Staat“, zum „Götzen“ machte[112]. Nationalismus war für ihn ein „Krebsschaden“ Europas[113]. In Ausführungen vor Vertretern der Auslandspresse im April 1954 heißt es: „Meiner Meinung nach ist die Entartung des Gedankens des Nationalstaates, das Abgleiten in die nationalistische Denkungsweise bei allen Völkern der Ausgangspunkt und die Ursache dafür gewesen, daß sie unfähig waren, das Notwendige zu erkennen und das Richtige zu tun. Der Nationalismus verführt die Völker dazu, zu vergessen, daß alle Völker ein Recht auf ihre Existenz haben und daß allein ein harmonisches Zusammenleben der Völker auch den Interessen des eigenen Volkes am besten dient.“[114] Es wird deutlich, schon durch Adenauers Sicht der Genesis des Nationalismus, daß Nationalismus für ihn einerseits weitgehend gleichbedeutend war mit der nationalstaatlichen Idee und zum anderen das Element eines übersteigerten Nationalgefühls enthielt. Seine Ablehnung des in diesem Sinne verstandenen Nationalismus war für ihn jedoch keineswegs identisch mit der Ablehnung von jeglichem Nationalgefühl. Ein Volk, das kein Nationalgefühl mehr besitze, heißt es in einer Rede vom März 1949, gebe sich selbst auf[115]. „Nationalgefühl muß eigentlich jedes Volk haben, das etwas auf sich hält“, erklärte er im November 1966[116]. Unter Nationalgefühl verstand Adenauer „Liebe zu seinem Volk und auch Stolz auf sein Volk, auf das, was dieses Volk in der Vergangenheit geleistet hat“[117].

Nationalgefühl und Nationalbewußtsein als Integrationsfaktoren der Gesellschaft hielt er auch in einem vereinigten Europa für notwendig. Seine Forderung, ein vereinigtes Europa zu schaffen, wollte er keineswegs als Forderung zur Schaffung eines „europäischen Zentralismus“[118], einer „Uniformität“[119] verstanden wissen. Nach seinen Vorstellungen sollte der Vielfältigkeit und der Besonderheit der Einzelstaaten, die sich im Laufe der Geschichte herausgebildet hatten und die nach seiner Auffassung das Wesen Europas ausmachten, nicht zerstört, sondern auf einer höheren Stufe harmonisiert und dadurch gefestigt werden[120]. In einem Interview im Jahre 1953 meinte er, manche schienen sich den europäischen Einigungsprozeß so vorzustellen, als werde es einen „Schmelztiegel“ geben, aus dem eine „graue und einförmige Masse“ hervorgehen müßte, und das wäre dann Europa. Dagegen wehre sich nicht nur der „vielgeschmähte Nationalismus“, sondern auch der gesunde Sinn für Eigenes und Überliefertes. „Aber Europa soll gar nicht gleichgeschaltet werden. Sein größter Reiz und Reichtum liegt in der Mannigfaltigkeit“, versuchte er richtigzustellen. „Das Gemeinsame in dieser Mannigfaltigkeit herauszuarbeiten, das Verschiedene zu einer Einheit verbinden, das ist die Aufgabe. Das ist ja gerade das Gesunde an einem richtig verstandenen Föderalismus, daß es weiter Franzosen, Italiener, Deutsche, Holländer, Belgier, Luxemburger geben wird in der größeren europäischen Heimat. Hier entsteht etwas Neues, ohne daß das Alte vernichtet wird. Das Nationale bleibt, nur ist es nicht mehr das Letzte und Höchste.“ Solidarität sollte an die Stelle einzelner Egoismen treten[121].

Adenauer kam es darauf an, historisch Gewachsenes in sinnvoller Weise aneinanderzubinden und dadurch in Einklang zu bringen mit den Kräften und Entwicklungstendenzen auf weltpolitischer Ebene. Für ihn galt, daß durch die „historische Entwicklung der letzten Jahrzehnte“ die europäischen Staaten im Hinblick auf ihre Zukunft aneinandergekettet waren[122]. Ergebnis der weltpolitischen Machtverschiebungen war für ihn die Einsicht: „Das Schicksal eines europäischen Landes wird auch das Schicksal der anderen europäischen Länder sein: entweder alle behaupten die Freiheit und Unabhängigkeit, oder alle verlieren sie. Das eine Land mag sie vielleicht etwas früher verlieren als das andere, aber wir alle sind miteinander in einem Boot.“[123] Er hielt den Zusammenschluß Europas für die logische und natürliche Entwicklungsstufe der europäischen Geschichte[124].

Die Gründe Adenauers, die hinter dieser Einsicht standen, sind jedoch nicht erschöpfend erfaßt, wenn man nur seinen Willen zur Vermeidung etwaiger künftiger europäischer Auseinandersetzungen, den Wunsch zur Überwindung des deutsch-französischen Gegensatzes und das Bestreben zur Zähmung des Nationalismus ins Blickfeld zieht. Zu ihnen gehörte vor allem die Bedrohung durch die Sowjetunion, mit der ein Faktor angeschnitten ist, der für Adenauer in überaus augenfälliger Weise den Machtverlust der europäischen Staaten demonstrierte.

Adenauer war sich nur zu sehr bewußt, daß die Entwicklung hin zu einem vereinigten Europa durch das sowjetrussische Gebaren nach 1945 und durch die allgemeine kommunistische Gefahr starke Impulse erhalten hatte. In einem Aufsatz vom April 1949 schrieb er vom „heilsamen Zwang“[125], in einer Rede des Jahres 1957 nannte er den sowjetischen Imperialismus einen „Bundesgenossen wider Willen“[126]. Er selbst hatte kräftig dazu beigetragen, diese Bedrohung als Vehikel einer Beschleunigung des Zusammenschlusses einzuspannen. Dies entsprang der Befürchtung, daß das gesamte Europa, wenn es sich nicht einigte, im Laufe einer kürzeren oder längeren Entwicklung nichts anderes sein werde als Satellit des „sowjetrussischen Kolosses“[127]. Dies zu verhüten, war eines der wichtigsten Ziele seiner Europapolitik. Dabei ging er davon aus, daß auch bei einem Abklingen des Kalten Krieges der europäische Zusammenschluß eine zwingende Notwendigkeit blieb. In einer Rede des Jahres 1951 umriß er seine Überlegungen hierzu folgendermaßen: Ausgangspunkt war die Feststellung, daß die Spannungen zwischen Ost und West wahrscheinlich ohne einen heißen Krieg „irgendwie und irgendwann“ abflauen würden. Aber, so meinte er, es werde trotzdem eine dauernde latente Bedrohung des Westens übrig bleiben. Denn es sei zu bedenken, daß Sowjetrußland mitten in Europa stehe. Es werde sich, wenn eine Beruhigung der derzeit bestehenden Spannungen eingetreten sei, seiner „panslawistischen Veranlagung“ und seiner „totalitären Regierungsform“ entsprechend immer geneigt oder sogar gezwungen sehen, bei passenden Gelegenheiten aktive expansionistische Politik zu treiben. „Die sowjetrussische Gefahr wird also auf eine jetzt zeitlich nicht zu schätzende Periode bleiben.“ Da „nach der Natur der Sache“ das amerikanische Volk nicht gewillt sein werde, auf Jahrzehnte hinaus amerikanische Streitkräfte in Europa zu unterhalten, würden die westeuropäischen Länder selbst, allerdings unterstützt von den Vereinigten Staaten, einen dauernden wirksamen Schutz gegenüber dem sowjetrussischen Expansionsstreben bilden müssen. Das aber werde nur möglich sein, wenn es gelinge, Europa zusammenzufassen[128]. Diese Überlegungen behielten für Adenauer auch in späteren Jahren ihre Gültigkeit[129].

Die Bedrohung durch die Sowjetunion berührt und überschneidet sich mit einem weiteren Aspekt, unter dem Adenauer den Zusammenschluß Europas für unausweichlich hielt. Er betrifft die von ihm als für die Zukunft von wachsender Bedeutung gewertete weltweite Tendenz hin zu großräumigen Zusammenschlüssen. Diese Tendenz sah er durch die beiden Weltkriege und durch den technischen Fortschritt entscheidend gefördert[130]. Als ihr Ergebnis, für Adenauer

jedoch keineswegs ein Ergebnis von permanentem Charakter, gab es nur noch zwei Supermächte, die USA und die Sowjetunion. Bis Anfang der fünfziger Jahre rechnete er außerdem Großbritannien mit dem Commonwealth – wenn auch mit Abstand und unter Einkalkulierung seines sinkenden Gewichts – noch zu ihnen[131], ab etwa 1955 das aufsteigende China[132]. Es war davon die Rede, daß Adenauer den Machtverlust der europäischen Staaten auf Gründe zurückführte, die hätten vermieden werden können, und auf Gründe, die er im Zusammenhang mit einer unaufhaltsamen Entwicklung sah. Zu den letzteren zählte er diese Tendenz zu großräumigen Zusammenschlüssen und als deren Teilbestand das Eigengewicht, das er dem technischen Fortschritt zuschrieb als entscheidendem Faktor zu ihrer Förderung. Ein Beharren auf nationaler Eigenstaatlichkeit mußte nach Adenauer zwangsläufig die Bedeutung der europäischen Staaten im Verhältnis zu neu entstandenen und neu entstehenden Großräumen wirtschaftlicher und politischer Art verringern[133]. Er meinte, durch den Fortschritt der Technik seien die einzelnen europäischen Völker vor Aufgaben gestellt, denen sie jedes für sich nicht gewachsen wären. Schon allein dieser Gesichtspunkt verlangte nach seiner Auffassung ihre Vereinigung, sollte ihre Existenzfähigkeit gewahrt bleiben[134].
Ein weiterer Komplex, mit dem Adenauer unvermeidbare Gründe für den Machtverlust der europäischen Staaten in Verbindung brachte, war der Emanzipierungsprozeß der asiatischen und afrikanischen Völker, durch den er neue Machtzentren politischer und ideologischer Natur heranwachsen sah und der gleichzeitig eine Schwächung Europas zur Folge haben mußte[135]. Auch diese neuen Machtzentren standen für ihn im Zeichen der Tendenz zu großräumigen Staatsgebilden. China als aufkommende Supermacht war für ihn am gewichtigsten; in Japan, Indien und den arabischen Staaten sah er weitere Schwerpunkte[136]. Eine beherrschende Rolle spielten sie nicht in seinen Äußerungen, und dennoch ist festzustellen, daß sie seine Zukunftsperspektiven wesentlich mit beeinflußten. Dies galt vor allem für China, worauf im Zusammenhang mit Darlegungen zu dem sowjetrussischen Expansionsdrang noch einzugehen sein wird.

Für Adenauer ergab sich aus den durch genetische Sicht gewonnenen Einblicken in die Veränderungen des weltpolitischen Kräftefeldes seit der Jahrhundertwende die selbstverständliche Schlußfolgerung, daß die europäischen Völker nicht länger dem Luxus eines „erstarrten und überspitzten" Nationalismus anhängen durften[137]. Er meinte, es helfe alles nichts, die Europäer müßten manche auf nationalen Vorstellungen und Traditionen beruhenden Hemmungen rücksichtslos über Bord werfen und sie müßten handeln. Eine Entwicklung, die sie nicht beeinflussen könnten, gehe sonst einfach über sie hinweg[138]. Seine Gegenüberstellungen mit der Situation Europas um die Jahrhundertwende dienten vor allem auch dem Zweck, die Schnelligkeit deutlich zu machen, mit der sich die Machtverschiebungen vollzogen hatten und sich auch weiterhin vollziehen würden. In seinem letzten großen Appell zur Einigung Europas in Madrid am 16. Februar 1967 wies er ausdrücklich auf die Gefährlichkeit hin, die er in dieser Schnelligkeit des Wandels sah[139].

Unbeirrbar hielt Adenauer bis zu seinem Tod am Ziel eines vereinigten Europa fest. In den Methoden, mit denen er es zu erreichen suchte, zeigte er indes größte Elastizität[140]. Ob Föderation oder Konföderation, ob Integration oder andere Möglichkeiten der Zusammenarbeit – er war nicht auf einen Weg festgelegt. Eine Methodendoktrin gab es nicht für ihn, wohl aber Präferenzen. Und zu diesen Präferenzen gehörte die Schaffung eines vereinigten Europa auf dem Wege der Integration. Dies entsprach seiner Grundüberzeugung, daß gemeinsame wirtschaftliche Interessen eine solide Grundlage für die Annäherung der Völker und für gute politische Beziehungen zwischen ihnen seien[141]. Aus dieser Einstellung heraus ist sein Vorschlag zur Schaffung eines europäischen „Binnenmarktes" zu verstehen, den er 1946 vortrug[142], und seine im April 1949 in einem Interview erhobene Forderung, die Grenzen in Europa müßten einen neuen Sinn erhalten; aus Schranken, die bisher lediglich engen nationalen Interessen gedient hätten, müßten allmählich „Verwaltungslinien" werden, über die sich die europäische Wirtschaft ungehindert entwickeln könne[143]. Er versprach sich von einer wirtschaftlichen Verflechtung das Heranwachsen neuer gemeinsamer Interessen, durch die alte Gegensätze zurücktreten und durch die bindende Wirkungen ausgeübt würden[144]. Für die Lösung des europäischen Zusammenschlusses auf dem Wege der Integration sprach auch seine allgemeine Auffassung, daß ein Zusammenschluß der europäischen Staaten im Wege von Bündnissen nicht sicher sei, denn: „Bündnisse halten starken Druck niemals aus."[145] Die von dem damaligen französischen Außenminister Robert Schuman im Mai 1950 vorgeschlagene Montan-Union entsprach „voll und ganz" seinen seit langen Jahren vertretenen Vorstellungen einer Verflechtung der europäischen Schlüsselindustrien[146]. Es muß hier jedoch festgehalten werden, daß Adenauer in späteren Jahren Skepsis anmeldete gegenüber dem optimistischen Glauben, nach dem aus wirtschaftlicher Zusammenarbeit ein politischer Zusammenschluß Europas quasi automatisch hervorgehen werde[147].

Adenauer war sich von Anfang an bewußt, daß der Weg zur Vereinigung Europas schwierig sein werde. Aber er meinte, man müsse sich das Ziel vor Augen halten. „Wenn man immer nur an die Schwierigkeiten denkt, dann tut man überhaupt nichts . . .“[148] Doch diese Schwierigkeiten waren in der Tat groß, wie das Scheitern der EVG im August 1954 bewies[149]. Es bedeutete für die Politik Adenauers einen schweren Rückschlag, führte ihn jedoch nicht zur Resignation[150]. In einer Unterredung mit dem britischen Oppositionsführer Hugh Gaitskell meinte er zwei Jahre später, zur Zeit der EVG-Verhandlungen habe man zu starre Bindungen schaffen wollen. Er sei dafür, daß man nunmehr elastische Formen finde, und er brachte den Gedanken eines Staatenbundes ins Gespräch, wobei die Überlegung, daß hierdurch die Teilnahme Großbritanniens erleichtert werde, mit Gewißheit eine große Rolle spielte. Ihm waren die Hemmungen in Großbritannien, auf Souveränitätsrechte zu verzichten, sehr wohl bekannt[151]. Das Scheitern der EVG trug bei zu der Lehre, daß die Verwirklichung der europäischen Einigung nicht unmöglich gemacht werden dürfe durch „eine Krankheit der Zeit“, den „Perfektionismus“[152]. In einer Rede im September 1956 führte er aus: „Die europäische Integration darf nicht starr sein, sie muß dehnbar und so elastisch sein wie eben möglich. Sie darf kein einschnürender Panzer sein für die europäischen Völker, sie muß vielmehr ihnen und ihrer Entwicklung ein gemeinsamer Halt, eine gemeinsame Stütze für eine gesunde, den berechtigten Eigenheiten eines jeden Einzelnen entsprechende Entwicklung sein.“[153] Sehr weit von de Gaulles später verfochtenen Vorstellung eines „Europa der Vaterländer“ war Adenauer nicht entfernt[154].

Adenauers Politik war seit 1945 konsequent auf die Vereinigung Europas ausgerichtet, doch die Ansätze zur Erreichung dieses Zieles, auf die er einging beziehungsweise die er selbst zur Diskussion stellte, waren sehr verschiedenartig. Reaktionen auf an ihn herangetragene Vorschläge und eigene Initiativen hielten sich dabei die Waage und gingen zum Teil ineinander über: Im Jahre 1946 Vorschlag zur Schaffung eines großen europäischen „Binnenmarktes“

und im März 1950 Vorschlag zur Gründung einer deutsch-französischen Union[155]; Bejahung des Planes von Robert Schuman zur Gründung einer Montan-Union im Mai 1950, an der sich dann insgesamt sechs Staaten beteiligten; Mitwirkung und Mitgestaltung an der EVG und der EWG; der Gedanke eines europäischen Staatenbundes im Herbst 1956; grundsätzliches Festhalten am Ziel einer europäischen politischen Union seit 1950; nachdem Bemühungen zu ihrer Gründung nach intensiven Anstrengungen insbesondere der Jahre 1960 und 1961 im April 1962 in einer Sackgasse geendet hatten und Versuche, sie daraus herauszuführen[156], im Sommer des gleichen Jahres gescheitert waren, folgte der Abschluß des deutsch-französischen Vertrages am 22. Januar 1963[157].

Ein Grundsatz Adenauers war, wenn man nicht sofort das Ideale erreiche, dann müsse man eben das Mögliche zu realisieren suchen, das Weitere werde sich dann schon finden[158]. Natürlich hätte Adenauer ein Gesamteuropa begrüßt unter Einschluß der osteuropäischen Staaten; es wurde darauf hingewiesen. Natürlich hätte er auch eine Beteiligung Großbritanniens für gut befunden[159], so auch eine Beteiligung der nordischen Staaten[160]. Aber Großbritannien hatte durch das Commonwealth und sein Verhältnis zu den USA historisch gewachsene Eigeninteressen, und man empfand sich dort, wie Winston Churchill es in seiner Züricher Europarede im Jahre 1946 aussprach, als wohlwollender Freund eines vereinigten Europas, nicht als mögliches Mitglied[161]. Für Adenauer war diese Grundhaltung im Interesse Europas sehr bedauerlich. „Wir können nur wünschen und hoffen, daß die englische Öffentlichkeit endlich einsieht, daß England eine europäische Macht geworden ist, d. h. daß England mit Europa steht und fällt. Wir können nur wünschen und hoffen, daß die englische öffentliche Meinung möglichst bald einsieht, welche Bedeutung der Zusammenschluß Europas auch für England hat, und daß es Englands Pflicht ist gegenüber seinem eigenen Volke, die Rolle in Europa zu übernehmen, die es kraft seiner Größe und Stärke übernehmen muß."[162] So Adenauer in einer Rede vom Oktober 1948. Doch Gespräche mit britischen Politikern in den folgenden Jahren konnten ihn kaum auf einen fundamentalen Wandel der britischen Haltung schließen lassen[163]. Dennoch hielt Adenauer, wenn auch mit großen Vorbehalten, eine Entwicklung Englands hin zu Europa nicht für ausgeschlossen[164]. Daß die nordischen Staaten dann England folgen würden, war für Adenauer wohl selbstverständlich. Aber bis die Entwicklung eine derartige Wandlung herbeigeführt hatte, durfte nach seiner Meinung nicht eine Wartestellung in der Frage der europäischen Einigung eingenommen werden. Er hielt es für besser, wenigstens mit einem Teil zu beginnen, als gar nichts zu tun. Zur Montan-Union erklärte er im Jahre 1952 im Zusammenhang mit einem damals weit verbreiteten Vorwurf, man hänge nur einem „Klein-Europa“ an, es wäre „töricht“, wenn man nicht wenigstens mit sechs Staaten anfangen würde und etwa warten wolle, bis alle zu einem Beitritt bereit wären. „Ich bin überzeugt: Wenn der Anfang mit sechs Ländern gemacht ist, kommen eines Tages alle anderen europäischen Staaten auch hinzu.“[165] Montan-Union, EVG, EWG und auch den deutsch-französischen Vertrag verstand er jeweils nur als einen Anfang, und zwar sowohl hinsichtlich der Zahl der Mitgliedstaaten als auch in bezug auf die politische Zielsetzung, nämlich die Schaffung einer politischen Union Europas[166]. Angesichts der weltpolitischen Entwicklungen hielt er es für unverantwortlich, im Nichtstun zu verharren. In seiner Rede vom 16. Februar 1967 heißt es im Zusammenhang mit der von ihm dringend geforderten politischen Union Europas: „In unserer Epoche dreht sich das Rad der Geschichte mit ungeheurer Schnelligkeit. Wenn der politische Einfluß der europäischen Länder weiterbestehen soll, muß gehandelt werden. Wenn nicht gleich die bestmögliche Lösung erreicht werden kann, so muß man eben die zweit- oder drittbeste nehmen. Wenn nicht alle mittun, dann sollen die handeln, die dazu bereit sind.“ Handeln, Anfangen sei die Hauptsache[167].

Die Methode war für ihn offen, das Ziel aber stand fest. Aufgrund genetischer Sicht mußte für ihn dieses Ziel fast ein Diktat für die europäischen Völker sein, und zwar aus Selbsterhaltungstrieb. Man müsse sich immer vor Augen halten, erklärte er in einer Rede vor dem Europarat in Straßburg am 20. Mai 1954, daß die europäischen Staaten ein Teil des weltweiten Spannungsfeldes seien, ob sie es wollten oder nicht. „Unser Potential an hochqualifizierten Menschen und hochentwickelten Industrien und unser Reichtum an wichtigsten Rohstoffen macht uns zu einem begehrenswerten Objekt. Wer diesen Kontinent unter seiner Kontrolle hat, der hat in dieser Auseinandersetzung gesiegt, ohne daß es militärischer Anstrengungen bedurfte.“[168] Mannigfaltig seien die Methoden, die es heute gebe, um sich Völker zu unterwerfen. Der offene militärische Angriff sei dabei der primitivste. „Was bedeutet für uns das oft so tragische Erbe unserer Geschichte, wenn wir nicht die Lehre daraus ziehen, daß kein Mitglied dieser europäischen Gemeinschaft heute für sich allein in der Lage ist, seine Existenz zu schützen und daß wir in dieser Welt voller Gefahren nur zusammenstehen können."[169] Die Rede, die er zwölf Jahre später in Madrid hielt, ist kein Beweis dafür, daß er die Erfolge der Bemühungen hin zu einem vereinigten Europa als ausreichend wertete, um einen weiteren Kräftezerfall Europas aufzuhalten.

Polyzentrismus kontra Bipolarität Mit dem Kräftezerfall Europas sah Adenauer, wie dargelegt wurde, eine weltweite Tendenz zu großräumigen Zusammenschlüssen einhergehen. Diese Tendenz konnte zu einem Polyzentrismus der Macht, konnte aber auch zu einer Verfestigung der seit 1945 offenkundigen Tendenz zur Bipolarität führen. Das Emporwachsen der beiden Supermächte USA und Sowjetunion und die Konzentration der Macht auf diese beiden Staaten war für Adenauer eine Entwicklung, die er keineswegs begrüßte, wenn er auch mit Rücksicht auf die USA und die lebenswichtige Bindung der europäischen Staaten an sie, insbesondere der Bundesrepublik, mit seinen Äußerungen hierzu sparsam und zurückhaltend umging. In dem enormen Unterschied der politischen und wirtschaftlichen Macht der USA und der Sowjetunion im Vergleich zu den übrigen Staaten sah er Gefahren für die Freiheit eben dieser übrigen Staaten[170]. Der Zustand des „Nebeneinander kleiner politischer Gebilde im Schatten der Großen" begeisterte ihn ganz und gar nicht[171]. In seinen „Erinnerungen" schreibt er grundsätzlich hierzu: Wenn ein „Großer" und ein „Kleiner" oder ein „Großer" und mehrere „Kleine" zusammen Politik treiben wollten, dann könne sich leicht bei dem „Großen" ein übertriebener Führungsanspruch, bei den „Kleinen" ein Abhängigkeitsgefühl ergeben; das sei unter den verschiedensten Gesichtspunkten nicht gut; unbedingt führe das Abhängigkeitsgefühl der „Kleinen" aber im Laufe der Entwicklung zum Nachlassen ihrer Kräfte. „Das Vorhandensein von nuklearen Waffen, die Monopolstellung, die die zwei Weltmächte dadurch erhalten, können auf die Dauer zu untragbaren Verhältnissen für alle Kleinen führen."[172] Es war nicht sein Freund Charles de Gaulle, dem die Vaterschaft für die Niederkunft dieser Passage in den „Erinnerungen" zuzuschreiben wäre. Adenauer hat diese Gedanken bereits in einer Rede im Jahre 1956 unumwunden ausgesprochen[173].

Nicht zuletzt im Zusammenhang mit der hiermit angeschnittenen

Problematik ist Adenauers Forderung zum Zusammenschluß der europäischen Staaten zu sehen. Schon im Jahre 1946 betonte er die Notwendigkeit, daß durch die Schaffung eines vereinigten Europa ein ausgleichender Faktor in die Weltpolitik gebracht werden müsse. Er sollte dazu beitragen, eine „wirkliche Gemeinschaft aller Völker" entstehen zu lassen, „eine Gemeinschaft, die nicht beherrscht wird durch einige große Weltmächte"[174]. Auf einer Pressekonferenz am 9. Mai 1950, auf der Adenauer zu dem Vorschlag Robert Schumans zur Bildung einer Montan-Union Stellung nahm, erklärte er, das Ziel müsse sein, in einem vereinten Europa eine „dritte Kraft" zu schaffen, eine Kraft, die „bei weitem" nicht so groß werden könne wie die beiden Großmächte Sowjetunion und USA, die aber immerhin wirtschaftlich und politisch so stark sein würde, daß sie ihr Gewicht für die Erhaltung des Friedens in die Waagschale legen könne[175]. Einen Monat zuvor hatte er in einer Rede in München die gleiche Forderung erhoben. „Wovon lebt Europa? Es lebt von der Gnade der Vereinigten Staaten. Auch das wird nicht immer so bleiben. Es wird eines Tages der Augenblick kommen und kommen müssen, in dem dieses Europa wieder sich selbst helfen kann und auf eigenen Füßen stehen muß. Aber das kann es nur dann, wenn dieses Europa zusammengeschlossen wird zu einem föderalistischen Staat, zu einem großen Gemeinwesen, zu einer großen Macht, freilich nicht einer Macht von der Bedeutung, daß sie einer der beiden Weltmächte gefährlich werden könnte, so daß insbesondere Sowjet-Rußland in einem solchen Zusammenschluß niemals eine Gefahr zu erblicken braucht, wohl aber zu einer Macht, die so groß ist, daß sie eingesetzt werden kann für die Erhaltung des Friedens in der Welt."[176]

Die Rücksichtnahme auf mögliche nervös-empfindliche Reaktionen Washingtons und Moskaus ist deutlich, deutlich aber auch das Streben nach europäischer Eigenständigkeit. Doch durch den Ausbruch des Korea-Konfliktes im Sommer 1950 wurde ein Schlaglicht auf die realen Kräfteverhältnisse geworfen und das Vertrauen in die europäischen Möglichkeiten vorerst reduziert. Die Aufgabe, Europa zu einigen und als eigenständigen Faktor in die Weltpolitik einzuführen, ist eine Problematik, die der Politik Adenauers einen fundamentalen Grundzug gab, der jedoch in der ersten Hälfte der fünfziger Jahre durch eine starke Anlehnung Bonns an die USA überschattet wurde und erst in den letzten Jahren der Regierungszeit Adenauers durch das Zusammenwirken mit Staatspräsident de Gaulle seiner Politik nach außen sichtbar stärkere Akzente gab[177].

Es war nicht allein die ausgleichende Funktion zwischen den beiden Weltmächten, die Adenauers Forderung nach mehr europäischer Eigenständigkeit bestimmte. Mindestens gleichermaßen wichtig für seine Motivation war die Sorge, es könnten zwischen den USA und der Sowjetunion über die Köpfe der Europäer hinweg in zweiseitigen Arrangements Absprachen erfolgen, von denen wichtige europäische Interessen betroffen wären[178]. Diese Sorge wurde verstärkt durch die Entwicklung ferngesteuerter Raketen, die als Träger von Atombomben diese für einen beliebigen Radius wirksam machen und damit den Wert Europas für die Verteidigungsplanung des Pentagon entscheidend modifizieren würden. Zunehmende direkte Gefährdung des amerikanischen Territoriums konnte ein gewandeltes außen- und sicherheitspolitisches Denken der Amerikaner nach sich ziehen, das den Sicherheitsbedürfnissen der Europäer nicht mehr entsprach. Nachlassendes Interesse der USA für Europa und eine völlige Umwälzung der amerikanischen Verteidigungsstrategie konnten die Folge sein[179]. Im Herbst 1957 symbolisierte der russische Sputnik diese Gefahr in augenfälliger Weise, und es ist gewiß kein Zufall, daß Adenauer in einer Rede im November 1957 die politische Abhängigkeit der europäischen Staaten in peinlicher Deutlichkeit beim Namen nannte. Er bezeichnete als ein „erstaunliches Phänomen" die Selbstverständlichkeit, mit der sich die europäischen Staaten damit abzufinden schienen, daß sie aus eigenen Kräften nicht in der Lage seien, das für ihre Existenz notwendige internationale Kräfteverhältnis zu sichern, geschweige denn, es zu ihren Gunsten zu beeinflussen.

Noch zu Beginn dieses Jahrhunderts sei ihr Einfluß in der Welt fest begründet gewesen. „Heute, kaum ein halbes Jahrhundert später, führen die freien europäischen Staaten eine Existenz im Schatten der Atommächte, und sie tun das, obgleich ihr wirtschaftliches Potential nach wie vor größer ist als dasjenige der Sowjetunion und obgleich die sozialen und wirtschaftlichen Verhältnisse in dem freien Europa in den letzten Jahren eine unerwartet günstige Entwicklung genommen haben."[180]

Doch das Kunststück, die europäische Einigung zu realisieren angesichts der noch virulenten Nationalismen und angesichts der speziell seit Regierungsantritt de Gaulles keineswegs sich durch stürmische Begeisterung manifestierenden Haltung Washingtons zu einem selbständigen Europa, gelang zu Lebzeiten Adenauers nicht. Eine Umlenkung der Bipolarität zugunsten eines Polyzentrismus, in dem

Europa ein entscheidendes Gewicht zufiel, blieb für Adenauer ein unerreichtes Ziel. Im Gegenteil, seit dem Regierungsantritt John F. Kennedys schien ihm der Trend in Washington zu zweiseitigen Absprachen mit Moskau stärker offenkundig geworden zu sein[181]. Der Atomtestvertrag vom August 1963 und in weitaus drastischerer Weise die Planung des Atomsperrvertrages stärkten die Befürchtungen Adenauers, daß das Übergewicht der Supermächte in für die europäischen Staaten verhängnisvoller Weise durch bilateralen Kontakt zwischen Washington und Moskau weiter sich verfestige. In seiner Rede in Madrid am 16. Februar 1967 sprach Adenauer die Warnung vor den Folgen dieser Tendenz in unverhüllter Kraßheit aus: „Zwischen den beiden Weltmächten, den Vereinigten Staaten und Sowjetrußland, finden nun Verhandlungen statt mit dem Ziele, die Produktion und den Besitz solcher Waffen zum ausschließlichen Privileg Sowjetrußlands und der Vereinigten Staaten zu machen. Darin liegt die größte Gefahr für die übrigen Völker in der ganzen Welt, insbesondere aber für das produktiv so außerordentlich wertvolle Europa . . .“[182] Er warnte vor der Gefahr, daß es politisch und wirtschaftlich völlig machtlos und Beuteobjekt von Gegensätzen zwischen den beiden Weltmächten werde. Er sah diese Gefahr sowohl unter dem Aspekt militärischer Bedrohung als auch unter dem Aspekt wirtschaftlicher Abhängigkeit der europäischen Staaten von den beiden Supermächten angesichts der Bedeutung, die nach Adenauers Auffassung die Nutzung der Atomenergie für friedliche Zwecke in Zukunft gewinnen werde[183]. Er meinte, nur die politische Einigung Europas wäre imstande, dieser Gefahr entgegenzuwirken[184].

Isolationistische Tendenzen in den USA Adenauers Forderung nach einem Zusammenschluß der europäischen Staaten, seine Warnungen vor der Machtkonzentration bei den USA und der Sowjetunion sind nicht zu verstehen als Äußerungen, die etwa einem Anti-Amerikanismus entsprangen. Mit veranlaßt wurden sie vielmehr durch die Befürchtung, daß die USA aus anders gelagerten Interessen heraus lebensnotwendige europäische Belange anders beurteilen könnten als die Europäer selbst[185], und durch die grundsätzliche Sorge, die USA könnten eines Tages ihr Interesse an Europa verlieren[186]. Sowohl Fehleinschätzung europäischer Interessen als auch Loskoppelung der USA von Europa mußten nach seinem Urteil eine Entwicklung einleiten, in deren Verlauf die europäischen Staaten zu Satelliten der

Sowjetunion degenerierten oder aber Schauplatz der Auseinandersetzung der beiden Supermächte würden[187].

Adenauer hielt den Zusammenhalt zwischen den USA und den europäischen Staaten nicht nur für wünschenswert, sondern angesichts der im Laufe der Jahre ständig weiter wachsenden Macht der Sowjetunion für eine absolute Notwendigkeit. In seinen „Erinnerungen“ heißt es: „Ich war und bin der Auffassung, daß ein dritter Weltkrieg nur dann verhütet werden kann, wenn jeder von dem anderen weiß, daß er nicht nur keinen leichten Sieg haben wird, sondern wenn jeder weiß, daß ein dritter Weltkrieg auch die Zerstörung des Landes des Siegers bedeutet.“[188] Dies war eine Prämisse, die für seine Sicht des amerikanisch-europäischen Verhältnisses bestimmend war. Die europäischen Staaten ohne den atomaren Schutz der Vereinigten Staaten wären nach seiner Überzeugung für die Sowjetunion eine leichte Beute. Nur die militärpolitische Präsenz der USA in Europa konnte diese Gefahr paralysieren und dem politischen und militärischen Druck der Sowjetunion auf Westeuropa standhalten[189]. Aus der Sicht Adenauers mußte die Politik folglich darauf gerichtet sein, daß die Vereinigten Staaten an Europa festhielten. Gleichzeitig mußte sie jedoch verhindern, daß die europäischen Staaten zu reinen Befehlsempfängern Washingtons herabsanken. An diesen beiden Grundorientierungen änderte sich bis zu seinem Tode nichts. Garantie einer spannungsfreien und in sich widerspruchslosen Politik konnten sie nicht sein.

Adenauer gab sich keinen Illusionen darüber hin, daß die Bindung der USA an Europa etwa eine Selbstverständlichkeit wäre[190]. Isolationismus in den USA war eine von ihm häufig beschworene Gefahr, die gewiß zum Teil aus taktischen Gründen, mehr jedoch aus ernster Sorge in seiner Argumentation eine nicht unerhebliche Rolle spielte. Isolationistische Bestrebungen in Amerika, so sah er es, habe es dort in mehr oder minder starker Form immer gegeben. Er hielt es daher für notwendig, daß die europäischen Staaten derartige Tendenzen sorgfältig beobachteten und versuchten, ihnen entgegenzuwirken[191]. Dabei stellte er in Rechnung, daß der Isolationismus sich in der zweiten Hälfte des 20. Jahrhunderts in anderer Form manifestierte als beispielsweise im 19. Jahrhundert oder etwa nach dem Ersten Weltkrieg. Mit der vereinfachenden Formel „Isolationismus“ beziehungsweise „isolationistische Tendenzen“ sprach er Kräfte in den USA an, die im Verein mit den in der amerikanischen Geschichte verankerten Neigungen zu einem Rückzug auf die „Festung Amerika“ eine Minderung oder gar Aufgabe des Engagements in Europa zur Folge haben konnten, gewönnen sie die Oberhand. Aus Adenauers Aussagen geht hervor, daß Isolationismus für ihn nicht etwa eine selbstverhängte Isolierung Amerikas vom allgemeinen Weltgeschehen bedeutet. Es war für ihn vielmehr quasi die Antithese zu einer auf Europa hin ausgerichteten Außenpolitik Washingtons und eine Europa in entsprechender Weise mit umfassenden Sicherheitspolitik[192]. Den so begriffenen Isolationismus sah Adenauer unter dem Gesichtspunkt der Geographie, im Zusammenhang mit der amerikanischen Innenpolitik und mit der Fortentwicklung der atomaren Waffentechnik.

Es wird die Meinung vertreten, Adenauer habe die Rolle der USA als „weltgeschichtlichen Gegenspieler der Sowjetunion“ nach Kriegsende nicht sogleich richtig eingeschätzt[193]. In der Tat fällt auf, daß die USA in seinen Reden unmittelbar nach 1945 kaum erwähnt werden[194]. Der Grund hierfür sollte in Überlegungen Adenauers gesehen werden, in denen der Atlantik eine Kalkulation nahelegte, die nicht gerade ein längeres Engagement der USA in Europa enthalten mußte, zumal nicht bei Fortsetzung des Rooseveltschen isolationistischen Denkansatzes, für den Teheran und Jalta Stichworte sind. Für derartige Überlegungen Adenauers spricht eine Passage in den „Erinnerungen“, in der es heißt, in den USA habe sich erst allmählich nach 1945 die Erkenntnis durchgesetzt, daß die „Unordnung und die Not“ in West- und Osteuropa und der große Machtzuwachs Sowjetrußlands auch für die Vereinigten Staaten Gefahren in sich bargen[195]. Spätestens aber seit der Truman-Doktrin vom März 1947 wird sich bei ihm die Überzeugung gefestigt haben, daß die Vereinigten Staaten der Funktion und Verantwortung nicht ausweichen würden, die Stärke und Macht ihnen nach dem Zweiten Weltkrieg zudiktierten. In einer Rede in Köln am 13. April 1947 bezeichnete er die Truman-Doktrin als eine „historische Botschaft“[196]. Der Marshall-Plan und die Haltung der USA während der Berlin-Blokkade mußten diese Einschätzung nur bestätigen.

Die Funktion der Vereinigten Staaten gewann in Adenauers Vorstellungen als Schutz gegenüber der von der Sowjetunion her drohenden Gefahr seit 1947 eine für die Existenz Europas wachsende Bedeutung. Die geographischen Verhältnisse trugen jedoch dazu bei, daß sie für ihn nicht den Charakter einer unwiderrufbaren Versicherungspolice erhielt. Für Adenauer hatte die Bedeutung der USA als Schutzmacht Europas als Zwilling ein stets präsentes Mißtrauen in die Beständigkeit amerikanischer Europapolitik. Befürchtungen, daß die USA über kurz oder lang aufgrund der geographischen Gegebenheiten und dadurch anders gelagerter Interessen Europa vernachlässigen oder unterbewerten könnten, klingen in seinen Äußerungen immer wieder an[197]. Mittel- und Südamerika, vor allem aber die pazifischen Gegenküsten in Asien konnten in Washington, so fürchtete Adenauer, eine Politik zum Durchbruch bringen, in der Europa als zweitrangiges Gebiet zählte[198]. Sein eifersüchtiges Interesse galt insbesondere der pazifischen Küste der USA und entsprang der Furcht, sie könne Washington dazu verführen, sich zu stark von Vorgängen in Asien absorbieren zu lassen. „Es war immer meine große Sorge und ist es auch jetzt, daß Amerikas Aufmerksamkeit mehr nach Asien als nach Europa hin gelenkt würde“, erklärte er rückblickend auf seine Regierungstätigkeit in einem Interview im Jahre 1965[199]. Nach seinem Rücktritt wuchs diese Befürchtung durch das zunehmende Engagement der Amerikaner in Vietnam. Mit drastischer Offenheit versuchte er die Aufmerksamkeit in den USA darauf zu lenken, daß die Gefahr, der Kommunismus könne an Boden gewinnen und dadurch die Machtverhältnisse in der Welt entscheidend zuungunsten der USA verändern, in Europa viel stärker sei als in Südostasien[200].

Die wachsende Verstrickung der Amerikaner in den vietnamesischen Dschungelkrieg erfüllte ihn nicht nur unter militär-strategischen Gesichtspunkten mit Unbehagen, sondern zumindest gleichermaßen durch den Blick auf in den USA latent vorhandene Tendenzen einer allgemeinen Überdrüssigkeit an außenpolitischen Verflechtungen und Verpflichtungen. „Wenn Sie von Ihrem Krieg in Vietnam hypnotisiert bleiben, wird das amerikanische Volk die Nase vollbekommen“, heißt es in einem Interview Adenauers mit der „New York Times“ vom 10. Februar 1965. „Es wird eine psychologische Grenze erreichen und Sie zum Rückzug in den Isolationismus zwingen.“[201] Adenauer sah die Abhängigkeit amerikanischer Außenpolitik und amerikanischer Militärstrategie von amerikanischer Innenpolitik und das Risiko, das hierin für die Europäer lag. Eine seiner ernsten Sorgen war, eine amerikanische Regierung könnte eines Tages die Verbindung zu Europa als eine seinen Bürgern nicht mehr zumutbare Bürde beurteilen[202], speziell angesichts innenpolitischer Aufgaben beispielsweise im sozialen Bereich[203]. Die Lasten, die dem amerikanischen Steuerzahler zugemutet wurden, um weite Gebiete der Welt gegen den vordringenden Kommunismus zu schützen, könnten den Wunsch vieler Amerikaner wachsen lassen, vor den zunehmenden Schwierigkeiten außerhalb der USA so weit wie möglich zurückzuweichen und sich auf den eigenen Kontinent zurückzuziehen, so die Überlegungen Adenauers bereits Anfang der fünfziger Jahre[204]. Adenauer fürchtete, es könne eine steigende Zahl von Amerikanern geben, die es „leid" wären, weiterhin die Interessen Europas und insbesondere die deutschen Interessen wahrzunehmen[205]. Die Möglichkeit eines Sieges des als Isolationisten bekannten Senators Taft über General Eisenhower bei der Nominierung des Präsidentschaftskandidaten der Republikaner im Frühsommer 1952 muß für Adenauer ein Alarmzeichen für derartige Gefahren gewesen sein[206]. Kennzeichnend für die Sorgen Adenauers sind folgende Äußerungen, die im Januar 1958 vor Parteifreunden fielen: „Denken Sie einmal daran: Es könnte nach einer Wahl in den Vereinigten Staaten – in Amerika sind Wahlen überhaupt eine merkwürdige Sache – der Gedanke auftauchen: Sollen wir bei dem Bild, das Europa bietet, uns noch weiter mit so großen Steuern belasten, sollen wir nicht lieber mit Sowjetrußland einfach halbpart machen, der eine beherrscht diesen Teil der Erde und der andere jenen, dann haben wir doch bis auf weiteres Ruhe."[207] Übrigens waren es isolationistische Töne, die Adenauer in Wahlkampfreden des demokratischen Präsidentschaftskandidaten John F. Kennedy heraushörte, die als frühe Wurzeln seines nicht problemfreien Verhältnisses zu ihm gesehen werden sollten[208].

Aktualisiert werden konnte aber für Adenauer ein Rückzug auf die „Festung Amerika" vor allem durch die Entwicklung der atomaren Waffentechnik, und zwar unter verschiedenen Gesichtspunkten. Die Entwicklung der modernen Waffen in den USA mußte eine Verminderung der Mannschaftsstärken nahelegen, einmal angesichts der erhöhten Schlagkraft der atomaren Waffen, zum anderen aber auch unter dem Gesichtspunkt der ständig anwachsenden Kosten. Reduzierung der amerikanischen Truppen in Europa konnte die Konsequenz sein[209]. Darüber hinaus zog Adenauer, wie in anderem Zusammenhang bereits festgestellt, in Betracht, daß die Entwicklung der atomaren Waffentechnik in der Sowjetunion die Verwundbarkeit der USA erhöhen, den strategischen Wert Europas für die USA vermindern und die Neigung in den USA zu einer bilateralen Übereinkunft mit der Sowjetunion fördern könnte. Abbau der amerikanischen Verpflichtungen in Europa war für Adenauer aus diesen Perspektiven keine abstrakt-theoretische Phantasterei[210]. Überlegungen hierzu gewannen etwa ab Mitte der fünfziger Jahre an Gewicht. Doch bereits im Jahre 1950, nach der Explosion der ersten sowjetrussischen Wasserstoffbombe, rechnete Adenauer mit einer Entwicklung, die zu einem atomaren Patt führen würde, einer Situation, in der die konventionellen Streitkräfte und Waffen wieder ausschlaggebende Bedeutung erhalten würden[211]. Dies bedeutete für Adenauer eine Situation, in der aufgrund des Übergewichts der Sowjetunion allein aufgrund ihrer konventionellen Waffen die westeuropäischen Staaten ohne Anwesenheit der USA auf dem europäischen Kontinent und ohne glaubhafte Abschreckung durch ihre atomare Macht auf verlorenem Posten stehen mußten[212]. Im Falle eines Rückzugs der Amerikaner vom europäischen Kontinent würden nach Auffassung Adenauers politisch-psychologische Folgen als Antwort auf die sowjetische Übermacht nicht ausbleiben und eine allmähliche Umorientierung der europäischen Staaten in Richtung Moskau nach sich ziehen[213].

Ein Weg, um isolationistischen Strömungen in den Vereinigten Staaten und den mit ihnen verbundenen Gefahren entgegenzuwirken, war für Adenauer die Mobilisierung von gleichfalls in der Geschichte verankerten Kräften, wie sie in der gemeinsamen westlichen Kultur, in der gemeinsamen demokratischen Staatsauffassung und der gemeinsamen christlich-humanistischen Geisteshaltung enthalten waren[214]. Doch eine Neutralisierung der durch Isolationismus drohenden Gefahren war für ihn mit größerer Sicherheit gewährleistet durch eine enge Verbindung der europäischen Staaten mit den USA mittels wechselseitiger Verpflichtungen und damit auch Abhängigkeiten, wie sie durch das westliche Verteidigungsbündnis der NATO realisiert wurden. Dabei war ihm innerhalb der NATO die politische Zusammenarbeit und Koordinierung ebenso wichtig wie die Zusammenarbeit auf militärischem Gebiet; denn er war der Auffassung, daß eine einheitliche Militärpolitik ohne einheitliche Außenpolitik auf die Dauer nichts nütze. Er drang deshalb darauf, die NATO als Instrument für transatlantische politische Konsultationen zu aktivieren[215]. Diese Frage gewann für ihn zunehmende Aktualität im Zeichen fortschreitender Ost-West-Entspannung[216].
Das solideste Mittel aber, um die Amerikaner an Europa zu binden, war für ihn der Appell an die Interessenlage der USA. Dulles hatte ihm einmal erklärt, die Amerikaner betrieben in Europa keine deutsche Politik, sie betrieben keine französische Politik, sondern sie

betrieben amerikanische Politik. Adenauer hielt diese Äußerung für „klar“ und für „richtig“. Eine Außenpolitik, die nicht auf den eigenen Interessen des betreffenden Landes beruhte, konnte nach seinem Urteil nicht von Dauer und daher nicht tragfähig sein[217]. Gemäß dieser Erkenntnis war Adenauer während seiner Regierungszeit darum bemüht, daß in Washington die Einsicht Oberhand behielt, nach der eine Lockerung des Verhältnisses zu Europa Entwicklungen auslösen konnte, die den amerikanischen Lebensnerv empfindlich treffen mußten[218]. Er war bemüht, daß dort die Auffassung nicht überdeckt werde, nach der die Sowjetunion das bestehende Kräfteverhältnis zu den USA nur zu ihren Gunsten ändern könne, wenn sie das wirtschaftliche Potential Europas in die Hand bekomme[219]. Er hoffte, die Amerikaner würden aus dieser Perspektive an der seit Präsident Truman verfolgten politischen Linie festhalten, nach der ein vereinigtes Europa zu begrüßen sei, da schließlich nur ein vereinigtes Europa der Sowjetunion auf lange Sicht werde Widerstand leisten können[220].

Für Adenauer war die ambivalente Haltung der USA zur Vereinigung Europas kein Geheimnis. Einerseits wurde sie eifrig befürwortet, andererseits waren insbesondere seit Mitte der fünfziger Jahre Anzeichen von Mißbehagen im Zeichen sich erholender Wirtschaftskraft und steigender Handelskapazität Europas nicht zu übersehen, insbesondere auch nicht, daß Washington vor den Folgen europäischer Ambitionen auf militär-strategischem Gebiet zurückscheute[221]. Es war durchaus naheliegend, daß aus der Sicht Washingtons vieles für eine Politik sprechen mußte, die den europäischen Staaten lieber einzeln statt geschlossen gegenüberzustehen wünschte[222]. Adenauer hoffte, man werde in Washington nicht die Augen davor verschließen, daß dies nicht nur für Washington, sondern auch für Moskau vorteilhaft wäre. Vor allem aber hoffte er, in den USA werde nie in Vergessenheit geraten, daß die sowjetische Begehrlichkeit auf Europa reziprok zu einem wachsenden Isolationismus gesteigert würde.

Durch eine pragmatisch europäisch-atlantisch ausgerichtete Politik versuchte Adenauer, die durch die politische Wirklichkeit unvermeidbare Problematik des Verhältnisses zu den USA zu entschärfen und auszubalancieren. Dabei war es für ihn eine Selbstverständlichkeit, daß die Europäer bei den Amerikanern nicht prämienfrei versichert waren. Eigene Verteidigungsanstrengungen im Rahmen des westlichen Bündnissystems und Berücksichtigung handelspolitischer

Interessen Washingtons gehörten für Adenauer zum unvermeidbaren Preis[223]. Zu ihm gehörte auch die Anerkennung des amerikanischen Führungsanspruchs innerhalb der westlichen Allianz, allerdings unter der Voraussetzung, daß die Interessen der Europäer Berücksichtigung fanden und daß die Führung durch Konsultationen, nicht aber durch Kommandieren praktiziert wurde[224]. In seinen öffentlichen Äußerungen legte Adenauer vor allem Gewicht auf die Notwendigkeit eigener Verteidigungsanstrengungen der Europäer, die von seiten der USA erwartet wurden. „Wenn dieses Europa nicht den Willen zeigt, eine defensive Abwehrfront gegenüber dem Osten zu errichten, dann, meine Damen und Herren, liegt doch die Gefahr außerordentlich nahe, daß der verantwortliche Mann in den Vereinigten Staaten sagt: Mehr als ich getan habe, kann Amerika nicht tun. Dann muß Europa sehen, wie es selbst fertig wird.“[225] Jedes europäische Zögern in der Bereitschaft zu eigenen Anstrengungen sah er als Wasser auf den Mühlen einer politischen Konzeption in den USA, die der Verteidigung amerikanischer Interessen in Asien den Vorzug geben würde[226]. Er setzte ins Kalkül, daß die amerikanische Regierung ihre Europapolitik vor ihren Wählern zu verantworten hatte und daß sie auf Unterstützung in Senat und Repräsentantenhaus bedacht sein mußte[227].

Adenauer kam es darauf an, die europäische Einigung voranzutreiben, ohne dabei dem Isolationismus in den USA Auftrieb zu geben und ohne dabei die Einheit des Westens gegenüber der Sowjetunion zu gefährden[228]. Mit entschiedener Offenheit wandte er sich gegen Anzeichen, die auf eine schleichende Entfremdung zwischen den USA und Europa hindeuteten[229]. Offenheit hielt er für eine Voraussetzung eines gesunden psychologischen Klimas über den Atlantik, und ein gesundes psychologisches Klima war für ihn Voraussetzung stabiler politisch-strategischer wechselseitiger Bindungen. Als Leitlinie Adenauers sollte folgende Äußerung aus dem Jahre 1962 gesehen werden: „Man muß sich über folgendes klar sein: wenn es Sowjetrußland gelingen sollte, Westeuropa auf irgendeine Weise in seine Sphäre zu bekommen – nicht durch einen Krieg; ich denke jetzt nicht an einen Krieg –, dann würde sich in der Hand dieser Diktatur Sowjetrußland eine wirtschaftliche Macht vereinigen, die den Vereinigten Staaten sehr schwere Sorgen machen würde. Daher ist die Konzeption für uns beide dieselbe, für die Vereinigten Staaten und für die Europäer: die Führung müssen die Vereinigten Staaten haben, weil sie das größte Potential einsetzen können; Europa aber

muß ein wertvoller Partner der Vereinigten Staaten sein und bleiben . . ."[230]. Die gemeinsame ethische Basis der USA und der westeuropäischen Staaten war dabei für Adenauer von höchster Bedeutung als entscheidender Faktor der gemeinsamen Politik[231].
Gefühle durften in der Politik nach Adenauer keine Rolle spielen. Doch es darf nicht unerwähnt bleiben, daß für Adenauer sehr wohl Gefühle in seinem Verhältnis zu den Vereinigten Staaten mitschwangen. Es waren Gefühle der Hochachtung vor dem Idealismus im amerikanischen Volk und Gefühle der Dankbarkeit für die Haltung dem geschlagenen Deutschland gegenüber[232].

Expansionsdrang der Sowjetunion Eine beherrschende Tendenz der Jahre nach 1945 sah Adenauer in dem Expansionsdrang der Sowjetunion[233]. In den „Erinnerungen" ist zu lesen, er sei nach Kriegsende der Überzeugung gewesen, daß der Gegensatz zwischen Sowjetrußland und den Völkern des Westens ständig wachsen werde[234]. Diese Überzeugung stützte sich auf Kenntnis der russischen Geschichte und auf von der Sowjetunion geschaffene Tatsachen sowie von ihr propagierte Thesen, sozusagen auf „Geist und Tat" der Sowjetunion[235].
Nach Adenauer mußte für jeden, der sich mit der russischen Geschichte der letzten 150 bis 200 Jahre befaßte, offensichtlich sein, daß Rußland stets von dem Bestreben beherrscht gewesen war, sein Gebiet auszudehnen, insbesondere nach dem Westen[236]. Diesen allgemeinen Expansionsdrang sah er durch die kommunistische Ideologie, die er als eine Art „Religionsersatz" der Russen bewertete[237], noch verstärkt, durch den Glauben, daß das Zeitalter des Kapitalismus zu Ende gehe und dem kommunistischen Sozialismus die Herrschaft zufallen werde[238]. Nach dem Urteil Adenauers gab die Verbindung der Tradition zaristischer Expansionspolitik mit der Schwungkraft kommunistischer Weltbeherrschungsideologie der sowjetrussischen Politik ihre gefährliche Note[239]. Die Frage, ob Sowjetrußland sie verlieren würde, falls dort eines Tages der Kommunismus überholt sein sollte, wußte er nicht zu beantworten. Die russische Geschichte zeige, so Adenauer in einem Gespräch im Spätherbst 1963, daß Rußland dasjenige Land sei, das die meisten Kriege geführt habe und am meisten darauf aus gewesen sei, immer größer und stärker zu werden. „Ob Rußland diese Eigenschaft ablegen wird, wenn es nicht mehr kommunistisch wäre, weiß ich nicht."[240]

Adenauer forderte, man dürfe sich bei Einschätzung der Sowjetunion nicht von sowjetischen Deklarationen, sondern man müsse sich von sowjetischen Aktionen leiten lassen[241]. Politiker, die verzückt das Lächeln eines Sowjetdiplomaten als Anbruch des Weltfriedens werteten, seien Narren[242]. Er meinte, wenn man sich das Verhalten der Sowjetunion seit 1945 in einer ruhigen Stunde an seinem geistigen Auge vorüberziehen lasse, dann werde es ganz klar, daß es nur einen Aggressor in der Welt gebe, und das sei Sowjetrußland[243]. Während die Westmächte nach Kriegsende abgerüstet hätten, habe Sowjetrußland unter Mißachtung vertraglicher Vereinbarungen einen osteuropäischen Staat nach dem anderen unterjocht, und zwar immer nach dem gleichen Schema[244]. Er hielt es für naiv, zu glauben, Moskau habe das getan aus Angst vor dem Westen. „Die Beweggründe waren ganz andere. Rußland war immer beherrscht vom Panslawismus und einem Expansionsdrang, dazu kommt die Überzeugung, die in den Herzen der Machthaber so fest wurzelt – wie nur in der Brust des frömmsten Christen der Glaube –, daß die kapitalistischen Staaten am Verwesen und Auseinanderfallen sind und daß der Kommunismus die neue Religion ist, die materialistische Religion, die die Welt beherrscht." So seine Erläuterung vor Parteifreunden im Jahre 1952. Von diesem Standpunkt aus sei die Unterjochung der Satellitenstaaten erfolgt, erklärte er, nämlich in der Absicht, sich neue Kräfte zuzuführen, um dann weitere Schritte in Richtung auf die Unterwerfung ganz Europas tun zu können[245].

Adenauer räumte allerdings ein, daß bei den Handlungen der Sowjetunion auch eine gewisse Furcht vor den Vereinigten Staaten mit eine Rolle spielte, wenn man auch in Moskau gleichzeitig an dem Glauben festhalte, daß die Vereinigten Staaten am Kapitalismus zugrunde gehen würden[246]. Hinweise auf die Motivation der Furcht finden sich seit 1952[247]. Spätestens seit Februar 1955 sah er in China einen weiteren Faktor, der nach seinem Verständnis die Sorge vor Bedrohungen als Motivation der sowjetrussischen Politik nicht unerheblich verstärkte[248].

Furcht vor Aggressionen, diese insbesondere von seiten der USA, und gleichzeitige Überzeugung, daß der Kommunismus die Welt beherrschen werde und solle, bildeten nach dem Urteil Adenauers wesentliche Antriebe sowjetrussischer Politik. Der Rolle Europas in den Überlegungen des Kreml maß er insofern Bedeutung bei, als sich die Waagschale zwischen den USA und der Sowjetunion zugunsten dessen senken werde, dem das europäische Wirtschafts- und

Menschenpotential zugute komme[249]. Moskaus Strategie und Zielsetzungen mußten folglich auf die Beherrschung ganz Europas bei gleichzeitiger Verdrängung der USA aus diesem Kontinent gerichtet sein, so Adenauers Perzeption sowjetischer Politik, und zwar in dieser Grundeinschätzung sich gleichbleibend bis zu seinem Tod[250]. Wenn Moskau über das europäische Wirtschafts- und Menschenpotential verfügte, dann wäre die Position der Sowjetunion nicht nur gegenüber den Vereinigten Staaten, sondern gleichzeitig auch gegenüber China unanfechtbar. Verhinderung des Zusammenschlusses Europas, Einbeziehung des gesamten deutschen Potentials auf dem Wege einer Isolierung beziehungsweise Neutralisierung der Bundesrepublik, schließlich Herrschaft über ganz Europa – hierin bestand für Adenauer das Grundmuster sowjetischer Strategie, einer Strategie, die gleichzeitig auf eine Revision der amerikanischen Europapolitik zielte. Adenauer sah diese Strategie im Dienste der logischen Fortsetzung einer Entwicklungskette, die Moskau 1945 auf dem Wege des Kalten Krieges begonnen hatte und die es nach seiner Überzeugung konsequent zu Ende zu führen gedachte[251]. Dabei konnte Moskau nach Adenauers Kalkulation kein Interesse daran haben, verbranntes europäisches Land in seinen Besitz zu nehmen, aber um so größeres Interesse, die Wirtschafts- und Menschenkraft Westeuropas, insbesondere die der Bundesrepublik, seinen Zwecken dienstbar zu machen[252]. In dieser Strategie war die Bundesrepublik nach seiner Ansicht ein Bissen für den Kreml, den zu schnappen es sich lohnte, nicht nur wegen ihres Potentials, sondern wegen ihrer Schlüsselstellung für die Verwirklichung seiner langfristigen Zielsetzungen, quasi als Angelhaken zur Erreichung seiner Hegemonie über Europa[253].

Diese Einschätzung sowjetrussischer Strategie und der vom Kreml erhofften Entwicklungskette gehörte zu Adenauers Orientierungsrahmen für seine Haltung gegenüber den verschiedenen Aktionen Moskaus während seiner Kanzlerschaft, die zu durchkreuzen er sich bemühte[254]. Mittel und Methoden Moskaus im Dienste ihrer Expansionsbestrebungen waren „meisterhaft“ ausgebildet, so Adenauer, sie reichten vom „unmerklichen Druck“ bis zu „massiven Drohungen“[255], doch der harte Kern der sowjetrussischen Zielsetzung blieb nach dem Urteil Adenauers unverändert. Und unverändert in ihrem Kern blieben auch seine Reaktionen auf die vielfältigen Anstrengungen Moskaus sowie seine Argumentation, wenn sie auch den im Laufe der Jahre gewandelten Verhältnissen angepaßt waren. Im

September 1951 beispielsweise, zur Zeit seiner Bemühungen um Eingliederung der Bundesrepublik in die westliche Verteidigungsfront, heißt es gleichsam in Vorwegnahme einer im März 1952 von Moskau gestarteten Notenoffensive in Ausführungen vor Vertretern der Nouvelles Equipes Internationales: „Es wäre ein verhängnisvoller Irrtum, wenn einzelne europäische Länder glauben würden, Sowjetrußland werde sich damit begnügen, den jetzigen Status seiner Macht zu halten oder lediglich noch die Bundesrepublik in seinen Machtbereich hereinzuziehen. Das politische Ziel Sowjetrußlands ist meines Erachtens sehr klar. Sowjetrußland will die Demilitarisierung Deutschlands beibehalten, den Rückzug der westalliierten Truppen aus einem demilitarisierten und durch papierene Verträge neutralisierten Deutschland erreichen, weil es weiß, daß dann die Bundesrepublik sehr schnell in die russische Machtsphäre kommen würde." Würde Sowjetrußland dieses Ziel erreichen, wäre damit eine Integration Europas unmöglich gemacht, denn eine Integration Europas ohne Deutschland sei „schlechterdings ausgeschlossen". Als weitere Folge würden die kommunistischen Parteien in Frankreich und Italien einen derartigen Auftrieb erhalten, daß der russische Einfluß auch in diesen Ländern „vielleicht entscheidend" werden würde. „Wenn die Integration Europas unmöglich wird, wenn der sowjetrussische Einfluß also in Westeuropa noch wächst, werden die Vereinigten Staaten ihr Interesse an Europa bestimmt verlieren. Dann hat Sowjetrußland leichtes Spiel, es wird Herr ganz Europas. Wenn Sowjetrußland Herr ganz Europas werden sollte, ist es auch für die Vereinigten Staaten ein sehr beachtenswerter Gegner; eine Teilung der Welt in eine sowjetrussische und eine amerikanische Einflußsphäre erscheint dann durchaus möglich, und wir alle, ganz Europa, und schließlich auch das Stammland England gehörten zur russischen Einflußsphäre."[256] Unverändert kommt diese Grundorientierung an der sowjetrussischen Zielsetzung im Jahre 1954 folgendermaßen zum Ausdruck: „Die Zielsetzung der Politik der Sowjetunion ist eindeutig und klar. Sie geht hin auf die Beherrschung Europas durch Sowjetrußland. Daher die Satellitenstaaten, daher die Schaffung der Sowjetzone, daher die Schaffung der kommunistischen Parteien in Italien und Frankreich. Die Schlüsselposition [. . .] hält die Bundesrepublik. Ohne die Bundesrepublik ist eine Herrschaft über Westeuropa für Sowjetrußland unmöglich."[257] Zehn Jahre später, nachdem China inzwischen als wichtiger Faktor in der sowjetrussischen Politik ein unzweideutiges Eigengewicht gewonnen hatte, erklärte er auf einer Pressekonferenz: „. . . vom russischen Standpunkt aus betrachtet müssen Sie einmal Europa ansehen, erstens, welche innere Widerstandskraft es hat, zweitens, welch starkes wirtschaftliches und auch militärisches Potential es darstellt. Wenn es Sowjetrußland gelingen würde, Westeuropa nicht etwa zum Satellitenstaate zu machen, nein, in sein politisches Kielwasser zu bekommen, dann wäre Sowjetrußland in der Tat die stärkste Macht der Welt, viel stärker als die Vereinigten Staaten. Das spreche ich sehr offen und sehr ruhig aus, das habe ich auch bedeutenden Amerikanern gegenüber ausgesprochen. Hier in Europa liegt die Gefahr für die Welt, auch für die Vereinigten Staaten, liegt auch für Sowjetrußland die Möglichkeit, so stark zu werden, daß es, auch gegenüber Rotchina, bestehen kann."[258]

Adenauer kalkulierte den sowjetrussischen Expansionsdrang in seine Politik ein, doch er war nicht die einzige Möglichkeit künftiger Entwicklungen, die er mit dem Blick auf die Sowjetunion berücksichtigte. Er hielt eine Änderung des sowjetrussischen Expansionsstrebens nicht für ausgeschlossen. Hierbei bestimmten ihn folgende Überlegungen:
Wenn man die Geschichte der jüngsten Zeit auch nur flüchtig kenne, müsse es klar sein, so Adenauer, daß der Russe nur auf den höre, der stark sei. Im Zusammenhang mit der Bedeutung von Analogien für seine Politik wurde hierauf bereits hingewiesen. Den Russen imponierte nach seiner Überzeugung nur die Macht. „Wer schwach ist, der gilt für ihn nichts; über den geht er kaltblütig hinweg."[259] Adenauer folgerte daraus, daß der Westen eine geschlossene Abwehrfront gegenüber Sowjetrußland bilden mußte. Diesem Ziel sollten die EVG und die NATO dienen, diesem Ziel sollte auch dienen die Eingliederung der Bundesrepublik in diese Vertragswerke, diesem Ziel dienen sollten die Bemühungen zum Zusammenschluß Europas. Sobald die Russen zu der Einsicht kämen, daß sie auf dem Wege des Kalten Krieges im Westen keine Gewinne mehr erringen könnten, daß ein heißer Krieg ihren Untergang bedeute, daß der Westen in sich einig und geschlossen sei, daß er keine Aggressionsabsichten gegenüber der Sowjetunion hege, werde eine Wende der sowjetrussischen Politik erfolgen[260]. Mit dieser Argumentation suchte er seine Parteifreunde wie auch Wähler von der Richtigkeit seiner Konzeption der Westorientierung zu überzeugen. Er hoffte, wenn der Westen einig bleibe und stark sei, würde der Augenblick kommen, in

dem sich die maßgeblichen Politiker im Kreml fragen mußten: Wenn sie auf dem Wege des Kalten Krieges ihre Ziele nicht erreichen könnten, lohne es sich dann noch, in bisheriger Weise in den Rüstungsanstrengungen fortzufahren, oder lohne es sich nicht vielmehr, mit den Westmächten, vor allem mit den Vereinigten Staaten, zu einem modus vivendi zu kommen, der es gestatte, Kräfte und Kapital für die ungeheuren innenpolitischen Aufgaben zu verwenden, ohne deren Erfüllung nach Auffassung Adenauers Sowjetrußland auf die Dauer nicht bestehen konnte. Wenn Europa eine geschlossene Einheit bilde, wenn die NATO dieses Europa fest mit den Vereinigten Staaten verbinde, dann, so seine Kalkulation, bestünde begründete Hoffnung, daß die Sowjetrussen eines Tages bereit sein würden – „mögen sie eine Staatsform haben, welche sie wollen, das ist ihre Sache" –, mit den westlichen Staaten sich zu einer Übereinkunft über Abrüstungsfragen bereitzufinden[261], womit der Weg freigemacht wäre für eine Entspannung[262].
Entschieden wandte er sich gegen eine Interpretation der Grundthese dieser Politik der Stärke durch seine Gegner dahingehend, sie wollte besagen, daß die Sowjetunion nach Aufrüstung des Westens unter dem Eindruck von dessen militärischer Stärke die Sowjetzone preisgeben werde, quasi durch Einschüchterung durch seine Bataillone. Auf dem 3. Bundesparteitag der CDU in Berlin im Oktober 1952 nahm er zu einer derartigen Interpretation Stellung: „Ich erkläre Ihnen sehr nachdrücklich, daß ich das niemals gesagt, auch überhaupt nicht einmal gedacht habe, ich wiederhole, was ich vorhin und schon immer gesagt habe: die Sowjetunion wird dann zu vernünftigen Verhandlungen bereit sein, wenn sie einsieht, daß weder im Heißen noch im Kalten Krieg Erfolge für sie weiter zu erreichen sind."[263] Es seien aber dann keine Erfolge mehr für die Sowjetunion zu erreichen, wenn der Westen stark und geschlossen sei. Ein totalitärer Staat – „wir wissen es doch aus unserer Geschichte" – halte es nicht für der Mühe wert, mit irgendeinem „kümmerlichen" Land überhaupt zu sprechen. „Deswegen muß der Westen stark sein, nicht um mit seiner Stärke der Sowjetunion zu imponieren oder einen Zwang auszuüben, sondern um die Sowjetunion an den Verhandlungstisch zu bekommen."[264] Bei zahlreichen Gelegenheiten unterstrich er im Laufe der folgenden Jahre diese Grundthese. Im April 1961 heißt es in einer Rede: „Es wird, wie ich hoffe, eines Tages sich doch die Möglichkeit ergeben, mit Sowjetrußland zu verhandeln. Diese Möglichkeit wird sich aber nur dann ergeben, wenn der We-

sten so stark, so geschlossen und so einig ist, daß Sowjetrußland erkennt, daß es nicht damit rechnen kann, daß im Laufe der Zeit der Westen in seinen Anstrengungen erlahmt und auseinanderfällt."[265]
Die kommunistische These vom Zerfall des westlichen kapitalistischen Systems mußte, so forderte Adenauer, durch die Realität ad absurdum geführt werden[266].
Diese Politik Adenauers gegenüber der Sowjetunion, die von einer festen und einigen Abwehrfront der westeuropäischen Staaten im Verein mit den USA ausging, wird aber erst voll verständlich durch weitere Entwicklungsansätze und -möglichkeiten, die Adenauer gleichzeitig mit ins Kalkül zog. In einer Rede am 23. März 1966 sprach er sie an, als er erklärte, daß nach seiner Meinung Sowjetrußland sich vor drei Aufgaben sehe: 1. Wettrüsten mit dem Westen; 2. Hebung des Lebensstandards seiner Bevölkerung und 3. Sicherung gegenüber China. Erläuternd fügte er hinzu: „Nach meiner, schon im Jahre 1952 auch öffentlich geäußerten Meinung ist Sowjetrußland zur gleichzeitigen Erfüllung dieser drei Aufgaben nicht in der Lage. Es wird der Augenblick kommen, da Sowjetrußland, um den Lebensstandard seiner Bevölkerung zu heben und sich gleichzeitig gegenüber Rotchina wappnen zu können, dafür sorgen wird und sorgen muß, daß es den Rücken gegenüber Europa frei hat."[267]
Er meinte, auch russische Bäume würden nicht in den Himmel wachsen[268]. Aufmerksam registrierte er während seiner Regierungszeit die wirtschaftliche Entwicklung innerhalb der Sowjetunion, insbesondere galt sein Augenmerk dem Agrarsektor[269]. Wenn man Aufgaben übernehme, die die Kraft der Bevölkerung übersteigen, konstatierte er, dann werde man eben Schiffbruch erleiden[270]. In einer Rede vor der Association de la Presse Diplomatique Française und der Association de la Presse Etrangère in Paris im Dezember 1953 heißt es entsprechend dieser Sicht: Es könne möglich sein, daß die Sowjetunion eines Tages doch zu der Überzeugung komme, sie werde nicht von anderen bedroht, und daß es daher klüger und besser sei, ihre Anstrengungen und Möglichkeiten nicht in einem derartigen Umfange zur Kriegsvorbereitung zu verwenden, daß dadurch der Mangel an Konsumgütern und landwirtschaftlicher Produktion eine zu große Belastung für ihre Bevölkerung würde. „Die Sowjetunion weiß, daß sie in großem Maße neues Kulturland schaffen muß, um ihre ständig steigende Bevölkerung zu ernähren. Sie weiß, daß es für sie unmöglich ist, ein Optimum an Kriegsrü-

stung zu schaffen und gleichzeitig die landwirtschaftliche Produktion und die Produktion von Konsumgütern zu steigern und neues Kulturland zu schaffen. Es ist durchaus berechtigt, hierauf die Hoffnung zu stützen, daß sie, wenn man ihr die Furcht vor einem Angriff nimmt, zu aussichtsvollen Verhandlungen über die Herstellung des Friedens bereit sein wird."[271]

Unabhängig von den Überlegungen hinsichtlich der Wirtschaftskapazität der Sowjetunion spielte auch der Gedanke eine Rolle, daß im russischen Volk der Freiheitsgeist sich nicht für ewig niederhalten lassen könne[272]. Bei ruhiger Betrachtung der Entwicklung in der Sowjetunion, so führte er am 12. Juli 1956 vor Parteifreunden aus, könne man „mit Fug und Recht" die Hoffnung haben, daß sich auf die Dauer ein Volk von 200 Millionen Menschen nicht durch brutale Gewalt einiger weniger Machthaber Jahrzehnt um Jahrzehnt in einen Zustand herunterdrücken lassen werde, wie er eben für den Menschen unerträglich sei. „Das wird auf die Dauer nicht gehen."[273]

Er äußerte bei anderer Gelegenheit, es liege in der Natur der Sache, daß in einem Volk, in dem bewußt der Atheismus gepflegt werde, eine „Staatssklaverei", wie sie in der Sowjetunion praktiziert werde, sich auf die Dauer gar nicht halten könne. „Daher bleibe ich nach wie vor der Überzeugung, daß auf die Dauer gesehen Sowjetrußland nicht dieses Stadium beibehalten wird, das es jetzt hat." Wann aber eine Änderung eintreten werde, das könne kein Mensch sagen[274]. Doch seine grundsätzliche Auffassung hierzu war Schwankungen unterworfen[275].

Auch hinsichtlich der Satellitenstaaten Moskaus hatte er die Hoffnung, daß sich im Laufe der Zeit dort der Freiheitswille immer stärker regen werde, daß er sich nicht für immer werde ersticken lassen können. Beweise hierfür waren für ihn die Vorgänge in Jugoslawien im Jahre 1948[276], der Aufstand in der sowjetischen Besatzungszone Deutschlands am 17. Juni 1953[277] und im Jahre 1956 die Freiheitsbestrebungen in Polen und Ungarn[278]. Eine allmähliche Liberalisierung im gesamten Ostblockbereich lag für ihn nicht außerhalb möglicher Entwicklungen. Seine Äußerungen hierzu sind jedoch unterschiedlich. Zur Zeit der Unruhen in Polen und des Aufstandes in Ungarn im Jahre 1956 und Anfang 1957 klang die Hoffnung auf eine Entwicklung hin zur Freiheit in seinen Aussagen stark an[279], wenn er auch zur gleichen Zeit betonte, „Ungeduld und Unvorsichtigkeit dürfen diese Entwicklung nicht zerstören"[280]. Denn er hielt, wie in einem anderen Zusammenhang bereits festgestellt, eine Umwandlung der Lebensbedingungen auf dem Wege einer Revolution in einer Diktatur nicht für möglich[281]. In späteren Jahren klangen seine Äußerungen zu einem möglichen Liberalisierungsprozeß im Ostblock eher pessimistisch[282].

Eine Entwicklungstendenz von besonderer Bedeutung, die in seiner Politik der Stärke einkalkuliert war, sah Adenauer in dem Verhältnis zwischen Moskau und Peking. Er spekulierte darauf, daß die Sorge Moskaus wegen ihres im Laufe der Jahre immer unangenehmer werdenden Nachbarn China zu einer Kursänderung hinsichtlich Europas beitragen konnte. Im Rückblick auf seine Regierungszeit erklärte er im August 1966: „Ich will sagen, was meine Zielrichtung war, als ich noch Bundeskanzler war. Die Russen fürchten Amerika. Die Russen fürchten Rotchina. Ich glaube, sie fürchten Rotchina mehr als Amerika. Deswegen wäre es eine richtige Politik, wenn Rußland dazu gebracht würde, daß es sein Gesicht gegen Rotchina richtet und Europa und Amerika in Ruhe läßt."[283] Ihm war bekannt, daß im 19. Jahrhundert das zaristische Rußland den Chinesen große Gebiete abgenommen hatte. Ihm war bekannt, daß die Pekinger Regierung Landkarten verteilen ließ, in denen diese Gebiete als chinesisch bezeichnet und folglich die Russen der „Landräuberei" bezichtigt wurden[284]. Er habe geglaubt, sagte er im Rückblick, die Gegensätze zwischen China und Sowjetrußland würden sich im Laufe der Zeit so entwickeln, daß der Kreml Wert darauf legen würde, nach Europa hin Ruhe zu haben; das sei seine Hoffnung gewesen[285]. In einem Interview am 10. Februar 1967 meinte er, man müsse berücksichtigen, daß Sowjetrußland zur Zeit 220 Millionen Einwohner und China 700 Millionen Einwohner habe, daß die Chinesen sich fanatisieren ließen – wofür ihm die Kulturrevolution ein Beweis war –, daß sie ein altes Volk seien, auch mit einer nationalen Tradition. Es erhebe sich bei einer derartigen Betrachtung die Frage, so gab er zu bedenken, wie die Entwicklung der nächsten fünfzig Jahre verlaufen, was China tun werde[286].

Bis Anfang 1955 schien die Entwicklung des russisch-chinesischen Verhältnisses in den Überlegungen Adenauers unter dem Aspekt einer Belastung für die Sowjetunion insofern eine Rolle gespielt zu haben, als er der Ansicht war, die Kräfte der Sowjetunion würden durch von Moskau übernommene Verpflichtungen zur Industrialisierung Chinas überfordert werden. Noch am 12. Februar 1955 erklärte er in einer Rede in Hannover, Sowjetrußland könne unmöglich gleichzeitig die Chinesen industrialisieren, ihnen Kriegsmaterial liefern und für seine eigene Bevölkerung sorgen, die essen und leben wolle, und außerdem noch aufrüsten. „Das geht über seine Kraft hinaus. Deswegen dürfen wir nicht die Nerven verlieren."[287] Doch schon zu diesem Zeitpunkt trat ein Wandel der Argumentation ein, offensichtlich unter dem Einfluß von Überlegungen, die ihm von Professor Wilhelm Starlinger über persönlich gemachte Erfahrungen und Beobachtungen in der Sowjetunion während seiner Kriegsgefangenschaft vorgetragen worden waren[288]. Seit dieser Zeit treten in den Vordergrund Hinweise auf den wachsenden Bevölkerungsdruck der Chinesen auf die sowjetrussischen Grenzen und die Überzeugung, daß China vor allem unter diesem Aspekt für die Sowjetunion im Laufe der Entwicklung eine schwere Belastung würde[289]. Er schränkte zwar ein, mit letzter Gewißheit ließen sich Voraussagen hierzu nicht machen[290], doch hielt er „sehr ernste Entwicklungen" für möglich und wahrscheinlich. Ob sie in fünf, zehn oder fünfzehn Jahren eintreten würden, erklärte er im Dezember 1961 vor Parteifreunden, könne kein Mensch beurteilen[291]; die gleiche Auffassung hatte er im April 1961 gegenüber dem amerikanischen Präsidenten Kennedy vertreten[292].

Adenauer wußte aus Gesprächen mit Chruschtschow vom September 1955, daß man in Moskau diese Gefahren sah[293]. Ihm war auch klar, daß sie dem Kreml nahelegen mußten, zu versuchen, ganz Europa in seinen Einflußbereich zu ziehen, da die Sowjetunion hierdurch gegenüber China an Macht gewinnen würde[294]. Ihn konnten derartige Überlegungen nur in seiner Auffassung bekräftigen, daß aus Gründen der Selbsterhaltung alles getan werden mußte, damit die europäischen Staaten sich zusammenschlossen. Hierdurch mußte die Erkenntnis im Kreml gefördert werden, daß Pläne und Hoffnungen auf weiteren Machtzuwachs im Westen illusionär waren und es klüger sei, sich zu einer alle Seiten befriedigenden Lösung der strittigen Fragen bereitzufinden. Gleichzeitig zog er mit dem Blick auf das künftige Verhältnis zwischen der Sowjetunion und China für die deutsche Situation die Schlußfolgerung: „Man muß Geduld zeigen, weil die Zeit – soweit das überhaupt von einem Menschen beurteilt werden kann – für uns und nicht gegen uns wirkt."[295] Doch damit diese Chance genutzt werde, waren nach seiner Auffassung Voraussetzung Einheit und Geschlossenheit des Westens und eine Politik der „geduldigen Konsequenz"[296] der Sowjetunion gegenüber, eben eine Politik der Stärke, wie er sie verstand.

Es waren einander widerstreitende Tendenzen und Entwicklungsreihen, die Adenauer hinsichtlich der Sowjetunion im Blickfeld hatte. Keine von ihnen sah er als unabänderlich determiniert. „Man muß die Entwicklung aufgeschlossen, aber auch mit Vorsicht beobachten“, heißt es in Ausführungen Adenauers vor dem National Press Club in Washington am 8. April 1953 im Hinblick auf die Sowjetunion unmittelbar nach dem Tod von Stalin[297]. Diese Bemerkung kennzeichnet seine allgemeine Haltung. Er war bemüht, die Motive und Absichten der Sowjetregierung zu erkennen, er verfolgte aufmerksam, soweit es der spärliche Nachrichtenfluß zuließ, die verschiedenen Bewegungen und Veränderungen im Sowjetimperium, die unterschiedlichen Entwicklungstendenzen. Die Hoffnung auf eine Übereinkunft des Westens mit der Sowjetunion hatte er während seiner Regierungszeit nie fallen lassen, auch nicht, nachdem die Sowjetunion durch die Niederschlagung des Aufstandes in Ungarn im Jahre 1956 Züge der Brutalität und der Radikalität gezeigt hatte, die entmutigen mußten. Trotz der wenig verheißungsvollen Taten und Äußerungen der Sowjetregierung hielt er daran fest, daß der Versuch gemacht werden mußte, eine Verständigung mit dem Kreml zu finden. In seiner Abschiedsrede als Parteivorsitzender der CDU am 21. März 1966 ließ er durchblicken, daß er es an Sondierungen hinsichtlich der Frage der Wiedervereinigung nicht habe fehlen lassen; eines Tages, wenn die Archive sich öffneten, würde dies offenkundig[298]. Doch bei diesen Versuchen war für ihn bestimmend, daß Wahrung des Selbstbestimmungsrechts und Maßnahmen zum Schutz der Sicherheit und Freiheit in jedem Fall unverzichtbare Kriterien der Politik sein mußten angesichts dessen, was die Geschichte als Lehrmeisterin hinsichtlich des östlichen Nachbarn an Lektionen zu erteilen hatte. Der Expansionsdrang gemäß russischer Tradition und gemäß sowjetrussischem Verhalten nach 1945 bedeutete für ihn einen Faktor der Orientierung, den zu mißachten er sich nicht erlaubte.

Adenauer meinte, man müsse die Welt sehen, wie sie sei, und hierzu gehörte für ihn auch Beachtung der Zahl sowjetrussischer Divisionen, die in unmittelbarer Nähe der Bundesrepublik stationiert waren. Er sah die Gefahr, die der „Koloß“ Sowjetunion durch den Sog seiner Macht auf die in ihrer nationalen Eigenständigkeit verharrenden westeuropäischen Völker ausüben konnte. In einer Pressekonferenz am 4. August 1964 forderte er seine Zuhörer auf, doch einmal darüber nachzudenken, wie komisch die Europäer den Russen erscheinen müßten und nicht nur den Russen, „. . . wie komisch sie sind und wie zersplittert sie sind und wie mächtig sie auf der anderen Seite sind und – wie nahe bei dem sowjetrussischen Machtbereich sie sind. Vergessen Sie doch nie, daß allein in der Zone 20 sowjetrussische Divisionen stehen, ganz nah bei uns. Aber daran denkt schon wieder keiner! Man darf das aber nicht vergessen!"[299] Er vergaß auch nicht die zahlreichen Vertragsbrüche Moskaus in den vergangenen Jahrzehnten und was Lenin einmal über völkerrechtliche Verträge gesagt hatte: „Ein diplomatischer Vertrag", so zitierte er ihn, „ist wie die Kruste einer Pastete; man muß sie zerbrechen, um an den guten Kern zu kommen."[300]

Die Last der deutschen Vergangenheit „Stetigkeit in der Politik ist das große Geheimnis des Erfolges der Bundesrepublik. Denken Sie bitte daran, welches Vertrauen wir beim Zusammenbruch Deutschlands in der Welt genossen! Denken Sie bitte daran, wie verhaßt wir waren und wie kein Mensch in der Welt uns traute. Vertrauen, meine Freunde, ist eine kostbare Gabe; aber sie fällt keinem in den Schoß; sie muß erworben werden, geduldig erworben werden!"[301] Mit diesen Worten Adenauers im März 1964 anläßlich des ersten Bundesparteitages der CDU nach seinem Rücktritt als Bundeskanzler ist ein Motivationskomplex seiner Politik angesprochen, der mit Entwicklungsreihen und -tendenzen zusammenhängt, die in der spezifisch deutschen Vergangenheit ihre Wurzeln hatten. Adenauer war sich des lastenden Erbes der deutschen Geschichte voll bewußt. Labilität im Innern und Isolierung nach außen sind Aspekte, unter denen es von Adenauer gesehen wurde. Stetigkeit und Vertrauen sind Stichworte für seine Bemühungen, mit denen er es zu bewältigen suchte.

Adenauer war grundsätzlich der Auffassung, ein Volk müsse sich klar und bewußt darüber sein, daß es in weitem Umfange selbst sein Geschick forme. Es könne sich dessen aber nicht bewußt werden, so Adenauer, wenn es seine Geschichte nicht kenne[302]. Und was die Deutschen betraf, so klagte er darüber, daß sie in den letzten hundert Jahren so viel erlebt hätten, so viel hätten erleben müssen, daß der Sinn für die geschichtlichen Zusammenhänge in weitem Maße abhanden gekommen sei[303]. Es habe zu viel „Hin und Her" in zu kurzer Zeit gegeben. „Was für Sprünge! Verfall von Tradition, Verfall von Autorität, Verfall der geistigen Werte. Wie in aller Welt sollen derartige Sprünge und Risse in kürzester Zeit überwunden sein?"[304] So wenige Wochen vor seinem Tod über das gestörte

Verhältnis des deutschen Volkes zu seiner Geschichte und gleichzeitig ein Hinweis auf seine Einschätzung der damit zusammenhängenden Labilität. Adenauer sah den Bruch, den insbesondere die Zeit des Nationalsozialismus für die geistige Verfassung des deutschen Volkes bedeutete. Er wußte auch, daß in weiten Kreisen der Bevölkerung das Verlangen herrschte, die Zeit des Nationalsozialismus zu vergessen und zu übergehen. Hiermit war er ganz und gar nicht einverstanden, wenn dies für ihn auch nicht Anlaß bot, eine Pressekampagne mit dem Ziel einer moralisch-psychologischen Selbstreinigung des deutschen Volkes zu starten. Man sollte diese Zurückhaltung verstehen aus dem Interesse Adenauers, für das deutsche Volk im Ausland Vertrauen zu erwerben, wozu ein übermäßiges öffentliches Insistieren auf das Wachhalten der Erinnerung an jene Jahre schwerlich dienen konnte.

Wie dem auch sei, Adenauer war der Meinung, man könne die geistigen Schäden, die diese Zeit hinterlassen hatte, nicht überwinden, indem man sie als Vakuum behandelte. Man müsse dem, was unter Hitlers Führung geschah, ins Auge blicken, damit man erkenne, wie tief die Menschen sinken können, wenn der Politik das ethische Fundament fehlt[305]. Aber er war der Auffassung, daß die Fehler einer Epoche, auch wenn sie noch so schwer gewesen waren, nicht das, was in vergangenen Jahrhunderten an Großem geleistet wurde, auszulöschen vermochten, genausowenig wie sie ein Volk dazu verdammen konnten, bis in alle Ewigkeit in Sack und Asche zu gehen[306]. „Das deutsche Volk hat trotz der Untaten des Nationalsozialismus einen Anspruch darauf, nicht allein nach dieser Epoche seiner Geschichte beurteilt zu werden“, so in einer Rede des Jahres 1946[307]. Und so wiederholt in den folgenden Jahren: „. . . wir haben doch auch eine reiche und große und ehrenvolle Geschichte. Die haben wir doch!“ brachte er 1960 einem amerikanischen Journalisten gegenüber in Erinnerung. „Man muß nun nicht nur die letzten 30 Jahre nehmen. Natürlich muß man das ruhig zugeben, daß da große Verbrechen begangen worden sind.“ Aber man sollte doch einmal in die englische Geschichte zurückgehen, an Cromwell denken. „Wahrhaftig war das auch kein Tugendbold, das kann man nicht behaupten. Oder wie sind die Engländer mit den Iren umgegangen. Und trotzdem ist England ein großes Volk. Oder nehmen Sie Frankreich, die französische Revolution. Ja, das war doch auch eigentlich nicht das, was man sich erträumt hatte: Freiheit, Gleichheit, Brüderlichkeit.“[308]

Doch diese Relativierung der Vorgänge von 1933 bis 1945 bedeutete für Adenauer nicht ihre Bagatellisierung. Die Tatsache, daß es möglich gewesen war, einen erheblichen Teil des deutschen Volkes auf einen derart verhängnisvollen Weg zu bringen, mußte nach seiner Meinung in jedem denkenden Menschen die Frage aufwerfen nach den „wirkenden Ursachen" des Verlaufs der jüngsten deutschen Geschichte, um dann alle Kräfte dafür einspannen zu können, eine Wiederholung zu verhüten[309]. In seinen Äußerungen nach 1945 trifft man immer wieder auf Passagen, die davon zeugen, wie er sich mit der deutschen Geschichte auseinandersetzte. Dies in groben Umrissen seine Sicht:

Der Nationalsozialismus hätte in Deutschland nicht zur Macht kommen können, wenn er nicht in breiten Schichten der Bevölkerung „vorbereitetes Land" für seine „Giftsaat" gefunden hätte[310]. Dieses „vorbereitete Land" führte Adenauer zum großen Teil darauf zurück, daß das deutsche Volk seit vielen Jahrzehnten „in allen seinen Schichten" an einer „falschen Auffassung vom Staat, von der Macht, von der Stellung der Einzelperson gegenüber dem Staat" gekrankt habe[311]. Er hielt es nicht für richtig, wie er in einer Rede im März 1946 ausführte, zu sagen, „die Bonzen, die hohen Militärs oder die Großindustriellen" trügen allein die Schuld. „Gewiß, sie tragen ein volles Maß an Schuld, und ihre persönliche Schuld, deretwegen sie vom deutschen Volk vor deutschen Gerichten zur Rechenschaft gezogen werden müssen, ist um so größer, je größer ihre Macht und ihr Einfluß waren. Aber breite Schichten des Volkes, der Bauern, des Mittelstandes, der Arbeiter, der Intellektuellen, hatten nicht die richtige Geisteshaltung, sonst wäre der Siegeszug des Nationalsozialismus in den Jahren 1933 und folgende im deutschen Volk nicht möglich gewesen."[312]

Die Überzeugung von der Staatsomnipotenz, von dem Vorrang des Staates und der im Staat gesammelten Macht vor allen anderen, „den dauernden, den ewigen Gütern der Menschheit" hatte sich nach seiner Meinung in zwei Schüben in Deutschland durchgesetzt. Zunächst habe sich diese Überzeugung von Preußen ausgehend nach den Freiheitskriegen ausgebreitet. Dann sei sie nach dem Krieg von 1870/71 in ganz Deutschland zur Herrschaft gelangt. Das Umsichgreifen einer materialistischen Weltauffassung, das parallel hierzu sich vollzog, habe diese Entwicklung gefördert[313]. „In einem Volk, das so erst durch die preußische überspitzte und übertriebene Auffassung vom Staat, seinem Wesen, seiner Macht, den ihm geschuldeten unbedingten Gehorsam, dann durch die materialistische Weltanschauung geistig und seelisch vorbereitet war, konnte sich, begünstigt durch die schlechte materielle Lage weiter Volkskreise, verhältnismäßig schnell eine Lehre durchsetzen, die nur den totalen Staat und die willenlos geführte Masse kannte." Der Nationalsozialismus war für Adenauer die „bis ins Verbrecherische hinein vorgetriebene Konsequenz" der sich aus der materialistischen Weltanschauung ergebenden Anbetung der Macht und Mißachtung, ja Verachtung des Wertes des Einzelmenschen[314].

Die verhängnisvolle Entwicklung hin zum Nationalsozialismus brachte er auch in Zusammenhang mit den gescheiterten Bemühungen des Jahres 1848 zur Schaffung eines einheitlichen deutschen demokratischen Staates, und zwar unter dem Aspekt der Entwicklung des deutschen Nationalismus. Es sei natürlich gewesen, so seine Argumentation, daß das zu Beginn des 19. Jahrhunderts in Deutschland neu erwachte politische Bewußtsein sich mit dem Streben nach einer freiheitlichen Staatsordnung und mit dem Wunsch nach nationaler Einheit verbunden hatte. „Der Wille des Volkes erzwang 1848 den Zusammentritt der ersten demokratischen deutschen Volksvertretung, aber es gelang ihr nicht, ein demokratisches deutsches Reich zu schaffen. Das hat für das deutsche Volk verhängnisvolle Folgen gehabt. Anstelle der sittlichen Idee der nationalen Freiheit gewann allmählich nach der Reichsgründung von 1871 ein auf die Macht gegründeter Nationalismus Boden."[315] Dieser nach seiner Auffassung derart fehlgeleitete Nationalismus habe in der Folge durch die diskriminierenden Bedingungen des Versailler Friedensdiktats und durch die soziale und wirtschaftliche Not nach dem Ersten Weltkrieg eine Übersteigerung erfahren, die ihn dann in den Nationalsozialismus einmünden ließ[316].

In dem sprunghaften Verlauf tiefgehender politischer und wirtschaftlicher Veränderungen seit 1918 sah Adenauer einen weiteren Faktor, der mit dazu beigetragen hatte, den Boden für den Nationalsozialismus reif zu machen. Der Zusammenbruch aller monarchischen Institutionen und der „sonstigen sich auf die Tradition stützenden staatlichen Einrichtungen" sei zu abrupt, der Übergang zu einer demokratischen Staatsverfassung nach seiner Auffassung zu plötzlich gewesen[317]. Infolge dieses plötzlichen Übergangs und infolge der mit dem verlorenen Krieg verbundenen wirtschaftlichen Erschütterungen hätten sich in der Weimarer Republik schwere Mängel gezeigt. Das Pendel habe dann fort von der Demokratie zur entgegengesetzten Seite ausgeschlagen durch die Machtübernahme der Nationalsozialisten[318].

Im Zusammenhang mit seinem Urteil über den abrupten Übergang vom Deutschen Kaiserreich zur Weimarer Republik ist seine Auffassung zu berücksichtigen, nach der Bismarck auf innenpolitischem Gebiet zwei schwere Fehler begangen hatte, die dazu führten, so Adenauer, daß die Machtfülle des Deutschen Reiches von innen her kein solides Fundament erhielt. Er warf ihm vor, durch die Sozialistenverfolgungen die Arbeiter, die bei zunehmender Industrialisierung an Bedeutung für das Staatsleben gewinnen mußten, in eine Rolle gedrängt zu haben, die für lange Zeit verhinderte, daß sie sich als Bürger des Deutschen Reiches mit entsprechender Verantwortungsbereitschaft empfanden. Weiter warf Adenauer Bismarck vor, durch den Kulturkampf eine gesunde parteipolitische Entwicklung in Deutschland erschwert zu haben. Der Kulturkampf habe bewirkt, daß die Katholiken sich im Reichstag zu einer Partei zusammenschlossen, dem Zentrum. Abgesehen davon, daß Adenauer dem Kulturkampf eine Verhärtung des konfessionellen Gegensatzes im deutschen Volk zuschrieb, führte er auf ihn und die Sozialistenverfolgungen zurück, daß die Bildung einer großen liberalen Partei unterblieb[319]. Die Parteienzersplitterung der Weimarer Republik, für ihn eine ihrer Hauptschwächen[320], mußte aus seiner Sicht ihre Wurzeln in dieser Bismarckschen Innenpolitik haben.

Erschwerend für das Entstehen eines stabilen demokratischen Staatslebens in der Weimarer Republik war nach Auffassung Adenauers hinzugekommen, daß infolge der Inflation zu Beginn der zwanziger Jahre gerade die Volksschichten, die nach seinem Urteil am aufgeschlossensten für eine normale politische Entwicklung waren – die mittleren Schichten –, verarmten und zu einem erheblichen Teil „proletarisiert" wurden[321]. Die Mittelschicht, derart geschwächt, aber war für ihn „Hauptträger des Staates und der geistigen Entwicklung"[322]. „Diese Schicht, das wird leider immer vergessen, hat nun durch die erste Inflation, in den zwanziger Jahren, einen schweren Schlag bekommen. Es waren die Leute mit kleinem oder mittlerem Vermögen. Das haben sie verloren. Das war eigentlich immer die gesündeste Schicht in der ganzen politischen Entwicklung."[323]

Durch das „Auf und Ab" der geschichtlichen Entwicklung war für Adenauer eine innere Labilität des deutschen Volkes vorgegeben, eine „Unstabilität der Gesamtstruktur"[324], die er bei der politischen Arbeit nach 1945 in Rechnung stellte und die er seit seiner Regierungsübernahme im September 1949 durch Stetigkeit der politischen Führung aufzufangen und zu überwinden suchte[325]. Viele seiner Motive für die Arbeit auf innenpolitischem Gebiet müssen im Zusammenhang mit den hier grob skizzierten „wirkenden Ursachen", die nach seiner Auffassung zu der Entwicklung hin zum Nationalsozialismus beigetragen hatten, gesehen werden. So ist seine Betonung der ethischen Grundlage der Politik und der Notwendigkeit zum Zusammenschluß aller auf christlichem Boden stehenden politischen Kräfte in einer Partei, der CDU, vor allem zu sehen als eine Antwort auf eine materialistische Geisteshaltung und auf mit ihr im Zusammenhang stehenden Tendenzen, wie sie sich im Verhältnis von einzelnem und Staat in der deutschen Vergangenheit in so verhängnisvoller Weise gezeigt hatten[326]; sie ist auch zu sehen im Zusammenhang mit dem Bestreben, durch die Bildung einer großen, alle Bevölkerungsschichten umspannenden Volkspartei eine Wiederholung der Parteienzersplitterung, wie sie für die Weimarer Republik bezeichnend war, zu vermeiden[327]. Die von Adenauer erstrebte Förderung des Mittelstandes ist mit als Antwort zu sehen auf seine Sicht innerer Strukturmängel der Weimarer Republik und die von ihm erhobene Forderung nach einer ausgeglichenen materiellen Sicherheit für alle und einer stabilen Währungspolitik als Antwort auf die Erfahrungen mit Inflation, wirtschaftlicher Not und Arbeitslosigkeit[328].

Um dem Nationalismus entgegenzuwirken, suchte er auf dem Gebiet der Außenpolitik im Zusammenhang mit dem Ziel eines vereinigten Europa neue Wege, die durchaus als revolutionierend zu bezeichnen sind[329].

In der Situation des geschlagenen Deutschlands nach 1945 war es jedoch keineswegs selbstverständlich, daß seine Bemühungen erfolgreich sein würden. Das Chaos nach Kriegsende vervielfachte die Gefahren aus dem Erbe der deutschen Geschichte. Auseinandergerissene Familien, Millionen von Flüchtlingen und Vertriebenen, zerbombte Städte, zerstörte Industrien und Furcht vor der Zukunft sah Adenauer als gefährlichen Nährboden für radikale Tendenzen nach links und rechts, die wiederum die Gefahren innerer Labilität weiter multiplizieren konnten. Die Besatzungspolitik der ersten Nachkriegsjahre, Kontrollen und insbesondere die Demontagen von Industriewerken, vor allem aber die Spaltung Deutschlands im Zuge des wachsenden Ost-West-Gegensatzes schlossen ein Aufflammen von Nationalismus und radikaler Tendenzen als Reaktion nicht

aus[330]. Dies wiederum hätte kaum dazu beigetragen, die Besatzungspolitik der Siegermächte zu mildern.
Adenauer war sich darüber klar, daß die innenpolitischen Vorgänge die Haltung der Siegermächte bestimmen würden. Die Vergangenheit war kein Vakuum. Sie enthielt nicht nur unter innenpolitischen Aspekten gefährliche Entwicklungsmöglichkeiten. Die außenpolitische Isolierung Deutschlands rechnete Adenauer mit zu den wichtigsten Ursachen, die zu dem Niedergang Deutschlands beigetragen hatten[331]. Die Last der deutschen Vergangenheit war für Adenauer in nicht geringem Maße mit ihr verbunden. Nach seiner Auffassung war ein Land in der geographischen Lage Deutschlands darauf angewiesen, seine Sicherheit im Zusammengehen mit anderen Mächten zu finden. Wiederholt berief er sich auf Bismarck, wie schon erwähnt, der bemüht gewesen war, Freunde für Deutschland zu gewinnen. Diese Notwendigkeit schien Adenauer nach 1945 durch die gewandelten weltpolitischen Machtverhältnisse noch dringlicher als zu Zeiten Bismarcks[332]. Doch die Situation des niedergeschlagenen und verfemten Deutschlands enthielt die Gefahr, daß es dazu verdammt wurde, weiter sich im Fahrwasser der durch seine Isolierung im Geschichtsprozeß gezogenen Bahnen zu bewegen, allerdings aus der Sicht Adenauers mit Richtung auf den Sowjetbereich, was wiederum nach seinem Urteil nicht nur für Deutschland, sondern für das gesamte Westeuropa von schicksalhafter Bedeutung sein mußte. Das Potsdamer Abkommen barg für ihn Ansatzpunkte für derartige Entwicklungsmöglichkeiten. „Bismarck hat von seinem Alptraum der Koalitionen gegen Deutschland gesprochen. Ich habe auch meinen Alpdruck", erklärte er in einem Interview im Jahre 1953. „Er heißt Potsdam. Die Gefahr einer gemeinsamen Politik der Großmächte zu Lasten Deutschlands besteht seit 1945 und hat auch nach Gründung der Bundesrepublik weiterbestanden. Die Außenpolitik der Bundesregierung war von jeher darauf gerichtet, aus dieser Gefahrenzone herauszukommen. Denn Deutschland darf nicht zwischen die Mühlsteine geraten, dann ist es verloren."[333]
Potsdam bedeutete für ihn Isolierung Deutschlands, es bedeutete seine Schutzlosigkeit, es bedeutete Verständigung zwischen Ost und West auf dem Rücken Deutschlands, und das wiederum bedeutete für ihn in letzter Konsequenz Überantwortung Deutschlands an Sowjetrußland. „Ich gestehe sehr offen", erklärte er auf dem 3. Bundesparteitag der CDU in Berlin im Oktober 1952, „ich habe als Bundeskanzler zeitweise die sehr ernste Sorge gehabt, daß eine

solche Lösung der Spannungen eines Tages eintreten könnte. Für meine Politik war gerade die Beseitigung dieser Gefahr der Überantwortung ganz Deutschlands an Sowjetrußland eines der stärksten Motive."[334] Aus seiner Sicht würde man aufgrund des Potsdamer Abkommens günstigstenfalls zu einer Übereinkunft über ein neutralisiertes Deutschland kommen. Ein neutralisiertes Deutschland aber würde im Laufe der Entwicklung nach seiner Überzeugung zwangsläufig in den Sog der Sowjetunion geraten[335], und damit würde sich die Herrschaft des Materialismus, nur in anderem Gewande, wiederholen, sie würde bedeuten die Wiederbelebung und gleichzeitige Zementierung einer der entscheidendsten der „wirkenden Ursachen", auf die er den verhängnisvollen Verlauf der deutschen Geschichte zurückführte.

Adenauer sah aber auch eine Chance, die Isolierung Deutschlands zu durchbrechen und die Wiederholung der Herrschaft materialistischer Vorstellungen, die damit einhergehende Mißachtung der Rechte der Einzelperson und die Überbewertung der Staatsallmacht, abzuwenden. Diese Chance sah er gegeben durch eine entschiedene Stellungnahme für die Westmächte in dem sich mit der Sowjetunion entwikkelnden Kalten Krieg.

Adenauer ging davon aus, daß Deutschland um seiner Existenz willen absolut darauf angewiesen war, aus seiner Isolierung und Wehrlosigkeit herauszukommen und Anschluß an den Westen zu finden. Um dies zu erreichen, versuchte er zunächst nach 1945, darauf hinzuwirken, daß sich in den westlichen Staaten die Erkenntnis durchsetzte, nach der es nicht in ihrem Interesse liegen konnte, an einen „,verwesenden Leichnam" gefesselt zu sein[336], und nach der es genausowenig ihrem Interesse entsprechen konnte, wenn das ganze Deutschland dem Kommunismus anheimfiel[337]. Der Appell an die gleiche Interessenlage war für ihn ein wichtiges Mittel, um den Ring der Isolierung zu sprengen. „Der nicht von Rußland besetzte Teil Deutschlands ist ein integrierender Teil Westeuropas. Wenn er krank bleibt, wird das von schwersten Folgen für ganz Westeuropa, auch für England und Frankreich sein. Es liegt im eigensten Interesse nicht nur des nicht von Rußland besetzten Teiles Deutschlands, sondern auch von England und Frankreich, Westeuropa unter ihrer Führung zusammenzuschließen, den nicht russisch besetzten Teil Deutschlands politisch und wirtschaftlich zu beruhigen und wieder gesund zu machen . . ."[338] Entsprechend dieser in einem Schreiben vom Oktober 1945 umrissenen Argumentation appellierte er in seinen Reden in den folgenden Jahren an Politiker und Öffentlichkeit der westeuropäischen Staaten. Er unterstrich dabei die Bereitschaft zu Wiedergutmachungsleistungen Deutschlands, gab aber gleichzeitig zu bedenken, daß man von einer Kuh nur Milch bekommen könne, „wenn die Kuh gesund ist und gut ernährt wird“[339]. Illusionslos kalkulierte er auch Furcht und Mißtrauen der westlichen Nachbarn Deutschlands ein und war bemüht, ihrem Sicherheitsverlangen entgegenzukommen[340]. Er warnte jedoch vor Lösungen, die Gewalt zur Grundlage hatten. In einer Rede vom September 1946 heißt es: „Gewalt erzeugt immer wieder Gewalt, wenn nicht jetzt, dann in einer späteren Zukunft. Darum müssen wir unsere westlichen Nachbarn auf das dringendste bitten, im Interesse des Friedens in Europa doch mit dem deutschen Volk zusammen nach konstruktiven Lösungen zu suchen, die uns nicht verletzen und die ihnen doch die Sicherheit geben, die sie verlangen.“[341] Zu Maßnahmen in dieser Richtung gehörte für ihn die Verflechtung von Industrien, wie sie bereits im Zusammenhang mit seinen Vorstellungen zur Schaffung eines vereinigten Europas erwähnt wurde[342]. Die Bildung eines durch gegenseitige wirtschaftliche Verflechtungen entstehenden „Binnenmarktes“, „bestehend aus England, Frankreich, Belgien, Luxemburg, Holland und der westlichen Zone, wenn möglich auch dem ganzen Deutschland“, wie er sie im August 1946 zur Diskussion stellte, sollte dazu beitragen, daß gemeinsame Interessen heranwuchsen[343]. „Und den gemeinsamen Interessen folgen persönliche Annäherung, kulturelle Annäherung und gegenseitiges Verstehen.“[344] Großen Wert legte er hierbei auf die Anwendung des Prinzips der Gegenseitigkeit, „denn nur dann erwächst eine wirtschaftliche und menschliche Gemeinschaft aus einem derartigen Verhältnis“[345]. Auf diesem Wege sollten Fortschritte zu einem vereinigten Europa gemacht werden; auf diesem Wege hoffte er gleichzeitig auch, Schritt für Schritt die Gleichberechtigung Deutschlands zurückzugewinnen[346]; auf diesem Wege hoffte er vor allem, Sicherheit vor einem Zugriff der Sowjetunion zu erreichen[347].

Diese bereits im Jahre 1946 gezeichneten Grundlinien blieben nach seiner Regierungsübernahme im September 1949 für ihn bestimmend. Durch eine auf den Anschluß an den Westen gerichtete Politik bei gleichzeitiger Berücksichtigung der psychologischen Gegebenheiten von Mißtrauen und Furcht versuchte er die fatale Entwicklungskette der Isolierung zu durchbrechen. Nur auf diesem

Wege auch sah er die Verfolgung einer Politik ermöglicht, die die Labilität des deutschen Volkes abbauen konnte, was wiederum eine wichtige Voraussetzung zur Gewinnung von Vertrauen in den westlichen Staaten war.

Die einzige Möglichkeit, das Mißtrauen hinschwinden zu lassen, war für ihn, diesem Mißtrauen keine neue Nahrung zu geben durch mangelnde Geradlinigkeit der deutschen Politik. „Nur Stetigkeit und Wahrhaftigkeit wird dieses Mißtrauen beseitigen, Worte, Reden, Beteuerungen tun es nicht, das Handeln allein entscheidet."[348] Adenauer war darauf eingestellt, daß der Wandel der psychologischen Lage in den anderen Ländern nicht ein Prozeß von heute auf morgen sein werde. „Was schon für den einzelnen Menschen gilt, daß die Meinung, die er sich von einem anderen gebildet hat, erst langsam und allmählich sich ändert, daß es sich dabei um eine stufenweise Entwicklung handelt, gilt erst recht von den Ansichten und Überzeugungen, die sich in breiten Volksschichten festgesetzt haben."[349] Für ihn war deshalb ein wichtiges Erfordernis bei der zu verfolgenden Politik, sich in die psychologische Lage der Vertragspartner hineinzuversetzen und zu bedenken, daß sie ihre Maßnahmen gegenüber der öffentlichen Meinung ihrer jeweiligen Länder zu vertreten hatten[350]. Das deutsche Volk sei ein dynamisches Volk, so meinte er, und diese Eigenschaft bringe es mit sich, daß es dazu neige, nur zu gern die Vergangenheit hinter sich zu werfen und nur in die Zukunft zu schauen. „Andere Völker tun das nicht. Sie denken *sehr* an die Vergangenheit, oftmals oder manchmal vielleicht zu sehr, aber – es ist eine reale Tatsache – sie tun es, und je mehr sie noch unter den unmittelbaren und den mittelbaren Kriegsfolgen leiden, um so mehr tun sie es. Auch die weiterblickenden Staatsmänner und Politiker dieser Völker können an der Realität dieser psychologischen Einstellung ihrer Völker nicht vorbeigehen. Wir vor allem dürfen nicht in einen derartigen Fehler verfallen. Wir müssen bei allen außenpolitischen Vorgängen das Vorhandensein von Mißtrauen gegenüber dem deutschen Volk als eine Tatsache in Rechnung stellen."[351] Diese im Jahre 1952 gemachten Ausführungen behielten für ihn Gültigkeit. Stetigkeit, Geradlinigkeit, Zuverlässigkeit und Mäßigung sind Schlüsselworte für eine Politik, mit der er versuchte, dieses Mißtrauen in Vertrauen umzuwandeln[352].

Bewußt verfolgte Adenauer eine Politik „des schrittweisen Weitergehens", wobei, wie er selbst feststellte, jeder der Schritte so angelegt war, „daß er den nächsten Schritt nach sich zog"[353], und wobei er durchaus zu Vorleistungen von deutscher Seite bereit war, wenn sie einer Entwicklung in die gewünschte Zielrichtung zu dienen versprachen. Als einen entscheidenden Schritt dieser Politik beurteilte er das Petersberger Abkommen vom November 1949, das er gegen den erbitterten Widerstand der SPD durchsetzte[354]. „Damals hat sich entschieden“, erklärte er rückblickend, „ob wir uns in Ressentiments, weil wir den Krieg verloren hatten – den übrigens Deutsche begonnen hatten – von der übrigen Welt in Trotz, in Niedergeschlagenheit, ich weiß nicht, in welchen Gefühlen nun abwenden sollten, oder ob wir genau das Gegenteil tun sollten, nämlich Anschluß zu suchen an die freien Völker der Welt.“[355] Den Entschluß zur Unterzeichnung dieses Abkommens bezeichnete er als „Peripetie“ im deutschen Geschick[356], von dieser Wende an hätten sich in schneller Folge die Möglichkeiten ergeben und erweitert, eigene Außenpolitik zu treiben[357]. Im Laufe der Arbeit sei man dann hinausgewachsen über jedes nationalistische Denken, und „wir sind hineingewachsen, sind mit Bewußtsein und Überlegung hineingewachsen in größere politische und wirtschaftliche Konzeptionen“[358]. Auf diesem Wege erreichte er die gleichberechtigte Eingliederung zumindest des freien Teiles Deutschlands in die westliche Welt. Auf diesem Wege hoffte er auch, für den unter Sowjetherrschaft stehenden Teil Deutschlands die Freiheit zurückzugewinnen – eine eminent nationale Aufgabe der deutschen Politik, die es zu lösen galt, ohne daß der Nationalismus erneut Unheil stiften konnte, sei es unter innenpolitischem Aspekt, sei es im Hinblick auf Furcht und Mißtrauen anderer Völker. Auch unter dem Gesichtspunkt der Wiedervereinigung mußte für Adenauer das Ziel deutscher Politik sein, das Vertrauen der Westmächte zu gewinnen, denn Voraussetzung einer Wiedervereinigung auf friedlichem Wege, ohne daß es eine Wiedervereinigung unter dem Sowjetstern wurde, war für ihn die Unterstützung der Westmächte. Doch sie wiederum war ohne das zunächst zu erwerbende Vertrauen kaum zu erreichen. Die Wiedervereinigung war für ihn zentrales Ziel seiner Politik, worauf bei Darlegung der Gesamtkonzeption seiner Politik noch ausführlich eingegangen wird[359]. Sie war es sowohl unter deutschem als auch unter europäischem Aspekt, denn ohne Wiedervereinigung konnte es nach seiner Auffassung echte Entspannung in Europa nicht geben[360].

3. Einfluß der Geschichte durch Prägung von Denkweise und Methodik

Große Bedeutung jenseits des Einflusses durch konkrete historische Gehalte besaß Adenauers Verhältnis zur Geschichte durch die Prägung seiner allgemeinen Denkweise und Methodik, wobei nicht behauptet werden soll, daß die im folgenden aufzuzeigenden Merkmale seines Denkens und seiner Methodik primär oder gar ausschließlich sich auf das Verhältnis Adenauers zur Geschichte reduzieren ließen. Es wird aber die These vertreten, daß sie durch sein Verhältnis zur Geschichte verfestigt und geschult wurden.
Bezeichnend für Adenauer war, daß sich seine politischen Überlegungen in großen Zeiträumen bewegten, daß sie von der Vergangenheit her über die Gegenwart hinaus in die Zukunft griffen[1]. Entwicklung, Bewegung und Veränderung gehörten für ihn zur selbstverständlichen Basis der Wirklichkeit. In seinen Äußerungen trifft man häufig auf Bemerkungen, die hierauf hinweisen: „Die politische Geschichte zeigt, daß ständig alles im Fluß ist und politische Verhältnisse sich sehr schnell ändern können."[2] „Alles ist ständig im Fluß und ändert sich unter der Sonne."[3] „. . . ständig wandeln sich die sozialen, die wirtschaftlichen Lebensbedingungen, die außenpolitischen Gegebenheiten."[4] Seine sprichwörtlich gewordenen Hinweise auf den „Ernst der Lage" entsprangen weniger einer Verteidigungsposition als vielmehr dem Bewußtsein des Wandels und der damit einhergehenden Möglichkeiten für ständig von neuem entstehende Gefahren. Sie wandten sich nicht gegen den Wandel an sich, denn er war für Adenauer vorgegeben; sie waren vor allem auf die Mobilisierung der Wachbereitschaft gezielt und darauf gerichtet, den Wandel in wünschenswerten Bahnen zu halten[5]. Stets rechnete er mit der Möglichkeit veränderter Konstellationen und war bereit, neue Faktoren in seine Überlegungen einzubeziehen[6]. Keine politischen Errungenschaften oder Konstellationen hatten für ihn den Status der Permanenz. Internationale Bündnisse schienen ihm genausowenig für Zeit und Ewigkeit garantiert[7] wie etwa das kulturelle Niveau der westlichen Zivilisation[8] oder die Konsolidierung innenpolitischer Verhältnisse in der Bundesrepublik[9]. Der „Ernst der Lage" war für Adenauer ein Dauerzustand, wenn auch mit schwankender Intensität der Spannung. Auf „Lorbeeren" auszuruhen, galt ihm als höchst gefährlich[10]. Nachdem die CDU/CSU im Herbst 1957 die absolute Mehrheit im Deutschen

Bundestag gewonnen hatte, erinnerte er unmittelbar nach der Wahl seine Parteifreunde an die wenige Wochen zurückliegende Wahlniederlage der Liberalen in Kanada, die sie nach einer fast zweiundzwanzigjährigen Regierungszeit hinnehmen mußten[11]. Er warnte, der CDU könne es eines Tages ähnlich ergehen. „Wir müssen jeden Tag und jede Stunde daran denken, daß nur stetige und fortgesetzte Arbeit unsere Partei wirklich auf der Höhe halten kann, die sie nun einmal erreicht hat. Es darf hier kein Ausruhen geben. Dafür ist das Leben zu hart, und es wechselt zu schnell. Eine Partei, die diesem Rhythmus nicht folgt, die wird heute oder morgen überfahren werden."[12] Er beließ es nicht bei dieser Feststellung. Er forderte zur Diskussion darüber auf, welche Mittel zu entwickeln seien gegen möglichen Kräftezerfall und Abstieg seiner Partei[13]. Neun Wochen vor der Bundestagswahl vom September 1961, als demoskopische Untersuchungen sehr günstige Ergebnisse für die CDU/CSU voraussehen ließen, warnte er in einer parteiinternen Sitzung: „Wir haben einen großen Feind zu überwinden: eine zu große Siegeszuversicht. Eine solche Siegeszuversicht ist absolut unangebracht. Wir haben heute den 11. Juli, und die Wahl ist am 17. September; das sind noch zwei Monate und acht Tage. Zweitens ist die außenpolitische Situation noch in der Nähe keiner vorhergehenden Wahl so unübersichtlich für die nächsten Monate gewesen wie jetzt . . ."[14] Die Entwicklung bewies die Berechtigung seiner Skepsis. Diese Skepsis findet sich genauso im Bereich der Außenpolitik. Sie wurde gefördert durch das Bewußtsein der Dynamik des Geschehens, das zur Vorausschau der Entwicklung zwang und eine Warnung war vor der in der Gewöhnung an bestehende Zustände liegenden Gefahr[15].

Die stenographischen Protokolle der CDU-Bundesvorstands- und -ausschußsitzungen belegen, wie Adenauer durch in krasser Sprache vorgetragene Warnungen gegen Erschlaffung und Nachlassen der Anstrengungen seiner Partei zu wirken, wie er das Bewußtsein für den ständigen Wandel zu schärfen und vor der Illusion zu warnen sich bemühte, daß Sicherheit und Freiheit ein Dauerbesitz sind[16]. Er sorgte für eine „heilsame Unruhe"[17] durch wohlkalkulierte Verbreitung eines kühl gezügelten Pessimismus; das galt für innenpolitische Fragen wie auch für Fragen der Außenpolitik. Das letztere wurde vor allem in den Jahren nach seinem Rücktritt in der Öffentlichkeit stärker deutlich, als er über Wirkungsmöglichkeiten eines Regierungschefs nicht mehr verfügte und sich mit Hilfe der Presse in In- und Ausland Gehör zu verschaffen suchte[18].

Das Verhältnis Adenauers zur Geschichte bewirkte, daß er das allgemeine politische Geschehen wie auch einzelne Ereignisse eingebettet sah in den historischen Prozeß der Veränderung. Dadurch gewann er Proportionen und Perspektiven. Sie wirkten der Gefahr entgegen, daß seine Wachsamkeit durch Erfolge korrumpiert wurde, und trugen dazu bei, daß er auch in anscheinend hoffnungslosen Situationen Zuversicht behielt. So waren zum Beispiel für ihn die Zustände nach dem Ersten Weltkrieg nur vorübergehender Natur, die Besetzung der Rheinlande durch Engländer und Franzosen wie auch die Herrschaft des Nationalsozialismus; Not und Elend unmittelbar nach 1945 hatten für ihn genausowenig den Charakter eines versteinerten Status quo wie die Spannungen des Kalten Krieges und die Spaltung Deutschlands[19]. Im geistigen und materiellen Chaos von 1945 setzte er bereits künftige Veränderungen ins Kalkül und entwarf unter ihrer Berücksichtigung seine Konzeptionen[20]. Die verschiedenen Bestimmungen, Verträge und Statuten der ersten Nachkriegszeit waren für ihn „Übergangsregelungen"[21]. Ihm kam es bei ihrer Beurteilung stets in erster Linie darauf an, ob sie Möglichkeiten der Weiterentwicklung in sich bargen und welche[22]. Noch als der Gegensatz zwischen den USA und der Sowjetunion an der Schwelle zum heißen Krieg zu stehen schien, faßte er bereits eine Situation ins Auge, da eine Entspannung zwischen den beiden Supermächten den Abzug der amerikanischen Truppen aus Europa bringen konnte und somit die Europäer vor neue Schwierigkeiten stellen mußte[23].

Perspektiven und Proportionen gewann Adenauer nicht nur durch die Dimension der Zeit. Sein Verhältnis zur Geschichte brachte es mit sich, daß er Einzelheiten verwoben sah in den Fluß der Veränderung, und das bedeutete nicht nur in den Strom von Vergangenheit, Gegenwart und Zukunft, sondern gleichzeitig in die komplexen, vielfältigen und vielschichtigen Zusammenhänge des Geschehens. Ein typisches Kennzeichen seiner Ausführungen vor Parteigremien wie auch seiner öffentlichen Reden ist sein Bemühen, ein Gesamtbild zu vermitteln und die Einzelereignisse in einen größeren Rahmen einzuordnen[24]. Rückblick in die Vergangenheit und Ausblick in die Zukunft gehörten dabei für Adenauer zusammen, und gleichzeitig gehörten dazu das Aufeinanderbezogensein von Detailanalyse und Gesamtschau[25]. Nüchterne Sicht der Komplexität der Wirklichkeit, des organischen Zusammenhanges des Geschehens, und Streben nach Erkennen der „wirkenden Ursachen", der „großen Aspekte" waren Pole in der Struktur seines Denkens. Zergliedernde Betrachtung und ganzheitliche Schau bestimmten sie in gleicher Weise. Hinter dem dominierenden Merkmal seiner Methodik, stets nach übergeordneten Gesichtspunkten die einzelnen Fakten und Ereignisse zu bewerten und ihren Stellenwert zu bemessen, trat jedoch seine differenzierende Betrachtungsweise in seinen Äußerungen zurück. Seine Äußerungen spiegeln wider vor allem sein Bemühen, die verwirrende Fülle von Vorgängen auf einen möglichst einfachen Nenner zu bringen. Man bezeichne ihn gern als den „großen Vereinfacher der Politik", wurde ihm aus Anlaß seines 90. Geburtstages gesagt. „Halten Sie diese Charakterisierung für lobend oder für abwertend?" Adenauer gab zur Antwort, er halte das für ein ganz großes Lob, „. . . denn in der Tat, man muß die Dinge auch so tief sehen, daß sie einfach sind. Wenn man nur an der Oberfläche der Dinge bleibt, sind sie nicht einfach; aber wenn man in die Tiefe sieht, dann sieht man das Wirkliche, und das ist immer einfach. Ob das angenehm ist, das ist eine andere Frage."[26] Das Verhältnis Adenauers zur Geschichte war wesentlich bestimmt von dem Bestreben, Wandel, Bewegung und Spannung des historischen Prozesses unter Kontrolle zu halten, und das hieß für ihn, rechtzeitig Gefahren zu erkennen, um ihnen entsprechend begegnen zu können. Es hieß aber auch für ihn, Wandel, Bewegung und Spannung in gewünschte Bahnen zu lenken. Die Dynamik des Geschehens brachte für Adenauer mit sich nicht nur Gefahren, sondern vor allem auch die Chance zur Gestaltung, wobei seine Methodik an der Dynamik selbst ausgerichtet war. Dabei ist die Bedeutung der Dynamik des Geschehens für die Politik Adenauers unter einem Doppelaspekt zu sehen. Einerseits war die Dynamik konstitutiv für sein Denken, andererseits war sie ein verselbständigter Faktor seiner Überlegungen, an dem er seine Handlungen und Maßnahmen mitorientierte. Sie war eine wesentliche Komponente seines politischen Kalküls.

Die Dynamik des Geschehens als Komponente seiner Politik ist deutlich erkennbar in den von ihm nach 1918 und nach 1945 vorgeschlagenen Lösungen zur Überwindung von Gegensätzen zwischen Deutschland und seinen westlichen Nachbarn[27]. Diese Lösungen gingen von einem Grundgedanken Adenauers aus, nach dem die Außenpolitik eines jeden Staates in erster Linie von seinen eigenen Interessen geleitet wird, „seinen wirklichen oder vermeintlichen Interessen"[28]. Eine an den Interessen eines Staates ausgerichtete Politik war für ihn gleichbedeutend mit einer an dem Wohl und dem

Nutzen des jeweiligen Staates orientierten Politik[29]. Die Interessen der Staaten nun waren für Adenauer in zweifacher Weise an die Dynamik des Geschehens gebunden. Erstens unterlagen sie selbst Wandel und Veränderung, zweitens wirkten sie direkt auf den Verlauf des Geschehens ein dadurch, daß die Handlungen der verantwortlichen Politiker sich nach ihnen ausrichteten. Diesen doppelten Bezug zur Dynamik kalkulierte Adenauer ein, um, indem er auf die Interessen der Staaten Einfluß zu nehmen versuchte, eine Strukturdynamik im Geschichtsprozeß in Gang zu setzen, die eine andere Strukturdynamik ausschalten sollte, nämlich eine Strukturdynamik, die er darin sah, daß Gewalt immer wieder Gewalt hervorruft. Appell an gemeinsame Interessen, Verflechtung eben dieser Interessen und damit Heranbildung neuer gemeinsamer Interessen sind Stufen der von Adenauer konzipierten Strukturdynamik. Sie läßt sich als Instrument seiner Politik nachweisen sowohl in seinen Bemühungen um den Wiederaufbau Deutschlands wie in seiner Wiedervereinigungspolitik[30], wie in seiner Politik, mit der er die europäische Einigung vorantrieb[31]. Dabei maß er, wie bereits in anderem Zusammenhang aufgezeigt wurde, der Bedeutung des ökonomischen Faktors im Prozeß der politischen Entwicklung große Bedeutung zu. Denn er war der Überzeugung – auch dies wurde bereits festgestellt –, daß „parallel laufende, gleichgeschaltete wirtschaftliche Interessen das gesundeste und dauerhafteste Fundament für gute politische Beziehungen zwischen den Völkern sind und immer bleiben werden“[32]. Er sah sie unter dem Aspekt allgemeiner politischer und kultureller Auswirkungen, vor allem aber der psychologischen Konsequenzen: Furcht und Mißtrauen unter den Völkern sollten durch ein besseres gegenseitiges Kennenlernen im Zuge wirtschaftlicher Zusammenarbeit von der Wurzel her beseitigt werden[33].

Die Bedeutung der Dynamik des Geschehens als Komponente der Politik Adenauers wird auch erkennbar schon allein durch die generelle Ausrichtung seiner Politik an dem Prinzip der Evolution. Bezeichnend für Adenauer war, wie bei Darlegung der einzelnen Entwicklungsreihen und Tendenzkomplexe gezeigt wurde, daß er bei Verwirklichung seiner Ziele die Methode einer allmählichen Entwicklung, die Politik eines „Schritt für Schritt“, bewußt einer Methode des Entweder-oder vorzog[34]. Dabei mußten die Dynamik des Geschehens und das Bewußtsein der ständig fortschreitenden Veränderungen nahelegen, aus einer jeweils gegebenen Situation das Beste zu machen, was für Adenauer bedeutete, Chancen zur politischen Gestaltung zu ergreifen, auch wenn sie nicht in vollkommener Weise erstrebte Zielsetzungen verwirklichen würden; Voraussetzung war für ihn allerdings, daß sie Möglichkeiten zur Weiterentwicklung in die gewünschte Richtung zuließen. Ideale Konstellationen gab es nach seiner Auffassung selten[35], zumal nicht für die deutsche Politik nach 1945. Nach zwölf Jahren Nationalsozialismus, heißt es in den „Erinnerungen", gab es nun einmal für Deutschland keine vollkommenen Lösungen. „Es gab sehr oft nur die Politik des kleineren Übels."[36] Aber ein verantwortungsbewußter Politiker könne eines ganz gewiß nicht, er könne nicht einfach in das Nicht-Handeln ausweichen, nur weil es keine Möglichkeit des Handelns ohne Schattenseiten gebe. „Dann nämlich handeln andere über diesen Politiker und sein Land hinweg, und dann kommt dieses Land mit Sicherheit ins Hintertreffen."[37] Grundsätzlich hielt er es für besser, einen Anfang zu wagen und dann im Laufe der Entwicklung Änderungen vorzunehmen[38].

Diese Haltung läßt sich an zahlreichen Beispielen nachweisen. So lag sie seiner Mitwirkung im Hamburger Zonenbeirat zugrunde, der Anfang 1946 von der britischen Besatzungsmacht berufen worden war. „Ich hielt den Zonenbeirat nicht gerade für ein machtvolles Instrument, um unsere Forderungen durchzusetzen", schreibt er in den „Erinnerungen", „aber er bot immerhin die Möglichkeit, uns eventuell eines Tages mehr Gehör zu verschaffen und mehr Einfluß auf die Entwicklung zu nehmen."[39] Er hoffte, daß durch die regelmäßigen Gespräche mit den Vertretern der britischen Besatzungsmacht sich allmählich das psychologische Klima zwischen der Militärregierung und den Deutschen ändern würde[40].

Bezeichnend für diese Einstellung ist auch seine Stellungnahme zu den im Sommer 1948 von den USA, Frankreich, Großbritannien und den Benelux-Staaten beschlossenen „Londoner Empfehlungen", die erste Schritte in Richtung auf die Bildung der Bundesrepublik Deutschland bedeuteten, jedoch gleichzeitig eine Kontrolle des Ruhrgebiets ankündigten[41]. Klar sah er die Schwächen der geplanten Maßnahmen und verurteilte die diskriminierenden Bestimmungen in scharfer Weise. In einer Stellungnahme vor dem nordrhein-westfälischen Landtag im Juli 1948 erklärte er, daß durch die „Londoner Empfehlungen" Rechte in Anspruch genommen würden, wie sie nur in einem diktatorisch geleiteten Staatswesen der Diktator ausübe; die in den „Londoner Empfehlungen" enthaltenen Bestimmungen widersprächen dem „natürlichen Recht"; in dem in ihnen enthaltenen

„Ruhrabkommen“ sei der erste „eklatante Fall“ zu sehen, daß man zwar nicht politisch annektiere, aber daß man etwas viel Schlimmeres tue, „daß man ein großes arbeitsames Volk wirtschaftlich annektiert“[42]. Gleichzeitig aber sah er auch positive Ansätze. Er erkannte, daß das geplante „Ruhrstatut“ die „Keimzelle“ einer Ordnung werden könne, die auch die Grundstoffindustrien der anderen europäischen Staaten erfassen und im Sinne der europäischen Einigung wirken könne[43]. In seinen Augen konnte es ein „Prüfstein“ dafür werden, ob der Gedanke einer wirtschaftlichen und politischen europäischen Föderation Leben bekommen würde oder nicht. Unter Berücksichtigung dieser Möglichkeit war er zu einer Mitwirkung bereit. Er ging dabei davon aus, daß die diskriminierenden Bestimmungen im Laufe der Entwicklung „Stein für Stein“ abgetragen werden müßten[44]. Im übrigen war er überzeugt, wenn erst eine Zusammenarbeit in der in Aussicht genommenen Ruhrbehörde beginne, sich ganz von selbst zeigen werde, daß gewisse Bestimmungen des Statuts überflüssig würden[45].

Ein weiteres Beispiel liefert seine Haltung während der Schlußphase der Beratungen über das Grundgesetz. Es war mit den Besatzungsmächten zu einer Kontroverse hinsichtlich der Finanzverteilung zwischen Bund und Ländern gekommen. Die von den Militärgouverneuren gewünschte Regelung des Finanzwesens zugunsten der Länder war nach Ansicht der überwiegenden Mehrheit des Parlamentarischen Rates nicht die beste Lösung. Auch Adenauer hielt durchaus bessere Lösungen für denkbar. Aber er war nicht bereit, es durch diese Frage zu einem Bruch mit den Besatzungsmächten und damit zum Scheitern der Beratungen über das Grundgesetz kommen zu lassen. In den „Erinnerungen“ heißt es hierzu: „Nach meiner Meinung sollte man sich die Frage nicht so stellen: Ist das Grundgesetz, wenn es in der Form verabschiedet wird, wie es die Militärgouverneure wünschen, ein ideales Gesetz? Nach meiner Meinung müßte man die Vorteile für Deutschland miteinander vergleichen, die ein Grundgesetz, auch wenn es Mängel aufwiese, gegenüber dem Zustand brächte, der einträte, wenn das Grundgesetz nicht zustande käme.“[46] Nach seiner Meinung sprachen viele schwerwiegende Gründe für die Notwendigkeit, so schnell wie möglich ein Bundesparlament und eine Bundesregierung zu etablieren und die gegebene Chance zu eigener deutscher Mitwirkung am Geschick Deutschlands wahrzunehmen[47].

Die gleiche Grundeinstellung zeigte sich in seiner Beurteilungsweise des Besatzungsstatuts. Das Besatzungsstatut sei alles andere als ein „Ideal", heißt es in seiner ersten Regierungserklärung vom 20. September 1949, aber immerhin sei es ein Fortschritt gegenüber dem rechtlosen Zustand, der vorher herrschte[48]. Die Bundesregierung werde bestrebt sein müssen, in „offener und ehrlicher Aussprache" mit den Hohen Kommissaren und den Besatzungsmächten „Schritt für Schritt" die Aufhebung der die Souveränität einengenden Bestimmungen des Besatzungsstatuts durchzusetzen[49].

Bei den genannten Beispielen wird eine grundsätzliche Beurteilungsweise von Statuten und Verträgen deutlich, die die Dynamik des Geschehens bewußt in Rechnung stellte. Nicht etwa Tagesereignisse, sondern in der Vergangenheit wurzelnde und die Zukunft bestimmende Entwicklungstendenzen und die unter ihrer Berücksichtigung berechnete Interessenlage der jeweiligen Staaten zog er als Maßstab heran[50]. Verträge waren für Adenauer nicht „tote Dokumente", sie mußten auf „organische Weiterentwicklung" hin angelegt sein[51]. Er beurteilte sie unter dem Aspekt künftiger Gefahren genauso wie nach ihren Auswirkungen auf erwünschte Zielsetzungen. Verträge konnten sich eben „so oder so" entwickeln[52]. Entscheidend war für ihn, daß Möglichkeiten offengehalten wurden, damit die Dynamik des Geschehens sich in seinem Sinne entfalten konnte. So legte er zum Beispiel größten Wert darauf, daß das Besatzungsstatut einen Artikel enthielt, nach dem es von Zeit zu Zeit den sich wandelnden Verhältnissen angepaßt werden konnte[53]. Aufgabe der deutschen Politik hatte es dann zu sein, Änderungen in ihrem Sinne zu erreichen, was ihm auch in schneller Folge gelingen sollte[54]. Die Dynamik des Geschehens hatte er in gleicher Weise bei dem Vertrag über die Montan-Union im Auge[55] wie beim Deutschlandvertrag und bei dem Vertrag über die Europäische Verteidigungsgemeinschaft. Vor Parteifreunden führte er zu den beiden letztgenannten Verträgen im Jahre 1952 aus: „Und es ist bei allen diesen Dingen so, daß, wenn die Zusammenarbeit, auch die persönliche Zusammenarbeit, in den Fragen, die jeder Tag neu bringt, enger wird, von Tag zu Tag oder von Monat zu Monat, dann auch die Partnerschaft eine engere wird und jedenfalls, wenn nicht sofort Abänderungen der Verträge kommen in den Punkten, die uns nicht passen, doch der eine oder andere Punkt einfach wegfallen werden wird, wie das bisher auch schon der Fall gewesen ist. Darauf muß man auch vertrauen."[56] Die Eigendynamik von durch Verträge initiierten Entwicklungen war von Adenauer bewußt einkalkuliert.

Die Methode, Chancen wahrzunehmen und einen Anfang zu wagen, wenn sich Keime für erwünschte Entwicklungen zeigten, findet sich hinsichtlich seiner Handhabung und Einschätzung von Verträgen wie gegenüber allgemeinen politischen Situationen. Sie zeigt sich in seiner Politik, mit der er das Recht der eigenen Entscheidungsfreiheit zurückzugewinnen suchte, genauso wie in seiner Europapolitik. So sah er den im Jahre 1949 geschaffenen Europarat nicht als etwas „Vollkommenes" an, aber er war immerhin der Anfang „einer hoffentlich guten Entwicklung"[57]. Montan-Union, EVG, EWG und deutsch-französischer Vertrag wurden von ihm jeweils, wie bereits festgestellt wurde, nur als Anfang auf dem Wege zur politischen Union Europas gewertet. Wenn man sofort das Äußerste wolle, was unerreichbar sei, warnte er im Jahre 1962, und infolgedessen nicht zu einem Anfang komme, dann töte man den Gedanken der europäischen politischen Union[58].
Die Methode der Evolution ging einher mit der Erkenntnis, daß man nichts in idealer Weise realisieren könne. Adenauer meinte, der Fehler der heutigen Zeit heiße Perfektionismus, „daß wir alles bis aufs feinste austüfteln und alles gedanklich ausarbeiten und womöglich saecula saeculorum und Gott weiß alles erklären"[59]. Er forderte, man müsse sich an den Gedanken gewöhnen, daß alles seine Zeit brauche und daß nicht alles im ersten Anhieb perfekt gemacht werden könne[60]. Diese Einstellung setzte eine grundsätzliche Kompromißbereitschaft voraus, zu der Adenauer sich offen bekannte. Jedoch auch hier gilt die grundsätzliche Einschränkung, auf die bereits im Zusammenhang mit seiner Bereitschaft, Chancen wahrzunehmen, hingewiesen wurde. Durch Kompromisse durfte die Realisierung erwünschter Zielvorstellungen nicht unmöglich gemacht werden. Wohl nahm er kurzfristige Benachteiligungen in Kauf, doch langfristig gesehen mußten seine großen Ziele eine Chance haben. Sein Pragmatismus hatte durchaus Grenzen, wie seine Ablehnung einer Diskussion mit dem Kreml über ihre im März 1952 gestartete Notenkampagne[61], wie seine kühle Reaktion auf von Chruschtschow im September 1955 gemachte Avancen hinsichtlich einer Zusammenarbeit zwischen der Sowjetunion und der Bundesrepublik[62] und seine konsequente Weigerung, mit den deutschen Machthabern der Sowjetzone sich in Verhandlungen einzulassen, beweisen. Denkweise und Methodik Adenauers waren wohl durch sein Verhältnis zur Geschichte geprägt, doch letzte Maßstäbe und den Kompaß seines Handelns gewann er hierdurch nicht.

III. Die Bedeutung der Geschichte für das Grundsätzliche in der Politik Adenauers

1. Das Grundsätzliche in Form von Grundsätzen

Die Zergliederung des Verhältnisses von Geschichte und Politik wirft Licht auf die Kompliziertheit, Vielschichtigkeit und Komplexität von Adenauers Politik. Sie legt verschiedene Ansätze seines politischen Kalküls frei und weist gleichzeitig hin auf den Gesamtzusammenhang, in dem Adenauer die einzelnen Faktoren, Ereignisse, Tendenzen und Kräfte des politischen Geschehens sah. Sie hat ergeben, daß das Geschehen sich für ihn darstellte als ein vielfältiges Ineinandergreifen von Einzelfaktoren und von Entwicklungsreihen, als ein Prozeß ständiger Veränderungen, der immer wieder neue Möglichkeiten von Konstellationen in sich birgt und der eine zergliedernde Denkweise bei gleichzeitigem Zwang zur Gesamtschau bedingte. Die Analyse hat eine Grundeinstellung Adenauers freigelegt, die einerseits von der Einsicht in die Offenheit einer jeden Situation zur Zukunft hin ausging und andererseits darauf gerichtet war, aus der Analyse des dynamischen Geschichtsprozesses Schlußfolgerungen zu ziehen auf Geleise, die künftiges Geschehen nehmen könnte. Wandel, Bewegung, Spannung und die Verankerung des Denkens in Vergangenheit, Gegenwart und Zukunft waren dabei von axiomatischer Bedeutung.
Aus dieser Basis und orientiert an aus Analogien gewonnenen Einsichten und an der durch genetische Sicht vermittelten Kenntnis von Entwicklungsreihen und Tendenzkomplexen erwuchsen für Adenauer bestimmte Grundsätze seines Handelns. Sie sind von unterschiedlichem Abstraktionsgrad, einige tragen den Charakter von zeitlosen Handlungsmaximen und Lehrsätzen, andere von situationsgebundenen Prognosen. Zu den wichtigsten ist zu rechnen:

- Gewalt ruft immer wieder von neuem Gewalt hervor.
- Die Geschichte wirkt auf lange Sicht im Sinne der Gerechtigkeit.
- Materialismus führt zu Mißachtung von Wert und Würde des Menschen und bringt mit sich Verlust der Freiheit.
- Die Aufteilung der Macht unter nur zwei Staaten bedeutet Gefährdung des Weltfriedens.
- Die weltweite Interdependenz läßt isolierte Lösungen und Sicht von Problemen nicht mehr zu.
- Außen- und Innenpolitik sind nicht zu trennen.
- Interessen bestimmen die Außenpolitik der Staaten.
- Ökonomische Faktoren beeinflussen maßgeblich den Verlauf politischer Entwicklungen.
- Durch Verflechtung von Interessen und Zusammenarbeit werden Furcht und Mißtrauen unter den Völkern überwunden.
- Totalitäre Diktaturen respektieren nur die Macht.
- Nationalismus trägt zur Entfremdung der Völker bei; er ist ein Krebsschaden Europas.
- Weltweite politische Entwicklungen und Machtverschiebungen sowie der Fortschritt der Technik erfordern den Zusammenschluß Europas.
- Deutsch-französische Aussöhnung und Verständigung sind Voraussetzungen zum Zusammenschluß Europas.
- Deutsche Interessen und europäische Interessen sind identisch.
- Ohne Beteiligung Deutschlands gibt es kein vereinigtes Europa.
- Neutralisierung bzw. Bündnislosigkeit Deutschlands und damit Isolierung Deutschlands würden die Hegemonie der Sowjetunion über das ganze Europa nach sich ziehen.
- Ohne Wiedervereinigung Deutschlands gibt es keine Entspannung in Europa.
- Die Wiedervereinigung Deutschlands ist nur mit Unterstützung der Westmächte zu realisieren.
- Deutschland braucht Freunde in der Welt.
- Nur Stetigkeit und Geradlinigkeit der deutschen Politik können Mißtrauen und Furcht gegenüber Deutschland überwinden.
- Die durch seine geschichtliche Entwicklung bedingte innere Labilität des deutschen Volkes kann nur durch eine stetige, auf den Anschluß an den Westen ausgerichtete Politik überwunden werden.
- Die deutsche und westliche Politik hat sich auf einen Expansionsdrang der Sowjetunion einzustellen, der in der russischen Geschichte sowie in der kommunistischen Ideologie seine Wurzeln hat.

- Die sowjetrussische Politik ist auf die Einbeziehung ganz Europas in den Herrschaftsbereich Moskaus gerichtet.
- Ziel sowjetrussischer Politik ist, die USA aus Europa zu verdrängen.
- Der Frieden läßt sich gegenüber der Sowjetunion nur durch militärischen Schutz der eigenen Sicherheit gewährleisten.
- Die Sowjetunion kann nicht auf die Dauer der gleichzeitigen Erfüllung folgender drei Aufgaben gewachsen sein: Hebung des Lebensstandards ihrer Bevölkerung, Wettrüsten mit den USA, Sicherung ihrer Grenzen zu China hin.
- Das Verhältnis zwischen der Sowjetunion und China wird im Laufe der Entwicklung zu einer wachsenden Belastung für die Sowjetunion werden.
- Einheit des Westens ist Voraussetzung für einen Zustand der Entspannung mit der Sowjetunion.
- Entspannung mit der Sowjetunion muß gekoppelt sein mit einer kontrollierten Abrüstung.
- Europa ohne enge politische Verbindung zu den USA und ohne ihren atomaren Schutz ist der Sowjetunion nicht gewachsen.
- Isolationismus in den USA würde zu einer Hegemonie der Sowjetunion über Westeuropa führen.

2. Das Grundsätzliche als Konzeption der Westorientierung

Doch wenn Adenauer selbst seine Politik seit dem ersten Tage seiner Regierungsübernahme im September 1949 als geradlinig und konsequent verstand[1], wenn er wiederholt die Klarheit und Folgerichtigkeit seiner Konzeption betonte[2], so sprach er weniger die Vielzahl seiner Grundsätze an als vielmehr folgende drei Hauptzielsetzungen seiner Politik: 1. Hinwendung zum Westen, 2. Vereinigung Europas, die die deutsch-französische Aussöhnung mit umgriff, 3. Sicherung des freien Teiles Deutschlands und das Streben nach Wiedervereinigung, zwei Zielsetzungen, die für Adenauer zusammengehörten[3]. Diese drei Hauptzielsetzungen treten als Schwerpunkte seiner Politik hervor. Sie überhöhten die vorstehend genannten einzelnen Grundsätze und setzten sich zueinander in Bezug. Auf diese drei Hauptzielsetzungen konzentrierten sich drei Problemkomplexe, die ineinander verschränkt waren und eine untrennbare Einheit bildeten, wobei der auf die Hinwendung zum Westen bezogene Problemkomplex die beiden anderen mit umspannte.

Die Hinwendung zum Westen war für Adenauer in der Situation nach dem Ende des Zweiten Weltkrieges die logische Konsequenz einer Vielzahl von Überlegungen, in denen die einzelnen Motivationen wiederzufinden sind, die bei den vorstehend dargelegten Entwicklungsreihen und Tendenzkomplexen sichtbar wurden. In der Formel von der „Hinwendung zum Westen" finden sie einen gemeinsamen Nenner, der zwar einfach klingt, hinter dem sich jedoch ein höchst kompliziertes Geflecht von Kalkulationen, von sich überlagernden und überschneidenden und miteinander in widersprüchlicher Spannung stehenden Zielsetzungen verbirgt. In diesem Geflecht bilden die Deutschlandpolitik, die Europapolitik und die Politik einer engen Bindung der USA an Europa eine aufs engste ineinander verzahnte und ineinandergreifende Einheit, die die Politik gegenüber dem Osten mit umgriff. Es lassen sich im Laufe der Regierungszeit Adenauers unterschiedliche Bewertungen der Gewichtigkeit einzelner Grundsätze, unterschiedliche Einschätzungen der Entwicklungsreihen und Tendenzkomplexe feststellen. Doch an den genannten Hauptzielsetzungen hielt Adenauer unbeirrbar fest. Sie sind es, auf die in hohem Maße die Struktur der Geradlinigkeit und Stetigkeit seiner Politik, die Struktur des Grundsätzlichen zurückzuführen ist.

Zu diesem als Hypothese verstandenen Ergebnis führte die Untersuchung der Überlegungen, die hinter den drei Hauptzielsetzungen Adenauers standen. Um aufzuzeigen, in welcher Weise sie, unter dem obersten Prinzip der Hinwendung zum Westen zu einer Einheit verschmolzen, der Politik Adenauers die Struktur des Grundsätzlichen gaben, wird die Argumentation Adenauers von drei Ansätzen her aufgefächert dargelegt. Zunächst werden die generellen Gesichtspunkte der Politik der Westorientierung herausgestellt, dann folgend wird der Argumentation Adenauers getrennt unter dem Aspekt der Europapolitik und dem der Deutschlandpolitik nachgegangen. Abschließend werden die Merkmale der Struktur des Grundsätzlichen aufgezeigt, wie sie in der Konzeption der Westorientierung hervortreten, und damit auch gleichzeitig verdeutlicht, wie Adenauer Konzeption und Politik miteinander verband.

Generelle Gesichtspunkte

Die Hinwendung zum Westen war für Adenauer nach 1945 die „Grundlage" seiner Politik[4], er bezeichnete sie als „Hauptleitsatz"[5], sie war für ihn „oberstes Prinzip"[6]. Sie entsprach einer Grundtendenz seiner politischen Auffassung, die er, wie er im Jahre 1962 in einem Interview erklärte, bereits seit 1918 verfolgte. Es sei ihm schon damals klar gewesen, daß „das der Gang der Entwicklung sein wird". Wie er sich im einzelnen gestalten würde, hätte man nicht voraussehen können, „das mußte die Entwicklung ergeben, die mußte man abwarten"[7]. Unter den Begriff Westen fielen für Adenauer nach 1945 die westeuropäischen Staaten und die USA, was für ihn gleichbedeutend war mit „Anschluß an die Völker und Länder, die in ihrem Wesen die gleichen Ansichten über Staat, Person, Freiheit und Eigentum haben wie wir."[8]

Weltanschauliche Motivation Adenauers generelle Grundposition der Westorientierung war wesentlich bestimmt durch weltanschauliche Motive. Er betonte sie in den „Erinnerungen", und er betonte sie in Reden, mit denen er für diese Politik kämpfte[9]. Nur in der Hinwendung zum Westen, heißt es zum Beispiel in den „Erinnerungen", habe er die Rettung für „unsere in vielen Jahrhunderten entwickelte Lebensform, die die christlich-humanistische Weltanschauung zur Grundlage hat", gesehen[10]. Die Hinwendung zum Westen entsprach angesichts der Spannung zwischen den zwei Machtblöcken, die „völlig gegensätzliche Lebensideale verfochten"[11], angesichts des universalen Charakters der Auseinandersetzung über gesellschaftspolitische Ordnungsvorstellungen einem klaren Votum für die Richtung, die Wert und Würde der Person in den Mittelpunkt stellte und für die Erhaltung der christlich-abendländischen Kultur sich einsetzte[12]. Eine Annäherung der verschiedenen weltanschaulichen Grundpositionen durch einen Kompromiß mit dem Materialismus, insbesondere in Gestalt des Kommunismus, kam für ihn nicht in Frage[13]. Die Hinwendung zum Westen entsprach seiner aus weltanschaulicher Überzeugung her motivierten Zielsetzung, einen „Damm", eine „geistige Phalanx" gegen den Kommunismus zu schaffen[14].

Machtpolitische Überlegungen So wichtig die weltanschaulichen Beweggründe Adenauers für seine Politik der Westorientierung waren, weitaus ausführlicher äußerte er sich zu Überlegungen machtpolitischer Art. Sie gingen von der nüchternen Feststellung aus, daß für Deutschland, das sich aufgrund seiner geographischen Lage mitten im Spannungsfeld zwischen Ost und West befand, eine neutrale Haltung bei Berücksichtigung der bestehenden Machtverhältnisse unrealistisch war.

Deutschland sei nun einmal, so in einer Rede im Juni 1957, durch seine geographische Lage, durch die Kraft und Intelligenz, das Potential seiner Bevölkerung, durch seine wirtschaftliche Macht mitten in das Weltgeschehen hineingestellt und mit ihm unauflöslich verbunden.

Seine geographische Lage, so sah Adenauer es, hatte schon seit Jahrhunderten, besonders in den letzten 150 Jahren, Deutschland zu einem bestimmenden Faktor geschichtlichen Geschehens gemacht. Diese schicksalhafte Bedeutung war nach seiner Auffassung Deutschland verblieben trotz seiner Niederlage, trotz seines Zusammenbruchs und trotz der Veränderung der ganzen Weltlage. „Man mag das begrüßen, man mag es beklagen: An dieser Tatsache selbst vorbeigehen, die Augen vor ihr zu verschließen, zu glauben, daß es für Deutschland ein politisch und wirtschaftlich isoliertes Dasein gebe, ungestört von den Spannungen und Auseinandersetzungen in der Welt, das ist aus realen Gründen unmöglich, das ist ein Wunschtraum, eine Illusion, das heißt Deutschland nicht aus dem Weltgeschehen heraushalten, sondern Deutschland als Objekt mitten hineinstoßen."[15] Diese Feststellung hatte für Adenauer Gültigkeit sowohl für den Status der Bundesrepublik als auch für ein wiedervereinigtes Deutschland. Den Gedanken, daß Deutschland jemals das „Zünglein an der Waage" sein könnte, hielt er für „völlig absurd"[16]. „Wir mußten entweder zur einen oder zur anderen Seite, wenn wir nicht zerrieben werden sollten."[17] Denn früher oder später würde die eine oder die andere Seite nach seiner Auffassung in jedem Fall versuchen, das deutsche Potential zu sich herüberzuziehen[18].

Einen Vergleich mit anderen Staaten Europas, die neutral waren wie beispielsweise Österreich, lehnte er ab. Hierzu in einer Rede im Jahre 1955: „Österreich hat sieben Millionen Einwohner, Österreich liegt geographisch am Rande. Die Bundesrepublik hat 50 Millionen Einwohner, und nach der Wiedervereinigung werden wir 68 Millionen Einwohner haben. Wir sind ein Volk mit einer sehr starken Wirtschaft, wir liegen nicht geographisch am Rande, sondern in der Mitte des Spannungsfeldes zwischen Ost und West. Derjenige, der dieses Deutschland, die Bundesrepublik und erst recht das wiedervereinigte Deutschland, ausschaltet oder – richtiger gesagt – in die sowjetrussische Einflußsphäre bringt durch die Neutralisierung, der verschiebt das Gewicht der Kräfte in der ganzen Welt von dem freien Westen nach dem russischen Kommunismus hin."[19]

Die Annahme, daß Sowjetrußland beabsichtigte, das ihm überlassene deutsche Gebiet in seinem Machtbereich zu halten, und daß es darüber hinaus bestrebt war, auch das restliche Deutschland allmählich in seine Hand zu bekommen, gehörte für Adenauer zu einem festen Bestandteil seiner Überlegungen. Das Eingehen auf ein etwaiges Angebot der Sowjetunion zu einer Wiedervereinigung Deutschlands unter dem Vorzeichen einer Neutralisierung beziehungsweise Bündnislosigkeit, wie es in der vieldiskutierten sowjetrussischen Note vom 10. März 1952 anklingt, hätte für Adenauer die Einwilligung darin bedeutet, Deutschland über ein Zwischenstadium statt auf direktem Wege unter die Herrschaft Moskaus zu bringen. Denn ein neutralisiertes Deutschland würde, so Adenauer, ein kontrolliertes Deutschland implizieren, und dies auf der Grundlage des Potsdamer Abkommens, auf dessen Einhaltung der Kreml gemäß seinen Verlautbarungen größten Wert legte[20]. Adenauer meinte, die fernere Zukunft eines solchen neutralisierten und kontrollierten Deutschland ließe sich mit Sicherheit voraussagen; es werde einmal die Zeit kommen, zu der die Vereinigten Staaten ihre Truppen aus Europa zurückziehen würden: „Dann würde dieses neutralisierte Deutschland ganz von selbst in die sowjetrussische Einflußsphäre geraten und ein Satellitenstaat werden."[21]

Doch unabhängig von dieser Gedankenkette führten auch andere Überlegungen Adenauers zu dem Resultat, daß ein neutralisiertes Deutschland unter die Herrschaft der Sowjetunion fallen oder aber eine Entwicklung ähnlich düsterer Art auslösen werde[22]. Adenauer hatte keine Zweifel, daß Sowjetrußland eine bewaffnete oder gar unbewaffnete Neutralität Deutschlands mißachten würde[23]. Die weiten Möglichkeiten der sogenannten Feindstaatenklauseln der Charta der Vereinten Nationen, die Artikel 53 und 107, waren ihm kein Geheimnis, und kein Geheimnis waren ihm sowjetrussische Praktiken bei Schaffung der osteuropäischen Satellitenstaaten. Kein Geheimnis war ihm auch, besonders in der unmittelbaren Nachkriegszeit, die keineswegs eindeutige Haltung der Westmächte dem westlichen Teil Deutschlands gegenüber[24]. Daß die Westmächte einem Abgleiten des wertvollen deutschen Potentials in den Sowjetbereich tatenlos zusehen würden, dies zumal bei wachsender wirtschaftlicher

Erholung, lag für ihn jedoch auch nicht gerade auf der Hand[25]. Und daß es Deutschland jemals gelingen würde, als neutralisierter und damit auch kontrollierter Staat eigene Handlungsfähigkeit wiederzuerlangen, auch nicht[26].

Zusammenfassend läßt sich sagen: Neutralisierung der Bundesrepublik oder des wiedervereinigten Deutschland, was sich ihm als Alternative zur Westorientierung darstellte, denn freiwilliger Anschluß an den Osten schied eo ipso aus, bedeutete für Adenauer entweder „Unterjochung Deutschlands unter Sowjetrußland"[27] oder daß Deutschland „Schlachtfeld" der Auseinandersetzung zwischen Ost und West würde[28] oder bestenfalls, daß für Deutschland in Aussicht stand, „Spielball"[29] und „Handelsobjekt"[30] der Politik anderer Mächte zu bleiben, dies insbesondere angesichts der Last der deutschen Vergangenheit[31]. Durch eine konsequente Westorientierung seiner Politik versuchte Adenauer, diese Möglichkeiten auszuschalten.

In Anbetracht der weltpolitischen Veränderungen sah Adenauer die Sicherheit eines jeden einzelnen europäischen Staates und damit auch Deutschlands nur in dem Zusammenschluß Europas gewährleistet. Die Politik der konsequenten Westorientierung entsprach dieser Einsicht. Die Sicherheit der Bundesrepublik wie auch die eines wiedervereinigten Deutschlands hatte nach seiner Überzeugung die europäische Vereinigung zur Voraussetzung und war an sie gekoppelt. Eine Neutralisierung beziehungsweise Bündnislosigkeit der Bundesrepublik und auch des wiedervereinigten Deutschlands aber würde die Vereinigung Europas verhindern mit den entsprechenden Folgen für alle europäischen Staaten inklusive Deutschlands. Er war nicht bereit, eine derartige Politik in Betracht zu ziehen.

Seine Überlegungen gingen vielmehr davon aus, die Wiedervereinigung durch die Politik der Westorientierung zu erreichen. Durch Geschlossenheit und Einheit des Westens, so seine These, würde man zu einer Entspannung kommen, die ihm durch eine kontrollierte Abrüstung als realisierbar erschien[32]. Und nur bei Entspannung sah er Chancen für die Wiedervereinigung. Der Erfolg dieser Politik setzte nach seiner Auffassung die enge Verbindung der europäischen Staaten mit den USA voraus. Denn die europäischen Staaten ohne den Schutz der USA waren nach seiner Überzeugung nicht in der Lage, gegenüber der Sowjetunion das Gleichgewicht halten zu können und somit u. a. eine elementare Voraussetzung für die Wiedervereinigung in Freiheit zu wahren. Die Funktion der USA als

Siegerstaat des Zweiten Weltkrieges und damit als eine der vier für die Wiedervereinigung Deutschlands verantwortlichen Mächte gab den USA im Kalkül Adenauers eine weitere hohe Bedeutung, die sein hartnäckiges Bestreben nach Verklammerung europäischer und amerikanischer Politik mit bedingte.
Auf die Überlegungen Adenauers zu dieser Linie seiner Politik wird bei Darlegung seiner Europa- und Deutschlandpolitik noch weiter eingegangen.

Westorientierung und deutsche Vergangenheit Adenauers weltanschauliche Motivation und seine Überlegungen machtpolitischer Art wurden ergänzt durch Folgerungen, die er aus der unmittelbaren deutschen Vergangenheit zog. Er gab sich keinen Illusionen darüber hin, daß sich Deutschland etwa aus eigener Kraft wieder erheben und zu einem eigenständigen Faktor werden könne. Auch unter diesem Aspekt, heißt es in einer Rede im Sommer 1954 im Rahmen von Ausführungen zur Rechtfertigung seiner auf den Westen hin orientierten Politik, bleibe gar nichts anderes übrig als der Anschluß an den Osten oder der Anschluß an den Westen[33]. Daß für Adenauer die Entscheidung keine Gewissensqual bedeutete, geht aus seiner vorstehend wiedergegebenen Argumentation hervor. Wenn nun die Entscheidung für den Westen ausfalle, so meinte er, dann gebe es lediglich eine Möglichkeit: „. . . eine konsequente, eine klare, eine gradlinige Außenpolitik und nicht eine Schaukelpolitik, nicht ein Hin- und Herfahren."[34] Auf diese Grundeinstellung wurde bereits bei Darlegung seiner Sicht der Last der deutschen Vergangenheit eingegangen. Nicht nur die allgemeine machtpolitische Konstellation, sondern auch die deutsche Vergangenheit verlangte nach seiner Auffassung eine klare Entscheidung.
Adenauer ging davon aus, auch hierauf wurde schon hingewiesen, daß die Deutschen nach der Zeit des Nationalsozialismus, nach dem Zweiten Weltkrieg gefürchtet und verachtet waren. Er war sich darüber klar, daß diese Gefühle nicht so schnell abklingen würden und eine schwere Hypothek darstellten sowohl für die Europapolitik[35] als auch für die Erreichung der Wiedervereinigung[36]. Als einen „Leitsatz", den Deutschland in der Außenpolitik zu beachten hatte, hob er hervor: „Es mußte sich selbst treu bleiben, und es durfte nicht auf den fast verbrecherischen Gedanken kommen, bald mit dem Osten, bald mit dem Westen irgendeine politische Linie zu finden, eine Schaukelpolitik zu treiben."[37] Es gehe nicht an, erklärte

er im September 1951 in parteiinternem Kreis, daß man in Deutschland sage, „wir verlassen uns auf den Westen, aber wir techtelmechteln auch mit dem Osten". Das Mißtrauen im Westen sei in Erinnerung an Rapallo und den Pakt von 1939 zwischen Hitler und Stalin noch immer sehr stark. Dieses Mißtrauen könne leicht wachsen, je stärker die Bundesrepublik werde. Dieses wachsende Mißtrauen müßte sich sehr verhängnisvoll für die Deutschen auswirken[38].
Ihm kam es darauf an, den Kredit Deutschlands, der durch die nationalsozialistische Gewaltherrschaft völlig zerstört worden war, wieder herzustellen.
Das einzige „Positivum", das die Bundesrepublik anfangs hatte, so Adenauer vor dem Bundesparteiausschuß der CDU im Juni 1952, sei das langsam wiederkehrende Vertrauen gewesen. Ein Staat werde nach seiner Macht gewertet, über die er verfüge. Für einen Staat, der keinen einzigen Soldaten habe, gebe es in der Außenpolitik nur eine Möglichkeit, und zwar sich Vertrauen zu erwerben und dieses Vertrauen nicht zu enttäuschen[39]. In den „Erinnerungen" heißt es zu diesem Thema, man hätte davon ausgehen müssen, daß bei den Verhandlungen, die mit den Alliierten zu führen waren, um fortschreitend mehr staatliche Macht zu erlangen, das psychologische Moment eine sehr große Rolle spielen würde. „Von vornherein konnten wir volles Vertrauen nicht verlangen und erwarten. Wir mußten uns darüber klar sein, daß das Vertrauen nur langsam, Schritt für Schritt, wiedergewonnen werden konnte und daß wir sorgsam alles vermeiden mußten, was geeignet war, wieder Mißtrauen gegen uns zu wecken. Unwürdig und falsch wäre es gewesen, wenn wir eine Politik sklavischer Unterwürfigkeit verfolgt hätten. Eine dumme, unkluge und aussichtslose Politik wäre es gewesen, hätten wir mit unserer Unentbehrlichkeit auftrumpfen wollen. Wir Deutschen mußten uns insbesondere auch vor der spekulativen Erwägung hüten, daß wir aus einer Uneinigkeit unter den großen Mächten irgendwie Erfolg erzielen könnten. Die Methode der deutschen Außenpolitik mußte absolut ehrlich und geradlinig sein."[40]
Adenauer war sich sehr wohl bewußt, daß, wenn die Haltung der Sowjetunion nach 1945 von den westlichen Staaten nicht in wachsendem Maße als Bedrohung empfunden worden wäre, dies insbesondere seit 1948 und durch den Korea-Konflikt von 1950, das Besatzungsstatut nicht so schnell abgebaut worden wäre[41]. Andererseits verlor er nicht aus dem Auge, daß sehr wohl auch eine Politik des Arrangements zwischen den Westmächten und der Sowjetunion

zu Lasten Deutschlands denkbar war. Der „Alptraum Potsdam" ist Ausdruck dieser Befürchtungen Adenauers. Wiederholt sprach er davon, daß er vor allem in den Jahren 1949 und 1950 „die größte Sorge und die größte Angst" gehabt habe, „daß eine Verständigung auf unserem Rücken zwischen den dreien und Sowjetrußland erfolgen würde"[42]. Die Politik konsequenter Westorientierung sollte dieser Gefahr entgegenwirken. Um nicht der Sowjetunion „geopfert" zu werden, trat er dafür ein, daß die Bundesrepublik „auf jede nur mögliche Art und Weise mit den befreundeten Völkern des Westens" verbunden würde[43].

Noch in einer Rede aus dem Jahre 1964 betonte er beschwörend, daß das Vertrauen der westlichen Welt in die Zuverlässigkeit der Deutschen von existentieller Bedeutung für uns Deutsche sei; falls „Schwankungen" kämen, könnten dadurch nicht abzusehende Entwicklungen eingeleitet werden[44]. Daß diese Entwicklungen nach Auffassung Adenauers zu Lasten der Vereinigung Europas und gleichzeitig zu Lasten von Freiheit und Sicherheit Deutschlands gehen würden, liegt auf der Hand, dies um so deutlicher, prüft man seine Argumentation zur Europapolitik und zur Deutschlandpolitik.

Die Konzeption der Westorientierung unter dem Aspekt der Vereinigung Europas

Im Rahmen des überwölbenden Prinzips der Westorientierung bildet die auf die Vereinigung Europas gerichtete Politik einen Kernkomplex für sich. Aus der Perspektive dieses Komplexes läßt sich ableiten, daß die eigentliche Antriebskraft der gesamten Westorientierung hier zu finden ist. Dieses ergibt sich unter folgenden Gesichtspunkten:

- Die auf die Verwirklichung der Vereinigung Europas gerichtete Politik entsprach der Einsicht Adenauers, daß kein europäischer Staat, auf sich allein gestellt, ausreichend für die materielle Existenz und Sicherheit seiner Bevölkerung sorgen könne. Die Vereinigung Europas war für ihn die einzige Chance, Voraussetzungen für eine gesicherte Zukunft der Europäer und damit auch der Deutschen zu schaffen. Die Verwirklichung dieses Zieles sollte den Prozeß des weiteren Kräftezerfalles auffangen. Sie sollte den weltweiten machtpolitischen Veränderungen, sei es in Asien oder Afrika, sei es durch die Herausformung der beiden Supermächte USA und Sowjetunion, Rechnung tragen sowie der unter den Sachzwängen des technischen Fortschritts gesehenen Tendenz zu großräumigen Zusammenschlüssen[45].

- Durch die Vereinigung Europas sollte ein „Damm" gegen den Materialismus in Gestalt des Kommunismus gebildet werden[46]. Sie sollte der Erhaltung der christlich-abendländischen Kultur dienen[47].
- Die Vereinigung Europas war für Adenauer als Gegengewicht gegen die übermächtige Sowjetunion unerläßlich. Sie sollte der Gefahr des allgemeinen russischen Expansionsdranges entgegenwirken und der Sowjetunion die Möglichkeit nehmen, „einen nach dem anderen zu fressen"[48]. Der feste Zusammenhalt der europäischen Staaten, das hieß unter den gegebenen Umständen der westeuropäischen Staaten, sollte die Einsicht bei den sowjetrussischen Politikern fördern, daß die Hoffnung auf weiteren Machtzuwachs aufzugeben sei und daß vielmehr ein friedliches Arrangement über die strittigen Fragen auch für Moskau nützlich wäre[49].
- Als Schutz der europäischen Staaten gegenüber dem „Koloß Sowjetunion" war für Adenauer die Verbindung zu den USA unverzichtbar. Adenauer sah sie jedoch auf die Dauer nur durch den Zusammenschluß der europäischen Staaten gewährleistet[50]. Durch ihn sollten die europäischen Staaten für die USA so interessant gemacht werden, daß ihre Preisgabe dort als eigener Schaden erkannt würde. Zum anderen sollte der Zusammenschluß der europäischen Staaten jedoch auch gleichzeitig verhindern, daß die USA eine Hegemonie über Europa ausübten. Für beide Aspekte war folgende Überlegung von großem Gewicht: Es wurde bereits darauf hingewiesen, daß Adenauers Politik auf eine allgemeine kontrollierte Abrüstung zielte, da nur hierdurch nach seiner Auffassung eine echte Entspannung ermöglicht würde[51]. Hierbei stellte er in Rechnung, daß die eigentlichen ebenbürtigen Gegner die USA und die Sowjetunion waren. Nur eine Annäherung dieser beiden Mächte konnte deshalb, so Adenauer, die gewünschte Entspannung einleiten[52]. Hierbei aber würde es für die Europäer von vitaler Bedeutung sein, mit entsprechendem Eigengewicht die USA daran zu hindern, ein Arrangement mit der Sowjetunion bei Mißachtung ihrer Interessen zu treffen, ein Arrangement, bei dem Adenauer insbesondere ein Übergehen deutscher Interessen befürchtete durch etwaige Sanktionierung des europäischen Status quo.
- Durch den Zusammenschluß Europas sollte endgültig der

deutsch-französischen Rivalität ein Ende bereitet sowie die Gefahren des Nationalismus, die in Europa als Element der Völkerentfremdung gewirkt hatten, ausgeräumt werden. Adenauer wandte sich jedoch gegen eine Überbewertung dieses Gesichtspunktes als Triebkraft seiner Europapolitik, insbesondere was den deutschen Nationalismus betraf. So widersprach er zum Beispiel sehr entschieden einer weitverbreiteten Interpretation, die seine Politik so verstehen wollte, als habe er die europäische Integration erstrebt, um ein Wiederaufleben des deutschen Nationalismus zu verhindern. In einem Interview im August 1962 erklärte er auf eine derartige Unterstellung: „Nein, das sind ganz andere Gründe. Da habe ich doch mit an der Wiege gestanden. Es gibt doch in Europa keine Großmacht mehr, und wir Europäer, gleichgültig ob Franzosen, Italiener, Deutsche, Belgier, Holländer oder wer immer es sein mag, konnten nur hoffen, bestehen zu können gegenüber den Riesenmächten, den Vereinigten Staaten, Sowjetrußland und später einmal China, wenn wir uns zusammenschlossen, nicht um uns gegenseitig zurückzuhalten, sondern um mit vereinter Kraft uns in die Höhe zu arbeiten. Das war der Sinn der Integration."[53] Daß die Europapolitik jedoch von ihm von Anfang an auch gegen ein erneutes Aufflammen nationalistischer Tendenzen in Deutschland wie auch in anderen europäischen Staaten gedacht war, geht aus seinen Äußerungen bei anderen Gelegenheiten, insbesondere in der unmittelbaren Nachkriegszeit, eindeutig hervor[54]. Die Gewichtigkeit dieses Motivs trat aber offensichtlich mit fortschreitender Zeit und sich dabei verringernder Aktualität gegenüber drängenderen Problemen zurück, ohne sich jedoch ganz zu verlieren. Die in engem Zusammenhang hierzu stehende Motivation für den Zusammenschluß Europas, durch Überwindung nationalistischer Rivalitäten innereuropäische Kriege künftig unmöglich zu machen, trat ab Mitte der fünfziger Jahre gleichfalls zurück.

- Adenauer ging davon aus, daß die Wiedergesundung Europas, wenn auch zunächst nur des westlichen Europas, die Beteiligung und Einbeziehung des im Westen liegenden Teiles Deutschlands zur Voraussetzung hatte. Sollte er krank bleiben, würde dies nach Adenauers Kalkül „von schwersten Folgen für ganz Westeuropa" sein. Nach seiner Berechnung mußte es folglich im Interesse der westeuropäischen Staaten liegen, „den nicht russisch besetzten Teil Deutschlands politisch und wirtschaftlich zu beruhigen und wieder gesund zu machen", wie es in einem bereits erwähnten Schreiben Adenauers vom Oktober 1945 heißt[55]. Diese seit Kriegsende propagierten Gedanken beleuchten einen wesentlichen Aspekt seiner Europapolitik. Denn in der Europapolitik lag, wie bereits dargelegt wurde, für ihn ein Angelpunkt, die wirtschaftliche Wiedergesundung wenigstens des westlichen Teiles Deutschlands und Schritt für Schritt seine Gleichberechtigung und Handlungsfreiheit zu erreichen. Sein Kalkül ging davon aus, daß ein politisch lebensfähiges Europa nur entstehen konnte, wenn Deutschland wirtschaftlich und politisch als gleichwertiges Mitglied voll akzeptiert würde. Ein vereinigtes Europa, sollte es von politischer Dauer und innerer Festigkeit sein, konnte nach Überzeugung Adenauers nur unter gleichberechtigten Staaten beziehungsweise Völkern entstehen. Konsequenterweise mußte sich bei Verfolgung einer Politik der Vereinigung Europas im Zuge der Entwicklung gleichzeitig die Gleichberechtigung ergeben, sollte diese Politik auf lange Sicht nicht zum Scheitern verurteilt sein[56].

• Bei wachsender Verschmelzung der europäischen Staaten würde durch die Dynamik des Geschichtsprozesses selbst, verliefe er in der gewünschten Richtung, der „Alptraum Potsdam" sich verflüchtigen. Denn eine wachsende Verflechtung mußte mit einer wachsenden inneren Abhängigkeit der europäischen Staaten korrespondieren. Durch eine dichter werdende europäische Verflechtung würden deutsche Interessen in steigendem Maße als europäische Interessen erkannt. Bei einer Herauslösung Deutschlands im Falle einer Rückkehr zum Potsdamer Abkommen und einer entsprechend diskriminierenden Behandlung Deutschlands würden die westeuropäischen Staaten direkt mitbetroffen sein. Durch die Vereinigung Europas mußten also die westeuropäischen Staaten zwangsläufig im Laufe der Entwicklung zu Bundesgenossen gegen das Potsdamer Abkommen werden. Die Europapolitik war aus der Sicht Adenauers für Deutschland „eine absolute Notwendigkeit", wie er im Zusammenhang mit Ausführungen zu den Gefahren des Potsdamer Abkommens im Jahre 1954 erklärte[57]. Sie erschien ihm dies auch im Hinblick auf die Wiedervereinigung.

• Denn zu Bundesgenossen hoffte er die westeuropäischen Staaten auch zu machen für diese Zielsetzung deutscher Politik. Für Adenauer war es keine Frage, daß bei anhaltender Spaltung Deutschlands, langfristig gesehen, es Sicherheit vor der Sowjetunion und einen echten Frieden in Europa nicht geben würde[58]. Er hatte keinen Zweifel, daß die Sowjetunion dann ihre Chance zu nutzen verstehen

würde, durch Appell an die nationalen Gefühle der Deutschen und durch geschickte Anwendung des Instrumentariums ihrer Macht das ganze Deutschland in ihr Fahrwasser zu ziehen und damit über kurz oder lang auch das ganze Europa. Nach seiner Auffassung würde jedoch ohne Einwilligung und positive Mitwirkung der westeuropäischen Staaten, ohne Abbau von Mißtrauen und Furcht, namentlich in Frankreich, die Wiedervereinigung Deutschlands nicht herbeigeführt werden können in einer Form, die sowohl für Deutschland als auch für Europa eine friedliche Entwicklung gewährleisten würde[59]. Adenauer hatte erlebt, wozu Furcht und Mißtrauen in Frankreich nach dem Ersten Weltkrieg beigetragen hatten.
Im März 1949 erklärte er in einer Rede in Bern im Zusammenhang mit der Forderung zur Vereinigung Europas und dem Hinweis auf diese Notwendigkeit: „Die Entwicklung Europas ist aber, ich kann das sagen, ohne mich der Übertreibung schuldig zu machen, abhängig von der Entwicklung in Deutschland."[60] Diese aus der damaligen Situation speziell auf die wirtschaftliche Not Deutschlands gezielte Bemerkung traf genausogut zu auf die Überzeugung Adenauers hinsichtlich der Frage der Gleichberechtigung wie auf das Problem der Wiedervereinigung und muß als repräsentativ für seine Auffassung während seiner gesamten Regierungszeit angesehen werden.

Die Konzeption der Westorientierung unter dem Aspekt der Deutschlandpolitik

Voraussetzungen zur Deutschlandpolitik Wenn gesagt wurde, daß als eigentliche Antriebskraft der Westorientierung die Europapolitik erscheint, so kann genausogut gesagt werden, daß ihre eigentliche Antriebskraft die Deutschlandpolitik war. Denn deutsche Interessen und europäische Interessen waren für Adenauer identisch[61]. Das vereinigte Europa war für ihn ein Ziel in sich, das jedoch die deutschen Belange mit umgriff[62]. Daß Adenauer sich dies zunutze machte, steht außer Frage. Im Schutze der Fahne Europas ließ sich die Last der deutschen Vergangenheit leichter abtragen, womit jedoch nicht gesagt werden darf, daß bei Adenauer Opportunismus im Spiele war. Seine Sorge um Europa war echt, aber es ist wichtig zu sehen, daß sie deckungsgleich war mit der Sorge um Deutschland. Ohne Deutschland würde es nach seiner Überzeugung kein vereinigtes Europa geben, doch ohne ein vereinigtes Europa wären Sicherheit und Freiheit Deutschlands nicht gewährleistet. Würde Deutschland eine Politik der Bündnislosigkeit betreiben, von sich aus oder von anderen Mächten dazu bestimmt, wäre Europa „erledigt“[63]; doch damit aus der Sicht Adenauers auch Sicherheit und Freiheit Deutschlands verspielt. „Die Rettung Deutschlands und die Rettung Europas sind identisch“, heißt es in einer Rede aus dem Jahre 1948[64]. Dies blieb ein fester Leitsatz für ihn[65].

Einerseits war die Europapolitik für Adenauer Mittel, die deutsche Sicherheit zu gewährleisten, die Gleichberechtigung zu erlangen und die Wiedervereinigung. Andererseits waren die Sicherheit und Freiheit der westeuropäischen Staaten und ihr Zusammenschluß abhängig, kurzfristig gesehen von der gleichberechtigten und gleichverpflichteten Beteiligung der Bundesrepublik, langfristig gesehen von der Durchführung der Wiedervereinigung. Der Identität der Interessen entsprach ihre Verkettung. In Adenauers Sicht der Verkettung deutscher und europäischer Interessen liegt der Schlüssel zum Verständnis seiner Deutschlandpolitik, hier allerdings auch eine offenkundige Quelle für nicht fortzuargumentierende Spannungen und Widersprüche.

Um die Deutschlandpolitik Adenauers zu begreifen, muß man sich zunächst folgende Prämissen vergegenwärtigen, die zum Teil bereits bei Darlegung der generellen Gesichtspunkte seiner Westorientierung zur Sprache kamen und die vor dem Hintergrund seiner Sicht der Identität und Verkettung deutscher und europäischer Interessen zu verstehen sind:

- Eine Wiedervereinigung Deutschlands mit Mitteln der Gewalt war für Adenauer ausgeschlossen[66].
- Adenauer war nicht bereit, die Wiedervereinigung auf dem Wege über eine Bündnislosigkeit beziehungsweise Neutralisierung der Bundesrepublik zu erreichen[67].
- Adenauer ging davon aus, daß der Kreml der Wiedervereinigung nicht zustimmen würde, wenn die Vertreter der Bundesrepublik ohne festen Rückhalt im Westen verhandeln würden, es sei denn um den Preis der Sicherheit und Freiheit[68]. Denn: „Sowjetrußland verhandelt nicht mit schwachen Ländern, sie überrennt sie.“[69]
- Adenauer lehnte es ab, für die Wiedervereinigung die Neutralisierung Deutschlands in Kauf zu nehmen – „ein heller Wahnsinn“[70], „die größte Eselei“[71] –, da sie für Adenauer gleichbedeutend war mit Verlust der Sicherheit und Freiheit aller Deutschen einmal unter dem

Aspekt des sowjetrussischen Übergewichts, zum anderen unter dem Aspekt der allgemeinen weltpolitischen Machtverschiebungen und Entwicklungstendenzen, die nationalstaatliche Formen des Zusammenlebens als Anachronismus erscheinen lassen mußten, und schließlich unter dem Aspekt der Last der deutschen Vergangenheit und der Gefahr erneuter Isolierung.

Gedankenführung zur Wiedervereinigung Vor dem Hintergrund dieser Voraussetzungen ist folgende Gedankenführung Adenauers zu sehen: Wenn die Wiedervereinigung in Freiheit realisiert werden sollte, kam es darauf an, zunächst die Freiheit des westlichen Teiles Deutschlands zu sichern. Seine Argumentation ging dahin, daß es den Deutschen in der Sowjetzone nichts nützen werde, wenn auch die Deutschen im Westen ihre Freiheit verloren[72]. Schutz vor einem Übergriff durch die Sowjetunion konnte aber nach seiner Auffassung allein eine Politik konsequenter Westorientierung bringen. Zudem versprach er sich von der Westorientierung, Handlungsfreiheit zu erlangen. Schutz vor der Sowjetunion und Handlungsfreiheit waren für Adenauer Voraussetzungen, um sich aktiv für das gewünschte Ziel einsetzen zu können[73].

Auszugehen war weiter davon, daß die Wiedervereinigung nicht möglich wäre ohne eine Übereinkunft der vier früheren Alliierten USA, Frankreich, Großbritannien und Sowjetunion. Adenauer meinte nun, es wäre klug, wenigstens drei von ihnen als Bundesgenossen zu gewinnen und sie daran zu „interessieren", ihre Anstrengungen mit den Anstrengungen der Bundesrepublik für das Ziel der Wiedervereinigung zu vereinen[74].

In dieser politischen Linie wurde er bestärkt durch die Einsicht, daß die Wiederherstellung der deutschen Einheit als Teilproblem des viel umfassenderen Fragenkomplexes des gesamten Ost-West-Gegensatzes zu sehen war. Bis zum Jahre 1950 allerdings wäre nach seiner Auffassung eine isolierte Lösung noch möglich gewesen, doch nicht mehr nach Verhärtung der Fronten im Ost-West-Gegensatz seit Ausbruch des Korea-Konfliktes[75]. Übrigens gestand er wiederholt grundsätzlich ein, sich in der Schätzung des Zeitpunktes, zu dem eine Wiedervereinigung erfolgen konnte, getäuscht zu haben. So führte er zum Beispiel im Juli 1958 vor dem CDU-Bundesparteivorstand aus: „Als wir in den Jahren 1948 und 1949 im Parlamentarischen Rat saßen und sich Sowjetrußland mit den drei anderen westlichen Mächten als Besatzungsmacht fühlte, waren wir alle der Auffassung, daß das Grundgesetz, das wir damals schufen, nur eine beschränkte Zeit Geltung haben werde und daß es dann durch eine Verfassung ersetzt werde, die von einer Nationalversammlung, und zwar aus sämtlichen Besatzungszonen Deutschlands gewählt, beschlossen würde. Das ist immerhin fast 10 Jahre her."[76] Die Verhältnisse hätten sich seither immer mehr zugespitzt. „Wir sehen nun – darüber müssen wir uns völlig klar sein –, daß es absolut irreal gedacht war zu glauben, die Frage der Wiedervereinigung lösen zu können, ohne daß eine allgemeine Entspannung in der Welt eintritt."[77] Daß Adenauer jedoch bereits im Oktober 1945 eine Entwicklung, die zu einer lang anhaltenden Trennung in Ost- und Westeuropa mit den für Deutschland implizierten Folgen führen werde, hat kommen sehen, ist auch belegbar[78]. Unabänderliche Entwicklungen gab es für ihn eben nicht, wenn auch sein apodiktischer Redestil dazu verleiten muß, das Gegenteil anzunehmen, liest man seine Aussagen vereinzelt.

Aus deutscher Perspektive würde die Wiedervereinigung verständlicherweise als ein Einzelvorgang gesehen, meinte er, anders würde die Frage aus der Sicht Moskaus bewertet. Er vertrat die Auffassung, so „bitter" es auch sei[79], man müsse sich in die Lage der Russen hineinversetzen und versuchen, sich die Gesichtspunkte, unter denen sie ihre Situation beurteilten, zu vergegenwärtigen. Aus ihrer Perspektive konnte die Preisgabe der Sowjetzone schwere Erschütterungen, wenn nicht den Einsturz des ganzen Gürtels der Satellitenstaaten zur Folge haben[80]. Man müsse sich klarmachen, führte er zum Beispiel im Februar 1955 vor Parteifreunden aus, daß die DDR das am weitesten vorgeschobene Bollwerk des Kommunismus für sie sei. Überließen die Sowjets es dem Westen, würde dies in den anderen Satellitenstaaten den Geist des Widerstandes, den Adenauer als existent voraussetzte, mit einem derartigen Impuls versehen, daß sie eine ernste Gefährdung ihrer Position dort befürchten müßten[81]. Noch im Jahre 1952 allerdings versprach er sich gerade von diesem Impuls des Widerstandes im Bereich der Satellitenstaaten eine Begünstigung der Chancen zur Wiedervereinigung. Es scheint, daß Adenauer zu jener Zeit ernsthaft an einen Erfolg der Politik des „roll back" – wenn auch keinesfalls eines „roll back" aufgrund militärischen Eingreifens – geglaubt hatte, an die Aussicht, daß die Sowjetunion durch wachsende Schwierigkeiten in ihrem Satellitenbereich geneigt sein könnte, sich auf ihr eigenes Gebiet zurückzuziehen[82]. Doch diese Hoffnung muß spätestens bis Anfang 1955 stark reduziert gewesen sein, wenn Adenauer sie auch nicht völlig verlor[83]. Äußerungen seit 1955 weisen darauf hin, daß er aus dem Widerstandsgeist im Satellitenbereich nur wachsende Starrheit der Sowjets ableitete, in der Frage der Wiedervereinigung sich zu Zugeständnissen bereitzufinden. Im Juni 1955 brachte er zum Beispiel in einer Diskussion die schlechten wirtschaftlichen Verhältnisse dort in Erinnerung und die Tatsache, daß die Polen seit Jahrhunderten erbitterte Feinde der Russen seien: „Alles das weiß Sowjetrußland genau so gut wie wir. Es weiß ganz genau, wenn aus dem Gürtel der Satellitenstaaten, den es vor sich gelegt hat, die Sowjetzone herauskäme, daß dann kein Mensch dafür garantieren könnte, was mit den anderen Ländern geschehe.“[84] Adenauer war sich auch darüber klar, daß für den Kreml die Freigabe der Sowjetzone, die die „Segnungen des Kommunismus“ erfahren hatte, einer Art Bankrotterklärung seiner Staatsideologie gleichkommen und einen „verheerenden Eindruck“ auf die kommunistischen Parteien in Westeuropa machen mußte[85]. Vom Standpunkt des Kreml, so sah Adenauer es, würde also die Aufgabe der Sowjetzone ein „großes Opfer“ bedeuten[86]; man würde die Sowjetzone nicht auf einem „Präsentierteller“ darbieten[87], sondern einen hohen Preis verlangen[88]. Nach Auffassung Adenauers gab es aber nichts, womit die Bundesrepublik, auf sich allein gestellt, die Sowjets erweichen konnte, sich von diesem wertvollen Besitz zu trennen, es sei denn, sie bezahlte mit ihrer Freiheit und dem Übertritt zum Kommunismus[89]. Resümee Adenauers: Die Bundesrepublik war auf die Unterstützung des Westens und insbesondere der Vereinigten Staaten als dem eigentlichen Gegenspieler der Sowjetunion angewiesen[90]. Die Politik mußte also darauf angelegt sein, die Hilfe der Westmächte zu gewinnen.

Dies war nach Adenauers Auffassung aber nicht zu erreichen, indem man ihnen das Ziel der Wiedervereinigung unter nationalem Aspekt als „oberstes Gebot“ präsentierte. „Ich versichere Ihnen“, erklärte er Parteifreunden im September 1955, „kein Staatsmann in der Welt wird dem zuliebe gewillt sein, einen erheblichen Preis zu zahlen.“[91] Er war der Auffassung, daß die Deutschen, denen die Wiederherstellung der Einheit ein nationales, ein „auch aus dem Seelischen“ begründetes Anliegen war, sich daran gewöhnen mußten, daß das im Ausland nicht „zieht“[92]. „Seien wir uns darüber klar, daß es zwar im Ausland hier und da jemand gibt, der so etwas versteht, aber dem größten Teil der Menschen im Ausland, in Frankreich, in England, in Amerika, imponiert das gar nicht. Denen ist das im Grunde genommen wahrscheinlich sogar herzlich gleichgültig."[93] Er hielt eine derartige Einstellung für durchaus normal und meinte, man müsse bedenken, daß umgekehrt in Deutschland sich ja auch kaum jemand beispielsweise über die Abtrennung Nordirlands errege; spreche man mit Iren hierüber, erkenne man, daß für sie dieses Problem als eine Frage „auf Leben und Tod" empfunden werde[94]. Außerdem sollte man sich in Deutschland darüber klar sein, so in einer Diskussion im Jahre 1962, daß auch die besten Freunde Deutschlands auf dem Standpunkt stünden: „Die haben doch den Krieg angefangen, und sie haben ihn verloren. Und für den verlorenen Krieg müssen sie auch bezahlen."[95]

Adenauer machte sich über die Einstellung zur Wiedervereinigung in der öffentlichen Meinung und in den politischen Kreisen der westlichen Länder keine Illusionen. Nach seiner Auffassung war es notwendig, das Wiedervereinigungsproblem sehr nüchtern zu beurteilen und immer wieder darauf hinzuweisen, daß die Wiedervereinigung der Sicherheit Europas diene, daß sie ein „Lebensinteresse" Europas betraf, daß es wichtig war, einen Damm gegen Sowjetrußland zu bilden und daß hierfür die Unversehrtheit Deutschlands absolut notwendig war[96]. Appell an die eigene Interessenlage der westlichen Staaten, die Berufung auf das Selbstbestimmungsrecht der Völker und Hinweise auf die menschlichen Aspekte der Spaltung Deutschlands waren für ihn adäquate Mittel, Widerhall und Unterstützung zu finden, nicht dagegen die vor allem von der SPD in den fünfziger Jahren gepflegte Überstrapazierung des nationalen Arguments[97]. Ihm kam es darauf an, die Forderungen in der richtigen Weise ständig anzumelden, aber nicht so, daß die öffentliche Meinung in den westlichen Staaten allmählich diese Frage überging[98]. Der schweren Hypothek aus der jüngsten deutschen Vergangenheit blieb er sich bewußt. Wichtig war ihm, zu vermeiden, daß die Deutschen als die „ewigen Störenfriede" dastanden[99]. Dies konnte leicht geschehen, falls der fatale Eindruck um sich greifen und sich zum Urteil verfestigen sollte, daß die Spaltung Deutschlands nicht Folge, sondern Ursache des Ost-West-Konflikts sei, was verhängnisvolle Konsequenzen auslösen konnte. Doch meinte er pessimistisch, der Deutsche lerne die wahre Erkenntnis seiner Situation „verdammt schwer"[100].

Entscheidend würde es sein, wie er im März 1964 erklärte, am Ziel der Wiedervereinigung festzuhalten, auch wenn man nicht jeden Tag und jede Stunde davon spreche[101]. Geduld war für ihn dabei unerläß-

liche Voraussetzung. Gestützt wurde sein Festhalten am Ziel der Wiedervereinigung durch die Überzeugung, daß sich durch Gewalt auf die Dauer nichts aufbauen lasse[102], daß Recht letzten Endes stärker ist als brutale Macht. In einer Rede aus dem Jahre 1947 heißt es: „Ein Volk, das sein Recht verlangt und nichts als sein Recht, und das in dieser Forderung sich selbst getreu verharrt, wird schließlich sein Recht erhalten. Einer Forderung des Rechts kann auf die Dauer sich kein Land und kein Volk entziehen und verschließen."[103] In den „Erinnerungen" liest man: „Ein wesentlicher Grundsatz meines Handelns war, daß eine beharrliche Verteidigung des Rechts das geringste Risiko für alle Beteiligten in sich birgt."[104]
Es war Adenauer gelungen, daß die drei Westmächte USA, Frankreich und Großbritannien durch den im Jahre 1955 in Kraft getretenen Deutschlandvertrag die Verpflichtung eingegangen waren, nach der „die Schaffung eines völlig freien und vereinigten Deutschlands durch friedliche Mittel ein grundsätzliches Ziel ihrer Politik bleibt"[105]. Durch diesen Vertrag war einerseits die Viermächteverantwortung für die Wiederherstellung der Einheit Deutschlands nicht angetastet, was vor allem auch im Hinblick auf die Sicherheit und Lebensfähigkeit von Berlin von existentieller Bedeutung war[106]. Andererseits wurden negative Folgen dieser Viermächtezuständigkeit ausgeschaltet, die darin gegeben sein konnten, daß die vier Alliierten über die Köpfe der Deutschen hinweg über ihre Belange entschieden[107].
Es waren nicht „blinde und bodenlose Versprechungen", die hinter den Äußerungen Adenauers zur Realisierung der Wiedervereinigung standen; er träumte auch nicht von „fernen Naturereignissen", ähnlich jenen, die Preußens König Friedrich durch den Tod einer Zarin zu Hilfe gekommen waren[108]. Er sah durchaus reale Chancen für die Wiedervereinigung, wenn der Westen fest und geschlossen zusammenhalten würde. Seine Forderung nach Stetigkeit und Geradlinigkeit galt aber nicht nur für die deutsche Politik, sondern für die gesamte Politik des Westens gegenüber der Sowjetunion. Chruschtschow hatte Adenauer im September 1955 in Moskau erklärt, man habe dort Zeit, der Wind blase einem nicht ins Gesicht[109]. Adenauer war um eine Politik bemüht, die bewies, daß das gleiche auch von westlicher Seite gesagt werden konnte. Er war überzeugt, daß eine Politik der „geduldigen Konsequenz"[110] gegenüber der Sowjetunion Erfolg bringen würde. Diese Überzeugung stützte sich auf folgende Überlegungen:

Es finden sich wiederholt Hinweise, nach denen Adenauer von Anfang an damit rechnete, daß die Wiedervereinigung unter freiheitlichen Bedingungen sich nur im Rahmen einer generellen Entspannung vollziehen werde[111]. Eine derartige Entspannung würde jedoch nach Adenauer kaum über Nacht wie ein Wunder die politische Szenerie erfassen, sondern es bedurfte harter Anstrengungen, um sie herbeizuführen. Adenauer ging davon aus, daß Kernursache der Spannungen in der Weltbeherrschungsideologie der Sowjetunion und ihrem in der russischen Geschichte wurzelnden Expansionsdrang zu sehen war[112]. Eine Entspannung war für ihn folglich an eine Abkehr Moskaus von dem Willen zur weiteren Ausdehnung des sowjetrussischen Machtbereichs gebunden. Um dies zu erreichen, mußten nach seiner Auffassung in der Politik des Westens nachstehende Gesichtspunkte berücksichtigt werden:

- Der Westen mußte der Sowjetunion gegenüber den entschlossenen Willen demonstrieren, ihrem Machtstreben durch eine feste und klare Haltung zu begegnen. Hierfür war Voraussetzung militärische Stärke.
- Der Kreml mußte mit „geduldiger Überzeugungskraft“ von einem der Grundirrtümer der marxistischen Ideologie befreit werden, nämlich daß das kapitalistische System durch innere Widersprüche von allein zerbrechen werde[113]. Es durfte im Westen nichts geschehen, was die Annahme bestätigen und bekräftigen mußte, daß die Staaten des Westens „nur darauf lauern, sich gegenseitig zu zerfleischen“[114].
- Durch den Zusammenschluß Europas mußte die Hoffnung des Kreml verbaut werden, weitere Staaten in sein Lager herüberziehen zu können.
- Der Kreml mußte die Hoffnung auf Abzug der Amerikaner vom europäischen Kontinent verlieren.
- Der Westen mußte eine grundsätzliche Bereitschaft zur Entspannung zeigen. Hiermit verbunden war die Einsicht, daß die Sowjetunion die Furcht verlieren mußte, vom Westen angegriffen zu werden[115].

Friedensbereitschaft und der entschlossene Wille, dem Machtstreben der Sowjetunion Widerstand entgegenzusetzen, ergänzten sich nach Auffassung Adenauers. Sie bildeten die Kernsubstanz der „Politik der Stärke“, wie er sie verstand[116]. Sie war getragen von der Grundeinstellung, daß Völker, die Gewalt vor Recht stellten, den Frieden zwar in erster Linie gefährdeten, daß aber schwache, unsichere, in ihrer Politik schwankende Völker den Frieden kaum weniger in Frage stellten, „weil sie die Gewalttätigen zur Ausübung der Gewalt anreizen und durch ihre Schwäche ein ständiges Element der Unsicherheit bilden"[117]. Geschlossenheit und Stärke des Westens waren für Adenauer Voraussetzungen für die Erhaltung des Friedens und für Entspannung und damit auch für die Wiedervereinigung, denn mit einem schwachen Gegner würde sich die Sowjetunion nach seiner Überzeugung gar nicht erst auf Verhandlungen einlassen und auch nicht, solange sie die Hoffnung haben konnte, den Westen spalten zu können. Wenn der Westen konsequent eine Politik der Geschlossenheit und Stärke verfolgte, würde nach seiner Überzeugung die Entwicklung dahin verlaufen, daß Sowjetrußland im eigenen Interesse an einem Ausgleich mit dem Westen gelegen sein mußte. Auf die drei Aufgaben, denen sich der Kreml auf die Dauer nach Auffassung Adenauers nicht werde gewachsen zeigen können, ist bereits ausführlich hingewiesen worden[118]. Sie würden nach seiner Überzeugung in entscheidender Weise mit dazu beitragen, daß die Entwicklung den von ihm gewünschten Verlauf nehmen und zusammen mit der oben skizzierten Politik eine akzeptable Übereinkunft mit der Sowjetunion ermöglichen werde. Auf diesen Zeitpunkt setzte er seine Hoffnung[119].

Hans-Peter Schwarz kommt aufgrund seiner Studien zu dem Ergebnis, daß oberste Maxime der Außenpolitik Adenauers gemeinschaftsbezogenes Handeln des Westens war[120]. Dies ist zweifellos richtig gesehen. Ergänzt werden muß jedoch, daß Adenauer sich von dieser Politik eine Lösung der deutschen Frage versprach. Das gemeinschaftsbezogene Handeln des Westens war für ihn Voraussetzung für eine Verständigung mit der Sowjetunion, die eine für die Deutschen annehmbare Lösung enthalten würde.

Zeitliche Versprechungen und Voraussagen über die Erfolgsaussichten der von ihm verfolgten Linie zur Wiedervereinigung lehnte er ab[121]. Er war sich durchaus darüber klar, daß die Verknotungen und Verkrampfungen zwischen Ost und West sich nicht im ersten Stadium von Verhandlungen auflösen lassen würden. Im Februar 1954 erklärte er nach der Berliner Außenministerkonferenz, die für die Wiedervereinigung Deutschlands keinen Erfolg zu verzeichnen, aber als Ergebnis die Aufnahme von Verhandlungen über eine Indochinakonferenz gebracht hatte, daß überall, wo etwas zur Entspannung des Weltkonflikts geschehe, da geschehe auch etwas für Deutschland. Eine Einigung über asiatische Probleme, ein erster Versuch zur allgemeinen Weltabrüstung, ein Atomabkommen – dies alles wären bedeutende Fortschritte zur Beendigung des Kalten Krieges[122]. Im Rahmen einer allgemeinen Weltregelung würde das Deutschlandproblem verhältnismäßig leicht lösbar sein. „Dem Ungeduldigen in Deutschland mag dies als Umweg erscheinen. Aber es ist besser, auf Umwegen zum Ziel zu kommen, als es gar nicht zu erreichen. Eine erfolgreiche Politik zur Wiedervereinigung Deutschlands beruht nicht zuletzt auf der Einsicht in die Unvermeidlichkeit der Umwege, der mittelbaren Methoden."[123] Im Februar 1957 heißt es in einer Rede: „Der Zusammenbruch Deutschlands und damit seine Zerreißung ist ein Teil der Zerstörung der politischen und wirtschaftlichen Ordnung in weiten Teilen der Welt. Die Wiederherstellung der politischen und wirtschaftlichen Ordnung Deutschlands wird nicht die Endphase der Neuordnung der Welt sein, aber sie wird im Laufe dieser Neuordnung vor sich gehen, nicht getrennt von ihr, nicht als Einzelaktion."[124]

Als wichtige Voraussetzung für eine allgemeine Entspannung mußte nach seiner Auffassung der entschlossene Wille auf allen Seiten erkennbar sein, das Spannungsfeld aufzulösen und wirklich überall Frieden zu schaffen. Niemand durfte die Furcht haben, daß ein solcher Vorsatz durchbrochen würde. Diese Furcht konnte nach seiner Auffassung nur durch eine kontrollierte Abrüstung aus der Welt geschafft werden. In einer kontrollierten Abrüstung sah er deshalb das „A und O" einer auf Entspannung und damit auch auf Wiedervereinigung Deutschlands ausgerichteten Politik[125]. Doch in ihrem Verfolg zeigte sich eine geradezu „tragische Antinomie", wie Hans Buchheim feststellt, zwischen den Erfordernissen einer allgemeinen Rüstungskontrolle und dem Interesse an der Bewahrung der politischen Freiheit der Bundesrepublik sowie dem Recht auf Wiedervereinigung[126]. Adenauer war nicht gewillt, eine Neutralisierung der Bundesrepublik auf dem Wege einer kontrollierten Abrüstung quasi durch die Hintertür zuzulassen. Genausowenig war er bereit, einer Versteinerung der Spaltung Deutschlands Vorschub zu leisten. Die auf dem Hintergrund des atomaren Patt sich seit Mitte der fünfziger Jahre anbahnende Annäherung der beiden Supermächte USA und Sowjetunion brachten für die Politik Adenauers und ihr konsequentes Festhalten am Ziel der Wiedervereinigung weitere Komplikationen, die zum Teil die im Zusammenhang mit der kontrollierten Abrüstung angedeuteten Schwierigkeiten überlagerten beziehungsweise verstärkten[127].

Adenauer hatte sich keinen Illusionen darüber hingegeben, daß die Politik der Westorientierung die Wiedervereinigung „ohne weiteres" bringen werde[128]. Im ersten Band der „Erinnerungen" ist zu lesen, es hätte viele Stimmen gegeben, die den von ihm gezeichneten Weg der Westorientierung nicht als Weg zur deutschen Einheit bezeichneten. Er schreibt hierzu: „Aber es kam darauf an zu erkennen, daß es zunächst für uns keinen anderen Weg gab. Die Sowjets würden früher oder später einsehen, daß sie sich mit dem Westen verständigen müßten, daß sie ihn nicht niederzwingen könnten. In einer solchen friedlichen Verständigung lag meine Hoffnung und sah ich unsere Chance."[129] In dem Willen, diese Chance, wurde sie sichtbar, für die Wiedervereinigung zu nutzen, ließ er sich nicht beirren. In den sechziger Jahren wurde Adenauer vielfach vorgeworfen, er habe während seiner Regierungszeit die Zeichen der Zeit nicht verstanden, nämlich die Tendenz zur allgemeinen Entspannung nicht erkannt[130]. Ein derartiges Urteil verfehlt den Ansatz der Adenauerschen Politik. Seine Politik war seit 1949 auf die Phase einer Entspannung hin ausgerichtet, auf eine Phase der „friedlichen Verständigung"[131]. Allerdings wünschte er eine Entspannung, die nicht etwa auf Kosten Deutschlands ginge. Die Phase der Entspannung mußte die Wiedervereinigung oder zumindest eine Teillösung auf dem Wege zu diesem Ziel ergeben, denn ohne eine derartige Regelung konnte nach seiner Überzeugung eine echte Entspannung gar nicht eintreten. In dieser Frage war er auch gegenüber engsten Verbündeten höchst unbequem und nahm in Kauf, als „kalter Krieger" gestempelt zu bleiben[132]. Seine Haltung schloß jedoch nicht aus, daß er in flexibler Weise auf durch zeitbedingte Umstände sich ergebende Möglichkeiten für eine fundamentale Neuordnung des Ost-West-Verhältnisses einging, um sie nach realen Chancen im Dienste seiner Zielsetzung auszuloten[133].

Richtet man den Blick auf die Deutschlandpolitik und prüft die Argumentation Adenauers hinsichtlich seiner Politik der Westorientierung unter diesem Aspekt, so wird deutlich, wie untrennbar das Ziel der Wiedervereinigung in diese Politik eingebettet war. Doch der Eindruck mangelnder Schlüssigkeit seiner Politik ist nicht zu leugnen, zieht man auf der einen Seite in Betracht, daß Zusammenschluß Europas und die Verflechtung auch des gesamten Deutschlands in dieses Europa sein Maximalziel war, während er auf der anderen Seite nur zu gut wußte, daß zur Wiedervereinigung die

Zustimmung der Sowjetunion gewonnen werden mußte. Manchem Kritiker Adenauers mußte dies als unlösbarer Widerspruch erscheinen und seine Forderung zur Wiedervereinigung als Lippenbekenntnis oder als bloßes Mittel zur Beschwichtigung der Opposition im Deutschen Bundestag sowie in den eigenen Reihen, die die Politik der Westorientierung und eine Wiedervereinigung Deutschlands für unvereinbar hielt.

Doch eine derart ausgerichtete Kritik läßt die Dimension der Zeit und die Dynamik des Geschehens im Kalkül Adenauers außer acht. Adenauer spekulierte auf eine Entwicklung, die das Entspannungsbedürfnis der Sowjetunion so groß werden ließ, daß mit Hilfe der Westmächte eine akzeptable Lösung erreicht werden konnte. Daß den Deutschen dabei ein Preis abverlangt würde, war auch Adenauer eine Selbstverständlichkeit[134]. Aber er hätte es für töricht gehalten, diesen möglichen Preis vor Beginn von Verhandlungen in marktschreierischer Weise in alle Welt zu posaunen.

Grundsätzlich war er der Auffassung, daß der Westen eine gemeinsame Haltung einnehmen sollte dahingehend, sich zu einem von der Sowjetunion dringend gewünschten Entgegenkommen auf wirtschaftlichem Gebiet, sei es durch Gewährung langfristiger Kredite, sei es durch wirtschaftliche Kooperation, nur gegen politische Konzessionen der Sowjetunion bereitzufinden[135]. Hinsichtlich eines speziell deutschen Beitrages zu einer Lösung weist in Richtung seiner Vorstellung sein Vorschlag, den er im März 1958 dem sowjetischen Botschafter André Smirnow unterbreitete und der eine „Österreich-Lösung" für das Gebiet der DDR enthielt[136]. Indiz sind auch der „Globke-Plan" von 1960 sowie der „Burgfriedenplan" von 1962[137]. Beide Vorschläge gingen von dem Selbstbestimmungsrecht der Völker aus und waren darauf angelegt, die Freiheit der Deutschen in der Sowjetzone zu erlangen und das Recht auf eine spätere Wiedervereinigung nicht zu blockieren. Diese Wiedervereinigung hielt er, wie er im Jahre 1954 erklärte und wie als sein generelles Urteil hierzu angesehen wird, nur im Rahmen einer gesamteuropäischen Regelung für möglich[138]. Auch unter diesem Aspekt ist sein Leitsatz zu sehen, nach dem die Wiedervereinigung nur über Europa zu erreichen war[139].

Hans-Peter Schwarz stellt fest, trotz der zahllosen Diskussionen über Adenauers Deutschlandpolitik werde man zögern müssen, endgültige Aussagen zu versuchen. Zu genau wisse man heute schon, daß seine öffentlichen Äußerungen nur einen Teil der Wahrheit enthüllten. „Daneben lief – vor allem nach 1955 – eine nur in Umrissen zu

erahnende Arkanpolitik von schwer durchschaubarer Vieldeutigkeit."[140] Doch noch verhindern Geheimschutzbestimmungen, durch Detailstudien Adenauers Politik hierzu zu erhellen.
Aber soviel läßt sich sagen: Die Wiedervereinigung, so wurde festgestellt, würde sich nach seiner Meinung nicht „ohne weiteres" ergeben. Es bedurfte des zähen Willens, an diesem Ziel festzuhalten und die Entwicklung darauf hinzulenken. Es war eine Politik, die sich zwischen „Skylla und Charybdis" bewegte, wie Adenauer selbst es einmal formulierte[141]: Die Deutschen durften mit der Forderung nach Wiedervereinigung nicht als „Störenfriede" erscheinen; doch was, wenn die Westmächte sich auf eine Entspannung mit der Sowjetunion einließen ohne eine Wiedervereinigung?[142] Die Wiedervereinigung durfte nicht als ein isoliertes Problem gesehen werden, es würde nur im Rahmen einer weltweiten Entspannung seine Lösung finden; doch was, wenn die innere Verkettung mit anderen weltpolitischen Problemen dazu führte, daß sie von den Großmächten als Tauschobjekt beispielsweise für eine Friedensregelung in Südostasien benutzt würde?[143] Das nationale Element dieses Problems durfte nicht zu stark betont werden, aber ginge das Zusammengehörigkeitsgefühl der Deutschen verloren, müßte die Wiedervereinigungspolitik als gescheitert gelten[144]. Die Hoffnungen auf baldige Realisierung durften nicht zu hoch gespannt werden, doch Resignation wäre genauso fatal[145]. Adenauer sprach sich gegen das Nationalstaatsprinzip aus und setzte sich dennoch für die Restitution eben eines solchen Nationalstaates ein. Er verfolgte eine Politik der Verflechtung des westlichen Teiles Deutschlands mit den westeuropäischen Staaten, doch mußte sich hierdurch nicht die Trennung von den Menschen in der Sowjetzone verhärten?
Es ist auf die Widersprüchlichkeit der Deutschlandpolitik Adenauers vielfach hingewiesen und die Frage diskutiert worden, ob seine Forderung nach Wiedervereinigung wirklich ehrlich gemeint war. Widersprüche in seiner Deutschlandpolitik kann man in der Tat nicht fortdiskutieren. Doch den Willen Adenauers, trotz aller Widersprüche und Spannungen in der von ihm verfolgten Politik die Wiedervereinigung zu erreichen, auch nicht. Und auch nicht, daß das Kalkül Adenauers durchaus den gewünschten Erfolg bringen konnte. Bedenken sollte man die grundsätzliche Einstellung Adenauers, nach der man nicht alles bis ins letzte TZ „austüfteln" kann, daß ideale Lösungen in der Politik selten zu realisieren sind, daß die Zukunft sich nicht mit mathematischer Exaktheit berechnen läßt,

daß es eine Politik ohne Risiko nicht gibt und daß ins einzelne gehende Programme über kurz oder lang aufgrund der fortschreitenden Entwicklungen und Veränderungen über Bord geworfen werden müssen[146]. Wichtig war ihm, Entwicklungsmöglichkeiten für die gewünschte Zielrichtung zu öffnen und offenzuhalten. Und dies schien ihm nur möglich in Verbindung mit einer auf die Vereinigung Europas ausgerichteten Politik.
Die Prämissen seiner Deutschlandpolitik, nach denen er nicht bereit war, weder für die Bundesrepublik noch für ein wiedervereinigtes Deutschland den Status der Neutralisierung zu akzeptieren, mußten kaum überwindbare Barrieren für eine Verständigung mit der Sowjetunion über eine Wiedervereinigung Deutschlands errichten. Ein entscheidender Beweggrund dieser Haltung Adenauers ist in dem Bestreben zu sehen, nichts zu tun, was die Vereinigung Europas blockieren oder gefährden könnte. Bei einem Zielkonflikt zwischen einem vereinigten Europa und einem vereinigten Deutschland lag für Adenauer die Entscheidung für ein vereinigtes Europa, da für ihn allein in einem vereinigten Europa die Sicherheit und Freiheit der Bundesrepublik, die er nicht aufs Spiel setzen wollte, und auch Sicherheit und Freiheit eines wiedervereinigten Deutschlands auf lange Sicht als gewährleistet erschien. Doch ein derartiger Zielkonflikt konnte für Adenauer lediglich den Charakter eines Widerspruchs temporärer Art haben. Er war bereit, kurzfristig gesehen, Nachteile in Kauf zu nehmen und spezifisch deutsche Interessen hinter europäische zurückzustellen, weil langfristig gesehen sich dieses auszahlen würde für Deutschland. Langfristig gesehen würde hingegen eine Gefährdung des europäischen Einigungsprozesses auch Gefährdung von Sicherheit und Freiheit Deutschlands bedeuten. Adenauer hielt an dem Grundsatz und an der Überzeugung fest, daß eine Wiedervereinigung Deutschlands in Einklang mit der Formel „in Frieden und Freiheit" nur auf dem Wege über ein vereinigtes Europa gelingen werde.

Merkmale der Struktur der Konzeption der Westorientierung als Merkmale der Struktur des Grundsätzlichen

Widersprüche und Spannungen Prüft man die Politik der Westorientierung insgesamt, so stellt man fest, daß Widersprüche nicht nur unter dem Aspekt der Wiedervereinigung Deutschlands feststellbar sind.

Erstes Beispiel: Die eigentlichen Gegenspieler im Ost-West-Konflikt sah Adenauer in den USA und der Sowjetunion. Er war der Auffassung, eine Entspannung habe eine Annäherung dieser beiden Mächte zur Voraussetzung. Aber gerade in einer derartigen Annäherung sah er große Gefahren, und gerade die Furcht vor einem bilateralen Arrangement dieser zwei Supermächte war ein wesentlicher Antrieb seiner Forderung nach Schaffung eines vereinigten Europa.
Zweites Beispiel: Er forderte, Europa müsse zusammenwachsen und eine dritte Kraft werden. Gleichzeitig forderte er, daß die Verbindung der USA zu diesem Europa nicht gelockert werden durfte, und wußte doch, daß die USA die Konzeption eines Europa als dritter Kraft aus ihrer spezifischen Interessenlage kaum zulassen würden. Einerseits hielt Adenauer den Schutzschirm der USA für Europa für unerläßlich, andererseits war er bemüht, daß sich Europa dennoch behutsam aus ihrer Patronage herauslöste.
Drittes Beispiel: Eine seiner Thesen lautete, der Westen müßte stark sein, damit die Sowjetunion sich zu Verhandlungen bereitfinde. Er ließ keinen Zweifel daran, daß er zur Stärke des Westens auch den militärischen Faktor rechnete. Andererseits galt für ihn die These, daß erst, wenn die Sowjetunion die Furcht vor dem Westen verliere, sie sich zu einem Ausgleich bereitfinden werde.
Viertes Beispiel: Die Sowjetunion sollte die Furcht vor dem Westen verlieren. Doch wie vertrug sich dies mit seiner, wenn auch selten öffentlich erhobenen Forderung, daß es ein Gesamteuropa geben müsse, ein Europa, das die osteuropäischen Staaten mit umfaßte, was aus seinem Munde nur als Verlangen nach Befreiung und Herauslösung der osteuropäischen Staaten aus der Vorherrschaft der Sowjetunion gedeutet werden konnte[147]. In gleicher Weise mußte seine Äußerung interpretiert werden, die Wiedervereinigung sei nur im Rahmen einer gesamteuropäischen Regelung zu erreichen.
Diese Widersprüche und Spannungen suchte Adenauer durch Einwirken auf die Dynamik des Geschehens aufzufangen und aufzulösen. Die Frage, wieweit er die Widersprüche und Spannungen nur intuitiv erfaßte oder aber bewußt reflektierte, muß offen bleiben. In seinen Äußerungen verbreitete er sich nicht über sie, was verständlich erscheint. Hinweise auf innere Widersprüchlichkeiten in seiner Politik wären kaum ein zugkräftiges Mittel gewesen, um Wahlen zu gewinnen, und wenig geeignet, seine Parteifreunde von der Richtigkeit seiner Politik zu überzeugen. Die Widersprüche und Spannungen hatten ihre Wurzel nicht in mangelnder Verstandesschärfe Ade-

nauers, sondern waren in der Wirklichkeit und durch das „Dunkel der Zukunft“ vorgegeben. Welche Entwicklungstendenzen sich durchsetzen würden, hing von einer Vielzahl von Faktoren ab, die durchaus nicht alle erfaßbar und berechenbar waren. Die Politik dürfe sich nicht nur auf eine Möglichkeit der Entwicklung festlegen, war eine seiner Maximen, sie müsse stets mehrere Möglichkeiten im Auge haben und müsse unter Berücksichtigung der gefährlichsten von ihnen ausgerichtet werden[148]. Die Notwendigkeit, diese Vielzahl möglicher Entwicklungen in einem konkreten Augenblick einzukalkulieren, ohne genau wissen zu können, ob und wie sie sich realisierten, ist es, die als wichtige Ursache der Widersprüche und Spannungen gesehen werden muß. Politik ist auf die Zukunft gerichtetes Handeln. Der Zwang zu Prognosen ist dabei unabdingbar. Unabdingbar aber ist nicht, daß die Prognosen durch die Wirklichkeit bestätigt werden. Es ist kein Zufall, daß Adenauer die Bedeutung von Mut für Politiker sehr stark hervorhob[149]. Wie immer dem auch sei, aus seinen Aussagen läßt sich erkennen, daß aus seiner Sicht Spannung und Widersprüchlichkeit zur Wirklichkeit gehörten.

Bezug auf die Dynamik des Geschehens Die Untersuchung hat ergeben, daß Adenauer konsequent und unbeirrt von inneren Widersprüchlichkeiten und Spannungen innerhalb seiner Politik einen Kurs steuerte, der, auf die Vereinigung Europas gerichtet, um Bindung der USA an dieses Europa bemüht war und die Wiedervereinigung Deutschlands zu realisieren suchte. Dieser Politik lag ein Kalkül zugrunde, dessen wesentliches Merkmal die Einbeziehung der Dynamik des Geschehens, der Bezug auf die Entwicklung bestimmter Tendenzen in seinem Sinne war:
Er spekulierte auf Entwicklungstendenzen im Sowjetbereich, die die Verhandlungsbereitschaft des Kreml fördern mußten. Große Hoffnung setzte er insbesondere auf Entwicklungstendenzen, die das Verhältnis zwischen China und Sowjetrußland betrafen[150]. Außerdem hatte sich die Furcht vor den Deutschen zu verlieren, indem die Ereignisse des Krieges und damit Haß und Mißtrauen gegen Deutschland in den Hintergrund traten[151]. Das Letztere galt genauso im Hinblick auf die westlichen Staaten. Ihr Vertrauen mußte erworben werden, da nur hierdurch ihre Unterstützung für deutsche Belange zu gewinnen war. Durch die wachsende Verflechtung mit den westeuropäischen Staaten mußten deutsche Interessen stärker als europäische erkannt werden, da dies dem Ziele der Wiedervereini-

gung nützlich sein und auf lange Sicht im Sinne von Freiheit und Sicherheit aller Deutschen wirken werde. Eine erfolgreiche Politik zur Wiedervereinigung hatte nach Adenauer zur Voraussetzung ein anwachsendes Vertrauenskapital. Er erwartete nicht, daß dies vom Himmel falle. Er meinte, seine seit dem Jahre 1949 verfolgte Politik habe im wesentlichen beruht auf Mäßigung, auf Klarheit und Folgerichtigkeit der Konzeption und vor allem auf Geduld[152]. „Die Früchte reifen nicht am Tage nach der Saat. Ehe die Früchte reifen einer solchen Politik, muß eine gewisse Zeit ins Land gehen, damit das, was in der Vergangenheit geschehen ist, aus dem Gedächtnis der Menschen zurücktritt und damit die anderen sehen, daß es uns ernst ist mit der Politik, die wir vertreten.“[153] Nur durch Geradlinigkeit und Stetigkeit der Politik konnte es gelingen, Vertrauenskapital anzusammeln. Dieses wiederum war eine Voraussetzung, die Furcht vor einem deutschen Übergewicht in Europa zu neutralisieren. Und nur durch eine europäische Lösung konnte dieses Übergewicht relativiert werden. Doch Vertrauen war erst im Laufe der Zeit zu gewinnen, und das vereinigte Europa war erst zu schaffen. Würde es nicht gelingen, das Mißtrauen abzutragen, oder aber würde Anlaß gegeben, es wieder aufflammen zu lassen, dann, so fürchtete er, würde es kein vereinigtes Europa geben, dann würden die USA sich auf ihren Kontinent zurückziehen, dann gäbe es keinen Damm gegenüber der Sowjetunion, dann mußte russische Hegemonie die logische Konsequenz sein. Umgekehrt galt für ihn: Würden keine Fortschritte zur Vereinigung Europas erzielt, gäbe es keine Chance zur Zusammenarbeit und keine Chance, durch Zusammenarbeit Vertrauen entstehen zu lassen.

Bezug auf die Komplexität des Geschehens Geradlinigkeit und Stetigkeit der Politik Adenauers sind zu sehen vor einem Hintergrund, der höchste Wachsamkeit verlangte, um den Kurs auf die gesetzten Ziele einzuhalten. Der organische Zusammenhang des Geschehens, die Verflechtung der wichtigsten Probleme, die Komplexität der Wirklichkeit hatten als Kehrseite ein hohes Maß an Labilität aus der Sicht Adenauers. Er sah zahlreiche Ansätze, durch die seine Politik außer Kurs gebracht werden konnte:

Würden beispielsweise innenpolitische Kreise in der Bundesrepublik, die eine Politik der Bündnislosigkeit forderten, die Regierungsverantwortung gewinnen, so sah er das „finis Germaniae“ voraus, zumal wegen der Anfälligkeit der gleichen Kreise hinsichtlich kol-

lektivistischer Gesellschaftsvorstellungen[154]. Gelangten sie in die Regierungsverantwortung, so befürchtete er eine Entwicklung, die nicht nur die Bundesrepublik in Gefahr bringen konnte, in die Sowjetherrschaft abzugleiten, sondern auch das gesamte Westeuropa. Er sah eine Entwicklung voraus, die zu einem Disengagement der USA führen werde, eine Gefahr, die er sowieso seit Beginn seiner Regierungszeit als latent vorhanden im Auge hatte und der er sich mit aller Kraft entgegenstemmte. Er sah für den Fall eines Richtungswechsels der Bundesrepublik hin zu einer neutralistischen Linie die Auflösung der NATO voraus, bei der Sowjetunion ein Versteifen auf ihre hartnäckig gehaltenen Positionen und einen wachsenden Appetit auf Machtzuwachs[155].
Einen weiteren Ansatz verhängnisvoller Entwicklungen sah er in einer zunehmenden Verstrickung der USA in Asien, in einem Müdewerden der Amerikaner für ein Engagement außerhalb ihres Kontinents[156]. Er sah durch das atomare Patt Möglichkeiten für ein langsames Hinschwenken der Amerikaner zu einer bilateralen Übereinkunft mit der Sowjetunion auf Kosten Europas[157]. Und nicht zuletzt sah er eine große Gefahr in dem Wiedererstarken nationaler Egoismen und in dem Erlahmen des Willens zur Vereinigung Europas[158].

Der Wille als konstitutives Element Als wichtiges Strukturelement des Grundsätzlichen in der Politik Adenauers muß sein Wille gesehen werden, die allgemeine Richtung der Westorientierung trotz Widerständen, Spannungen und Aporien einzuhalten. Ihm kam es darauf an, daß die deutsche Politik für die Westmächte berechenbar wurde. Hiermit hing in hohem Maße der Erwerb von Vertrauen zusammen. Adenauer meinte im Rückblick, die Methoden dieser Politik hätten sich wohl schon einmal ändern können, entscheidend aber sei es gewesen, daß das Vertrauen der Westmächte nicht angetastet wurde[159].
Die Politik Adenauers schloß Umwege nicht aus, wenn sie nach seiner Auffassung letztlich der Erreichung seiner Ziele dienten. Seine Politik war gekennzeichnet durch Elastizität und taktische Beweglichkeit, durch pragmatisches Vorgehen und ein flexibles Eingehen auf die Komplexität des Geschehens und die Erfordernisse der Tagespolitik[160]. Die jeweils besonderen Konstellationen einer historischen Situation wurden berücksichtigt. Im Rahmen seiner Politik der Westorientierung gab es im Laufe seiner Regierungszeit Schwerpunktverlagerungen zwischen den USA und Europa. In der ersten

Hälfte der fünfziger Jahre lag beispielsweise der Akzent stärker auf der Bindung an die USA, nach dem Regierungsantritt de Gaulles stärker auf einer deutsch-französischen Zusammenarbeit[161]. Anfang der fünfziger Jahre lag die Betonung seiner Europapolitik auf der Integration als Mittel zur Erreichung eines vereinigten Europa, während der letzten Jahre seiner Regierungszeit ist ein stärkeres Eingehen auf das Prinzip des Staatenbundes feststellbar[162]. Hinsichtlich seiner Ostpolitik finden sich gleichfalls unterschiedliche Stadien und Methoden seines Vorgehens[163]. Nur Detailstudien können dies im einzelnen nachweisen. Doch die vorliegende Untersuchung erlaubt die Feststellung, daß für die Politik Adenauers die Verbindung von Grundsätzen und Leitlinien mit den Erfordernissen der Tagespolitik und den Realitäten einer besonderen Situation bezeichnend sind, wobei die Grundausrichtung seiner Politik an den im einzelnen vorstehend dargelegten Hauptzielsetzungen konstant blieb. Doch dies ergab sich nicht von allein; ohne den Willen Adenauers zu ihrer konsequenten Einhaltung ist das Grundsätzliche in seiner Politik nicht zu verstehen. Der Wille ist zu sehen als ein konstitutives Element des Grundsätzlichen in seiner Politik.

Bezug auf Wertvorstellungen Die Politik der Westorientierung und die Stetigkeit und Geradlinigkeit, mit der Adenauer an ihr festhielt, finden jedoch die entscheidende Erklärung in der Ausrichtung Adenauers an festen Wertvorstellungen. Seine Wertvorstellungen diktierten die eindeutige Stellungnahme für die westlichen Demokratien und gegen die kommunistische Sowjetunion. Sie sind konstitutiv für die Struktur des Grundsätzlichen. Und mit dieser Feststellung sind die Grenzen dessen, was die Analyse von Geschichte und Politik bezüglich des Grundsätzlichen in seiner Politik zu verdeutlichen vermag, erreicht.

Allgemeine Charakteristika Zusammenfassend ist festzustellen, daß die drei Hauptzielsetzungen Adenauers zusammen mit den genannten einzelnen Grundsätzen als Basismaterial beitrugen zu einem Orientierungsrahmen seiner Politik, der Koordination der Vielzahl einzelner Ereignisse und politischer Gesichtspunkte, die Verbindung von Tagespolitik mit weitsichtiger Planung ermöglichte und die Widersprüche, die sowohl bei Darlegung der Entwicklungsreihen und Tendenzkomplexe als auch bei Darlegung der Konzeption der Westorientierung offensichtlich wurden, auffing, ohne daß sie allerdings gelöst worden wären. Er gewährleistete Kontinuität der Politik über viele Jahre hin und erlaubte gleichzeitig ein hohes Maß an Elastizität. Als Kennzeichen der Konzeption der Westorientierung und damit auch der Struktur des Grundsätzlichen in der Politik Adenauers ist aufgrund der bisherigen Untersuchung festzustellen, daß sie nicht als geschlossenes Ganzes zu sehen ist, als ein in sich kohärentes logisches System. Sie war im konkret gegebenen Augenblick offen für die fortschreitend sich wandelnde Wirklichkeit und offen für die Korrektur durch neue Erkenntnisse. Die Verankerung im praktischen Erfahrungsbereich wurde nicht gelöst, die Ausrichtung an den selbst in Wandlung und Veränderung befindlichen Entwicklungsreihen und Tendenzkomplexen war mit von konstituierender Bedeutung. Für Adenauer galt das Erfordernis, immer von neuem die Mitte zu finden aus dem Zusammenwirken der Grundsätze, Hauptzielsetzungen und den spezifischen Bedingungen einer jeweiligen Situation. Die Struktur des Grundsätzlichen in der Politik Adenauers basierte auf Wandel, Spannung und Bewegung. Der Bezug auf die Dynamik des Geschehens und auf das dialektische Ineinandergreifen und Aufeinanderbezogensein verschiedenster Faktoren und Kräfte, auf die Komplexität des Geschehens, waren Merkmale von Adenauers Kalkül und gehörten zu der Struktur des Grundsätzlichen seiner Politik. Diese Politik ist nicht zu verstehen, wenn man nicht sieht, daß sie im Spannungsfeld des Kompromisses konzipiert wurde, wenn man ihre Konfliktsituationen ausklammert oder sie als Ausdruck intellektueller Fehlleistungen abtut. Es wurde eingangs festgestellt, daß die drei im einzelnen dargelegten Hauptzielsetzungen weitgehend die Struktur des Grundsätzlichen bestimmten. Doch letztlich sind es der Wille Adenauers und seine Ausrichtung an festen Wertvorstellungen, durch die das feste Gefüge der Struktur des Grundsätzlichen in seiner Politik ihre Erklärung findet.

3. Die Relevanz der Geschichte für die Grundsätze und die Konzeption der Westorientierung

Die Untersuchung des Verhältnisses Adenauers zur Geschichte macht deutlich, daß er sich mit der Vergangenheit nicht um ihrer selbst willen befaßte. Er war der Auffassung, Rückblick habe nur

Sinn, wenn er der Zukunft diene[1]. Eingangs wurde auf Hegel hingewiesen, nach dem jede Zeit ein so individueller Zustand ist, daß in ihm selbst entschieden werden muß und allein entschieden werden kann. Soweit hätte Adenauer Hegel gewiß vorbehaltlos zugestimmt. Für Adenauer war es selbstverständlich, daß jede Zeit eigene Lösungen ihrer spezifischen Probleme verlangt. Hegels Bemerkung jedoch, daß „so etwas wie eine fahle Erinnerung" keine Kraft hat gegenüber der „Lebendigkeit und Freiheit der Gegenwart", steht im Widerspruch zur Auffassung Adenauers. Für ihn besaß die Kenntnis der Vergangenheit hohen Wert aufgrund der durch sie gewonnenen Einblicke in die Kräfteverhältnisse der Gegenwart, in die ursächlichen Zusammenhänge des Geschehens, in die Bedingtheiten und Grenzen der Politik.

Der Einfluß seines Verhältnisses zur Geschichte auf seine Politik ist unverkennbar. Sein Kurs konsequenter Westorientierung war eine direkte Antwort auf die Ursachen, denen er die Talfahrt des deutschen Volkes zuschrieb: eine Antwort auf selbst beobachtete Konsequenzen des Materialismus, eine Antwort auf den übersteigerten Nationalismus und auf die Isolierung Deutschlands. Seine Hinlenkung deutscher Politik auf Europa war eine direkte Konsequenz der Erfahrungen deutscher Geschichte wie auch Antwort auf durch genetische Sicht freigelegte Gründe für den Kräftezerfall der europäischen Staaten. Der in der russischen Geschichte wurzelnde Expansionsdrang fand direkten Eingang in seine „Politik der Stärke", der in der amerikanischen Geschichte verwurzelte Hang zum Isolationismus war mit eine treibende Kraft für den Zusammenschluß Europas wie auch seiner Politik gegenüber den USA. Die Geradlinigkeit und Stetigkeit seiner politischen Linie der Westorientierung war ein bewußtes Mittel, um die Last der deutschen Vergangenheit abzutragen. Geschichtskenntnisse wirkten mit bei der Analyse der Interessenlage anderer Staaten, sie trugen bei zur Kenntnis von Entwicklungsreihen und Tendenzkomplexen, sie wirkten mit bei Vermittlung der Einsicht in Grenzen und Möglichkeiten zur Verwirklichung deutscher Interessen. Kenntnis der Vergangenheit lieferte Motivationen seines Handelns und vermittelte Impulse zur Gestaltung seiner Politik. Sein Verhältnis zur Geschichte wirkte auf vielfältige Weise mit bei der Formulierung seiner Ziele und beeinflußte die Methoden, mit denen er sie zu erreichen suchte.

Das Verhältnis Adenauers zur Geschichte wirkte mit, doch mehr nicht. Den Kurs der Westorientierung, die Geradlinigkeit und Stetigkeit seiner Politik, seine Grundsätze, die Sicht der Entwicklungsreihen und Tendenzkomplexe, seine Denkweise und Methodik allein aus seinem Verhältnis zur Geschichte ableiten und erklären zu wollen, ist nicht möglich.

Die Analyse des Verhältnisses von Geschichte und Politik gibt Einblick in die Struktur von Adenauers Denken und wie er die Wirklichkeit sah. Sie hilft, das Grundsätzliche in seiner Politik offenzulegen. Sie zeigt, wie die Geschichte sich auf seine Politik auswirkte, sie weist aber auch auf die Grenzen dessen, was Geschichte für seine Politik zu leisten vermochte. Sie weist hin auf die fundamentale Bedeutung, die der Wille Adenauers für seine Politik hatte, und sie weist hin auf die fundamentale Bedeutung seiner Weltanschauung, die die Richtung seines Willens bestimmte. Sie weist weiter darauf hin, daß die Folgerungen, die er aus der Geschichte zog, nicht zu trennen und zu lösen sind von dem Zusammenhang mit seiner weltanschaulichen Orientierung. Einleitend wurde auf die Verschränkung des Verhältnisses Adenauers zur Geschichte mit seiner Weltanschauung hingewiesen. Die nachstehend aufgeführten Gesichtspunkte mögen dies verdeutlichen:

- Möglichkeiten künftiger Entwicklungen gab es viele. Ihre Richtung war nach Auffassung Adenauers erkennbar mit Hilfe historischer Kenntnisse. Doch von seinen Wertvorstellungen hing die Beantwortung der Frage ab, welche der möglichen Entwicklungen eine „richtige Entwicklung"[2] und deshalb zu fördern war.
- Es wurde auf Spannungen und Widersprüche in Adenauers Politik hingewiesen und auf Konfliktsituationen. Bei der Wahl zwischen mehreren möglichen Wegen der Politik, zwischen einer Vielzahl möglicher Maßnahmen konnten Geschichtskenntnisse wohl Hilfstellung geben, doch die Entscheidung hing letzten Endes von anderen Faktoren ab, vor allem von seinen Wertvorstellungen. Die Entscheidung Adenauers zwischen einer Politik der Hinwendung zum Osten oder aber einer Politik der Hinwendung zum Westen beweist dies in eklatanter Weise.
- Es wurde darauf hingewiesen, daß Adenauer sich zu dem Prinzip der Evolution bekannte. Evolution verlangt Kompromißbereitschaft und eine grundsätzliche Einstellung, nach der vorausgesetzt wird, daß nichts in idealer Weise durchführbar ist. Adenauers Politik hinsichtlich der Wiedervereinigung und hinsichtlich Moskaus aber zeigt die Grenzen seiner Kompromißbereitschaft und legt offen, daß seine Weltanschauung feste Barrieren errichtete, daß für ihn ein

Kompromiß mit dem Kommunismus ausgeschlossen war.

• Die Tendenzen und Entwicklungsreihen, so wurde festgestellt, waren für Adenauer nicht unbedingt kausal determiniert. Es gab für ihn immer wieder neue Möglichkeiten, Zusammenhänge zu sehen[3]. Die Sicht der Zusammenhänge war mitbestimmt von den Fragen, die er an die Geschichte stellte, von aktuellen, konstellationsbezogenen Problemen, die sie diktierten. Vor allem aber war sie abhängig vom subjektiven Verstehen. Und dieses subjektive Verstehen war unvermeidlich mit beeinflußt von Wertvorstellungen. Subjektive Applikationen gingen auf diese Weise zweifellos mit ein in das, was die Geschichte Adenauer an Kenntnissen und Lehren zu vermitteln hatte[4].

• Es wurde darauf hingewiesen, daß Adenauer das gesamte Geschehen als einen organischen Zusammenhang sah. Die im einzelnen skizzierten Entwicklungsreihen und Tendenzkomplexe waren für ihn nicht voneinander isoliert. Das hatte zur Folge, daß seine Sicht der Auseinandersetzung zwischen Christentum und Materialismus, die für ihn den Charakter einer universalen Entwicklungstendenz hatte, die Sicht der anderen Entwicklungsreihen und die Folgerungen, die Adenauer aus ihnen zog, mitbestimmen mußte. Weltanschaulich beeinflußte Gesichtspunkte mußten so, wenn auch auf subtile Weise, sein Urteil über die Kräfte und Strömungen, die zur Gegenwart geführt hatten und in ihr wirksam waren, mitprägen[5].

• In der Einführung wurde auf die Motivation Adenauers eingegangen, Geschichte für die Politik nutzbar zu machen. Es wurde festgestellt, daß sie in seinem Bewußtsein verantwortlichen Handelns und in seiner Auffassung von Wert und Würde eines jeden einzelnen Menschen begründet war. Schon hierdurch wird die fundamentale Verschränkung seiner Weltanschauung mit seinem Verhältnis zur Geschichte deutlich.

• Noch offenkundiger wird diese Verschränkung, wenn man die allgemeine Geschichtsauffassung Adenauers prüft. Dabei ist zu bedenken, daß hinter seiner Forderung, die Geschichte bei der politischen Gestaltung zu berücksichtigen, nicht eine durchreflektierte Geschichtsphilosophie stand. Doch aus dem Mosaik seiner Aussagen läßt sich folgendes erkennen: Geschichte selbst war für ihn nicht Gegenstand grundlegender Betrachtungen, sozusagen ein verselbständigtes Subjekt. Er sah Geschichte weder als einen Prozeß der Selbstverwirklichung des „Weltgeistes" wie Hegel, noch sah er sie als Ablauf des Geschehens nach ehernen Gesetzen im Sinne von Karl

Marx und Friedrich Engels. Er beachtete zwar Entwicklungsreihen und Tendenzen, die er als Kausalfaktoren im Geschichtsprozeß beurteilte, doch sah er sie nicht als unabänderlich determiniert, sozusagen als autarke Subjekte des Geschehens. Allerdings gab es für ihn „Wellenbewegungen" im Geschichtsprozeß[6], er sprach auch von „Perioden"[7], von einem „Auf und Ab" der Bewegungen[8]. Er sah sie aber nicht in einem zwanghaften Ablauf vorbestimmt, sondern der Geschichtsverlauf hing, so muß man aus seinen Aussagen schließen, vom Verhalten der Menschen ab[9]. Er sprach von „ewigen Gesetzen", zu denen für ihn gehörte, daß Recht Recht bleibt[10] und daß Gewalt immer wieder von neuem Gewalt hervorbringt[11]. Doch auch diese „ewigen Gesetze" waren durch die Menschen beeinflußbar[12]. Und hiermit ist der zentrale Kern seiner Geschichtsauffassung berührt. Seine Geschichtsauffassung war ursächlich begründet in seinem Menschenbild und dieses wiederum in seiner Weltanschauung[13]. Geschichtsauffassung und Weltanschauung sind hierdurch untrennbar miteinander verknüpft und gehen ineinander über. In dem Bezug zu seinem Menschenbild und den damit zusammenhängenden Wertvorstellungen ist die entscheidende Erklärung zu finden, daß die aus seinem Verhältnis zur Geschichte gewonnenen Einsichten und Kenntnisse nicht in Relativismus abglitten, was durch Adenauers Einsicht in Wandel, Veränderung und Spannung im Geschichtsprozeß und durch subjektives Verstehen der Zusammenhänge durchaus naheliegend wäre. Als absolutes Sinnzentrum der Geschichte erscheint in den Äußerungen Adenauers der einzelne Mensch. Sinnzusammenhänge wie zum Beispiel Nation, Staat und Europa waren von sekundärem Rang[14]. Aus dieser Geschichtsauffassung Adenauers erklärt sich seine Betonung der Wichtigkeit von jeweils anstehenden Aufgaben der Gegenwart und seine Betonung der Verantwortung gegenüber künftigen Generationen[15]. Rudolf Bultmann schreibt, die Frage nach dem Sinn der Geschichte könne nicht beantwortet werden als die Frage nach dem Sinn der Gesamtgeschichte. Denn wir stünden nicht außerhalb der Geschichte, um sie als Ganzes überblicken zu können. „Der Sinn der Geschichte liegt vielmehr stets in der Gegenwart. Indem der Mensch die Verantwortung, in die er je jetzt gestellt ist, erfaßt, erfaßt er den Sinn der Geschichte." Das bedeute nicht etwa die Atomisierung des Ganges der Geschichte. Denn die Verantwortung der Gegenwart sei im Grunde immer die Verantwortung für das Erbe der Vergangenheit angesichts der Zukunft. So erwachse die Einheit der Geschichte gerade aus der jeweils jetzt übernommenen Verantwortung[16]. Diese Ausführungen Bultmanns treffen auf die Geschichtsauffassung Adenauers zu, wie sie sich aufgrund seiner Aussagen erkennen läßt. Jede konkret gestellte Aufgabe versuchte er zu erfüllen, als hinge davon die gesamte weitere Zukunft ab. Ob es sich um Gemeindewahlen handelte, ob um das Petersberger Abkommen, um die Eingliederung der Bundesrepublik in die NATO oder aber um jeweils anstehende Bundestagswahlen – er sprach von den hiermit in Zusammenhang stehenden Aufgaben jeweils, als stehe oder falle mit ihrer Bewältigung das weitere Geschick der Bundesrepublik oder gar der westlichen Welt[17]. Eine je vor ihm stehende Aufgabe war von je allergrößter Bedeutung. Im Zusammenhang mit den Bundestagswahlen meinte er hierzu im Sommer 1957, mancher werde noch den Klang im Ohr haben, nach dem die vergangene Bundestagswahl eine entscheidende gewesen sei. „Nun, meine Freunde, das war sie auch, und diese kommende Bundestagswahl ist ebenso entscheidend. Warum? Weil der Fluß des Lebens und der Fluß der Politik niemals stille stehen und weil in einer so bewegten Zeit wie der unsrigen der Fluß des Lebens voll von Strudeln ist. Er muß sich Bahn brechen durch Hindernisse, die ihm entgegenstehen, und schließlich ist ja jeder Kilometer, der von diesem Fluß zurückgelegt wird, von entscheidender Bedeutung für den folgenden Kilometer und jedes Jahr unserer Arbeit entscheidend für das folgende Jahr unserer Arbeit."[18] Für Adenauer erhielt der Gang des Geschehens weniger Sinn durch eine Fortschrittsgläubigkeit als vielmehr durch die Verantwortung, den Freiheitsraum auch für künftige Generationen offenzuhalten, damit sie ein Leben gemäß Wert und Würde des Menschen leben konnten[19].

Abschließend ist festzustellen, daß die Bedeutung der Geschichte für die Politik Adenauers, für seine Grundsätze und seine Konzeption der Westorientierung, hoch zu veranschlagen ist. Doch diese Bedeutung findet letztlich ihre Erklärung in seiner Weltanschauung. Die Analyse des Verhältnisses von Geschichte und Politik gibt Aufschluß über das Grundsätzliche in der Politik Adenauers, sie gibt auch Aufschluß darüber, daß die eigentliche Kernsubstanz, aus der das Grundsätzliche erwuchs, erst durch eine Analyse seiner Weltanschauung voll zu erfassen ist.

Die Weltanschauung Konrad Adenauers – Konturen, Schwerpunkte und Perspektiven seiner geistigen Grundhaltung –

I. Zur Einführung

Für Adenauer bedeutete nach seiner eigenen Definition Politik das Verfolgen von Zielen, die man sich gesetzt hat aufgrund der Weltanschauung, die man in sich trägt[1]. Wiederholt finden sich Hinweise darauf, daß nach seinem Verständnis „das Weltanschauliche“ das Fundament seiner Arbeit war[2]. Für Adenauer bestand dieses Fundament aus den „Grundsätzen“, die sich „auf dem geistigen Boden des abendländischen Christentums“ entwickelt haben[3]. „Christlich-humanistische Weltanschauung“[4], „christlich-abendländische Weltanschauung“[5], auch „abendländisches Christentum“[6] waren Umschreibungen dessen, was er als seine Weltanschauung verstand. Will man das Grundsätzliche in seiner Politik erfassen, ist es wichtig zu wissen, welchen Inhalt er mit diesem Begriff und den von ihm benutzten Umschreibungen verband. Doch dies ist aus seinen Aussagen keineswegs leicht zu erkennen.

Vermutet man aufgrund seiner Betonung der weltanschaulichen Basis seiner Politik, daß er eine zusammenfassende, erläuternde Gesamtdarstellung über ein Ideen- und Wertgefüge seiner Weltanschauung niedergelegt hat, über sein Welt- und Menschenverständnis, über ihre konkreten Konsequenzen für seine Politik, so wird man enttäuscht. Wohl finden sich einzelne Passagen in Reden, auch einige zum Teil handschriftlich fixierte Aussagen, die Aufschluß geben über die geistige Grundlage seiner Politik. Aber eine durchreflektierte Theorie, mit deren Hilfe er die Wirklichkeit zu erfassen und die Zukunft zu gestalten meinte, hat er nicht entworfen. Die Äußerungen, auf die sich die folgenden Ausführungen stützen, wurden jeweils provoziert durch konkrete Anlässe; sie waren Antworten auf bestimmte Situationen.

Es wurde bereits darauf hingewiesen, daß Adenauer ein auf Handeln ausgerichteter Mensch war, der nicht dazu neigte, sich theoretisierend zu verbreiten. Die Quellen der Schwierigkeiten beim Erfassen dessen, was er unter Weltanschauung verstand, und dessen, was er mit diesem Begriff verband, müssen im Zusammenhang mit dieser Grunddisposition gesehen werden. Sie sind auch begründet in der selbstverständlichen Hinnahme geistiger Gehalte, wie sie ihm durch Zeiteinflüsse und auch durch seine rheinische Heimat vermittelt wurden. So zum Beispiel meinte er selbst einmal, an seine Parteifreunde gewandt, es sei „in uns allen“ ein „überliefertes, auf christlichen Grundsätzen beruhendes Empfinden, eine Beurteilung unseres Tun und Lassens, lebendig“[7]. Dieses „Empfinden“ erschien ihm als eine so selbstverständliche Realität, daß sie nicht in Frage zu stellen war und von der er voraussetzte, sie sei auch anderen eine Selbstverständlichkeit[8]. Nach Karl Jaspers ist dies ein durchaus typisches Verhalten im Bereich des Weltanschaulichen, da man unwillkürlich immer geneigt ist, das eigene Wissen, das eigene Weltbild auch beim anderen als irgendwie vorhanden anzunehmen, „das eigene ‚Gehäuse‘, das einem so selbstverständlich ist, auch beim anderen vorauszusetzen“[9]. So wurden auch geistige Gehalte, die Adenauer zuflossen durch die Zeit, in der er lebte, von ihm als selbstverständlich hingenommen und bildeten mit den von ihm als allgemein bekannt vorausgesetzten Bezugsrahmen und Hintergrund seiner Äußerungen, seine Äußerungen selbst inhaltlich mitbestimmend.

Ein weiterer Grund der Schwierigkeiten wäre auch darin zu sehen, daß Adenauer bemüht gewesen sein mag, in kluger Zurückhaltung größtmöglichen Bewegungsspielraum in weltanschaulichen Fragen zu bewahren und kontroverse Probleme weltanschaulicher Art unter weitmaschig gefaßten Formulierungen zu vergraben. Sicherlich war er geleitet von dem Bestreben, nicht unnötig Sand ins Getriebe beim Zusammenwachsen der beiden christlichen Konfessionen in seiner Partei zu streuen.

Welches waren nun die grundsätzlichen Gehalte von Adenauers Weltanschauung? Worin bestand die Kernsubstanz des weltanschaulichen Fundaments, das seine Politik bestimmte?

Allgemein wird unter Weltanschauung eine Gesamtauffassung von Wesen und Sinn der Welt und des menschlichen Lebens verstanden. Karl Jaspers gibt folgende Definition: „Weltanschauung ist nicht bloß ein Wissen, sondern sie offenbart sich in Wertungen, Lebensgestaltung, Schicksal, in der erlebten Rangordnung der Werte. Oder beides in anderer Ausdrucksweise: wenn wir von Weltanschauungen sprechen, so meinen wir Ideen, das Letzte und das Totale des Menschen, sowohl subjektiv als Erlebnis und Kraft und Gesinnung, wie objektiv als gegenständlich gestaltete Welt."[10] Von dieser Definition ausgehend, soll im folgenden versucht werden, Konturen der geistigen Grundhaltung Adenauers sichtbar zu machen, ihre Schwerpunkte und Perspektiven sowie die tragenden Grundgedanken dessen, was er als seine Weltanschauung ansprach, aufzuzeigen. Dabei soll aus den Aussagen Adenauers heraus entwickelt werden, welchen Inhalt er mit diesem Begriff verband. Von da aus wird die Frage nach seiner Weltsicht und seinem Menschenbild, anschließend die Frage nach seinen Wertvorstellungen und ihrer Rangordnung gestellt. Eine minutiöse Herausarbeitung der gesamten Weltanschauung Adenauers im Sinne der Jasperschen Definition ist nicht das Ziel dieses Kapitels. Die Darlegungen sind eingeschränkt durch die Frage nach der Bedeutung der Weltanschauung Adenauers für das Grundsätzliche in seiner Politik. In dem abschließenden Teil dieses Kapitels wird hierauf eine Antwort gegeben.

II. Konrad Adenauer ein „rheinischer Antäus"?

Will man die Konturen der geistigen Grundhaltung Adenauers erkennen, ist es notwendig, Elemente ins Blickfeld zu ziehen, die durch seine rheinische Heimat und durch eine spezifisch historisch gegebene Erfahrungssphäre bedingt waren. In der einschlägigen Literatur wird jedoch allgemein lediglich die Verwurzelung Adenauers mit seiner rheinischen Heimat hervorgehoben[1]. Dieser Ansatz zum Verständnis seiner Politik führte zum Beispiel Wilhelm Hausenstein zu dem Urteil, Adenauer habe die Bundesrepublik auf die „rheinische, ja niederrheinische Achse" hin konzipiert[2]. Auch Arnulf Baring ist eingehend auf die Bedeutung des Rheinlandes für das Denken Adenauers eingegangen[3]. Er bezeichnet Adenauer als einen rheinischen Antäus[4]. Er meint, wie dieser Mann, so schienen auch seine Auffassungen aus der Kölner Landschaft gewachsen. Was aber diese Landschaft geformt habe, sei so alt, daß es ins Unterbewußte gesunken, in den Volkscharakter eingegangen sei[5]. „Adenauer hat daher sein Lebensgefühl, seine Weltsicht, die geistigen Grundlagen seiner Politik Außenstehenden nie recht verständlich machen können. Seine Überzeugungen schienen weniger aus dem Verstand als aus einem Instinkt, einem ererbten Wertsinn und Gefühl für Proportionen zu stammen."[6]

Dieses Resümee Barings, so faszinierend man seine Darstellung auch finden mag, bedarf dringend der Ergänzung. Denn: Erstens ist nüchternen Erwägungen als Basis seiner Überzeugungen eine zumindest gleich starke Rolle zuzumessen wie Instinkt, ererbtem Wertsinn und Gefühl für Proportionen[7]. Zweitens gibt es Aussagen Adenauers, mit denen es ihm sehr wohl gelang, die „geistigen Grundlagen" seiner Politik verständlich zu machen. Für Schlagzeilen wenig reizvoll, wurden sie aber meistens von aktuellem Tagesgeschehen überdeckt und fanden kaum Beachtung; zum Teil fielen sie auch unter Ausschluß der Öffentlichkeit. Und drittens ist die Funktion des Rheinlandes im Denken Adenauers überbetont. Man sollte seinen wiederholten Hinweis auf den Wert von Erfahrungen ernst nehmen und ihre Auswirkungen auf seine Überzeugungen nicht unterschätzen.

Auf die mit seiner beruflichen Tätigkeit und den politisch-historischen Ereignissen im Laufe seines Lebens verbundenen Erfahrungen ist hingewiesen worden. Zu diesen Erfahrungen ist auch zu zählen der Kontakt mit Zeitströmungen kultureller und geistiger Art, die während seines Lebens wirksam waren und einen prägenden Einfluß auf ihn ausübten, ohne daß er sich dessen unbedingt hätte bewußt sein müssen und auch nur hätte sein können[8]. Arnulf Baring schreibt, wie der Mann, so schienen auch seine Auffassungen aus der Kölner Landschaft gewachsen zu sein. Ich meine, sie scheinen zumindest gleichermaßen gewachsen zu sein aus den politischen Ereignissen und geistigen Bewegungen und Tendenzen der von ihm durchlebten Zeit, insbesondere der ersten Hälfte seines Lebens.

Aus eigener Anschauung hat Adenauer den Niedergang einer Epoche erlebt, in der die Vernunft quasi als Freifahrtschein in eine sichere Zukunft des steten Fortschritts in hohem Kurs gestanden hatte. Diese Epoche führte zu dem Ersten Weltkrieg, die Unsicherheit der Nachkriegszeit in eine noch größere Katastrophe. Er hat erlebt, wie als fundamental beurteilte naturwissenschaftliche Erkenntnisse durch die Entdeckungen von Max Planck und Ernest Rutherford ins Wanken gerieten, wie durch Albert Einsteins Relativitätstheorie der klassischen Physik der Garaus gemacht worden war. Auf Adenauer, der naturwissenschaftlich stark interessiert war[9], muß dies einen nachhaltigen Eindruck gemacht haben. In dieser Zeit auch verlor der im 19. Jahrhundert so sehr gepflegte Nimbus der ratio durch die Einsichten Sigmund Freuds beträchtlich an Strahlkraft. Während umwälzende Ergebnisse aus den Gebieten der Naturwissenschaften publiziert wurden, schien Vertrauen, daß die Kulturfähigkeit des Menschen durch die Begleiterscheinungen der fortschreitenden Technisierung und Industrialisierung unangetastet bliebe, nicht gerade ein Merkmal der geistigen Strömungen dieser Zeit zu sein, vielmehr ein „Gefühl geistiger Ungewißheit“[10]. Als eine Form der Kristallisation der geistigen Unrast zeigte sich der Kulturpessimismus Oswald Spenglers, sein vielbeachtetes Werk „Der Untergang des Abendlandes“[11], als eine andere die Schriften von José Ortega y Gasset, vor allem der „Der Aufstand der Massen“[12].

Es drängt sich die Frage auf, ob diese Epoche nicht das Wesen Adenauers auf fundamentale Art richtunggebend geprägt hat. Aber um nachweisen zu können, in welcher Weise und in welchem Ausmaß er im geistigen Klima dieser Zeit verwurzelt war, müßte man wissen, wie er sich mit den damals vorherrschenden Ideen auseinandersetzte. Man müßte wissen, welche Bücher er las, wie weit die Lektüre von Zeitungen und Zeitschriften seine Sicht beeinflußte. Von ihm selbst liegen hierzu wenige Äußerungen vor[13]. Er hat mit dazu beigetragen, daß Max Scheler an die Kölner Universität berufen wurde. Doch wieweit war er mit dessen Lehre vertraut? Die Bibliothek Adenauers umfaßt eine Vielzahl von zeitgenössischen Werken politischer und geisteswissenschaftlicher Art. Die Frage, wie intensiv er sie studierte, bleibt reine Spekulation, wie er sie beurteilte, in den meisten Fällen auch. Eine analytische Filigranarbeit unter der Fragestellung, in welchem Maße die geistige Grundhaltung Adenauers durch sie beeinflußt wurde oder gar auf sie zurückzuführen ist, würde den Rahmen dieser Studie sprengen. Es gilt, Inhalte seiner geistigen Grundhaltung festzustellen, und für diese Aufgabe sind andere Ansatzpunkte ergiebiger.

Der Feststellung Arnulf Barings, daß Instinkt, ererbter Wertsinn und Gefühl für Proportionen von Einfluß auf die Überzeugungen Adenauers waren, muß zugestimmt werden. Zweifellos findet man in dem Verhaftetsein Adenauers mit seiner rheinischen Heimat einen wichtigen Zugang zum Verständnis seiner gesamten Politik[14] und seiner weltanschaulichen Basis. In einer Rede anläßlich der Verleihung des Ehrenbürgerrechts der Stadt Köln im Jahre 1951 erklärte er, „was ich bin [. . .], das ist gewachsen auf diesem Boden und geformt worden von dieser Umgebung und in dieser Atmosphäre.“[15] Der rheinische Katholizismus, in den er hineingeboren wurde, das politisch-liberale Bürgertum, die historisch-kulturelle Tradition seiner engeren Heimat haben seine geistige Grundauffassung ohne Frage mitgeformt.

Er selbst bezeichnete als Charakteristikum der Landschaft, in der er aufwuchs, die Verbindung von Antike und Christentum. Aus seiner Sicht war ihre geschichtliche Überlieferung durch den Einfluß geprägt, den die „Antike“ und die „Blütezeit des christlichen Abendlandes“ ausgeübt hatten[16]. Und das traf in besonders hohem Maße auf seine Heimatstadt Köln zu. Spuren ihrer römischen Gründungszeit sind für ihn lebender Bestandteil dieser Stadt gewesen. Und zur „Blütezeit des christlichen Abendlandes“ zählten Namen wie Albertus Magnus, Thomas von Aquin und Duns Scotus, die direkt mit Köln verbunden waren[17]. Antike und Christentum waren für ihn miteinander verschmolzen und das Rheinland ein Repräsentant dieser Verbindung. Hier im Rheinland fänden sich die „Grundlagen“, so liest man in einem Interview Adenauers aus dem Jahre 1948, „die wir für eine Erneuerung des naturrechtlichen Denkens, für eine Verbindung von Sittengesetz und Politik, für die Gesamtschau eines christlich-universalen Weltbildes benötigen“[18]. Welche Ansatzpunkte er für eine Erneuerung des „naturrechtlichen Denkens“ sah, in welcher Weise die „Verbindung von Sittengesetz und Politik“ erfolgen sollte, ließ er offen. Andeutungen inhaltlicher Art über die geforderte „Gesamtschau eines christlich-universalen Weltbildes“ finden sich in diesem Interview nicht. Er beschränkte sich auf die Bemerkung, daß eine „Erneuerung des abendländischen Gedankens“ nur das Ergebnis einer „fruchtbaren Begegnung zwischen Deutschland und Frankreich“ sein könne[19]. Griechisch-römische Denktraditionen mit ihrer betont verstandesmäßigen und kritischen Haltung, mit ihren philosophischen Denkansätzen zählten für ihn als selbstverständliche Bestandteile zu den „Grundlagen“, wie aus folgender Äußerung hervorgeht, in der er das, was seinem Denken durch die Antike vermittelt wurde, umschrieb: „Das Recht des Individuums, die Würde des Menschen, die Idee der Gerechtigkeit, der Sinn für das Maß, das Verständnis für Kosmos im Sinne einer geistig erfüllten Ordnung, die angstvolle Scheu vor dem Chaos, die Vertrautheit mit dem Kairos (das Notwendige zur rechten Zeit zu tun, auf die richtige Stunde warten zu können, diese dann aber auch richtig zu ergreifen) sind Ideen, die mir so vermittelt wurden und denen ich sehr Wesentliches meiner Ausprägung verdanke.“[20] Doch nicht behaupten läßt sich, daß Adenauer sich der Verwurzelung seines Denkens in der Antike stets in differenzierter Weise bewußt war. Von der Antike her überliefertes Wissen, so scheint es, war vielmehr ein festintegrierter Bestandteil seines Denkens überhaupt, wobei der Einfluß seiner humanistisch ausgerichteten Schulbildung nicht unterschätzt werden darf[21]. Zudem: die für jeden Menschen für seine Persönlichkeitsbildung und seine Denkweise ausschlaggebenden Jugendjahre fielen in das Ende des neunzehnten Jahrhunderts, das mehr noch als unsere heutige Zeit von der klassischen Überlieferung geprägt war. Für diese Zeit galt noch, daß die klassische Überlieferung so sehr ein Teil der Kultur war, daß man sich ihres Einflusses auf das Geistesleben nicht klar bewußt sein konnte[22]. Adenauer vertiefte seine Kenntnisse unter anderem durch Lektüre von Plato, Aristoteles, Thukydides; Ciceros „Über den Staat" beschäftigte ihn bis in seine letzten Lebensjahre[23].

Die für seine engere Heimat typische Verbindung von Antike und Christentum ist auch Basis dessen, was er als seine Weltanschauung bezeichnete. Schon ihre Namensgebung durch ihn weist darauf hin: „christlich-humanistische Weltanschauung", „christlich-abendländische Weltanschauung", „abendländisches Christentum". Wiederholt sprach er von der Verbindung von Antike und Christentum; Antike und Christentum bildeten nach ihm die „Fundamente" der Geisteshaltung des Abendlandes". „Das Christentum war es", heißt es in einer Rede im Jahre 1960, „das diese philosophischen Erkenntnisse der Alten im Mittelalter durch Männer wie Thomas von Aquin und Albertus Magnus weiter entwickelt hat. Zu Beginn der Neuzeit hat der Humanismus diese philosophischen Grundwahrheiten seiner Zeit entsprechend ausgebaut. Auf diesen Fundamenten steht die ganze Geisteshaltung des Abendlandes auch heute."[24] Griechisch-römisches Denken war für ihn ein fest eingeschmolzener Bestandteil der „christlichen Grundwahrheiten"[25].

Die enge Verbindung von Christentum und Antike aus seiner Sicht spiegelt sich wider in der undifferenzierten Art, in der er die Adjektive „christlich", „christlich-humanistisch" und „christlich-abendländisch" verwandte. Stellt man Aussagen, in denen sie sich finden, einander gegenüber, so ergibt sich, daß er sie nicht begrifflich voneinander abgrenzte, sondern daß ihre jeweiligen Inhalte für ihn ineinander überzugehen schienen, sich überschnitten, meistens aber völlig deckten[26]. Eine differenzierende Verwendung von „Christentum" und „abendländischem Christentum", von „christlicher Weltanschauung" und „christlich-humanistischer Weltanschauung" beziehungsweise „christlichem Abendland" ist nicht nachweisbar. Deshalb ist zu bedenken, daß Ansätze griechisch-römischen Denkens zweifellos mit angesprochen sind, wenn er den „christlichen Boden" als „Grundlage unseres Daseins" bezeichnete[27], wenn er im Zusammenhang mit seinen politischen Vorstellungen und Forderungen erklärte, daß sie aus den „ethischen Grundsätzen des Christentums" hervorgehen[28], wenn er von „christlicher Lebensauffassung" sprach[29]. Das in das Christentum eingeschmolzene und weiter entwickelte Gedankengut der „philosophischen Schriften der Antike"[30] ist zweifellos mit umgriffen, wenn er zum Beispiel das „Christentum“ als „die stärkste gesellschaftsbildende und gesellschaftsgestaltende Kraft“ apostrophierte[31]. Die zur Integration der europäischen Kultur beitragende Funktion, die über Jahrhunderte hinweg die Lektüre griechischer und römischer Autoren und ihr Einfluß auf das Denken darstellte, ist bekannt[32]. Dieser Gesichtspunkt spielt ganz sicherlich in diese Äußerung Adenauers mit hinein, wenn auch nicht ausdrücklich von ihm artikuliert. Daß er sich des Wertes der abendländischen Kultur als Integrationsfaktor in der Gegenwart, als Bindeglied der westlichen Demokratien bewußt war, hat er allerdings deutlich zum Ausdruck gebracht[33]. Griechisch-römisches Gedankengut ist zweifellos auch mit angesprochen in folgender nüchternen Feststellung ein Jahr vor seinem Tod: „Die allgemeinen Gebote des Christentums sind ja im Grunde genommen Erfahrungen, die durch Jahrhunderte hindurch gereift sind. Wenn man sich im großen und ganzen an diese Erfahrungen, die der menschlichen Natur entsprechen, hält, kommt man am weitesten. Alle diese Gebote und diese Lehren der christlichen Kirche – das ist ein altes, durch Erfahrungen aufgespeichertes Gut.“[34]

Die angeführten Zitate und das bisher Dargelegte dürfen jedoch nicht zu dem Urteil führen, daß in der Sicht Adenauers die Bedeutung des Christentums vor allem in dem in ihm enthaltenen Erfahrungsschatz über menschliches Verhalten lag, daß er es vor allem als „gesellschaftsbildende und gesellschaftserhaltende Kraft“ sah, daß sein wesentlichster Bestandteil durch die „philosophischen Schriften der Antike“ geformt wurde. Genausowenig darf man annehmen, daß sie den bestimmenden Gehalt seiner Weltanschauung darstellten. Die „christlich-humanistische Weltanschauung“, die „christlich-abendländische Weltanschauung“, das „abendländische Christentum“ muß gemäß der Vorstellung Adenauers als ein Grundgewebe geschichtlich gewachsenen Kultur- und Gedankengutes gesehen werden, aus dem sich konkret und prägnant ein fester Kerngehalt hervorhob. Er ist in den folgenden Worten Adenauers umrissen: „Die menschliche Person hat eine ihr von Gott verliehene einzigartige Würde, und der Wert jedes einzelnen Menschen ist unersetzlich.“[35]

In dieser Lehre von Wert und Würde der Person sah er das Neue, das das Christentum in die Lehren der Antike getragen hatte. „Die Lehre von Wert und der Würde der menschlichen Person ist zuerst vom Christentum aufgestellt worden, und 2000 Jahre hindurch von ihm bewahrt und gegen alle Angriffe siegreich verteidigt worden."[36] Der Wert des Menschen war für ihn nach dieser Lehre nicht in erster Linie durch das persönliche Verhalten, durch die Rolle und Funktion im Gesellschaftsgefüge gegeben, sondern er wurde bestimmt durch eine der menschlichen Person „von Gott verliehene einzigartige Würde"[37]. In einem handschriftlichen Entwurf zu einer Rede aus dem Jahre 1951 findet sich folgende Passage: „Lassen Sie mich hier an erster Stelle nennen den Satz von der Würde der Person, die in Wahrheit fundamentale Wahrheit, daß alles, was Menschenantlitz trägt, nach Gottes Ebenbild geschaffen ist, daß jeder Mensch ein unverzichtbares Anrecht darauf hat, als ein Bruder Christi, als ein Erbe Gottes und als Miterbe Christi geachtet und behandelt zu werden."[38] Er vertrat die Auffassung, daß nur vom Glauben, nach dem jedem Menschen eine unsterbliche Seele gegeben ist, sich das Postulat der persönlichen Freiheit aufstellen läßt. „Denn nur vom Christentum – vom Glauben her, daß jedem Menschen eine unsterbliche Seele gegeben ist – kann man sich in Glauben und Tat dazu bekennen, daß wir vor Gott alle gleich sind und alle ein Recht haben auf Entwicklung und Freiheit unserer Person."[39]

III. Weltsicht und Menschenbild

Die volle Bedeutung und Gewichtigkeit des „Fundamentalsatzes"[1] von Wert und Würde der Person für die geistige Grundhaltung Adenauers läßt sich erst voll ermessen, wenn man mitberücksichtigt, wie Adenauer die Welt, in der er lebte, sah und von welchem Menschenbild er geleitet wurde, was er für das menschliche Leben für erstrebenswert hielt.

Zunächst zu seiner Weltsicht:

Adenauer forderte, daß man in dieser „denkwürdigen Zeit", in der wir lebten, immer wieder versuchen müsse, sich nicht zu stark durch die Ereignisse des Tages oder der Woche beeindrucken zu lassen[2]. Um „gute und konsequente Politik" betreiben zu können, war für ihn eine selbstverständliche Voraussetzung, sich über die „geistige Struktur" seiner Zeit im klaren zu sein[3]. Welches waren für ihn ihre Merkmale?

Liest man die Reden und sonstige schriftlich festgehaltene Äußerungen Adenauers, so fällt als Grundtenor der immer wiederkehrende Hinweis auf Gefahren und Unsicherheit auf. Er meinte, die Menschheit lebe seit Jahrzehnten in einer „Epoche staatlicher und sozialer Wirren"[4]. Im Oktober 1951 führte er vor Parteifreunden aus: „Wir alle sind uns darin einig, daß wir in einer Zeit leben, in der alles und jedes in Frage gestellt ist, alle Bindungen, alle Ziele, alle Erkenntnis."[5] Er bezeichnete als „Fluch" seiner Zeit die „Rastlosigkeit, die Unruhe, die Äußerlichkeit"[6]. Er hob als ihr Kennzeichen die Genußsucht hervor, das Übertriebene, das Übersteigerte[7], die Überschätzung des Materiellen[8]. Er sprach von der Nervosität seiner Zeit, von „diesem Hang zum Nihilismus"[9]. In seinen Äußerungen finden sich vor allem immer wieder Hinweise auf die „Unruhe"[10], auf die umwälzenden Veränderungen politischer, wirtschaftlicher und geistiger

Art[11]. Der Begriff der „Angst", so stellte er fest, sei durch all diese Geschehnisse ein „sehr mächtiger Begriff" geworden[12]. „Wir stehen noch inmitten einer Epoche fast revolutionärer politischer und wirtschaftlicher Umgestaltung", heißt es in einem handschriftlich verfaßten Redeentwurf vom 23. September 1951[13]. Diese Einschätzung seiner Zeit änderte sich bis zu seinem Tode nicht[14]. Immer wieder trifft man auf Warnungen. Zum Beispiel: man dürfe sich nicht in einem „falschen Gefühl der Sicherheit" wiegen[15], man müsse sich der „Labilität unseres ganzen Seins" bewußt sein[16]. Geistige wie auch materielle Faktoren sprach er hierbei an.

Diese Äußerungen waren zwar stets eingebettet in Ausführungen, die auf konkrete Situationen zugeschnitten waren. Doch der sich wiederholende Tenor spricht für ihre Allgemeingültigkeit. In einer Rede des Jahres 1950 liest man: „Wenn wir die politischen Verhältnisse des Jahres 1914 vergleichen mit dem heutigen Zustand, dann erkennen wir erst, was in der, geschichtlich betrachtet, kurzen Zeitspanne von 36 Jahren sich ereignet hat. Wir nehmen wahr, welch ungeheuren Kräfte durch die beiden Kriege entfesselt worden sind und welch neuer, noch unendlich größeren Katastrophe die Menschheit in reißender Schnelligkeit entgegentreibt, wenn nicht rechtzeitig, wenn nicht buchstäblich im letzten Augenblick, entscheidende Maßnahmen getroffen, feste Dämme gezogen werden."[17] Diese Äußerung fiel im Zusammenhang mit der Koreakrise und der damals akut gesehenen Gefahr für das freie Europa. Doch Adenauer hatte nicht nur die unmittelbare militärische Bedrohung vor Augen, sondern vor allem geistige Gefahren. Die Forderung, „feste Dämme" zu ziehen, ist nicht nur unter militärischen Aspekten zu sehen. Die Forderung, „Dämme" zu ziehen, einen „Damm" zu errichten, erhob er im Laufe der Jahre wiederholt und machte dabei deutlich, daß er sie vor allem in geistiger Hinsicht verstand[18].

Diese Forderung ist im Zusammenhang zu sehen mit seinem Urteil, daß die Zeit, in der er lebte, eine „Epoche des Übergangs" sei[19]. Den Beginn dieser „Epoche des Übergangs", der Periode der Veränderungen und Unruhe sah er etwa um die Jahrhundertwende, er nannte auch als Zäsur den Ausbruch des Ersten Weltkrieges[20]. Das Ende dieser Periode war nach seiner Meinung nicht abzusehen[21]. Kriege und Erschütterungen der Wertvorstellungen sah er als ihr Kennzeichen und „unerhörte Fortschritte der Technik", die sich zum „Segen", aber auch zum „Fluch" der Menschheit auswirken konnten[22]. Die technische Entwicklung habe in eine Situation hineingeführt, stellte er im Februar 1966 in einem Gespräch fest, die es schwer mache, „auf den Beinen stehenzubleiben". Auf dem Mond könne man jetzt „weich landen", aber auf der Erde „da geht's in die Binsen!"[23]

Zu einem vollen Verständnis der Formel von der „Epoche des Übergangs" muß man seine Geschichtsauffassung heranziehen, nach der es im Geschichtsprozeß „Wellenbewegungen" und „Perioden" des Aufstiegs und des Niedergangs gab[24]. Von der Grundgegebenheit ständigen Wandels ausgehend meinte er, der Fluß der Entwicklung könne langsam und geordnet sein wie etwa in dem Jahrhundert, das 1815 mit dem Wiener Kongreß begonnen und das 1914 mit dem Ausbruch des Ersten Weltkrieges geendet habe. Dann wiederum könne es auch Perioden geben, die erfüllt seien von einer „atemberaubenden Schnelligkeit der Entwicklung"[25]. Und die gegenwärtige Epoche sah er als eine derartige Zeit[26].

Im Juni 1952 führte er in einer Rede vor Studenten der Frankfurter Universität aus: „Wir sind viel zu sehr von dem Gedanken beherrscht, daß das menschliche Sein sich im Wesentlichen auf seiner jetzigen Stufe halten werde, daß vielleicht gelegentliche Schwankungen eintreten können, daß aber trotzdem die aufsteigende Linie in der menschlichen Kultur und auch in den materiellen Gebieten menschlichen Seins gesichert sei. Ich glaube, daß eine solche Überzeugung durch nichts gesichert und bewiesen, ja daß sie effektiv falsch und trügerisch ist."[27] In einer Rede des Jahres 1950 liest man: „Es hat Sternstunden der Menschheit gegeben, aber auch Perioden tiefster Sorge und Not; Perioden, in denen die Zukunft in schwere Wolken gehüllt ist, in denen sich das Geschick der Menschheit für Generationen entscheidet, sei es zum Guten, sei es zum Bösen."[28] Die Zeit, die er durchlebte, beurteilte er als eine solche Periode[29]. Gefahren, Unruhe und Unsicherheit waren Schlüsselworte Adenauers für sie. Sie lassen sich vor allem für die Zeit von 1945 bis zu seinem Tod nachweisen. Zeugnisse aus den zwanziger Jahren sprechen dafür, daß auch damals diese Sicht für ihn bestimmend war[30].

Als Schlüsselworte für seine Sicht der Periode, die er durchlebte, heben sich hervor, so wurde festgestellt, Gefahr, Unruhe und Unsicherheit. Sie sind allgemein kennzeichnend für seine Weltsicht. Nicht Fortschrittsgläubigkeit lag seiner Weltsicht und damit auch seinem Geschichtsverständnis zugrunde, aber auch nicht ein fatalistischer Pessimismus, wie er von Oswald Spengler vertreten wurde. Adenauer glaubte nicht an einen schicksalhaft vorbestimmten Niedergang der abendländischen Kultur, und Spenglers Thesen lehnte er ab[31]. Denn „Zeiten des Übergangs" brauchten nach seiner Auffassung nicht Zeiten des „Niedergangs" zu werden, wenn man sich darüber klar war, was das Wesentliche der Epoche sei und „was die Zeit von einem verlangt"[32].

Und als das Wesentliche seiner Zeit bezeichnete er die geistige Auseinandersetzung zwischen Materialismus und einem Denken, das im Christentum basierte[33]. Diese Sicht findet sich nicht erst als Resultat des Nationalsozialismus, nach den Ereignissen des Zweiten Weltkrieges und angesichts der Gefahr durch den Kommunismus, insbesondere den sowjetrussischer Provenienz. Diese Sicht ist bereits in einer Rede vom 28. August 1922 nachweisbar. Adenauer ging damals von der Feststellung aus, daß „in den letzten 50 Jahren" im staatlichen und öffentlichen Leben Europas „nichtchristliche Grundsätze" maßgebend gewesen seien, daß „die letzten Jahrzehnte" die „Zeit der ausgesprochenen Herrschaft des Materialismus" bedeutet habe. „Die Saat, die der Materialismus gestreut hat, ist furchtbar aufgegangen. Ihre letzte und scheußlichste Frucht ist der Krieg: die untrennbar mit der materialistischen Weltauffassung verbundene Herrschsucht der Völker hat ihn herbeigeführt." Für den, der aufmerksam die Geschichte der letzten Jahrzehnte verfolgt habe, sei es kein Geheimnis, daß die ganze Entwicklung zu einer furchtbaren Katastrophe führen müsse, warnte er und folgerte: „Der Zusammenbruch Europas ist ein nicht zu widerlegender Beweis für die unerschütterliche Richtigkeit der christlichen Grundsätze; denn das Abweichen von ihnen hat die Menschheit zwangsläufig in dieses Elend, dieses Chaos geführt."[34] Vierundzwanzig Jahre später, nach einem weiteren Krieg, der noch zerstörerischer gewirkt hatte, findet sich bei ihm die gleiche Argumentation: „Ich glaube, für denjenigen, der auch nur in etwa rückwärts zu schauen vermag, um die tieferen Ursachen unseres grenzenlosen Zusammenbruches, aber nicht allein unseres Zusammenbruches sondern auch den einer ganzen Welt, zu erkennen, muß feststellen, daß das Verlassen des christlichen Fundamentes letzten Endes Europa mit dem Untergang bedroht. Für ihn wird es auch klar sein, daß der Nationalsozialismus zwar vollendet hat, was vorbereitet war, aber daß die Wurzeln der ganzen Katastrophe viel weiter zurückliegen."[35]

Diese Wurzeln sah er vor allem im Materialismus[36]. Aus ihm war aus seiner Sicht der marxistische Sozialismus, ein übertriebener Nationalismus, der Kapitalismus und der von ihm als dem Kapitalismus zugehörig bezeichnete „Liberal-Individualismus“ hervorgegangen[37]. Die gleiche materialistische Weltauffassung, die vor mehr als hundert Jahren erst langsam und dann in immer stärkerem Maße vom deutschen Volk und auch von anderen Völkern Besitz ergriffen hätte, so sah er es, habe nacheinander die verschiedenen wirtschaftlichen und politischen Strömungen gezeugt, die unter diesen Begriffen zusammengefaßt sind. Der Kapitalismus, der übertriebene Nationalismus, der marxistische Sozialismus seien alle „Sprößlinge aus derselben Wurzel“, sie alle seien erwachsen auf dem Boden der „materialistischen Weltauffassung“[38]. Dieser Boden habe zur „Vergottung des Staates“ geführt und zur ungehemmten Ausdehnung seiner Rechte[39]. Denn die „materialistische Weltauffassung“ erniedrige den Menschen zu „einem kleinen Maschinenteil in einer ungeheuren Maschine“[40], sie gipfele in der „Allmacht des Staates“[41]. Dem diametral entgegenstehend sah er die christliche Auffassung von dem Wert und der Würde des einzelnen Menschen[42]. Im Jahre 1946 erklärte er, vielleicht sei es „Sinn des Geschehens unserer Zeit“, das sich nicht auf Deutschland allein beschränke, daß dieser große Unterschied in der Auffassung vom Menschen und vom Leben nunmehr ausgetragen werden müsse, und zwar ob nun nach christlichen Grundsätzen regiert werden oder ob ein Kollektiv, möge es „Masse oder Staat“ sein, über die Menschen bestimmen solle[43]. Aus seiner Auffassung und Interpretation der historischen Vorgänge ergab sich für ihn nach der Zeit des Nationalsozialismus und des Zweiten Weltkrieges folgende Konsequenz, wie er sie in einer Rede in Essen am 24. August 1946 umriß: „Materialismus und Christentum, das sind die großen entgegengesetzten Pole, die sich allmählich immer klarer und deutlicher abzeichnen. Ob die Mehrheit unseres Volkes auf materialistischem Boden verharrt oder ob sie zurückfindet zu der Weltanschauung des Christentums, das ist die entscheidende Frage für unser Volk.“[44]

Es wäre zu einfach, wollte man diese Formulierung mit dem Hinweis abtun, sie sei ein Produkt wahltaktischer Opportunität. Dennoch: Der naheliegende Verdacht, daß bei dieser zugespitzten Formulierung auch parteipolitische Überlegungen mitspielten, ist sicherlich nicht unbegründet. Es war gewiß nicht allein Glaubenseifer, der ihm diese Polarisierung in die Zunge diktierte. Durch sie wurde die SPD pauschal dem Materialismus zugeschlagen und alle Untertöne, die diesem Wort durch Assoziationen mit der KPD, auch mit der nicht gerade populären Sowjetunion, anhaftete, gegen den parteipolitischen Gegner SPD mobilisiert, während das Christentum für die CDU reklamiert zu werden schien. Es gibt zahlreiche Aussagen aus späteren Jahren, in denen er dieselbe Sicht propagierte[45], sehr zum Verdruß seiner sozialdemokratischen Gegner, wie ihre nervös-gereizten Reaktionen bewiesen[46]. Adenauer ließ sich nicht irritieren, er hielt am Kern seiner Aussage aus dem Jahre 1946 fest. „Der Kampf um die Grundsätze und Prinzipien der christlichen Weltanschauung ist auf Erden nicht mehr so in breitester Form entbrannt seit den Zeiten der römischen Kaiser", erklärte er in einer Rede in Köln am 2. November 1952. „Ich spreche hier nicht von christlichen Lehren und Dogmen im strengen Sinne des Wortes, ich spreche von dem, was für die Menschen im Verhältnis zum Staat nach christlicher Grundanschauung das Entscheidende ist. Ist der Staat um des Menschen willen da, oder ist der Mensch um des Staates willen da? Diese Frage, meine Freunde, schließt alles in sich: die Freiheit und die Würde des Menschen, eines mit unsterblicher Seele begnadeten Wesens. Nun, die Lehre, daß der Staat eine Gottheit ist, die Lehre, die die Person und die Rechte der Persönlichkeit verneint, ist die Quintessenz, ist die Grundlage der materialistischen Auffassung, und sie ist der Gegenpol der christlichen Auffassung, auf der unsere ganze abendländische Kultur beruht."[47] Bei der Auseinandersetzung zwischen Christentum und Materialismus handele es sich um die „entscheidende Frage der geschichtlichen Periode, in der wir leben", versuchte er im Jahre 1956 seine Mitmenschen zu überzeugen[48]. Bedenkt man seine Äußerungen aus dem Jahre 1922, sieht man die Kontinuität seines Denkens, die Logik seiner Argumentation, so läßt sich wohl kaum die These anfechten, daß ihn in erster Linie und in ausschlaggebender Weise weltanschauliche Überzeugung bei seinen von manchen als provokativ empfundenen Formulierungen leitete. Grundsätzlich jedoch muß auf Darlegungen zu der Methodik Adenauers verwiesen werden, aus denen hervorgeht, daß hinter seinen Äußerungen stets ein Bündel von Motivationen gesehen werden sollte, wodurch es so außerordentlich risikoreich ist, eindeutige, etwa gar formelhafte Erklärungen für seine Handlungen und Deutungen seiner Äußerungen zu wagen[49].

Fragt man nach dem, was Adenauer im einzelnen unter Materialismus verstand, so zeigt sich, daß sich seine Auseinandersetzung mit ihm auf verschiedenen Ebenen bewegte, die sich zum Teil überschnitten, oftmals ineinander übergingen oder auch alle gleichzeitig angesprochen wurden. Was er jeweils meinte, wird erst aus dem

Zusammenhang ersichtlich, doch keineswegs immer eindeutig. Doch eindeutig ist, daß der Kerngehalt des Materialismus für Adenauer eine Denkweise war, die die geistigen und seelischen Dimensionen des Menschen leugnete beziehungsweise vernachlässigte oder nicht genügend würdigte und die Materie als den alles beherrschenden Faktor gelten ließ[50]. „Der Materialismus, das ist der Feind des Menschengeschlechts, weil er zur Versklavung führt", erklärte er im Jahre 1954[51]. Diese Aussage trifft generell auf alle Komplexe zu, die für ihn unter den Begriff Materialismus fielen.

Mit Materialismus sprach Adenauer den Kommunismus an, den er als seine „ausgeprägteste Form" bezeichnete[52], und den Marxismus, von dem er wohl das Gleiche hätte sagen können. Kommunismus und Marxismus erscheinen in seinen Reden als identische Begriffe[53]. Man kann deshalb das, was er über den Marxismus sagte, auch als sein Verständnis des Kommunismus werten. Doch eine „marxistische" Partei war für ihn auch die SPD, auch das Godesberger Programm aus dem Jahre 1959 konnte diese Einschätzung der SPD nicht ändern[54]. Kommunismus setzte er mit Marxismus gleich, Marxismus setzte er vielfach auch mit der SPD gleich[55]. Daraus darf jedoch nicht gefolgert werden, daß er die SPD dem Kommunismus gleichsetzte, wie strenge Logik es nahelegen könnte und manch ein sensibler Sozialdemokrat Adenauer zu verstehen meinte. Adenauer selbst waren derartige Fehlinterpretationen offensichtlich keineswegs peinlich; daß er sie bewußt provozierte, sollte man ihm jedoch nicht unterstellen. Eine Schwäche von ihm war eben, daß er sich im allgemeinen wenig um präzise Begrifflichkeit bemühte[56].

Der Marxismus nun war für ihn dadurch gekennzeichnet, daß er die Freiheit der Entscheidung des Menschen leugnete. „Darum ist der Marxismus im Grunde genommen der heutige Gegenpol des Christentums."[57] Wenn er wiederholt darauf hinwies, daß der Kampf gegen den Materialismus sich noch „über Jahrzehnte" hinziehen werde, so war damit von ihm vor allem die Auseinandersetzung mit dem Marxismus/Kommunismus gemeint[58]. Kerngehalt der „materialistischen Weltauffassung des Marxismus" sah er in der Überzeugung, daß der Mensch „Produkt der Wirtschaft" und der „Gestaltung der Wirtschaft" sei[59], daß wirtschaftliche Produktionstechnik und Produktionsweise das ganze gesellschaftliche und religiöse Leben zwangsläufig bestimmten und daß alle religiösen, stittlichen, rechtlichen und politischen Anschauungen lediglich zwangsläufige Auswirkungen der Wirtschaft waren[60]. Selbst da – so Adenauer –, wo der Marxismus die These, daß die Wirtschaft „ehernen unabänderlichen Gesetzen" folgt, zurücktreten lasse, komme er notwendigerweise, „weil er eben nicht von der Person, sondern vom Kollektiv" ausgehe, dazu, den Staat, den Staatssozialismus als das Höchste hinzustellen, dem sich der einzelne Mensch einfach unterzuordnen habe[61]. Wenn davon ausgegangen werde, daß alles geplant und gelenkt werden müsse, auch die menschliche Arbeitskraft, was sich als logische Folgerung aus dieser Grundhaltung ergeben mußte, so bedeutet dies für Adenauer das Ende der persönlichen Freiheit und war mit der christlichen Persönlichkeitsauffassung nicht zu vereinbaren[62].

Wenn er von Materialismus sprach, so richtete er sich gegen die Sowjetunion als dem gewichtigsten Repräsentanten des Marxismus und damit des Materialismus. Er bezeichnete sie als eine „tödliche Gefahr", weil sie von politischen Anschauungen und Methoden geleitet wurde, nach denen der Staat „oder richtiger gesagt, diejenigen, die den Staat in der Hand haben, schrankenlos und willkürlich ihre Herrschaft über alles, was Menschenantlitz trägt, ausüben dürfen"[63] und nach denen die Menschen praktisch zu Sklaven gemacht wurden[64]. Die Sowjetunion war für ihn gleichsam die Inkarnation der Staatsomnipotenz, der gegenüber der einzelne Mensch „zu einem Nichts" herabsinken mußte[65]. Er beurteilte sie als so besonders gefährlich, da sie eine große militärische Macht darstellte, die jederzeit zu einer akuten Bedrohung der westlichen Demokratien werden konnte[66].

In seinen Äußerungen gegen den Materialismus hatte Adenauer gleichfalls den Sozialismus im Visier, der für ihn auch „Exponent der materialistischen Weltauffassung" war[67] und nach seiner Überzeugung notwendigerweise zur Unterordnung der Rechte und der Würde des einzelnen unter den Staat oder irgendein staatenähnliches Kollektiv führen mußte[68]. In seiner Rede vom 28. August 1922 findet sich eine Definition von dem, was er unter Sozialismus verstand. Er meinte, es sei eine „eigene Sache" um den „heutigen Sozialismus" in Deutschland: „Früher war er, und bei einem Teil seiner Anhänger ist er auch jetzt noch, eine ehrlich gemeinte, aus idealen Gründen hochgehaltene politisch-wirtschaftliche Überzeugung, der man Achtung entgegenbringen muß. Für einen großen Teil seiner Anhänger ist er identisch mit Lohnbewegung. Eine dritte Abart von Sozialisten mengt den politischen und wirtschaftlichen sozialistischen Ansichten allerlei sonstige Fragen der Lebensauffassung, kulturelle Fragen, Fragen der Kunst, ethische Fragen bei und sucht so eine Art *nichtchristliche Religion* zu schaffen. Täuschen wir uns nicht über die Gefahr, die darin steckt!" Mit einer solchen Diesseitsreligion könne man das deutsche Volk in gefährlicher Weise entchristlichen. Es liege nur zu nahe, daß Menschen, deren religiöse Überzeugung verschwommen sei, die nur noch aus einem gewissen Beharrungsvermögen heraus und mehr dem Namen nach christlich seien, einer solchen geschickt vorgetragenen, den natürlichen Instinkten entgegenkommenden, mit „Redensart über Kultur und Schönheit und Kunst verbrämten Diesseitsreligion" sich zuwendeten und ihr zum Opfer fielen[69]. Die Warnung, die Adenauer vor einer derartigen Entwicklung aussprach, hat sich durch den Nationalsozialismus als nur zu berechtigt erwiesen.

In seinen Reden nach 1945 ist der Kerngehalt dessen, was er mit Sozialismus bezeichnete, in der von ihm bereits 1922 herausgestellten antichristlichen Tendenz zu sehen, einer Tendenz, die nach Adenauer darauf hinauslief, daß das Kollektiv höher gestellt wurde als Wert und Würde des einzelnen Menschen und somit ganz von selbst eine Verneinung des christlichen Ideals der Persönlichkeit nach sich ziehen mußte[70]. Im Jahre 1948 prägte er für den Sozialismus die Bezeichnung „Irrlehre des Kollektivs"[71]. Er hielt ihn deshalb für so „verderblich", weil er „ganz ähnlich wie früher der übersteigerte Nationalismus in dem einzelnen Menschen tatsächlich das Streben nach eigener Persönlichkeit verdorren läßt, so daß er sich fast glücklich fühlt in diesem Zustand, ein Massenteilchen zu sein."[72] Adenauer war der Auffassung, Sozialismus führe zum „totalen Staat", „weil er eben doch die ganze Gewalt zusammenballt in wenige Hände und den Menschen – was er leider Gottes gern tut – zum Massenteilchen macht."[73] In dieser Entwicklung hin zur Entpersönlichung des Menschen, die der Sozialismus nach seiner Auffassung förderte, sah er den Kern seiner antichristlichen Tendenz. Er räumte allerdings ein, daß nicht jeder Sozialist sich der Gegnerschaft des Sozialismus zum Christentum bewußt sei, was ihn aber nicht hindern konnte, die nach seiner Meinung im Kern antichristlichen Auswirkungen des Sozialismus in krasser Weise zu brandmarken[74].

Vor allem aber wandte Adenauer sich in seinen Ausführungen zum Materialismus gegen den „materialistischen Zeitgeist"[75]. Materialistisches Denken zeigte sich ihm nicht nur im Gewande von politischen Theorien und Praktiken, sondern insbesondere auch durch die allgemeine Lebensführung des einzelnen Menschen. Er meinte, daß die

„Unordnung“, die in vielen Ländern feststellbar sei, auf eine moralische Erkrankung zurückzuführen sei, und zwar auf das „Vorherrschen materialistischer Einstellung“[78]. Er bemühte sich, den Blick darauf zu lenken, daß nicht in den äußeren Bedrohungen die größten Gefahren lagen, sondern in einer Einstellung, die das materielle Gut höher schätzte als geistige Werte. Eine derartige Einstellung drohe, „das ideelle Denken“ zu überwuchern[76], sie führe zur „geistigen und seelischen Erschlaffung“[77]. Doch er fürchtete, daß man sich weithin des Ernstes dieser Gefahr nicht bewußt war[78]. Die Gefahr sah er darin, daß eine materialistische Lebenseinstellung zwangsläufig diktatorische Entwicklungen förderte[79].
Diese Sicht steht in engem Zusammenhang mit einem Begriff, der im Denken Adenauers eine wichtige Schlüsselfunktion hatte: die Vermassung. Durch sie wurden nach seiner Auffassung die Gefahren für den Verlust der persönlichen Freiheit des Menschen entscheidend vermehrt. Materialismus und Vermassung sah er in einem ursächlichen Verhältnis organisch aneinander gekoppelt, sich gegenseitig bedingend und fördernd. Er erklärte, daß materialistisches Denken zur Vermassung führe[80], und argumentierte auch umgekehrt, daß Vermassung den Boden für den Materialismus bereite[81]. Ursache und Wirkung waren für ihn hierbei austauschbare Begriffe.
Die Vermassung nannte Adenauer eine der „großen Krankheiten unserer Zeit“[82] oder – stärker akzentuiert – „das Grundproblem der Menschheit“[83]. In handschriftlichen Notizen vom 23. September 1951 stellte er fest: „Das Gegenteil des personenhaften Seins, wie wir es auf Grund unserer christlichen Weltanschauung als Norm verlangen müssen, ist die Vermassung, die den Menschen erniedrigt, ihn seiner Persönlichkeit beraubt. Wir stehen mitten in der Vermassung.“[84] Vermassung und geistiges Schaffen aber seien einander diametral entgegengesetzt. Ohne ein Klima, das der Entfaltung der schöpferischen Persönlichkeit Möglichkeiten biete, werde das deutsche Volk zugrunde gehen, warnte er und forderte, der Vermassung entgegenzuwirken, zu helfen, „daß wir keine Masse werden, gelenkt durch Spruchbänder und Lautsprecher und unterworfen all den trostlosen Folgen in politischer, wirtschaftlicher und persönlicher Hinsicht, die sich aus der Vermassung ergeben.“[85]
Die Ursachen der Vermassung sah er teils in ökonomischen, teils in geistigen Faktoren[86], aber beide Kategorien aufeinander einwirkend. Technik, Verfall der Kultur, Massenmedien, die Entstehung der Großstädte mit einer damit verbundenen Entwurzelung der Men-

schen sowie kollektivistische und totalitäre Herrschaftsformen waren zentrale Ansatzpunkte, von denen aus er auf ineinander verschränkte Kettenwirkungen hinwies. Hier im einzelnen seine Argumente:
Begleiterscheinungen der Technik, die mit ihrer Entwicklung einhergehende fortschreitende Typisierung und Normierung der industriellen Arbeit förderten die Vermassung[87]; die Technik habe in ihrem Gefolge dem „kollektivistischen Gedanken" eine ungeheure Stärkung gegeben[88]. Typisierung und Normierung der industriellen Arbeit sah er außerdem verbunden mit Uniformierung der Kultur und der Unterhaltung[89].
Begleiterscheinungen der Technik förderten die Vermassung, Vermassung wiederum beschleunigte den Verfall der Kultur[90]. Doch die Gefahren für Kultur- und Geistesleben sah er noch verstärkt durch die Ausweitung des Pressewesens und der Nachrichtenübermittlung. Der moderne Mensch erlebe sozusagen die ganze Welt gleichzeitig. Dieser Fülle sei er nicht gewachsen, er könne nicht alles in sich aufnehmen und, was die Hauptsache sei, geistig verarbeiten. „Infolge dieser Entwicklung sind viele Menschen in ihrem geistigen Leben verflacht und haben nur noch Sinn für die allerneueste Nachricht, die desto besser erscheint, je sensationeller sie ist oder aufgemacht ist."[91] Die Massenmedien brachten also eine Gefährdung von eigenständigem Urteilsvermögen mit sich. Verlust eigenständigen Urteilsvermögens wiederum ist, so darf man folgern, mit Nivellierung und Uniformierung und den ihnen von Adenauer zugeschriebenen Konsequenzen gleichzusetzen.
Vor allem auch sah er Gefahren für die Kultur und das Geistesleben im Zusammenhang mit der Überbeanspruchung der Menschen durch die Hektik des modernen Berufslebens[92], außerdem durch die Fülle des zu verarbeitenden Wissensstoffes, der zur Spezialisierung führe und echte „Bildung" zurückdränge[93].
Als weitere Ursache der Vermassung beziehungsweise Entpersönlichung findet sich in seinen Äußerungen aufgeführt die Entwurzelung breiter Bevölkerungsschichten[94]. Zu diesem Aspekt hat er sich bereits in seiner Rede vom 28. August 1922 geäußert, in der er als die eigentliche Großstadtkrankheit die Wurzellosigkeit der Bewohner bezeichnete. „Sie haben nicht, wie die Bewohner der kleineren Städte und des Landes, den beruhigenden Ausgleich, die Entspannung und Regenerierung, die der Zusammenhang mit der Erde, der Natur immer wieder gewährt, nicht den Halt, den die Zugehörigkeit zu einer kleineren Gemeinschaft gibt. So muß der Großstadtbewoh-

ner wurzellos werden, körperlich und geistig entarten."[95] Er spreche nicht als Oberbürgermeister vom Interessenstandpunkt einer Großstadt aus, hob er hervor, sondern er spreche als Sozialpolitiker, dem das Wohl des gesamten Volkes am Herzen liege, „der aber in dem Großstadtproblem das wichtigste der sozialen Probleme Deutschlands, des Landes der Großstädte, erblickt"[96]. Die Lösung dieses Problems sei entscheidend für die Zukunft des deutschen Volkes. Die Erfahrung der Vergangenheit habe gezeigt, daß die „seelischen Volkskrankheiten" in den Großstädten entstünden. Es handele sich „um höchste Fragen der Kultur und des sozialen Fortschritts, der Moral"[97]. In seinen Reden nach 1945 knüpfte er an diese Gedanken an. So vertrat er die Auffassung, daß die „politische Instinktlosigkeit" des deutschen Volkes, „das jeder Phrase" nachgelaufen sei[98], die „Urteilslosigkeit", die „Unstetigkeit" zum großen Teil darauf zurückgeführt werden müsse, daß Deutschland ein „Land der großen Städte" geworden sei[99]. Von diesen Gedanken und Überlegungen her muß man übrigens die zentrale Bedeutung sehen, die er während seiner Regierungszeit dem Wohnungsbau und Raumordnungsplänen zumaß[100], sowie die hohe Wertschätzung, die er seinem Wohnungsbauminister Paul Lücke entgegenbrachte.

Die fortschreitende Technik und Technisierung mit ihrer Förderung des „kollektivistischen Gedankens"[101], der Verfall der Kultur als Folge des modernen Lebens, Entwurzelung – diese Faktoren trugen nach seiner Auffassung bei zur Vermassung und Entpersönlichung. Vermassung und Entpersönlichung wiederum brachten mit sich die geistigen Voraussetzungen für die Beherrschung der Menschen durch eine Minderheit. Sie hatten nach seiner Auffassung den Weg frei gemacht für den totalitären Staat[102]. Nach seiner Auffassung hätten die verschiedenen Systeme des Totalitarismus niemals auch nur annähernd die ungeheure Macht über Millionen von Menschen gewinnen können, wenn nicht gewisse Tendenzen der modernen Zivilisation das Terrain vorbereitet hätten[103]. Der Faschismus in Italien, der Nationalsozialismus in Deutschland wären nicht möglich gewesen, wenn nicht eine gewisse Disposition breiter Volksschichten, auf die eigene Persönlichkeit zu verzichten, vorhanden gewesen wäre[104].

Absterben der Persönlichkeit brachte nach Adenauer Vermassung, und Vermassung brachte Verlust der Freiheit und die Diktatur[105]. Verlust der Freiheit aber war für ihn das Schlimmste, was dem Menschen widerfahren kann. „Verlust der persönlichen Freiheit bringt Abstieg und Niedergang auf allen Gebieten menschlichen Seins."[106] Und zu einem derartigen Zustand mußte nach Adenauer die Herrschaft kollektivistischer Ordnungsvorstellungen führen. Denn Kollektivismus bedeutete für ihn ein von wenigen Menschen manipuliertes Massendenken und die Unterdrückung des individuellen Geistes[107]. Einerseits war Vermassung eine Voraussetzung dafür, daß sich kollektivistische Herrschaftsformen durchsetzten, andererseits wurde durch ihre Praktizierung die Vermassung weiter gefördert[108]. Wurzel von beidem und damit von Versklavung und Entwürdigung der Menschen war für Adenauer das, was er unter Materialismus verstand.

Es wurde gesagt, daß die Auffassung Adenauers nicht einem fatalistischen Glauben an den Untergang des Abendlandes entsprach. Äußere Einflüsse, die Eigengesetzlichkeiten der Technik, die vom Menschen geschaffene Umwelt wirkten auf den einzelnen ein und formten ihn. Doch nach Auffassung Adenauers beruhte das Verhältnis von Umwelt und einzelnem Menschen auf einer wechselseitigen Beziehung. Es lag auch umgekehrt am einzelnen, seine Umwelt zu gestalten und sich den Umwelteinflüssen entgegenzustemmen; er war ihnen nicht machtlos ausgeliefert. Der Untergang der abendländischen Kultur konnte sich vollziehen, war aber nicht ein zum zwanghaften Ablauf verurteilter, quasi vorprogrammierter Prozeß; so muß die Auffassung Adenauers interpretiert werden. Dieser Prozeß hing vom Verhalten der einzelnen Menschen ab. Wie nun sah er den einzelnen Menschen? Wie war sein Menschenbild?
Es war nicht das Bild eines fehlerfreien, idealen Menschen, von dem er ausging. Der Mensch war für ihn nun einmal ein „rätselhaftes Wesen"[109]. Adenauer bejammerte jedoch nicht die Diskrepanz zwischen Idealvorstellungen und menschlicher Wirklichkeit. Er stellte die im Menschen angelegten Schwächen illusionslos fest. Der Mensch kann die Wahrheit nicht voll erkennen[110], er irrt[111], ist mit Dummheit geschlagen[112]. Wohl hörte man von Zeit zu Zeit einen klagenden Ausruf: „Warum hat der Herrgott der menschlichen Weisheit und nicht der Dummheit Grenzen gesetzt!"[113] Er hob als Schwächen hervor Unzuverlässigkeit und Feigheit[114], einen Hang zum Materiellen, zum materiellen Genuß und zur materiellen Macht[115], einen damit gepaarten Hang zur „Nichtachtung geistiger Werte"[116]. Er sah die im Menschen angelegte Neigung, sich von seiner Umwelt treiben zu lassen, von der Unruhe, von der Hetze[117].

Er stellte fest, der moderne Mensch sei sich weithin nicht mehr seiner Eigenständigkeit und seines Eigenwertes bewußt, er erarbeite sich nicht mehr selbst ein Weltbild, sondern akzeptiere vielfach aus Bequemlichkeit die fertige Schablone, die ihm die „Kollektivität" biete[118]. Dazu sah er die psychischen Einwirkungen der Technik. Er fürchtete, die Technik verändere den Menschen[119]. Was die Bewußtseinsänderung, die Wandlungsfähigkeit des Menschen durch äußere Einflüsse, durch Einwirkungen seiner Umwelt betraf, so hatte er zudem während der nationalsozialistischen Zeit seine Beobachtungen machen können. Eine Diktatur verändert die Menschen, so war sein Resümee, und zwar verändert sie nicht nur den Charakter des gesamten Volkes, sondern auch den der Diktatoren selbst[120].
Doch Gefahren für die Menschen sah er auch durch einen zu großen Wohlstand. Zu großer Wohlstand war nach seiner Auffassung für den Menschen nicht verträglich[121]. Anfang 1958 erklärte er im Kreis von Parteifreunden, er habe vor Jahrzehnten als junger Mann in einer Predigt das Wort vom „mäßigen Besitz" gehört, und das habe sich ihm tief eingeprägt. „Ein mäßiger Besitz ist die sicherste Gewähr für ein gutes christliches Leben. Die Grundlage für ein gutes christliches Leben ist weder die Armut noch der Reichtum, sondern ein mäßiger Besitz."[122] Wenn es dem Menschen zu gut gehe, dann neige er zur Bequemlichkeit, und das war nicht zu vereinbaren mit dem seit seiner Jugend für ihn geltenden Leitsatz, nach dem der Mensch weiterstreben müsse, ständig und unermüdlich[123]. Zudem hielt er grundsätzlich „Maßhalten in allem" für eine der besten und wertvollsten Eigenschaften des Menschen[124], und auch damit konnte zu großer Wohlstand kaum in Einklang stehen.
Glaubte Adenauer an die Manipulierbarkeit der Menschen? Wohl nur, wenn sie sich treiben, den ihnen innewohnenden freien Willen verkümmern ließen und sich ihres Eigenwertes nicht mehr bewußt waren. Das jedoch war nicht mit dem Menschenbild Adenauers zu vereinbaren, seiner Auffassung von Wert und Würde der Person.
Wenn das Leben nicht in sinnlos rotierende Produktion und Reproduktion ausarten sollte, dann mußte der Mensch sich seiner selbst bewußt sein, er durfte sich nicht treiben lassen. Aber absolute Freiheit gab es aus seiner Sicht nicht, genausowenig wie absolute Notwendigkeit; für ihn waren beide dem Leben zugehörig. Einerseits sagte er: „Die Geschichte wirkt auf lange Sicht hin zwangsläufig im Sinne der Gerechtigkeit, und zwar mit oder ohne Einwilligung des Betroffenen, wer es auch immer sei."[125] Er sprach

von „Fügung“[126], er forderte, man müsse sich der „Führung“[127] überlassen, der Mensch könne nichts anderes tun, als die Aufgaben, die ihm gestellt seien, so gut er könne zu erfüllen[128], er sprach von dem Glauben daran, daß ein „ordnender Geist“ über dem menschlichen Geschehen walte[129] – Aussagen, die eine deterministische Weltsicht zu offenbaren scheinen. Er verlangte „Vertrauen“ und brachte es wohl auch selbst auf[130]. Andererseits jedoch forderte er ein Tätigsein des Menschen. Hoffnung und Vertrauen mußten durch eigene Taten und durch Handeln unterstützt werden. Aber Handeln und Tätigsein hingen von der eigenen moralischen Haltung ab. „Diese innere moralische Kraft kann uns kein anderer geben, wir müssen sie uns selbst geben.“[131] Er verlangte Glauben an sich selbst[132]. Er war der Auffassung, Gott habe den Menschen Hände gegeben, um zu arbeiten, und Verstand, um zu denken[133]; Gott helfe nur denen, die sich selbst helfen[134]. Seine Grundposition war: „Nun bin ich ja für Gottvertrauen, aber nur in beschränktem Umfang, weil Gott den Menschen freien Willen gegeben hat und Gott nicht lediglich verlangt, Vertrauen zu ihm zu haben, sondern er will auch den freien Willen und die eigene Arbeit des Menschen.“[135]

Aus seiner Sicht hat der Mensch die Pflicht, die Gefahren der Zeit, in der er lebt und in die er nun einmal hineingestellt ist, zu sehen und sich ihnen zu stellen[136]; er muß versuchen, ihrer Herr zu werden[137]. Er darf nicht „blind“ sein für die „Fehler und Schwächen“ seiner Zeit[138]. Zur Grundstruktur des Menschen gehört, daß er von Gott her Wert und Würde besitzt, daß er ein auf Entfaltung hin angelegtes Wesen ist und ihm ein angeborener Drang zur Freiheit innewohnt[139]. Zur Grundstruktur gehört, daß er auf Tätigsein ausgerichtet ist. „Sich ganz auswirken, mit den Kräften des Verstandes und der Seele, mit seiner ganzen Persönlichkeit schöpferisch tätig sein zu können, ist der schönste Inhalt menschlichen Lebens“, erklärte er in seiner Antrittsrede als Bürgermeister von Köln am 18. Oktober 1917[140]. In dieser Aussage muß man den Kern der ihn leitenden Auffassung vom Menschen sehen.

Der Mensch muß die in ihn gelegten Fähigkeiten frei entfalten können. „Er darf nicht untergehen in der Masse und in der Lohnsklaverei.“[141] Der Mensch darf nicht „Roboter“ werden[142]. Mit der Forderung nach Entfaltung der Persönlichkeit verbunden war seine Auffassung, daß die Arbeit nicht als „Fluch“ zu sehen ist[143], sondern daß ihr für die innere Entwicklung des Menschen eine wichtige Funktion zukommt[144]. Hierzu gehörte für Adenauer die Möglichkeit, Eigeninitiative entfalten und Eigenverantwortlichkeit tragen zu können[145] und damit verbunden das Recht auf Eigentum[146], wobei er jedoch auf die Doppelnatur des Eigentums hinwies und seine soziale Bindung unterstrich[147]. Eigeninitiative und Eigenverantwortlichkeit waren für ihn dem Wesen des Menschen zugehörig, waren Voraussetzungen, um das werden zu können, was in ihm angelegt ist[148].

Damit der Mensch sich entfalten und entwickeln könne, sah Adenauer als weitere wichtige Voraussetzung Selbstbesinnung. Der Mensch könne sich nicht entfalten, wenn er sich nicht seiner selbst bewußt werde. Voraussetzung für Selbstentfaltung war für ihn, daß der Mensch sich Rechenschaft ablegte über die „Höhen und Tiefen" seines Weges, nur dann werde er sich klar über seine Verantwortung, seine Pflichten, seine Aufgaben. „Nur dann auch gewinnt er den Mut, die Kraft und die Zuversicht, die Aufgaben, die unsere gefahrvolle, verwirrte Zeit ihm stellt, zu erfüllen."[149] Aber durch den „Triebsand des modernen Lebens", seiner „Hast und Hetze", seinem „entsetzlichen Betrieb" würden wesentliche „Quellen" verschüttet[150]. Er warnte: „Unter gar keinen Umständen darf die Beschäftigung mit der metaphysischen Seite des menschlichen Daseins vernachlässigt werden. Hier liegen die Wurzeln der Persönlichkeitsbildung, ihre unerschütterlichen Fundamente."[151] Aber die seelischen Kräfte, so fürchtete er, würden vielfach überdeckt und überwuchert durch zu starkes materielles Denken[152]. Er warnte vor einem „Versinken im Materialismus"[153], vor einer Vernachlässigung der seelischen Dimension. „Mit Entschlossenheit müssen wir uns die Stunden, die wir zur inneren Besinnung nötig haben, abringen", forderte er, „sonst wird unser Leben, trotz aller äußeren Erfolge, unbefriedigend und unglücklich – ein sinnloses Leben."[154]

Im Zusammenhang mit der Forderung nach Selbstbesinnung ist zu sehen die von Adenauer geforderte „innere Ordnung" des Menschen. Wem die „innere Ordnung" fehle, dem helfe weder „Erwerb noch Genuß noch äußerer Erfolg", um zu einem inneren Gleichgewicht zu kommen „und damit zu dem höchsten Glück, das uns dieses Leben gewähren kann"[155]. Aber er klagte, daß den meisten Menschen diese „innere Ordnung" fehle. „Innere Ordnung", erläuterte er, habe derjenige, der zwischen „gut" und „böse" unterscheiden könne. „Diese innere Ordnung muß man sich selbst erwerben. Es bedarf dazu vieler Arbeit an sich selbst und vielen Widerstands gegen nicht gute Einflüsse, die aus dem eigenen Innern und von außen kommen."[156]

Was er unter „gut" und „böse" verstand, läßt sich nicht konkret fassen, es finden sich hierzu nur vage Umschreibungen. Einerseits schien er „gut" und „böse" gesehen zu haben als verbunden mit etwas vom Menschen Unabhängigem, mit etwas existentiell Vorgegebenem, dem Bereich des Transzendenten zugehörig. Er sprach von „Kräften des Lichtes" und von „Kräften der Finsternis"[157]. Zum anderen schien er „gut" und „böse" sich ursprünglich realisierend gesehen zu haben im Verhalten des einzelnen Menschen. Es wurde festgestellt, daß nach Adenauer der Mensch auf Selbstentfaltung hin angelegt, ein sich im Tätigsein selbst verwirklichendes Wesen ist.
Doch Selbstentfaltung und Selbstverwirklichung durften nicht in „Ichsucht" ausarten. Als eine der „schlimmsten Krankheiten" seiner Zeit bezeichnete er „schrankenlose und ungehemmte Ichsucht", er sah sie als Folge der materialistischen Weltanschauung[158]. „Schrankenlose, hemmungslose Ichsucht, Sucht nach Betrieb und Genuß" brächten kein Glück. „Verinnerlichung, Besinnung auf sich selbst, Arbeit und Sorge für andere und für das Gemeinsame, das ist, was uns not tut und was uns glücklich macht."[159] Dem Streben nach Selbstentfaltung und dem Freiheitsverlangen des Menschen sind entgegengestellt die Forderung nach Maßhalten, Pflichterfüllung und „Arbeit und Sorge für andere und für das Gemeinsame". Die hierdurch gegebenen Widersprüche muß der Mensch zur Synthese bringen, und es kann gefolgert werden, daß Adenauer hierbei „gut" und „böse" zur Entfaltung kommen sah.
Klar geäußert hat er sich zu dem, was für ihn das „Glück" des Menschen war. Seine Aussagen hierzu stehen in innerem Zusammenhang zu dem soeben Ausgeführten. Das „Glück" war für Adenauer immer wieder von neuem zu erwerben. „Inneres Gleichgewicht", so sagte er, sei für ihn gleichbedeutend mit „höchstem Glück", das dieses Leben gewähren könne[160]. Voraussetzung dafür war „innere Ordnung", doch sie mußte errungen werden. Und es ist gewiß keine Fehlinterpretation, wenn man annimmt, daß er sie nicht als festen Besitz des Menschen betrachtete, genausowenig wie für ihn das „Glück" fester Besitz sein konnte. Auf die Frage, worin das „Glück" des Menschen besteht, gab er einmal folgende Antwort: „Das Glück des Menschen besteht nicht in Geborgensein und Wohlstand, das Glück besteht in getreuer Pflichterfüllung, besteht darin, daß man klar und entschlossen zu dem steht, was man als richtig erkannt hat. Das Glück des Menschen besteht letzten Endes darin, daß er kraft seines Verstandes und kraft seines Willens schließlich

doch alles überwindet und zum Ziele kommt."[161] Das, was nach seiner Meinung „richtig" sei und was „Ziel", ließ er offen. Doch man kann schließen, daß das, was „richtig" sei, sich aus der „inneren Ordnung" ergibt, und was Ziel sei wohl auch, fixierbar für Zeit und Ewigkeit genausowenig wie die „innere Ordnung". Daß er dem „Gewissen" in diesem Zusammenhang eine ausschlaggebende Funktion zumaß, steht außer Frage, doch hat er sich hierzu nicht verbreitet. Er war Politiker und nicht Theologe. Daß er selbst sich in seinen Handlungen in seinem Gewissen und im Glauben gebunden fühlte, betonte er wiederholt[162]. Daß Transzendenzbezug und selbständiges, autonomes Handeln des Menschen kein Widerspruch sei, daß es eine Einheit bilde, war für ihn offenbar Aufgabe menschlichen Lebens, die immer wieder von neuem zu erringende Synthese wohl Inhalt des „Glücks".

Es wurde gesagt, daß aus der Sicht Adenauers der Mensch die Pflicht hat, die Gefahren der Zeit, in der er lebt, zu sehen und sich gegen sie zu stemmen[163]. Doch gewisse Tatbestände nahm Adenauer als existentiell gegeben hin, so den Tatbestand der „Unruhe". „Alles Leben auf dieser Welt ist voll Unruhe – das ist ein Geheimnis, dessen Grund wir niemals ganz verstehen werden."[164] Das bedeutete für Adenauer jedoch nicht, daß der Mensch sich dieser Unruhe widerstandslos ausgeliefert sehen sollte. Er hatte die Neigung zu überwinden, sich von ihr beherrschen zu lassen, sie durfte nicht „Herrin des Geschehens" werden[165]. Doch mit dieser Einstellung war die „Unruhe" nicht beseitigt, genausowenig wie sie eine Erklärung erhielt. „Unruhe" war offensichtlich für Adenauer im Wesen der Welt verankert wie ständiger Wandel, Widersprüchlichkeiten, undurchschaubare Zusammenhänge wie Leben und Tod. Auch den Menschen sah er auf Bewegung hin angelegt, auch er war von Widersprüchlichkeit gezeichnet. Einen festen Besitz für ihn gibt es nicht, sein „Glück" kann nur im ständigen Weiterstreben, in einem sich ständigen Fortbewegen auf ein Ziel zu gesehen werden, ein Ziel, das aber nie erreicht zu werden scheint; ein Sich-ständig-Weiterentfalten, aber die Entfaltung scheint nie abgeschlossen; er hat Pflichten zu erfüllen und wird vor immer wieder neue Pflichten gestellt. Erst durch den Tod findet dieses Ständig-sich-Weiterbewegen, das Weiterstreben ein Ende. Doch was der Tod bedeutet, entzieht sich dem menschlichen Verstehen[166].

In Kommentaren und Urteilen über die Persönlichkeit Adenauers wird allgemein hervorgehoben die Ruhe und Gelassenheit, die er ausstrahlte[167]. Kraß hebt sich von diesem Erscheinungsbild das ab, was sich als seine Weltsicht in seinen Äußerungen widerspiegelt. Es ergibt nicht das Bild eines überschaubaren, durchsichtigen Weltgefüges. Bewegung, Werden und Verfall, Gefahren und einander widerstreitende Kräfte bestimmen es. Alles verändert sich, wird hinfällig. Dennoch hat der Mensch sich für die ihm konkret gestellten Aufgaben einzusetzen, als hinge von ihrer Erfüllung das weitere Weltgeschehen ab[168]. Man soll nicht Tagesereignisse überbewerten, forderte er, sondern stets den „Entwicklungsstrom", den großen Zusammenhang im Auge behalten[169]. Doch aus seiner Sicht ergibt sich, daß der „Entwicklungsstrom", der große Zusammenhang ein relativer Begriff ist, denn Werden und Verfall, der ständige Wandel, die Unmöglichkeit für den Menschen, Anfang und Ende des weltlichen Geschehens zu überschauen, müssen konsequenterweise zu Relativismus führen. Der Mensch kann die Wahrheit nicht voll erfassen, dazu: Er irrt selbst in dem, was sein Verstand begreifen könnte. Dennoch steht er unter dem Zwang zu handeln. Ihm bleibt nichts anderes übrig, als auf alle Fälle die Aufgaben, „mögen sie groß oder klein sein", zu erfüllen, die ihm aufgetragen sind. „Das ist das Wesentliche für den Menschen, und das ist auch das Wesentliche für den Christen."[170] Freiheit und Notwendigkeit, Zufall und Fügung gehören zum Leben. Der Bereich des Transzendenten ist nicht objektivierbar, dennoch ist er der Wurzelbereich des Fundamentalsatzes von Wert und Würde der Person: Widersprüchlichkeit war ein bestimmender Grundzug seiner Welt- und Menschensicht.

Der Bereich des Transzendenten war für Adenauer nicht etwas von der Wirklichkeit Getrenntes, sondern ihr immanent zugehörig. „Fügung", „Führung", „ordnender Geist", „Segen" sind Schlüsselworte, die hinweisen auf die Rolle und Funktion seines Glaubens, sein Durchwirken des praktischen Lebensvollzuges. Daß dieser Bereich letztlich nicht beweisbar ist, davon schien er auszugehen. Daß dennoch aus diesem Bereich absolute Normen abgeleitet werden, diese Widersprüchlichkeit nahm er gleichfalls hin. „Unsere Partei – ich wiederhole es – steht fest und unverbrüchlich auf dem Boden dieser, der christlichen Weltanschauung, daß es für den Menschen Normen gibt, die aus dem Wesen und Sein Gottes selbst fließen und daher unverbrüchlich sind und nicht angetastet werden dürfen."[171] Dieser Bereich ist nicht mit letzter Gewißheit objektivierbar, aber indirekt sah er Beweise seiner Realität erbracht durch den Verlauf der Geschichte, namentlich der jüngsten Vergangenheit – Beweise, die zeigten, wohin es führte, wenn diese Normen nicht beachtet werden. „Wenn man das Bestehen solcher Normen nicht anerkennt, dann gleitet ein Volk abwärts in Diktatur und in Gewalt. In einer Zeit wie der unsrigen, die Veränderungen und Entwicklungen jeder Art, zum Guten und zum Schlechten, in rasendem Tempo bringt, braucht jeder einzelne feste, unabdingbare Normen für sein Leben, damit er Herr seiner selbst bleibt und nicht abgleitet."[172]

Das Menschenbild Adenauers ist nicht ein heiles im Sinne eines vollkommenen Menschen ohne Schwächen, seine Weltsicht zeigt nicht eine statische Welt mit festen Konturen. In der durch Dynamik und Widersprüchlichkeit bestimmten Weltsicht und dem genauso gekennzeichneten Menschenbild ist absolut nur das Ständigweiterstreben, absolut nur die Forderung, daß der Mensch einen Freiheitsraum haben muß, um sich entfalten zu können, absolut nur der Satz, daß Wert und Würde des Menschen von Gott herrühren, und absolut, daß das Leben zu bejahen ist, da es von Gott stammt.

In den Äußerungen Adenauers finden Grübeleien über die Widersprüchlichkeiten der Wirklichkeit keinen Niederschlag, womit allerdings nicht gesagt sein soll und kann, daß er frei von ihnen war. Es waren starke Spannungen in ihm spürbar, wenn im Gespräch metaphysische Fragen berührt wurden[173]. Er schien zwar hinzunehmen, daß der Bereich des Transzendenten der Ratio sich nicht voll erschloß. Doch das bedeutete nicht, daß er ihn nicht dennoch mit der Ratio voll zu begreifen suchte. Glaubenszweifel waren ihm nicht fremd[174]. Aber es hatte den Anschein, als zwinge er sich zu der Einsicht, daß Spekulationen über die Welträtsel nicht fruchtbar und wenig geeignet seien, den konkret gestellten Aufgaben zu begegnen[175]. Der Mensch hatte sie mit den ihm gegebenen Fähigkeiten zu lösen, wobei es für Adenauer allerdings eine Selbstverständlichkeit war, die metaphysische Dimension im Auge zu behalten.

Es wurde gesagt, daß die volle Bedeutung des Fundamentalsatzes von Wert und Würde der Person erst durch die Darlegung seiner Weltsicht und seines Menschenbildes erkennbar werde. Es zeigt sich, daß, wenn dieser Satz nicht wäre, der feste Glaubenskern, der in ihm enthalten ist, Hoffnungslosigkeit, Sinnlosigkeit und Relativismus für Adenauer letztlich hätten bestimmend sein müssen. Der Fundamentalsatz von Wert und Würde der Person ist quasi der archimedische Punkt, der, im christlichen Glauben verankert, ein festes Normen- und Gedankengefüge erlaubt.

IV. Werte – Rangordnung und Begründung

Im Jahre 1958 erklärte Adenauer im Rückblick auf die politische Arbeit seit 1945: „Die tiefste Grundlage unserer Erfolge war die Erkenntnis, daß in Jahrzehnten wie in den unseren, in denen der Materialismus bald mit brutaler Gewalt, bald durch kalten Krieg, bald im Gewande einer Pseudowissenschaft ein Volk nach dem andern zu erobern sucht, nur das Volk und nur die Partei ihm widerstehen können, die eine geistige, eine ethische Konzeption und Grundlage haben."[1] Welche Werte nun bestimmten seine „ethische Konzeption und Grundlage"? Wie sah er ihre Begründung? Enthielt diese „ethische Konzeption" eine Rangordnung der Werte?

„. . . das wahre Wertsystem existiert nicht; es gibt eine Vielfalt gleichrangiger Werte, deren Forderungen einander widersprechen und deren Konflikt durch menschliche Vernunft nicht gelöst werden kann."[2] So faßt Leo Strauß die Position Max Webers, der für ihn der „größte Sozialwissenschaftler unseres Jahrhunderts" ist[3], hinsichtlich der Wertproblematik zusammen. Die Existenz der Werte wurde von Max Weber nicht geleugnet, aber er wies ihnen den Status „dämonischer" Entscheidungen zu, jenseits rationaler Überlegungen und Erwägungen[4]. Ein Resümee der Position von Adenauer muß zu einem konträren Ergebnis führen. Die folgenden Ausführungen zusammenfassend, sei bereits hier festgestellt: Für Adenauer, fast ein Altersgenosse Max Webers – Max Weber wurde 1864, Konrad Adenauer 1876 geboren –, war erstens seine Haltung nicht Sache „dämonischer" Entscheidungen, sondern ergab sich aus dem Wesen des Seins und des Menschen. Zweitens gab es für ihn allgemeinverbindliche Werte, die nicht in Konflikt gegeneinander, sondern in einem einander ergänzenden wechselseitigen Abhängigkeitsverhältnis aufeinander bezogen zu sehen sind. Drittens waren sie für ihn ausgerichtet nach einem obersten Wert, es gab eine Rangordnung. Und viertens gab es unterhalb der höheren, allgemeinverbindlichen Werte eine Kategorie von Werten, die durchaus in Gegensatz zueinander stehen konnten und bei denen es auch durchaus freier, nicht rationaler Entscheidung eines jeden einzelnen überlassen war, welchen er die Präferenz gab. Allgemein ist zu sagen, daß Adenauer oberste allgemeinverbindliche Werte auch als „Wahrheiten des Christentums"[5], als „ewige Werte des Christentums"[6], als „Gebote des Christentums"[7], als „Prinzipien"[8], als „ewige Grundsätze"[9], überwiegend jedoch als „christliche Grundsätze"[10] umschrieb. Bereits seine Wortwahl weist darauf hin, daß diese höheren Werte für ihn ein Sollen beinhalteten, daß sie den Charakter von Normen hatten. Weiter ist es bezeichnend, daß er von ihnen stets in Verbindung mit konkreten Aufgaben und Zielvorstellungen sprach. Er verlor sich nicht in abstrakt-theoretische Ausführungen über sie. Er stellte sie nicht in nebulos verhangene höhere Sphären, sondern er sprach von ihnen in Verbindung mit historischen Ereignissen oder bezogen auf die konkrete Situation seiner Zeit und ihre tagespolitischen Erfordernisse, vor allem bezogen auf die Grundgegebenheit des Menschen als eines auf die Gemeinschaft angewiesenen Wesens.

Adenauer sah den Menschen nicht isoliert, sondern in Abhängigkeit von der Gemeinschaft, nur in ihr kann er sich verwirklichen, zu dem werden, was in ihm angelegt ist[11]; Maßhalten, Pflichterfüllung, Selbstentfaltung, Eigeninitiative, Eigenverantwortlichkeit erhalten erst ihren Sinn durch diesen Bezug. Hervorgehoben werden muß hierbei, daß er den einzelnen zwar in Abhängigkeit von der Gemeinschaft sah, doch die Gemeinschaft mußte durch den einzelnen gestaltet und geformt werden. Das Wohl des einzelnen Menschen ist einerseits auf das Wohl der Gemeinschaft angewiesen, andererseits aber ist das Wohl der Gemeinschaft auf dem Wohl des einzelnen begründet[12]. Das Wohl des einzelnen und das Wohl der Gemeinschaft hatte Adenauer bei seinem politischen Handeln im Auge, doch elementarer Ausgangspunkt war der einzelne[13]. Die Gemeinschaft um ihrer selbst willen war für Adenauer ein Abstraktum, sie gewann für ihn erst Sinn durch den Bezug auf den einzelnen Menschen. Kollektivismus war für ihn eine negative Umschreibung der verabsolutierten Gemeinschaft, Vermassung das damit verbundene Krankheitsbild. So waren Staat und Nation für ihn nur Ausdruck eines Relativen, relativiert durch den Bezug auf Wert und Würde des einzelnen Menschen[14].

Der unauflösbare Bezug von einzelnem zur Gemeinschaft und gleichzeitig auch die Gewichtigkeit zugunsten des einzelnen spiegelt sich wider in der Wertskala, die das politische Denken und Handeln Adenauers bestimmte. Nicht die „salus publica" wie für Bismarck[15], nicht die Nation wie für Charles de Gaulle[16], sondern die Freiheit der Person war für Adenauer der Kompaß seines Handelns und das Zentrum der gedanklichen und grundsätzlichen Gehalte seiner Politik. Sie war für ihn das „höchste sittliche Gut des Menschen"[17], „denn nur die Freiheit gestattet es dem Menschen, die ihm von Gott verliehenen Anlagen und Kräfte zum Besten aller und zu seinem eigenen Besten voll zu entwickeln und zu gebrauchen"[18]. Das Postulat der Freiheit der Person galt für ihn auch gegenüber dem Staat: „Er darf seine Macht niemals so weit ausdehnen, daß die freie Entwicklung der Persönlichkeit dadurch beeinträchtigt wird."[19] Adenauer sah die Freiheit als dem Menschen „angeboren"[20], sie gehörte zu seinen „unveräußerlichen Rechten"[21]. „Was ich als Hauptsache bei den christlichen Grundsätzen ansehe, das ist die persönliche Freiheit des einzelnen Menschen. Das ist für mich das Entscheidende."[22]

Die Freiheit des einzelnen führte die Rangordnung der Werte für Adenauer an. Doch ihre volle Bedeutung, die verschiedenen Aspekte ihres Inhalts werden erst durch die sie ergänzenden Werte sichtbar, denn er sah die Freiheit in engem wechselseitigen Verhältnis zu weiteren Werten, die einerseits eng an den obersten Wert der Freiheit gekoppelt, andererseits auch untereinander verzahnt waren.

Ausgangspunkt der Freiheit war der Fundamentalsatz von Wert und Würde der Person. Adenauer erklärte, wie bereits festgestellt, daß allein vom Christentum, vom Glauben her, jedem Menschen sei eine unsterbliche Seele gegeben, man sich in Glauben und Tat dazu bekennen könne, daß vor Gott alle gleich seien und alle ein Recht auf Entwicklung und Freiheit der Person hätten[23]. Doch hieraus folgerte er nicht die Gleichrangigkeit der Werte Freiheit und Gleichheit. Die Gleichheit war für ihn auch nicht wichtigstes Regulativ der Freiheit, wie sie es von Anfang an für die Sozialdemokratie gewesen war[24]. Im übrigen ist hier ein wichtiger Ansatz seiner Auseinandersetzung mit der SPD zu finden. Im Sozialismus sah er eine Gefährdung der Freiheit durch die Betonung des kollektivistischen Gedankens, der letztlich aus einer Betonung der Gleichheit hervorgeht und als dessen Resultat nach Adenauer im Sozialismus der Staat vor der Einzelperson rangiert[25].

Als Regulativ der Freiheit erscheinen in den Äußerungen Adenauers erstens Frieden, zweitens Recht als Ausdruck einer im Naturrecht verankerten Gerechtigkeit und drittens Demokratie. Die Bezogenheit dieser Werte auf die Freiheit als ihr Regulativ und ihre Ergänzung wird dadurch veranschaulicht, daß in den Ausführungen Adenauers hinsichtlich seiner Wertvorstellungen drei Begriffspaare hervortreten: 1. Freiheit und Frieden[26], 2. Freiheit und Recht[27] und 3. Freiheit und Demokratie[28].

Liest man Ausführungen Adenauers hierzu vereinzelt, so kann der Eindruck entstehen, als ob die beiden erstgenannten Begriffspaare die oberste Stufe seiner Wertskala gleichrangig einnähmen. „Wir haben erkannt, in Leid und in Not haben wir erkannt, daß es nur ein sicheres Fundament gibt für das menschliche Zusammenleben: Freiheit und Recht", erklärte er zum Beispiel am 18. April 1950 in einer Rede im Titania-Palast in Berlin[29]. Bei anderer Gelegenheit hob er Freiheit und Frieden als höchste Werte hervor: „Frieden und Freiheit sind die Fundamente wahren Fortschritts. Ohne Frieden und Freiheit gibt es keinen Aufstieg der Völker, kein Glück, keine Ruhe für die Menschheit."[30] Doch der Eindruck der Gleichrangigkeit dieser Begriffspaare tritt bei einem vergleichenden Studium seiner Ausführungen zurück, und es zeigt sich, daß für ihn Freiheit und Frieden die Rangordnung anführten[31], und weiter zeigt sich, daß Freiheit vor Frieden rangierte. Denn Frieden ohne Freiheit war für ihn kein Frieden[32].

Freiheit und Frieden gehörten für ihn zusammen. „Der Frieden, meine Freunde, der muß gerettet werden zusammen mit der Freiheit. Beide werden gewonnen oder beides geht verloren."[33] Die Freiheit war dem Menschen angeboren. Wenn sie unterdrückt wurde, dann konnte es nach seiner Auffassung auf die Dauer keinen innerstaatlichen Frieden geben[34], und war die Freiheit der gesamten Gemeinschaft unterdrückt, so war auch Freiheit für den einzelnen nicht möglich[35]. Ziel der Innenpolitik mußte sein, den Frieden durch Sicherung eines Freiheitsraumes für den einzelnen mittels entsprechender politischer Institutionen und Methoden und durch Schaffung gerechter wirtschaftlicher und sozialer Verhältnisse zu gewährleisten, denn zum Begriff der Freiheit gehörte für ihn nicht nur die politische und religiöse, sondern auch die soziale und wirtschaftliche Dimension[36]. Aufgabe der Außenpolitik hatte es zu sein, Bedrohungen des Friedens und der Freiheit durch äußere Kräfte abzuwenden. Frieden bedeutete für ihn nicht, daß man sich passiv gegenüber

Bedrohungen verhielt. „Liebt der den Frieden, der passiv alles hinnimmt, der sich rein passiv verhält gegenüber jeder Unterminierung, des Sichlähmens durch Furcht, durch Verlust der Freiheit, Vernichtung der Familie, Vernichtung religiösen Lebens? Liebt das Volk den Frieden, das sich durch ein anderes unterwerfen läßt? Ist Frieden nichts anderes als der Gegensatz von Krieg? Wäre dem so, dann würden Sklaverei und Kirchhofsruhe auch Frieden sein."[37] Vorsorgende Maßnahmen zum Schutz des Friedens waren für ihn eine Selbstverständlichkeit. Denn wie schon in anderem Zusammenhang erwähnt, beruhte die Erhaltung des Friedens nach seiner Auffassung nicht auf Schwäche[38/39]. Vernachlässigung des Selbstschutzes trug nach seiner Meinung nicht zur Wahrung des Friedens bei, sondern führte zum Krieg und „zur Unterjochung"[40] und damit kaum zu einer Übereinstimmung mit folgender Feststellung: „Frieden und Freiheit, Freiheit des Einzelnen von Furcht und Zwang, Freiheit der Völker und der ganzen Menschheit von Ausbeutung, von Sklaverei, von Gewalt und Tod –, Frieden und Freiheit, das sind die Grundlagen jeder menschenwürdigen Existenz."[41]
Als Konsequenz seiner Weltsicht, in der Wandel, Unruhe und Gefahren bestimmende Elemente waren, als Konsequenz seines Menschenbildes, das zahlreiche Schwächen in Rechnung stellte, hatte sich die Politik im Dienst der Freiheit des einzelnen einzusetzen, und dies bedeutete für Adenauer gleichzeitig für die Geltung von Recht. Er bezeichnete die Freiheit des einzelnen, Wert und Würde der Person einerseits und Recht andererseits als die „Grundpfeiler" der Politik, die ihn leitete[42], sie waren für ihn die Grundlage der westlichen Kultur[43]. Angesichts der Grundgegebenheit des Menschen als eines auf die Gemeinschaft angewiesenen Wesens und angesichts der im Menschen angelegten Schwächen hielt er eine durch Recht geregelte Ordnung des Zusammenlebens für unerläßlich[44]. Dabei war die Funktion des Rechts eine doppelte: Einerseits hatte es eine dienende Funktion, eben durch eine rechtlich geregelte Ordnung die Erhaltung von Freiheit und Frieden, doch gleichzeitig war es auch ihre Basis. Denn realisierbar waren nach Adenauer Freiheit und Frieden nur, wenn gleichzeitig Recht herrscht, und zwar im innerstaatlichen Bereich wie in den zwischenstaatlichen Beziehungen. „Ein Leben, wie wir es wollen, ein persönliches Leben in Freiheit ist nur dann möglich, wenn das Recht, das in dem Staate herrscht, uns schützt und hilft, daß wir so frei leben können, wie wir wollen."[45] Nicht Macht habe zu entscheiden, sondern Recht habe zu gelten[46].

In diesem Zusammenhang gilt es festzuhalten, daß Macht für Adenauer im Verhältnis zu den genannten Werten als Mittel erscheint und nicht etwa als Wert in sich. Dabei war er sich sehr wohl der Tatsache bewußt, daß zur Durchsetzung von Recht Macht gehört[47], genauso wie Freiheit und Frieden ohne Macht kaum zu schützen sind. Aber Macht mußte nach seiner Auffassung gebunden sein durch Recht, durch Verantwortungsbewußtsein und durch das Gewissen der Macht ausübenden Personen. „Macht", liest man in einer Rede, „verlangt Klugheit, Mäßigung und ein gesteigertes Verantwortungsgefühl. Macht, die mißbraucht wird, ist etwas Verderbliches. Macht aber, die von Verantwortung getragen wird, ist ein Geschenk Gottes."[48] Er vertrat die Auffassung, daß Macht an sich nichts Böses ist, „aber daß die Macht den Menschen sehr leicht dazu verführt, Mißbrauch mit ihr zu treiben und daß sie dann böse wird."[49] Weder im innerstaatlichen Bereich noch im Leben der Völker untereinander durfte es ein „Recht des Stärkeren" geben. Er wünschte, daß eine völkerrechtliche Ordnung geschaffen würde, „die Kriege unmöglich macht, die Differenzen unter Völkern ebenso schlichtet und ordnet, wie Differenzen unter Einzelpersonen in Kulturstaaten geschlichtet und geordnet werden."[50] Doch der Schwierigkeiten, die einer Realisierung dieser Forderung entgegenstehen durch das Prinzip der Souveränität der Staaten, durch das Fehlen allgemein anerkannter Maßstäbe der Gerechtigkeit und durch die effektive Machtlosigkeit eigens zur Wahrung von Recht auf internationaler Ebene geschaffener Institutionen war er sich nur zu sehr bewußt[51]. Aber das konnte ihn nicht hindern, an der Forderung festzuhalten, daß die Grundlage des Gemeinschaftslebens unter den Völkern der Respekt vor im Naturrecht verankerten Rechten sein mußte, zu denen er vor allem das Selbstbestimmungsrecht der Völker zählte[52].

Gleichermaßen forderte er Respekt vor im Naturrecht verankerten Rechten im innerstaatlichen Bereich, vor Rechten, die nicht willkürlich geschaffen wurden, sondern „tief im Naturrecht" verwurzelt sind[53]. In einer Rede vom Oktober 1950 erklärte er: „Wenn wir nicht den Staat wieder seiner Allmacht entkleiden, wenn wir uns nicht von der Vorstellung wieder freimachen, daß der Staat willkürlich Recht schaffen und Recht aufheben kann, wenn man nicht für den einzelnen Menschen wie für Völker Rechte anerkennt, die, weil im Naturrecht verankert, nicht geändert und entzogen werden können, wird keine Ruhe, keine Ordnung, keine Sicherheit mehr auf

Erden sein. Unsere christliche Überzeugung verpflichtet uns, diesen Gedanken des Rechts zu stärken und neu zu beleben."[54] Für ihn mußte das Recht an im Naturrecht verankerte Normen gebunden sein, wenn Recht und Gerechtigkeit nicht auseinanderklaffen sollten. Recht und Gerechtigkeit hatten identisch zu sein, wenn Ordnung und Sicherheit, die für ihn dem Wesen des Rechts zugehörten, gewährleistet sein sollten. Angesichts des ständigen Wandels mußte es Aufgabe der Politik sein, die immer wieder von neuem gegebene Spannung zwischen positivem Recht und Gerechtigkeit, zwischen Ordnung und Gerechtigkeit, zwischen Sicherheit und Gerechtigkeit, zwischen Erhaltung des Status quo und Anpassung an die fortschreitend sich verändernden Verhältnisse zu lösen und eine immer wieder erneute Überprüfung der bestehenden Zustände durchzuführen. Das Recht war nach Adenauer nicht statisch zu sehen, sondern es war den Veränderungen innerhalb der Gesellschaft und in der Staatengemeinschaft anzupassen bei gleichzeitiger Ausrichtung an im Naturrecht vorgegebene Normen. Auf internationaler Ebene hatte sich dieser Prozeß nach Möglichkeit in Form der Zusammenarbeit gleichberechtigter Staaten zu vollziehen[55], im innerstaatlichen Bereich war er aufs engste an den Wert Demokratie gebunden.

Und damit ist das dritte Begriffspaar angesprochen, nämlich Freiheit und Demokratie. Die Aufnahme von Demokratie in seine Wertskala ist unkonventionell. Durch ihre Einführung ist für ihn der Wert Gleichheit mitberücksichtigt und gleichzeitig auch in seiner Substanz eingegrenzt umschrieben. Denn Gleichheit bedeutete für ihn vor allem Gleichheit der Chancen[56] und Gleichheit vor dem Recht[57], was er beides mit Demokratie ansprach.

Wie Freiheit und Frieden, Freiheit und Recht so waren für Adenauer auch Freiheit und Demokratie aufeinander angewiesen[58]. Freiheit war Voraussetzung von Demokratie, wie umgekehrt Freiheit durch Demokratie ihre Verwirklichung fand. Der Wert Demokratie trug dabei den Charakter einer Methode, mit der der Freiheitsraum für den einzelnen Menschen im Rahmen der Gesellschaft und die Verwirklichung von Frieden und Recht zu gewährleisten war. Nicht der Staat und nicht die Nation waren für Adenauer wichtigster Ausdruck des Verhältnisses von einzelnem zur Gemeinschaft, sondern Demokratie. Es wurde zu Beginn festgestellt, daß die Politik Adenauers gleichzeitig auf das Wohl des einzelnen und auf das Wohl der Gemeinschaft gerichtet war[59]. Methode der lebendigen Synthese von beidem war für Adenauer dabei Demokratie.

Doch Demokratie ist nicht allein auf die Funktion einer Synthese zwischen einzelnem und Gemeinschaft beschränkt; die Funktion einer Synthese wird auch unter folgendem Aspekt sichtbar: Es wurde darauf hingewiesen, daß für Adenauer Werte erst durch ihren konkreten Bezug zur Wirklichkeit ihre Bedeutung gewannen. Doch diese Bindung der Werte an das Konkrete birgt auch die Gefahr der Institutionalisierung der Werte, das heißt, sie birgt die Gefahr ihrer Versteinerung in konkret gegossene Formen und die Gefahr der Verfestigung bestehender Herrschaftsformen. Demokratie nun ist in der Wertskala Adenauers der Wert, dem zufällt, dies zu verhindern. Demokratie ist ein ausgesprochen auf die Dynamik des Geschehens ausgerichteter Wert. Durch Demokratie muß auf der Basis des Friedens die Anpassung der Werte Freiheit und Recht an die sich wandelnde Wirklichkeit erfolgen. Durch sie ist eine immer wieder von neuem erforderliche praktische Auflösung der Problematik zu vollziehen, die sich daraus ergibt, daß einerseits die Forderung nach Freiheit und Respektierung von Wert und Würde der Person zur Legitimierung konkreter politischer Maßnahmen dient, sie aber andererseits durch den ständigen Wandel, durch den dynamischen Geschichtsprozeß auch zugleich stets von neuem Anspruch auf Änderung enthält.

Demokratie bedeutete für Adenauer Appell an jeden einzelnen Menschen, sich um die Belange seiner Gemeinschaft zu kümmern und an der Gestaltung des Zusammenlebens mitzuwirken. Sie setzte sich ihres Wertes und ihrer Freiheit bewußte Menschen voraus. Die Qualität der einzelnen bestimmte die Qualität der Gemeinschaft. Vermassung mußte die Erstickung der Demokratie bedeuten und damit auch die Gefährdung von Freiheit und Recht. Für Adenauer war das Volk politisch reif, in dem „sehr viele in der Lage und gewillt sind, sich eine eigene unabhängige Meinung über die wesentlichsten und fundamentalsten politischen Angelegenheiten zu bilden“. Für ihn zeugte es von politischer Unreife, wenn das Gebiet der Politik ausschließlich denjenigen überlassen blieb, die sich ständig und überdies berufsmäßig mit ihr beschäftigten. „Auch diese Frauen und diese Männer, die sich dauernd mit politischen Angelegenheiten und Fragen beschäftigen, bedürfen unbedingt der Stütze, der Beeinflussung und unter Umständen der Korrektur durch die politischen Einsichten und Erkenntnisse weiter Kreise des Volkes. Jeder von uns ist verpflichtet, sich soweit mit Politik zu befassen, daß er sich ein selbständiges Urteil über die grundlegenden Fragen bilden kann."[60] Diese im Jahre 1946 gemachten Ausführungen erfuhren in ihrem Aussagewert für Adenauer im Laufe der folgenden Jahre keine Änderung. Die Forderung nach der Durchdringung des alltäglichen Lebens mit politischer Tätigkeit, nach der Verbindung des einfachen Bürgers mit den an der Spitze eines Staatswesens stehenden Politikern ist durchgängig in den schriftlich festgehaltenen Äußerungen Adenauers nachweisbar[61]. Für ihn war das Wesen der Demokratie gekennzeichnet durch die durch nichts unterbrochene Verbindung der einzelnen Bürger mit den in der Regierungsverantwortung stehenden Politikern. Demokratie durfte nicht Routinesache einiger weniger Berufspolitiker werden[62].

Zur Demokratie gehörte für Adenauer die kritische Beteiligung und Anteilnahme der Bürger am politischen Entscheidungsprozeß ihrer Gesellschaft. Zu ihr gehörte weiter als wichtige Voraussetzung Toleranz. Sie setzte voraus Achtung vor der Meinung des Andersdenkenden, vor „seinem ehrlichen Wollen und Streben"[63]. Doch diese Forderung stand für Adenauer nicht in Widerspruch zu seiner Auffassung von der Notwendigkeit der offen auszutragenden Auseinandersetzungen über gegensätzliche politische Vorstellungen und Zielsetzungen, über voneinander abweichende Urteile über das, was „richtig" ist. Die Auseinandersetzung in Form des Parteienkampfes gehörte für Adenauer zu dem, was Demokratie ausmachte. Er trat dabei für prinzipielle Härte in der Auseinandersetzung ein und handelte auch danach. „Ich halte eine gute Opposition in einem Parlament für eine absolute Notwendigkeit; ohne eine wirklich gute Opposition entsteht Stickluft und Unfruchtbarkeit."[64] Er war für „klare Fronten"[65], denn nur aus der Polarität kam nach seiner Auffassung „wirkliches Leben"[66]. „Eine Regierung, die keine Kontrolle hat in einer Opposition, läuft Gefahr, in die Irre zu gehen."[67] Demokratie bedeutete für Adenauer politische Gestaltung auf dem Wege der offen ausgetragenen Auseinandersetzungen über die zu treffenden politischen Maßnahmen und ungehinderte Möglichkeiten zur Artikulierung von Kritik[68].

Wichtige Voraussetzung für Demokratie war, daß keine Machtkonzentrationen, sei es im internationalen Bereich, sei es innerhalb eines Staates, sei es in der Wirtschaft, das Spiel der frei sich ausbalancierenden Kräfte erstickten[69]. Freiheit war Voraussetzung für Demokratie, doch Demokratie war für Adenauer Voraussetzung dafür, daß der Freiheitsraum für die Menschen offenblieb, daß Recht im Sinne der Gerechtigkeit sich verwirklichte und der Frieden durch gerechte soziale, wirtschaftliche und politische Lebensbedingungen gesichert blieb. Demokratie bedeutete für Adenauer mehr als die parlamentarische Regierungsform. Demokratie war für ihn verankert in der Auffassung von der Würde, dem Wert und den unveräußerlichen Rechten eines jeden einzelnen Menschen, wie sie durch die christlich-humanistische Geistestradition entwickelt worden war und wie sie sich aus dem Respekt vor dem Leben eines jeden einzelnen Menschen und seinem Recht auf freie Persönlichkeitsentfaltung ergab[70].

Es zeigt sich, daß die drei Begriffspaare ausgerichtet sind nach der Freiheit und Würde der Person und daß sie jeweils besondere Aspekte des Freiheitsbegriffs illustrieren. Es zeigt sich auch, daß alle Werte aneinander gekettet sind. Adenauer sah sie nicht isoliert voneinander, sondern organisch miteinander verwoben, wobei deutlich wird, daß die Wertvorstellungen Adenauers der „Problematik des Übermaßes" der Werte[71] Rechnung trugen, nämlich der Gefahr einer Perversion, wenn den einzelnen Werten nicht durch die anderen, sie ergänzenden Werte Schranken gewiesen werden. Adenauer war sich bewußt – um diese Problematik mit den Worten von Carl Joachim Friedrich zu umreißen –, daß die Werte „eine ihnen selbst innewohnende Grenze besitzen, bei deren Überschreitung sie sich in *Un*werte verwandeln"[72], so Freiheit in Zügellosigkeit[73] und Willkür[74], Frieden in Sklaverei und Kirchhofsruhe[75], Recht in Gewaltherrschaft und Willkür[76], Demokratie in Unterdrückung einer Minderheit durch die Mehrheit[77].

Ausdrücklich muß betont werden, daß Adenauer seine Wertvorstellungen keineswegs nur in den genannten Begriffspaaren vortrug. Die vorstehend skizzierte Wertskala ist idealtypisch aus seinen Äußerungen abgeleitet. Eine als Prokrustesbett zu sehende Wertskala gab es nicht für ihn. Eindeutig jedoch ist, daß Freiheit für Adenauer der oberste Wert war, und eindeutig ist auch, daß Frieden größere Gewichtigkeit für ihn besaß als die in der Folge genannten Werte Recht und Demokratie. Mit den vier Werten waren auch angesprochen Gerechtigkeit, Toleranz, Ordnung und Sicherheit. Nicht ausdrücklich genug kann betont werden, daß alle Werte sich in der Vorstellung Adenauers einander bedingten und ergänzten und aufeinander angewiesen waren[78]. Es wird deutlich, daß es für Adenauer nicht nur auf das Prinzip der Freiheit allein ankam, sondern gleichermaßen auf die sie ergänzenden und regulierenden Werte. Durch sie erst wird die Substanz des Freiheitsbegriffes konstituiert. Hinsichtlich des Wertes der Freiheit ist davon auszugehen, daß, selbst wenn Adenauer nur sie und nicht auch ausdrücklich die sie ergänzenden Werte nannte, sie für ihn dennoch mit im Begriff der Freiheit enthalten waren.

Grundsätzlich gilt, daß je nach der Zusammenstellung, in der Adenauer die Werte nannte, sich ihre Substanz verschiebt und verändert, was mit auf das Ineinanderüberfließen der einzelnen Werte und ihre innere Verzahnung zurückgeführt wird. Bei seiner Aufnahme in die Académie Française am 9. November 1964 zum Beispiel führte er als die ihn leitenden Werte auf: „Freiheit, Würde der Person, Demokratie und Völkerversöhnung“[79]. Recht ist nicht genannt, aber man kann voraussetzen, daß er Recht im Sinne der Gerechtigkeit insbesondere der Freiheit, der Würde der Person sowie der Demokratie zurechnete und daß mit Völkerversöhnung Frieden angesprochen war. Bei anderer Gelegenheit führte er auf: „Friede, Freiheit und Gerechtigkeit“[80]. In diesem Fall scheinen Freiheit und Gerechtigkeit Demokratie mit zu umfassen. Man darf nicht vergessen, daß die Äußerungen Adenauers nicht einer perfekten Theorie entsprangen. Adenauer war Praktiker und nicht Theoretiker, und man darf bei seinen jeweiligen Ausführungen letzte Schärfe der Formulierung und begrifflichen Durchreflektierung nicht erwarten und voraussetzen. Eine weitere Schwierigkeit, die einer eindeutigen Definition seiner Wertvorstellungen und ihrer Rangordnung entgegensteht, ergibt sich aus der Tatsache, daß die Werte für Adenauer stets an das Konkrete gebunden waren, worauf zu Beginn hingewiesen wurde. Im übrigen zeigt sich hier ein augenfälliges Beispiel für die in dem Kapitel „Zur Person“ gemachte Feststellung, daß Adenauer mehr in konkreten Inhalten als in Begriffen dachte. Werte realisierten sich in jeweiligen Entscheidungen, sie gewannen ihre Bedeutung erst durch den Bezug zur Wirklichkeit. Schwierigkeiten in der Begriffsbestimmung müssen logischerweise die Folge sein. Dies zeigt sich insbesondere bei dem Wert Demokratie, da er von Adenauer auch im Sinne inhaltlich bestimmter Vorstellungen verwandt wurde und nicht nur im Sinne „ewiger Grundsätze“. Demokratie war für Adenauer einerseits die hier und jetzt verwirklichte und zu verwirklichende Staats- und Regierungsform, jedoch gleichzeitig auch der ständig von neuem aufgegebene Wert und eine grundsätzlich zeitlose politische Methode, mit der immer von neuem aufgrund des ständigen Wandels die Werte Freiheit, Frieden und Recht zu verwirklichen waren.

Wie für Adenauer seine Weltsicht von Dynamik bestimmt war, wie er den Menschen auf Bewegung und Entfaltung hin angelegt sah, so ist auch Merkmal seiner Wertvorstellungen, daß sie als dynamische Kategorien zu verstehen sind. Sie bestimmten die Richtung seines politischen Willens und die Richtung seines Handelns. Er sah sie dabei nicht als vom weltlichen Sein getrennt existierende und unabhängige Urideen oder Urbilder im Sinne der Ideen von Platon. Werturteile ergeben sich aus den Seinsurteilen, schreibt Carl Joachim Friedrich[81]. Hiermit ist der Kern von Adenauers Wertbegriff getroffen. Aus seinen Aussagen ist erkennbar, daß die Werte und ihr Verhältnis zueinander hervorgingen aus seiner Sicht des Seins und der menschlichen Verfassung. Sie entsprachen dabei der konkreten historischen Situation seines Lebens wie seiner allgemeinen Weltsicht und seinem Menschenbild, das einerseits von ewig gleichbleibenden Grundgegebenheiten in der menschlichen Natur ausging und gleichzeitig durch die besonderen historischen Bedingungen und Gefährdungen seiner Zeit gezeichnet war, für die Vermassung, Begleiterscheinungen des technischen Fortschritts und Marxismus/Kommunismus Stichworte sind. Dabei ergaben sich die Werte für Adenauer in doppelter Weise aus dem Sein. Sie waren einerseits den Erscheinungsformen des Seins entnommen, sie entsprachen den durch sie vorgegebenen Erfordernissen, sie waren mit dem Verstand aus dem Sein der Welt und der menschlichen Beschaffenheit für Adenauer erkennbar. Andererseits aber wurden sie nicht rein induktiv gewonnen. Denn gleichzeitig war der christliche Glaube Wurzel der Werte, nämlich der Glaube, daß Wert und Würde des Menschen von Gott herrühren.
Zu Beginn dieses Kapitels wurde festgestellt, daß die geistige Grundhaltung Adenauers durch eine Verschmelzung von aus der Antike her überliefertem Gedankengut mit dem Christentum bestimmt war. Diese Feststellung findet eine wichtige Bestätigung in der Begründung von Adenauers Wertvorstellungen. Denn als ihre Begründung ist erkennbar einerseits die aristotelische Lehre, nach der sich jedes Ding gemäß seiner inneren Wesensform entwickeln muß, um Vollendung zu erreichen[82], und nach der dementsprechend aufgrund empirischen Studiums über die innere Wesensform der Dinge Kriterien richtigen Handelns zu finden sind[83]. Zum zweiten ist die Begründung von Adenauers Wertvorstellungen gleichzeitig zu sehen in der christlichen Lehre, nach der die Menschen Ebenbild Gottes sind und von Gott her einen potentiell unendlichen Wert

besitzen. Aus der Verschmelzung dieser beiden Lehren leitet sich für die Politik ein Imperativ ab, nach dem das Leben zu schützen und zu respektieren ist und nach dem Möglichkeiten offenzuhalten sind, damit sich die Menschen entsprechend den in ihnen angelegten Fähigkeiten entwickeln können. Dieser Imperativ findet sich in den Äußerungen Adenauers deutlich formuliert[84]. Es muß eine offene Frage bleiben, wieweit sich Adenauer im einzelnen über die zweifache Wurzel des Normcharakters seiner Wertvorstellungen im klaren war. Fest steht jedoch, daß er ausdrücklich auf die Bedeutung der Verbindung von Antike und Christentum für seine Wertvorstellungen hinwies[85].

Für jemand, der religiös „unmusikalisch" ist, wie es zum Beispiel Max Weber von sich selbst sagte[86], muß diese Sicht der Verschränkung von Sein und Sollen vom Standpunkt der Logik aus Schwierigkeiten bergen. Jedenfalls vertrat Max Weber die Auffassung, es sei nicht möglich, aus dem Sein ein Sollen abzuleiten. Doch Eric Voegelin ist der Auffassung, hätte Max Weber sich eingehend mit Aristoteles und mit dem Mittelalter, in dem durch Thomas von Aquin die Brücke von der Antike zum Christentum geschlagen wurde, beschäftigt, er hätte seine Überzeugung revidieren müssen[87]. Für Max Weber aber existierte das wahre Wertsystem nicht. Für ihn realisierte sich die Würde des Menschen dadurch, daß er sich selbst die Werte setzt und frei über ihre Wahl bestimmt[88]. Auch für Adenauer konstituierte sich die Würde des Menschen in der Autonomie der Entscheidung über seine Lebensführung, doch sie war relativiert durch die Bindung an die genannten höheren Werte. Denn nach Adenauer war ihre Beachtung Voraussetzung dafür, daß die Menschen sich überhaupt zu freien Persönlichkeiten entwickeln können. Darüber hinaus aber gab es eine zweite Kategorie von Werten, die unverbindlich waren. Es handelt sich um Werte wie beispielsweise Natur, Kunst, Musik – Werte, die im Laufe von Jahrhunderten durch die abendländische Kultur hervorgebracht worden oder aber in der Moderne entstanden waren. Zu dieser Kategorie von Werten gibt es nur sehr allgemein gehaltene Äußerungen Adenauers. Für ihn bestand offensichtlich die Aufgabe der Politik darin, den Freiheitsraum offenzuhalten, damit die Menschen in freier Wahl über sie entscheiden konnten, nicht aber, sie im einzelnen zu definieren und zu bestimmen.

V. Die Bedeutung der Weltanschauung für das Grundsätzliche in der Politik Adenauers

Nach dem Selbstverständnis Adenauers wurzelte seine Politik in seiner Weltanschauung. Seine Weltanschauung nun, die er mit den Begriffen „christlich-humanistische Weltanschauung“, „humanistisches Christentum“, „abendländisches Christentum“ umschrieb, ist zu sehen als ein Grundgewebe geschichtlich gewachsenen geistigen und kulturellen Gedankengutes, das in seinem Kern den „Fundamentalsatz“ von Wert und Würde der Person und die aus ihm abgeleiteten Wertvorstellungen sowie ihre Rangordnung umschloß. Dieser Kern wurde von ihm angesprochen, wenn er forderte, die „christlichen Grundsätze“ zum Fundament der Politik zu machen[1], wenn dabei auch gleichzeitig der Wunsch und das Bestreben mitschwangen, das im abendländischen Bereich entstandene Kulturgut zu wahren. Doch diese letztere Motivation, so wichtig sie für ihn gewesen sein mag, war für seine Politik von zweitrangiger Bedeutung. Für seine Politik war vor allem von Relevanz der Satz, nach dem Wert und Würde des Menschen von Gott gegeben sind, und die daraus abgeleiteten Werte. Dieser Satz und die sich aus ihm ergebenden Wertvorstellungen stellen sich im Selbstverständnis Adenauers als die Kernsubstanz des Grundsätzlichen in seiner Politik dar, sie sind die Wurzel und wichtigste Legitimierung seiner Politik der Hinwendung zum Westen, sie gaben ganz allgemein seiner Politik Richtung und Prägung.

Eine Auffassung von Wert und Würde der Person, wie sie sich aus dem „Fundamentalsatz“ ergab, wirkte sich nach dem Verständnis Adenauers auf alle Gebiete des menschlichen Lebens und des menschlichen Handelns aus[2]. Er bezeichnete diese Auffassung von Wert und Würde der Person als „Grundlage und Richtschnur“ seiner Arbeit[3]. Sie bestimmte nach seinen eigenen Aussagen sein

Staats- und Demokratieverständnis, seine Wirtschafts-, Sozial- und Kulturpolitik wie auch seine Arbeit im internationalen Bereich[4]. Aus ihr ergab sich, daß Politik für Adenauer nicht Selbstzweck sein und sich nicht in technischem Können, in rationaler Methodik erschöpfen durfte. Sie wirkte sich aus in der Forderung, die Politik habe davon auszugehen, daß ihr vorstaatliche, im Naturrecht verankerte Normen auferlegt sind. Aus ihr leitete sich die Forderung ab, daß die Politik in Übereinstimmung mit den „ewigen Grundsätzen" ihre Ziele formulierte und von ihnen ihr Maß und ihre Grenzen erhielt, daß die Politik zu berücksichtigen hatte, daß es „ewige Grundsätze gibt, deren Verletzung in Tod und Verderben führt"[5].

Doch diese „ewigen Grundsätze" waren so allgemein gefaßt, daß sie zwar die Richtung, in die die Politik zu führen war und in die gestaltend gewirkt werden sollte, anzeigten, aber nicht vorschrieben, welche Maßnahmen in einer bestimmten Aufgabenstellung und Situation zu ergreifen waren, sei es in der Wirtschaftspolitik, sei es in der Sozialpolitik, sei es in der Außenpolitik. Was in der Praxis zu geschehen hatte, war immer wieder neu zu entscheiden unter Berücksichtigung der spezifischen Konstellationsbedingungen und ließ sich nicht in kasuistischer Weise aus den „ewigen Grundsätzen" ableiten. Inhaltlich fixierte Forderungen ergaben sich für Adenauer allerdings hinsichtlich der Verwirklichung des Rechts auf Eigentum unter Betonung seiner sozialen Bindung[6] und hinsichtlich des Schutzes der Familie[7]. Generell aber gilt, daß die Werte die Richtung des Handelns bestimmten und nicht etwa konkret inhaltlich fixierte Lösungen vorschrieben. Dabei war die entscheidende Richtung der Politik bedingt durch das Gebot zur Selbstverwirklichung des Menschen. Hieraus leitete sich für Adenauer der politische Auftrag ab, das menschliche Leben zu schützen und den Freiheitsraum des Menschen innerhalb der Gemeinschaft und für die Gemeinschaft als Ganzes offenzuhalten.

Stellt man die Frage nach den praktischen Konsequenzen dieses Auftrages für die Politik Adenauers, so ist festzuhalten, daß sie nur durch Einzelstudien beantwortet werden kann. Konkret gegebene, situationsgebundene Konstellationsbedingungen waren neben der durch seine Wertvorstellungen bestimmten Richtung seiner Politik wichtige Faktoren im Entscheidungsprozeß. Doch die allgemeine Richtung seiner Politik, die sich aus dem Satz von Wert und Würde der Person und seinen Wertvorstellungen ableitete, läßt sich unter folgenden Aspekten sichtbar machen.

Erster Aspekt: Von seiner weltanschaulich bedingten Grundposition aus mußte für Adenauer das Hauptproblem seiner Zeit, der „Epoche des Übergangs", darin bestehen, Wert und Würde des Menschen zu wahren gegenüber Gefahren, die mit dem Materialismus verbunden waren, seien es Gefahren in Gestalt der marxistischen Ideologie, seien es Gefahren durch eine allgemeine materialistische Geisteshaltung, wie sie verstärkt und gefördert wurden durch Begleiterscheinungen der Industrialisierung und der Technisierung sowie durch im Menschen angelegte Schwächen. Ein Leben in apathischer Gleichgültigkeit, in phlegmatischer Ziellosigkeit, als „Roboter" einer von Technokraten zentral gesteuerten Gesellschaft war für ihn, wie aus dem vorstehend Dargelegten hervorgeht, keine menschenwürdige Existenz. Weltsicht und Menschenbild führten dazu, daß für Adenauer die Politik eine pädagogische Dimension zu beachten hatte. Die Politik hatte nicht nur die materielle Existenz der Menschen zu sichern, sondern auch darauf hinzuwirken, daß die Menschen die Fähigkeit zur Freiheit entwickelten und behielten. Sie hatte für ihn im Dienste des Bestrebens zu stehen, „jedem Menschen die innere geistige Freiheit zu geben, die ihn allein befähigt, gerade in einer so von Wirrnis und Sorge erfüllten Zeit wie der unsrigen ein menschenwürdiges Leben zu leben"[8]. Aus seinem Menschenbild ergab sich, daß das Materielle wohl mit als Voraussetzung zum Leben gehörte[9], daß mit dem Materiellen allein jedoch niemals „Zufriedenheit" erreichbar wäre[10]. Er forderte, die Politik habe sich darauf zu richten, Möglichkeiten zu schaffen und offenzuhalten, damit die Menschen sich zu vollen Persönlichkeiten entwickeln konnten, die sich ihrer Verantwortung bewußt und in der Lage waren, sich dem „Sog des Kollektivs" zu widersetzen[11].
Zweiter Aspekt: Die Auffassung Adenauers von Wert und Würde des Menschen hatte vor allem Konsequenzen für seine Sicht des Verhältnisses von einzelnem zum Staat. Für Adenauer hatte der Staat dem Menschen gegenüber eine dienende Funktion auszuüben. „Staaten sind mehr oder weniger willkürliche Bindungen, sie verdanken ihr Entstehen vielfach äußeren Umständen, dynastischen Gründen, politischen Erwägungen, Faktoren äußerer Macht." So hatte er sein Staatsverständnis in einer Rede am 10. Oktober 1929 umschrieben[12]. Die gleiche Auffassung klingt an, wenn er im Jahre 1946 davon spricht, „Staaten kommen, Staaten vergehen, Staaten werden künstlich gemacht, sie wachsen und brechen wieder auseinander, aber der Mensch, dem sein Schöpfer eine unsterbliche Seele gegeben hat, der

ist das Wesentliche, das Beste und Kostbarste auf der Erde."[13] Der Sinn des Staates sei es, stellte er im gleichen Jahr fest, die schaffenden Kräfte des Volkes zu wecken und zusammenzuführen, zu pflegen und zu schützen. „Der Staat soll sein eine auf Recht und auf Freiheit ruhende Schicksalsgemeinschaft verantwortlicher Personen, die die verschiedenen Interessen, Weltanschauungen und Meinungen zusammenfaßt."[14] Diese Feststellung wiederholt er in den „Erinnerungen"[15]. Generelle Richtschnur war für Adenauer, daß weder durch den Staat noch durch die Wirtschaft die Freiheit des Menschen in einer seine Entwicklung zur Persönlichkeit hemmenden Weise beeinträchtigt werden durfte. Eine Auffassung von der Vormacht, von der „Allmacht des Staates, von seinem Vorrang vor der Würde und der Freiheit des Einzelnen" widersprach nach Adenauer dem christlichen Naturrecht[16].

Hinsichtlich der Staatsauffassung Adenauers ist im Laufe der Jahre eine Entwicklung hin zu einer Verschmelzung mit seinem Demokratieverständnis feststellbar. Wenn er im Jahre 1962 erklärte, der einzelne Bürger müsse sich darüber klar sein, daß er seinen Staat tragen müsse, gleichgültig, welcher Partei er angehöre[17], wenn er forderte, jeder Bürger müsse davon überzeugt sein, daß er als Teil des Staates auch in seinem eigenen Interesse verpflichtet sei, für den Staat sich einzusetzen und alles zu tun, damit sein Ansehen und seine Bedeutung weder im Inland noch im Ausland Schaden leide[18], so ist diese Verbindung zu seinem Demokratieverständnis offensichtlich. Doch an der grundsätzlichen Einstellung, nach der die Einzelperson dem Staate gegenüber den Vorrang hat, änderte sich nichts[19]. Wichtig war für Adenauer, daß der Staat Eigeninitiative und Eigenverantwortlichkeit der Bürger nicht erstickte, daß der Staat nicht eine die Freiheit der Bürger gefährdende Eigendynamik durch Aufblähung eines bürokratisierten Mechanismus entfaltete, wie er sich nach seiner Auffassung als notwendige Folge eines Staatssozialismus ergeben mußte[20]. Nach Adenauer hatten Möglichkeiten offenzubleiben, damit die Bürger ihren Staat bestimmten, und es mußten Entwicklungen verhindert werden, die dahin führten, daß der Staat die Bürger zu „Massenteilchen" herabwürdigte[21]. Als Methode, den Freiheitsraum der Menschen zu garantieren, galt für Adenauer Demokratie und eng damit verbunden die Anwendung des „machtverteilenden" Prinzips[22]. Machtzusammenballungen wollte er grundsätzlich verhindert wissen, sei es auf internationaler Ebene[23], sei es im innerstaatlichen Bereich, denn: „Derartige Machtzusammenballungen sind gleich gefährlich für einen Staat und für ein Volk, wo sie auch immer entstehen mögen, sei es bei Privaten, sei es bei einer Gewerkschaft, sei es beim Staate. Wir wollen, daß nirgendwo über Lebensfragen des deutschen Volkes entschieden werden soll von einer kleinen Gruppe von Menschen."[24] Das machtverteilende Prinzip lag seiner Verfechtung des Föderalismus innerhalb des deutschen Staatswesens zugrunde[25] wie auch dem von ihm stark befürworteten Gedanken der Selbstverwaltung und seiner Betonung der Bedeutung der Gemeinden[26]. Gleichermaßen lag er zugrunde seiner Auffassung, je mehr selbständige mittelständische Existenzen ein Volk habe, desto gesicherter und ausgeglichener sei es in seinen Anschauungen und in seiner politischen Struktur[27].

Dritter Aspekt: Aus dem „Fundamentalsatz" von Wert und Würde der Person ergab sich der Auftrag an die Politik, das Menschenleben zu schützen und nicht Wege der Gewalt zur Durchsetzung von Zielen zu gehen. Für Adenauer leitete sich hieraus ab als wichtige Richtschnur seiner Politik das Prinzip der Evolution. Es diktierte ein an Werten ausgerichtetes pragmatisches Vorgehen und die Notwendigkeit zur Synthese zwischen Wertvorstellungen und konkret gegebenen Konstellationsbedingungen, von wertorientierter und realitätsbezogener Politik. Es erforderte die Lösung politischer Aufgaben mit dem Blick auf das Heute und gleichzeitig im Bewußtsein der Verantwortung für „künftige Generationen"[28], es verlangte die Verbindung von Vergangenheit mit der Zukunft. Die Heranziehung der Geschichte als Hilfsmittel der Politik mit ihren bereits ausführlich dargelegten Konsequenzen mußte sich zwangsläufig aus dem Prinzip der Evolution ergeben.

Vierter Aspekt: Ohne seinen festen Glaubenskern würde das politische Gedankengefüge Adenauers von der Basis her aufgelöst, so wurde festgestellt[29]. Der Satz von Wert und Würde der Person war für Adenauer der Kerngehalt seiner Politik, er war ihre Legitimierung. Durch ihn war seine Politik letztlich im Religiösen verankert. Doch diese Verankerung im Religiösen trug auch gefährliche Probleme in seine Politik: mußte nicht die aus dieser Basis abgeleitete Politik konsequenterweise die allein richtige Politik sein, und ergab sich aus dieser Basis nicht die Pflicht, alles zu tun, damit sie sich durchsetzte? Der mit der Verbindung von Religion und Politik unzweifelhaft einhergehenden Gefahr eines Pharisäertums wirkte jedoch entgegen die gleichfalls zu Adenauers weltanschaulicher Basis gehörende Einsicht, daß die Menschen nicht unfehlbar sind und daß die Wahrheit sich nicht eindeutig erkennen läßt. Aus der Basis seiner Weltanschauung leitete sich ab die Richtung, welche die Politik einzuschlagen hat, nicht jedoch eine Garantie für *die* richtige Politik. Demokratie als Methode der sich frei ausbalancierenden Kräfte war für Adenauer, wie dargelegt wurde, unerläßliche Voraussetzung, um den Kurs zur Wahrung von Freiheit der Menschen einzuhalten. Vor allem aber ergab sich für Adenauer angesichts der Unmöglichkeit, letzte Gewißheit über die Richtigkeit politischer Maßnahmen zu gewinnen, und angesichts der Gefahr des Mißbrauchs bei Ausübung von Macht die aus seiner weltanschaulichen Basis sich ergebende Forderung der Bindung der politisch Handelnden in Verantwortung vor Gott und im Gewissen[30]. Dies war eine wesentliche Forderung, die sich als Konsequenz aus der Verankerung seiner Politik im Weltanschaulichen ergab, die jedoch schwer konkret zu fassen ist. Ein weiterer, schwer zu fassender Tatbestand, der sich aus seiner Weltanschauung ergab und auf das Grundsätzliche in seiner Politik von großem Einfluß war, ist darin zu sehen, daß für Adenauer seine religiöse Bindung der Wurzelbereich war, aus dem er Kraft gewann. In der Analyse von Geschichte und Politik wurde dargelegt, daß Adenauer seinen Kurs der Westorientierung ungeachtet innerer Widersprüche und durch Spannungen hindurch steuerte und daß die Geradlinigkeit und Stetigkeit seiner Politik in wesentlicher Weise aus seinem Willen zu erklären sind. Nicht nur die Richtung dieses Willens, sondern auch die Kraft, die hinter diesem Willen stand, die Kraft, Dissens tragen zu können, dem „Wagnis" Politik angesichts des „Dunkels" der Zukunft, angesichts der Unwägbarkeiten sich zu stellen und einen festen Kurs einzuhalten, stehen in direktem Zusammenhang mit seiner weltanschaulichen Basis[31].

Fragt man nach der Bedeutung der Weltanschauung Adenauers für das Grundsätzliche in seiner Politik, so läßt sich zusammenfassend sagen: Seine Weltanschauung bestimmte grundlegend sein Politikverständnis. Ihre Bedeutung schlug sich nieder in der Beachtung der stets von neuem gestellten Forderung zur Synthese zwischen einzelnem und Gemeinschaft bei gleichzeitiger Berücksichtigung der hier und jetzt konkret gegebenen Wirklichkeit einerseits und der „ewigen Grundsätze" andererseits, wobei das Prinzip der Freiheit für Adenauer der seine gesamte Politik bestimmende Wert war. Die Wahrung der Freiheit als Aufgabe der Politik wurde von Adenauer

sowohl unter dem Aspekt institutioneller Einrichtungen und des Schutzes der Gemeinschaft gegenüber von außen kommenden Bedrohungen als auch unter dem Aspekt der Fähigkeit der Menschen zur Freiheit gesehen. Die Wahrung der Freiheit war für Adenauer gleichbedeutend mit Wahrung von Wert und Würde des Menschen, denn nur bei Wahrung der Freiheit konnte er Möglichkeiten zur Selbstverwirklichung haben. Die „ewigen Grundsätze" wurden von Adenauer dabei verstanden als richtunggebende Normen für die Synthese zwischen Gebot zur Selbstverwirklichung des Menschen und gemeinschaftsbezogenem Leben.
Trotz der von Adenauer durchaus gesehenen Problematik der Verbindung von Religion und Politik, die keineswegs erschöpfend umrissen ist durch das Stichwort Pharisäertum[32], hielt er daran fest, daß man in der „Epoche des Übergangs"[33], als die er seine Zeit bezeichnete, angesichts der Gefahren, die eine solche „gärende Zeit" in sich berge, ihrer nur Herr werden könne, wenn man auf festem Boden stand, „wenn man erkennt, daß die ethischen Ziele, die ethischen Gesetze, die auf religiösem Boden wurzeln, allein den Menschen den inneren Halt und die innere Festigkeit geben"[34]. Die Bedeutung der Religion für die Politik bestand für Adenauer nicht etwa in der Forderung nach Realisierung kirchlicher Lehrmeinungen durch die Politik, sondern darin, daß die politisch Handelnden durch das Gebot zum Respekt vor dem Leben, vor Wert und Würde eines jeden einzelnen Menschen und durch Verantwortung vor Gott gebunden sein mußten. Von diesem Ansatz her und angesichts der Kenntnis der im Menschen angelegten Schwächen ist seine Feststellung zu verstehen, die Geschichte der letzten Jahrhunderte habe es eindeutig gezeigt, „nur die Befolgung christlicher Grundsätze vermag die Menschheit vor dem Rückfall in schlimmste Barbarei, ja vor der Selbstvernichtung zu retten"[35].

Ergebnis

Sowohl die Untersuchung des Verhältnisses von Geschichte und Politik als auch die Untersuchung der Weltanschauung Adenauers verdeutlichen, daß er gleichzeitig eine realitätsbezogene und eine wertorientierte Politik verfolgte und daß Kennzeichen seiner Politik eine Verbindung von abstrakt-allgemeingültigen Grundsätzen mit spezifisch historisch bedingten Gegebenheiten ist. Vordergründig gesehen scheinen sich aus Realitätsbezogenheit und Wertorientierung zwei verschiedene Bezugsrahmen seines Handelns zu ergeben, für die an der Geschichte ausgerichtete, inhaltlich bestimmte Grundsätze und ihr konzeptioneller Zusammenhang einerseits und in seiner Weltanschauung verankerte Werte und ihre Rangordnung andererseits Ausdruck sind. Doch die Untersuchungen haben offengelegt, daß beide Bezugsrahmen durch eine gemeinsame Wurzel verbunden und zudem auf vielfältige Weise ineinander verwoben waren. Sie sind als Einheit zu sehen.

Aus dem Satz von Wert und Würde der Person ergaben sich seine Wertvorstellungen wie auch die Forderung zur Empirie, zu nüchterner Tatsachenanalyse, die verlangte, daß die Sicht nicht durch weltanschauliche Vorstellungen beeinflußt sein durfte. Doch weltanschauliche Vorstellungen ließen sich nicht völlig ausschalten. Aus zahlreichen Gründen, über die sich Adenauer jedoch kaum Rechenschaft abgelegt haben wird, flossen sie auf vielfältige Weise ein in eben diese Sicht, deren Objektivität er forderte[1]. Dies wird insbesondere deutlich durch seine Kennzeichnung des Geschehens seiner Zeit als einer Auseinandersetzung zwischen Christentum und Materialismus[2] und als eines Kampfes der Weltanschauungen, der sich über die ganze Welt erstreckt[3]. Doch diese Äußerungen dürfen nicht als repräsentative Beispiele gewertet werden. Das Hineingleiten weltan-

schaulicher Vorstellungen in die Sicht der Realität ist in der Regel sehr viel subtiler, und es bedarf sorgfältigster Einzelstudien, um es transparent zu machen. Eine Verzahnung von Empirie und wertorientierter Sicht wird auch deutlich, setzt man die Sonde bei seinen Wertvorstellungen an, wie dargelegt wurde[4].
Die gemeinsame Wurzel und die vielfältigen Verflechtungen zwischen realitätsbezogener und wertorientierter Sicht bedeuteten aber nicht, daß die Forderung, die Werte zu beachten und die Realität zu berücksichtigen, miteinander identisch waren; die Struktur ihrer wechselseitigen Verzahnung ist keineswegs offenkundig. Wertorientierung und Realitätsbezogenheit können, theoretisch gesehen, im Extremfall eine Polarisierung bewirken einerseits in Gestalt eines dogmatischen Pharisäertums und andererseits in Gestalt eines Relativismus, zu dem die ausschließliche Hinwendung zu der äußeren Erscheinungswelt in rein positivistischer Weise führen kann und wohl auch muß, zu der Gefahr beispielsweise, daß die Geschichte zur Legitimierung des politischen Machtwillens mißbraucht wird. Aus dieser Sicht muß die eingangs aufgeworfene Frage, ob die Äußerungen Adenauers hinsichtlich seiner Wertorientierung und seiner Realitätsbezogenheit auf einen Widerspruch hinweisen, bejaht werden. Doch es handelt sich nicht um einen Widerspruch zwischen zwei Extremen, die sich gegenseitig ausschließen. Die Widersprüchlichkeit trägt nicht den Charakter des Entweder-Oder. Adenauer sah es als Aufgabe der Politik an, die beiden in Spannung zueinander stehenden Forderungen miteinander in Einklang zu bringen, womit nicht behauptet sein soll, daß ihm dies in jedem Einzelfall gelang[5].
Für Adenauer war in der praktischen Politik immer von neuem die Synthese zu vollziehen zwischen Wertvorstellungen und dem Zwang, die gegebenen Realitäten, die Bedingtheiten und die Grenzen des Möglichen zu berücksichtigen. Die sich aus dem „Fundamentalsatz" von Wert und Würde eines jeden einzelnen Menschen ergebende Verantwortung für das „Danach" bei politischen Maßnahmen forderte in gleicher Weise Ausrichtung an Werten wie nüchterne Berechnung der Kräfte in einer gegenwärtigen Situation. Das Verhältnis zur Geschichte als Hilfsmittel der realitätsgebundenen Sicht verhinderte dabei eine starre Fixierung auf abstrakte Werte, und die Zielrichtung auf die Werte verhinderte ein Abgleiten der Politik in Willkür, reines Taktieren und in Opportunismus. In diesem Sinne ist Adenauers Äußerung zu verstehen, nach der Politik die „Kunst" sei, das auf ethischer Grundlage als richtig Erkannte zu

verwirklichen[6]. Die „Kunst“ der Politik war für ihn ein an der realen Erscheinungswelt orientiertes Können und zugleich orientiert an dem, was sein soll, was sich für ihn aus seinem Menschenbild und seiner Weltsicht ergab. Kennzeichen dessen, was er als politische „Kunst“ verstand, ist die Verbindung normativen Denkens mit der Fähigkeit, aus der Vielfalt der äußeren Erscheinungsformen der Wirklichkeit die „wirkenden Ursachen“[7] bloßzulegen, die „großen Linien“[8] zu erkennen und seine Politik entsprechend auszurichten, ohne dabei der Gefahr rein konstruktiven und rein konsequenten Denkens zu verfallen, die Wirklichkeit in ein Prokrustesbett von Doktrinen pressen zu wollen.

Die Notwendigkeit, stets von neuem einen Ausgleich zu vollziehen zwischen Wertorientierung und Berücksichtigung der Realitäten, war bedingt durch die zur Basis seines Denkens gehörende Einsicht, daß Wandel, Veränderung und Spannung der Wirklichkeit wesensmäßig zugehörig sind, durch die sich ständig wandelnden und verändernden Lebensverhältnisse. Raum für Spontaneität war offen, und schöpferische Initiative mußte zur Entfaltung kommen. Ohne den Blick auf das Moment der Spontaneität und der schöpferischen Initiative, die in einem jeden historischen Augenblick in die Politik Adenauers mit eingingen, ist das Grundsätzliche seiner Politik nicht zu fassen. Sie waren Voraussetzungen eines Pragmatismus, der, wie in dem Kapitel „Zur Person“ festgestellt wurde, in der Persönlichkeit Adenauers angelegt war, eines Pragmatismus allerdings, der, wie in den folgenden Kapiteln gezeigt wurde, durch feste Grundsätze des Handelns gezügelt war. Er ging hervor aus einer als generelles Merkmal seiner Politik zu sehenden Einheit von theoretischem Denkansatz und Praxis, von Kontemplation und Aktion, die, ausgerichtet an Wertvorstellungen und bestimmt durch Realitätsbezogenheit, eine Voraussetzung war für das, was als das Grundsätzliche in seiner Politik erkennbar ist.

Es gab einen Orientierungsrahmen Adenauers, doch zu seiner Basis gehörten Wandel, Veränderung und Spannungen. Dieser Orientierungsrahmen war unlösbar gebunden an den Willen Adenauers, die sich aus Wertorientierung und Realitätsbezogenheit ergebende Zielrichtung seiner Politik angesichts von Wandel, Veränderung und Spannungen einzuhalten, und er war gebunden an Urteilskraft und Gestaltungsfähigkeit, die im Orientierungsrahmen enthaltenen Wertvorstellungen und Grundsätze mit den Konstellationsbedingungen einer konkret gegebenen Situation in Einklang zu bringen. Erschwert wurde das, was Adenauer als „Kunst“ der Politik umschrieb, durch die Ungewißheit, welche Strömungen und Kräfte künftig bestimmend sein würden, durch Imponderabilien vielfältiger Art sowie durch die Einsicht in die Unfähigkeit der Menschen, sich selbst eingeschlossen, die Wahrheit voll zu erkennen, und die Einsicht, daß irren zum Menschsein gehört. Diese Erkenntnisse schlugen sich nieder in seiner Grundposition, nach der mathematisch schlüssige Beweise für die Richtigkeit politischer Maßnahmen nicht erbracht werden können und nach der damit zu rechnen ist, daß in jeder Kalkulation „Unbekannte“ enthalten sind[9] oder in anderen Worten: daß Konzeption und Politik nur in eingeschränktem Maße zu vereinbaren sind.

Zusammenfassend läßt sich feststellen: Das Grundsätzliche in der Politik Adenauers ging hervor aus seiner Auffassung von Wert und Würde des Menschen, die letztlich im Glauben verankert war. Es zeigt sich in Form von Werten und in Form von inhaltlich umschreibbaren, an seinem Verhältnis zur Geschichte ausgerichteten Grundsätzen, die in der Politik der Westorientierung in einen konzeptionellen Zusammenhang gestellt waren. Werte und an der Geschichte orientierte Grundsätze bildeten einen Orientierungsrahmen seiner Politik. Doch dieser Orientierungsrahmen war nicht ein Gedankengerüst und ein Ideengefüge, das nahtlos und widerspruchsfrei die Welt erfaßte. Die Werte gaben nur die Richtung des Handelns an, nicht das Wie. Der Weg, sie zu realisieren, war in den Einzelheiten offen. Die an dem Verhältnis zur Geschichte orientierten Grundsätze und die Konzeption der Westpolitik mußten immer wieder erneut an der Realität überprüft und ausgerichtet werden. Adenauer löste sie nicht von der Erkenntnisbasis. Wertorientierung und Realitätsbezogenheit diktierten gleichermaßen eine Evolution in Permanenz, wobei die Richtung der Evolution bestimmt war durch die Frage, wie Freiheit und Würde des Menschen im Wandel des historischen Prozesses zu entfalten, zu erhalten und zu schützen waren.

Nachwort

Die vorliegende Arbeit wurde ermöglicht durch die Erlaubnis der Familie Adenauer, die öffentlichen Äußerungen Konrad Adenauers aus der Zeit von 1906 bis 1967 als Grundlage zu benutzen. Ich bin der Familie Adenauer hierfür zu großem Dank verpflichtet. Auch zu Dank verpflichtet bin ich dem damaligen Bundesgeschäftsführer der CDU, Herrn Dr. Konrad Kraske, für die Genehmigung, die stenographischen Protokolle der CDU-Bundesparteivorstandssitzungen sowie der CDU-Bundesparteiausschußsitzungen benutzen zu dürfen.

Mein besonders herzlicher Dank gilt meinem Doktorvater, Herrn Professor Dr. Nikolaus Lobkowicz; ich danke ihm vor allem dafür, daß er mir den Blick für die erkenntnistheoretische Problematik der Geschichtswissenschaft und für die sich aus dem Verhältnis von Theorie und Praxis ergebenden Probleme vertiefen half. Herzlich möchte ich auch danken Herrn Professor Dr. Hans Maier für das Interesse, das er der vorliegenden Untersuchung widmete. Zu Dank verpflichtet bin ich insbesondere auch Herrn Professor Dr. Golo Mann für den Ansporn, mein Studium durchzuführen, und für kritisch-klärende Gespräche über Konrad Adenauer, aus denen ich wertvolle Anregungen gewann.

Und danken möchte ich all denen, die mir während der Arbeit an dieser Untersuchung Mut machten, vor allem Frau Ria Reiners-Adenauer, Msgr. Dr. Paul Adenauer, Frau Dr. Elisabeth Sautter sowie Ingrid und Hans Beck.

Anhang

Abkürzungsverzeichnis

Bei Hinweisen auf die „Erinnerungen" Adenauers werden in den Anmerkungen stets nur der Autor genannt und die einzelnen Bände wie folgt bezeichnet: „Erinnerungen 1945–1953" als I, „Erinnerungen 1953–1955" als II, „Erinnerungen 1955–1959" als III, „Erinnerungen 1959–1963 Fragmente" als IV; zum Erscheinungsort, -jahr und Verlag der einzelnen Bände vgl. Quellenverzeichnis. Bei Hinweisen auf Sekundärliteratur werden in den Anmerkungen lediglich Verfasser und Titel des Werkes angegeben; Erscheinungsort, -jahr und Verlag sind im Literaturverzeichnis angeführt.

AA	Auswärtiges Amt
A. Rh.	Archiv der „Stiftung Bundeskanzler Adenauer Haus", Rhöndorf/Rhein
BA	stenographische Sitzungsprotokolle des Bundesparteiausschusses der CDU
BK	Bundeskanzler
Buka	Bundeskanzler
Bulletin	Bulletin des Presse- und Informationsamtes der Bundesregierung
Bundespresseamt	Presse- und Informationsamt der Bundesregierung
BV	stenographische Sitzungsprotokolle des Bundesparteivorstandes der CDU
CBS	Columbia Broadcasting System
CDU	Christlich Demokratische Union Deutschlands
CSU	Christlich Soziale Union Deutschlands
ebda.	bedeutet die gleiche Quelle
EVG	Europäische Verteidigungsgemeinschaft
EWG	Europäische Wirtschaftsgemeinschaft
FAZ	Frankfurter Allgemeine Zeitung
FDP	Freie Demokratische Partei Deutschlands
KPD	Kommunistische Partei Deutschlands
Ms	Manuskript
NATO	North Atlantic Treaty Organization
NWDR	Nordwestdeutscher Rundfunk
SPD	Sozialdemokratische Partei Deutschlands
SU	Sowjetunion
USA	Vereinigte Staaten von Amerika
WDR	Westdeutscher Rundfunk

Anmerkungen

Einleitung

1 Adenauer in einer Sendung des Zweiten Deutschen Fernsehens aus Anlaß seines Rücktritts am 15. 10. 1963: „Konrad Adenauer blickt zurück – Stationen einer 14jährigen Kanzlerschaft“, zitiert nach Niederschrift S. 1, A. Rh.

2 vgl. hierzu Ms einer Ansprache für den Bayerischen Rundfunk, datiert vom 7. 1. 1953, S. 7, A. Rh.; vgl. auch K. Adenauer, II, S. 169

3 vgl. hierzu K. Adenauer, III, S. 30; vgl. auch A. Poppinga, a. a. O., S. 276f.

4 vgl. Ms einer Ansprache aus Anlaß einer Gedächtnisfeier der Stadt Köln für den früheren Oberbürgermeister Wilhelm von Becker, 20. 1. 1924, S. 5, A. Rh.

5 BA, 14. 6. 1952, S. 5; die Äußerung fiel im Zusammenhang mit Ausführungen zur Politik der Westorientierung

6 BV, 24. 2. 1956, S. 98; die Äußerung fiel im Zusammenhang mit dem Sturz der Regierung Karl Arnold in Nordrhein-Westfalen

7 vgl. hierzu K. Adenauer, I, S. 262f.

8 vgl. hierzu: Arnulf Baring, „Außenpolitik in Adenauers Kanzlerdemokratie“, S. 48ff.; Waldemar Besson, „Die Außenpolitik der Bundesrepublik“, S. 59f.; Gordon A. Craig, „Deutsche Staatskunst von Bismarck bis Adenauer“, S. 135ff.; Wolfram F. Hanrieder, „West German Foreign Policy 1949–1963“, S. 95f.; Hans Maier, „Konrad Adenauer“ in „Politiker des 20. Jahrhunderts“, S. 11ff.; Golo Mann, „Zwölf Versuche“, S. 105ff.; Hans-Peter Schwarz, „Vom Reich zur Bundesrepublik“, S. 425ff., und „Das außenpolitische Konzept Konrad Adenauers“ in „Adenauer Studien“, Band 1, S. 71ff.

9 so während des 13. Bundesparteitages der CDU, Düsseldorf, 28.–31. 3. 1965, Protokoll S. 21

10 so während des 5. Bundesparteitages der CDU, Köln, 28.–30. 5. 1954, Protokoll S. 163

11 so in Rede in Bonn, 18. 11. 1960, S. 50, A. Rh.: „Ich habe versucht, Ihnen darzustellen, welches der Weg der CDU/CSU seit 1949 gewesen ist. Wie überall im Leben – lassen Sie mich den Satz noch einmal wiederholen –, so muß besonders die politische Arbeit kontinuierlich und konsequent sein, wenn sie Erfolg haben soll. Das gilt vor allem für die Deutschen nach dem Nationalsozialismus und dem schrecklichen Krieg, nicht nur im Bereiche der Innenpolitik, sondern vor allem auch auf dem Gebiet der Außenpolitik.“

12 vgl. unter Anmerkung 10

13 vgl. Rede in Dortmund, 30. 6. 1957, S. 16, A. Rh.: „Der Erfolg des politischen Handelns ist ganz wesentlich, ja entscheidend bestimmt von einer klaren Erkenntnis des Notwendigen, der eigenen Kräfte und von einer Stetigkeit und Klarheit des politischen Handelns, damit dadurch Vertrauen geweckt wird."

14 vgl. Rede in Bayreuth, 24. 11. 1954, S. 5, A. Rh.: „Unsere Politik seit dem Jahre 1949 hat im wesentlichen beruht auf Mäßigung, auf Klarheit und Folgerichtigkeit der Konzeption, auf Geduld, und ein besiegtes Volk muß Geduld haben . . ."

15 vgl. Rede in Bonn, 18. 11. 1960, S. 5, A. Rh.: „Bei der Außenpolitik steht Stein auf Stein, folgt ein Schritt nach dem andern. Man kann auch hier einen falschen Schritt, den ein Volk getan hat, nicht von heute auf morgen wieder regressieren."

16 so in Rede in München, 25. 11. 1954, S. 3, A. Rh.

17 so in Interview mit „Die Zeit" nach Niederschrift vom 3. 11. 1949, S. 3, A. Rh.; vgl. auch Rede in Amsterdam, 23. 11. 1957, S. 21, A. Rh., in der Adenauer im Zusammenhang mit der Notwendigkeit zur Schaffung eines vereinigten Europas ausführte: „Der Weg, der vor uns liegt, wird nicht leicht sein. Er erfordert Härte gegen uns selbst, gute Nerven und eine Politik, die sich jeder Lage, ungeachtet der Schwierigkeiten der anstehenden Probleme, elastisch anzupassen vermag."

18 vgl. hierzu S. 32f.

19 vgl. Interview mit Daniel Schorr, CBS, vom 23. 8. 1962, S. 42, A. Rh.; vgl. zu Adenauers grundsätzlichen Einschätzung des Wertes von Programmen auch sein Schreiben vom 21. 8. 1945 an Oberbürgermeister Scharnagl, München, abgedruckt in: „Konrad Adenauer – Ziele und Wege", herausgegeben von der „Konrad-Adenauer-Stiftung – Institut für Begabtenförderung", S. 76

20 Bismarck in einem Gespräch mit dem Wiener Historiker Heinrich Friedjung am 13. 6. 1890 in Friedrichsruh, vgl. Bismarck, Gesammelte Werke, Bd. 9, S. 49

21 Bismarck zu dem damaligen französischen Außenminister und Friedensunterhändler Jules Favré am 30. 1. 1871 in Versailles, vgl. Bismarck, Gesammelte Werke, Bd. 7, S. 491

22 wiedergegeben nach Hans Rothfels, a. a. O., S. XIX

23 vgl. hierzu Heinrich Ritter von Srbik, „Metternich", insbesondere S. 321 ff.

24 vgl. K. Adenauer, III, S. 281

25 vgl. K. Adenauer, II, S. 202

26 so Adenauer in einer Rede anläßlich seiner Aufnahme in die Académie Française, 9. 11. 1964, S. 1, A. Rh.

27 so u. a. in einer Rede in Mönchengladbach, 2. 6. 1946, S. 6, A. Rh.: „Für mich ist Politik nicht lediglich Methode, Umweg, Ausweg; für mich ist Politik und für die gesamte CDU ist Politik das Verfolgen von Zielen, die man sich gesetzt hat auf Grund der Weltanschauung, die man in sich trägt . . ."; vgl. hierzu insbesondere S. 191 ff.

28 vgl. hierzu Rede in Amsterdam, 23. 11. 1957, S. 1 f., A. Rh.

29 so in Rede in Bonn, 18. 11. 1960, S. 14, A. Rh.

30 so in Rede in Dortmund, 26. 7. 1953, S. 2, A. Rh.

31 vgl. hierzu K. Adenauer, II, S. 421

32 im Zusammenhang mit einer Stellungnahme zu dem Vorwurf, er sei gerissen, BV, 25. 8. 1961, S. 4

33 Ich teile die Auffassung Hans Georg Gadamers, nach der es nicht möglich ist, im selben Sinne von einem identischen Gegenstand der Erforschung in den Geisteswissenschaften zu sprechen, wie das in den Naturwissenschaften der Fall ist.

Gadamer begründet diese Auffassung insbesondere in bezug auf die Geschichtswissenschaft mit dem Argument, daß bei den Geisteswissenschaften das Forschungsinteresse durch die jeweilige Gegenwart und ihre Interessen in besonderer Weise motiviert ist. Er führt hierzu aus: „Erst durch die Motivation der Fragestellung konstituiert sich überhaupt Thema und Gegenstand der Forschung. Die geschichtliche Forschung ist mithin getragen von der geschichtlichen Bewegung, in der das Leben selbst steht, und läßt sich nicht teleologisch von dem Gegenstand her begreifen, dem ihre Forschung gilt. Ein solcher Gegenstand an sich existiert offenbar überhaupt nicht. Das gerade unterscheidet die Geisteswissenschaften von den Naturwissenschaften. Während der Gegenstand der Naturwissenschaften sich idealiter wohl bestimmen läßt als das, was in der vollendeten Naturerkenntnis erkannt wäre, ist es sinnlos, von einer vollendeten Geschichtserkenntnis zu sprechen, und eben deshalb ist auch die Rede von einem Gegenstand an sich, dem diese Forschung gilt, im letzten Sinne nicht einlösbar." Hans-Georg Gadamer, „Wahrheit und Methode", S. 269

34 vgl. hierzu Ralf Dahrendorf, „Konflikt und Freiheit", S. 304f.

Zur Person

1 Interview mit Conte H. de Kergorlay, „Figaro", am 10. 2. 1967, zitiert nach stenografischer Niederschrift, S. 7, A. Rh.

2 BV, 13. 1. 1956, S. 5

3 so Adenauer in einem Interview mit Wolfgang Bretholz, „Welt am Sonntag": „Irgendwann im Laufe der Unterhaltung macht Dr. Adenauer die Bemerkung, daß die Völker trotz allen Lehren der Geschichte nicht klüger werden . . . ‚Und werden wir selbst im Alter klüger?' frage ich ihn. ‚Doch', antwortet er mit noch größerer Lebhaftigkeit, ‚wir werden klüger, indem wir Erfahrungen sammeln. Die Erfahrungen sind die Samenkörner, aus denen die Klugheit emporwächst.'", zitiert nach „Welt am Sonntag" vom 18. 7. 1965, Nr. 29, Ausgabe W, S. 3

4 in Informationsgespräch mit Herbert Haake, „Hamburger Abendblatt", am 30. 12. 1965, S. 1, A. Rh.

5 so in Schallplattenaufnahme „Aus meinem Leben", a. a. O.

6 Adenauer hierzu in Interview mit Daniel Schorr, CBS, 22. 8. 1962, S. 17, A. Rh.

7 vgl. hierzu Adenauer in Interview mit „Bild-Zeitung", stenografische Niederschrift vom 22. 12. 1965, S. 8, A. Rh.; vgl. hierzu auch Hans Maier, a. a. O., S. 4

8 vgl. hierzu Paul Weymar, a. a. O., S. 92f.

9 vgl. Gordon A. Craig, a.a.O., S. 137f.; vgl. auch Hans Maier, a.a.O., S. 10

10 vgl. hierzu Adenauer in Interview mit Daniel Schorr, CBS, am 21. 8. 1962, S. 6; vgl. hierzu auch A. Poppinga, a. a. O., S. 140

11 Rede Adenauers anläßlich einer Trauerfeier für den verstorbenen Reichspräsidenten Friedrich Ebert, Köln, 8. 3. 1925, zitiert nach Redemanuskript, S. 2ff., A. Rh.

12 hierzu findet sich die ausführlichste Darstellung bei Karl Dietrich Erdmann, „Adenauer in der Rheinlandpolitik nach dem Ersten Weltkrieg"; vgl. hierzu auch Rudolf Morsey, „Vom Kommunalpolitiker zum Kanzler" in „Konrad Adenauer, Ziele und Wege", S. 17ff.

13 Interview mit „Bild-Zeitung", zitiert nach stenographischer Niederschrift vom 22. 12. 1965, S. 12, A. Rh.

14 ebda., S. 13

15 ebda., S. 12

16 so Adenauer in Interview mit Daniel Schorr, CBS, vom 22. 8. 1962, S. 18, A. Rh.

17 vgl. hierzu Rudolf Morsey, „Brüning und Adenauer", S. 10; vgl. auch Rudolf Morsey, „Vom Kommunalpolitiker zum Kanzler" in „Konrad Adenauer, Ziele und Wege", S. 21 ff.

18 vgl. hierzu Hugo Stehkämper, „Konrad Adenauer und Reichskanzleramt während der Weimarer Zeit" in „Aus kölnischer und rheinischer Geschichte"

19 so Adenauer in Interview mit „Bild-Zeitung", wiedergegeben nach stenogr. Niederschrift vom 22. 12. 1965, S. 14f., A. Rh.

20 vgl. hierzu Adenauer in Schallplattenaufnahme „Aus meinem Leben", a. a. O.

21 in Interview mit Daniel Schorr, CBS, vom 22. 8. 1962, S. 20, A. Rh.

22 hierzu Adenauer in einer Rede in Mülheim/Ruhr am 29. 9. 1946, S. 2f. und 7f., A. Rh.; vgl. auch in Interview mit Daniel Schorr, CBS, am 22. 8. 1962, S. 20ff., A. Rh.; vgl. auch in Interview mit „Bild-Zeitung", stenografische Niederschrift vom 22. 12. 1965, S. 15ff.; vgl. hierzu auch Paul Weymar, a. a. O., S. 147ff.

23 so Adenauer in Schallplattenaufnahme „Aus meinem Leben", a. a. O.

24 vgl. hierzu Adenauer, ebda.

25 vgl. hierzu K. Adenauer, I, S. 34ff.; vgl. hierzu auch Rudolf Morsey, „Vom Kommunalpolitiker zum Kanzler" in „Konrad Adenauer, Ziele und Wege", S. 35ff.

26 vgl. hierzu K. Adenauer, I, S. 54ff.

27 vgl. hierzu Rudolf Morsey, „Der politische Aufstieg Konrad Adenauers 1945–1949" in „Adenauer Studien", Bd. I, S. 24ff.

28 so Adenauer in Schallplattenaufnahme „Aus meinem Leben", a. a. O.

29 vgl. hierzu ein Schreiben Adenauers an Mitglieder des Landesvorstandes der CDU Rheinland vom 6. 1. 1946, abgedruckt in „Konrad Adenauer Ziele und Wege", S. 79f.

30 vgl. hierzu Adenauer in einem Gespräch mit Charles de Gaulle im September 1958, K. Adenauer, III, S. 434

31 vgl. hierzu K. Adenauer, I, S. 228

32 BV, 13. 1. 1956, S. 5

33 so Adenauer am zweiten Weihnachtstag 1963 in einem Gespräch mit mir

34 vgl. hierzu Eberhard Pikart, a.a.O., S. 66: er schreibt, daß Adenauer ein „zutiefst widersprüchlicher und trotz seiner Ruhe spannungsreicher Mensch" war; vgl. hierzu auch Wilhelm Hausenstein, a. a. O., S. 74ff.; vgl. auch Horst Osterheld, a. a. O.

35 Die gleiche Feststellung gilt für das Verständnis seiner Politik, vgl. hierzu Hans-Peter Schwarz „Das Außenpolitische Konzept Konrad Adenauers" in „Adenauer Studien", Bd. I, S. 71

36 so Adenauer vor BV, 1. 7. 1957, S. 77

37 vgl. A. Poppinga, a. a. O., S. 276

38 ebda.

39 hierzu Adenauer in Schallplattenaufnahme „Aus meinem Leben", a. a. O.

40 in Interview mit Daniel Schorr, CBS, am 22. 8. 1962, S. 20

41 vgl. hierzu K. Adenauer, I, S. 55; vgl. auch Paul Weymar, a. a. O., S. 291

42 vgl. hierzu den Bericht Adenauers über seine erste Begegnung mit dem Vorsitzenden der SPD, Dr. Kurt Schumacher, K. Adenauer, I, S. 65f.; vgl. auch Adenauers Bericht über seinen Besuch in Moskau im September 1955, K. Adenauer, II,

z. d. S. 19–23

insbesondere S. 508f.; vgl. auch Paul Weymar, a. a. O., S. 69f., sowie Wilhelm Hausenstein, a. a. O., S. 69f.

43 so in einem Bericht des Legationsrats Trautmann vom 1. 2. 1919, der im Auftrag der deutschen Waffenstillstandskommission „die rheinischen Vorgänge" zu beobachten hatte, zitiert nach Karl Dietrich Erdmann, a. a. O., S. 60

44 vgl. hierzu A. Poppinga, a. a. O., S. 276; vgl. auch BV, 13. 1. 1956, S. 5

45 hierzu Adenauer in der Schallplattenaufnahme „Aus meinem Leben", a. a. O.

46 Golo Mann, „Der Staatsmann und sein Werk" in „Die Ära Adenauer", S. 173

47 A. Poppinga, a. a. O., S. 279

48 ebda.

49 vgl. hierzu S. 53ff.

50 vgl. Interview mit Daniel Schorr, CBS, am 22. 8. 1962, S. 26, A. Rh.; vgl. auch A. Poppinga, a. a. O., S. 255

51 so nach Paul Weymar, a. a. O., S. 32

52 BA, 13. 7. 1962, S. 38

53 BV, 10. 3. 1956, S. 36

54 so in Rede vor der „Fédération internationale des journalistes", 1928, S. 2, A. Rh.

55 vgl. hierzu S. 156 Anmerkung 10

56 so in Interview mit Daniel Schorr, CBS, am 22. 8. 1962, S. 21, A. Rh.

57 ebda., S. 34

58 so während einer Pressekonferenz am 4. 8. 1964, S. 7, A. Rh.

59 diese Äußerung fiel nach dem Scheitern der EVG in einer Rede in Offenbach am 24. 9. 1954, S. 1, A. Rh. Diese grundsätzliche Einstellung bewies Adenauer insbesondere nach dem Bau der Berliner Mauer am 13. 8. 1961, der eine Krise der Politik der Westorientierung bedeuten mußte. Erst nach seinem Rücktritt drangen Äußerungen Adenauers, u. a. durch die amerikanische Journalistin Marguerite Higgins, an die Öffentlichkeit, die von der Bitterkeit jener Tage zeugen, vgl. hierzu A. Poppinga, a. a. O., S. 66. Aber an den Grundlagen der Politik der Westorientierung konnte der Bau der Berliner Mauer nichts ändern.

60 in einem Interview für „Die Zeit", zitiert nach einer Niederschrift vom 3. 11. 1949, S. 6, A. Rh.

61 so in einer Rede in Recklinghausen, 4. 8. 1946, S. 3, A. Rh.: „Geduld ist die stärkste Waffe eines zu Boden geschlagenen, unterlegenen Volkes."

62 22. 3. 1952, Bonn, zitiert nach Bulletin Nr. 56, S. 473

63 so u. a. Helmut Lindemann, a. a. O., S. 15ff.

64 vgl. K. Adenauer, I, S. 320

65 vgl. hierzu S. 144

66 vgl. hierzu in Interview mit „Die Zeit", Niederschrift vom 3. 11. 1949, S. 3, A. Rh.; vgl. auch Rede in Amsterdam, 23. 11. 1957, S. 21, A. Rh.

67 vgl. hierzu S. 118

68 Arnulf Baring, „Außenpolitik in Adenauers Kanzlerdemokratie", S. 60

69 so in einer Rede am 11. 8. 1946 in Hannover, S. 1, A. Rh.

70 vgl. Ausführungen vor dem BA, 14. 6. 1952, S. 16; vgl. auch Rede in Bonn, 17. 10. 1959, S. 2, A. Rh.

71 vgl. hierzu Wilhelm Hausenstein, a. a. O., S. 88; vgl. auch Felix von Eckardt, a. a. O., S. 164

72 Felix von Eckardt, a. a. O., S. 163

73 so in einer Rede in Dortmund am 12. 10. 1952, S. 6, A. Rh.; so auch vor dem BV, 23. 8. 1960, S. 110

74 so in einer Rede in Recklinghausen am 28. 8. 1948, S. 3, A. Rh.

75 so am 27. 4. 1956 während des 6. Bundesparteitages der CDU, Stuttgart, Protokoll S. 20

76 zitiert nach Paul Weymar, a. a. O., S. 310

77 vgl. hierzu Adenauer in Schallplattenaufnahme „Aus meinem Leben", a. a. O.; vgl. auch Rede in Berlin, 3. 12. 1954, S. 3, A. Rh.: „Das Vertrauen der Völker zueinander, dieses zum Teil psychologische Empfinden, spielt – glauben Sie es mir – in der gesamten Außenpolitik eine viel größere Rolle, als man das gemeinhin denkt. Es ist wirklich nicht so in der Welt, daß bei der Außenpolitik nun wie bei irgendeinem Spiel man den anderen zu bemogeln und zu täuschen sucht, das ist die schlechteste Politik, die man überhaupt treiben kann . . ."; vgl. auch Interview mit Ludwig von Danwitz, WDR, 4. 1. 1961, veröffentlicht in Bulletin Nr. 4 vom 6. 1. 1961, S. 34: „Man meint oft, in gar nicht so kleinen Kreisen, daß die Außenpolitik mit Verstellung und Unwahrhaftigkeit gemacht werde. Nach meinen Erfahrungen ist eine Außenpolitik, die sich hierauf stützt, die denkbar schlechteste. Unwahrhaftigkeit zahlt sich nicht aus in der Außenpolitik. Aber es zahlt sich aus Klarheit und Vertrauen."

78 vgl. hierzu Theodor Heuss, a. a. O., S. 422; vgl. auch Wilhelm Hausenstein, a. a. O., S. 93

79 zitiert nach Günter Gaus, „Zur Person", 2. Band, S. 55

80 so Adenauer in einer Rede in Hannover, 10. 8. 1946, S. 2, A. Rh.

81 Die Äußerungen von Theodor Heuss und Wilhelm Hausenstein, auf die unter Anmerkung 78 hingewiesen wurde, sollten unter diesem Aspekt beurteilt werden; vgl. hierzu auch Wilhelm Hausenstein, a. a. O., S. 75

82 so vor BA, 12. 2. 1951, S. 10, im Zusammenhang mit Äußerungen zu einer Kontroverse mit Dr. Kurt Schumacher, den er gleichfalls als einen „subjektiv gerichteten Menschen" bezeichnete

83 vgl. unter Anmerkung 6

84 vgl. BV, 13. 1. 1956, S. 35: „Wenn die nächste Wahl verlorengehen und die Sozialdemokratie an die Führung kommen sollte, dann werden nach meiner festen Überzeugung der wirtschaftliche Wohlstand und die außenpolitischen Errungenschaften, die wir haben, in kürzester Zeit verspielt werden. Dann wird das Wort von finis Germaniae Wahrheit, weil wir dann in kurzer Zeit ein sowjetrussischer Satellitenstaat irgendeiner Art werden würden."

85 vgl. hierzu A. Poppinga, a. a. O., S. 146

86 vgl. hierzu Einleitung, Anmerkung 32

87 Wortlaut der Rede in „Bayern Kurier", 29. 4. 1967

88 so Adenauer im Zusammenhang mit Ausführungen zur SPD während des 6. Bundesparteitages der CDU, Stuttgart, 26.–29. 4. 1956, Protokoll S. 25; vgl. auch Rede in Berlin, 3. 12. 1954, S. 2, A. Rh.; vgl. hierzu auch Wilhelm Hausenstein, a. a. O., S. 80

89 Rudolf Augstein, „Konrad Adenauer und seine Epoche" in „Die Ära Adenauer", S. 45

90 vgl. hierzu BV, 20. 9. 1956, S. 168

91 vgl. hierzu BV, 17. 1. 1958, S. 85

92 vgl. hierzu Paul Weymar, a. a. O., S. 309

93 ebda.

94 vgl. hierzu Rede Adenauers in Bochum, 15. 6. 1954, S. 5, A. Rh.: „Wenn man von Außenpolitik hört oder liest, dann meint man vielfach, in der Außenpolitik

z. d. S. 26–29

bestünden Geheimnisse, es würden geheimnisvolle Dinge gemacht usw. usw. Glauben Sie mir, meine Freunde, ich habe es in meiner eigenen Person erfahren, die Hauptsache in der Außenpolitik ist das Vertrauen von Mensch zu Mensch (stürmischer Beifall). Dieses Vertrauen muß erworben werden, das ist genau so wie im bürgerlichen Leben. Vertrauen muß man gewinnen, gewinnen durch Offenheit und Ehrlichkeit." vgl. auch Rede in Nürnberg, 7. 7. 1957, S. 4, A. Rh.: „Nicht nur im Leben des einzelnen, auch im Leben der Völker ist gegenseitiges Vertrauen die Grundlage aller gemeinsamen Arbeit und aller gemeinsamen Erfolge."; vgl. auch A. Poppinga, a. a. O., S. 96

95 so Adenauer in einer Rede in Berlin, 19. 7. 1954, zitiert nach Bulletin Nr. 133, S. 1198

96 so vor dem BV, 23. 11. 1956, S. 87; vgl. auch BV, 29. 1. 1960, S. 20: „Und bei politischen Kämpfen ist eine Aggression das einzige Mittel, um zum Siege zu kommen. Wir sollen uns also nicht verteidigen, sondern wir müssen offensiv werden! Das ist das einzig Richtige!"

97 vgl. hierzu Alfred Grosser, „Deutschlandbilanz", 179. Ich möchte A. Grosser empfehlen die Lektüre einer Rede von Willy Brandt vom 12. 8. 1961, Nürnberg, auf die Äußerungen Konrad Adenauers in einer Rede vom 14. 8. 1961 geradezu wie eine Reaktion mit Samthandschuhen wirken.

98 vgl. hierzu BV, 23. 8. 1960, S. 74

99 so Adenauer in einer Rede in Berlin, 10. 10. 1963, S. 7, A. Rh.

100 vgl. BV, 5. 2. 1955, S. 82

101 so wiedergegeben durch Staatssekretär a. D. Dr. Heinrich Barth in einem Gespräch mit mir am 16. 3. 1972, aus der Erinnerung zitiert; vgl. auch BA, 23. 5. 1960, S. 4: „Und nun sage ich Ihnen, wer in der Politik in den großen Fragen kein gutes Gedächtnis hat, der bleibt besser daraus!"

102 so Adenauer in einer Pressekonferenz am 4. 8. 1964, S. 7, A. Rh.

103 vgl. Paul Weymar, a. a. O., S. 35

104 vgl. A. Poppinga, a. a. O., S. 248

105 vgl. hierzu u. a. das Verhältnis zu Ludwig Erhard insbesondere im Zusammenhang mit der Nachfolge von Theodor Heuss im Amt des Bundespräsidenten, K. Adenauer, III, S. 533ff.; vgl. hierzu auch Wilhelm Hausenstein, a. a. O., S. 76 und S. 92; vgl. auch Felix von Eckardt, a. a. O., S. 162: „Er konnte manchmal sehr scharf werden in politischen und dienstlichen Auseinandersetzungen, aber er wurde dabei niemals persönlich unhöflich."

106 vgl. BV, 9. 11. 1959, S. 127

107 Golo Mann, „Der Staatsmann und sein Werk", a. a. O., S. 174

108 zitiert nach Günter Gaus, „Zur Person", 2. Band, S. 57

109 so Heinrich Böll über den ersten Band der Memoiren „Erinnerungen 1945–1953" in „Der Spiegel", Nr. 49, vom 1. 12. 1965, S. 149 und S. 151

110 Wilhelm Hausenstein, a. a. O., S. 82f, Wilhelm Hausenstein war der erste deutsche Botschafter in Paris nach dem Zweiten Weltkrieg; vgl. auch Matthias Walden, „Keine Alternativen" in „Die Ära Adenauer", S. 160

111 vgl. hierzu Rede in Augsburg, 14. 6. 1963, S. 3, A. Rh.; vgl. auch Rede in Bochum, 15. 6. 1954, S. 13, A. Rh.; vgl. auch BV, 25. 8. 1961, S. 43

112 bezeichnend hierfür sind folgende Ausführungen Adenauers im Zusammenhang mit der Forderung zur Vereinigung Europas, Rede in Brüssel, 25. 9. 1956, S. 10, A. Rh.: „An uns allen ist es, die Folgerungen zu ziehen. Die Kräfte des Verstandes allein reichen dazu nicht aus. ‚Die großen Gedanken kommen aus dem Herzen',

sagt ein berühmtes Wort. Und auch uns muß der große Gedanke Europa aus dem Herzen kommen, wenn er sich verwirklichen soll. Nicht in dem Sinne, als ob die Einigung Europas eine Angelegenheit des Gemütsbedürfnisses, der Sentimentalität wäre. Aber in dem Sinne, daß nur ein festes, der großen Aufgabe hingegebenes Herz uns die Kraft verleiht, das, was wir mit dem Verstand erkannt haben, entgegen allen Schwierigkeiten durchzuführen."

113 vgl. hierzu insbesondere BV, 23. 11. 1956, S. 11f.

114 vgl. BV, 14. 3. 1963, S. 47

115 zitiert nach Ms für eine Schallplattenaufnahme, „Europa et Schola Edition", Herder Verlag, datiert vom 2. 10. 1959, A. Rh.

116 vgl. Rede in Dortmund, 26. 7. 1953, S. 2, A. Rh.; vgl. auch Rede in Berlin, 3. 12. 1954, S. 3, A. Rh.; vgl. auch K. Adenauer, III, S. 539; vgl. auch A. Poppinga, a. a. O., S. 96

117 zitiert nach „Kölner Stadtanzeiger" vom 31. 10. 1919

Geschichte und Politik

I. Zur Einführung

1 Georg Wilhelm Friedrich Hegel, „Vorlesungen über die Philosophie der Geschichte", zitiert nach Ausgabe im Suhrkamp Verlag, Frankfurt am Main 1970, Werke 12, S. 17

2 K. Adenauer, I, S. 13

3 Wortlaut der Rede Adenauers vom 1. Februar 1919 ist abgedruckt in: Karl Dietrich Erdmann, a. a. O., S. 212ff.

4 „Deutschlands Städtebau – Köln", herausgegeben „im Auftrag des Oberbürgermeisters Dr. h. c. Konrad Adenauer", Deutscher Architektur- und Industrie-Verlag, Berlin-Halensee 1926, S. 4

5 so in einer Rede in Recklinghausen, 4. 8. 1946, S. 5, A. Rh.: „... Sie dürfen niemals die geschichtlichen Zusammenhänge vergessen. Glauben Sie mir, auch im Ablauf des Lebens des Volkes folgt das eine aus dem anderen, das Heute aus dem Gestern und das Morgen aus dem Heute. Und so ist es sehr wertvoll, die Fäden zu verfolgen, wie sie durch das ganze Geschehen hindurchlaufen, dann erst bekommt man die richtige Einstellung auch zu dem Heute." vgl. hierzu auch Rede in Bonn, 7. 4. 1946, S. 3, A. Rh.

6 2. Bundesparteitag der CDU, Karlsruhe, 18.–21. 10. 1951, Protokoll S. 13; vgl. auch Rede in Wetzlar, 30. 4. 1952, S. 6: „Es ist unmöglich, eine geschichtliche Situation aus den Tagesvorgängen und Tagesereignissen heraus zu beurteilen. Auch im Leben der Völker bilden die Ereignisse eine zusammenhängende Kette."

7 vgl. Rede in Frankfurt, 30. 6. 1952, S. 4, A. Rh.; vgl. auch Rede in Augsburg, 26. 11. 1954, S. 5, A. Rh.

8 so in einer Rede in Berlin, 18. 4. 1950, S. 14, A. Rh.

9 hierzu Rede in München, 25. 11. 1954, S. 12, A. Rh.: „Das deutsche Volk oder ein Teil des deutschen Volkes hat in den letzten Jahrzehnten einen großen Mangel an Wirklichkeitssinn in der Außenpolitik gezeigt. Was war die Folge davon? Zwei Kriege, viele Millionen Tote, Zerstörung unserer Städte und Dörfer und Fabriken. Außenpolitik kann und darf man nicht treiben, ohne daß man real denkt und die

Außenwelt richtig einschätzt, wie sie in Wirklichkeit ist."; vgl. hierzu auch K. Adenauer, III, S. 379f.: „Wer die Last politischer Verantwortung zu tragen hat, muß sich jeder Art von Wunschdenken verschließen. Ein Hang zum Wunschdenken ist vor allem in der Außenpolitik lebensgefährlich, da sie das Schicksal nicht nur der gegenwärtigen, sondern auch künftiger Generationen formt. Wir alle wußten aus den Lehren der Vergangenheit, wie bitter und oftmals blutig sich Illusionen in der Außenpolitik zu rächen pflegen, wie aussichtslos es ist, gerade auf diesem Gebiet jeden einmal begangenen Fehler korrigieren zu wollen."

10 in einem Interview mit Ernst Friedlaender, NWDR, zitiert nach Ms, datiert vom 30. 1. 1953, S. 3f., A. Rh., im Zusammenhang mit der Ratifizierung des EVG-Vertrages: „Friedlaender: Worin zeigen sich Ihrer Auffassung nach Wirklichkeitssinn und Vernunft in der deutschen Außenpolitik? BK: Darin, daß man von einer gegebenen Weltlage ausgeht und dann darin den besten Platz für Deutschland sucht. Man kann es auch umgekehrt machen. Man kann sich etwas Wunderschönes für Deutschland ausdenken, ohne Rücksicht auf die Weltlage, und dann die ganze Welt ändern wollen. Wenn aber ein schwaches Land, wie Deutschland, das erst vor knapp acht Jahren nach dem wahnsinnigsten aller Kriege zusammenbrach, eine Politik der Weltverbesserung treiben will, so ist das nichts anderes als eine Politik der Illusionen."

11 vgl. Rede in Dortmund, 30. 6. 1957, S. 16, A. Rh.; vgl. auch Rede in Bayreuth, 24. 11. 1954, S. 4, A. Rh.

12 vgl. Rede in Bayreuth, 24. 11. 1954, S. 4, A. Rh.

13 vgl. Rede in Augsburg, 26. 11. 1954, S. 5f.: „Ich glaube, die Frage der Außenpolitik ist eine Frage, die nur richtig beantwortet werden kann einmal, wenn man sich darüber klar ist, wodurch denn das deutsche Volk in den vergangenen Jahrzehnten in diesen entsetzlichen Abgrund hineingestürzt ist, weil man aus den Fehlern, die gemacht wurden, doch lernen muß. Und die zweite Betrachtung, die man anstellen muß, das ist die Konsequenz daraus zu ziehen, stetig und klar und mit Geduld zu ziehen. Wenn ich zuerst sage, warum nach meiner Auffassung wir in diese Katastrophen hineingekommen sind, möchte ich an erster Stelle sagen, daß leider Gottes sehr viele Deutsche nicht real genug über das Ausland denken, sie haben keinen Maßstab und wissen nicht, wie es im Ausland aussieht und wie das Ausland zu uns steht. Das haben sie auch in der Vergangenheit nicht gewußt, und damit kam eine Überschätzung der eigenen Kräfte und eine Unterschätzung der Kräfte der anderen, und das zusammen hat dann eine Außenpolitik zur Folge gehabt, die fast notwendig und (uns) in diese Katastrophe hineinführen mußte."

14 vgl. A. Poppinga, a. a. O., S. 217

15 vgl. hierzu S. 169

16 vgl. hierzu K. Adenauer, I, S. 40;

17 K. Adenauer, III, S. 242

18 vgl. hierzu S. 114ff.

19 vgl. hierzu A. Poppinga, a. a. O., S. 217

20 ebda.

21 vgl. Einleitung, Anmerkung 2

22 vgl. K. Adenauer, III, S. 30

23 vgl. hierzu A. Poppinga, a. a. O., S. 124

24 vgl. hierzu Wilhelm Hausenstein, a. a. O., S. 99; vgl. auch A. Poppinga, a. a. O., S. 76f.; zur Rolle des psychologischen Faktors in der Politik vgl. auch Adenauer in einer Rede in Dortmund, 26. 7. 1953, S. 2, A. Rh.

25 vgl. Interview mit Ernst Friedlaender, NWDR, zitiert nach Niederschrift, datiert vom 6. 3. 1953, S. 5, A. Rh.

26 vgl. hierzu 7. Bundesparteitag der CDU, 11.–15. 5. 1957, Hamburg, Protokoll S. 131; vgl. hierzu auch K. Adenauer, I, S. 535

27 vgl. hierzu 7. Bundesparteitag der CDU, 11.–15. 5. 1957, Hamburg, Protokoll S. 131; vgl. hierzu auch K. Adenauer, III, S. 297; vgl. auch S. 28 Anmerkung 85

28 vgl. Rede in Frankfurt, 30. 6. 1952, S. 2, A. Rh.

29 ebda., S. 2f.

30 In den zwanziger und dreißiger Jahren galt sein besonderes Interesse der ersten Hälfte des 16. Jahrhunderts, insbesondere der Regierungszeit Karls V. In den letzten Jahrzehnten seines Lebens waren die von ihm bevorzugten Quellen historischen Wissens vor allem: Dieter Friede, „Das russische Perpetuum mobile", Marienburg Verlag, Würzburg 1959; „Propyläen Weltgeschichte – Eine Universalgeschichte", herausgegeben von Golo Mann, Propyläen-Verlag, Frankfurt am Main/Berlin 1960f.; Albert Mirgeler, „Geschichte Europas", Verlag Herder, Freiburg 1953; J. R. von Salis, „Weltgeschichte der neuesten Zeit", Band 1, Orell Füssli Verlag, Zürich 1951, und Band 2, ebda., 1955; Hans Erich Stier, „Deutsche Geschichte im Rahmen der Weltgeschichte", Deutsche Buch-Gemeinschaft, Berlin–Darmstadt–Wien 1958

31 vgl. hierzu Adenauer in Interview mit „Bild-Zeitung", Niederschrift vom 22. 12. 1965, S. 7f., A. Rh.; vgl. auch A. Poppinga, a. a. O., S. 189

32 vgl. Rede in Berlin, 19. 7. 1954, zitiert nach Bulletin Nr. 133, S. 1198

II. Der Einfluß der Geschichte auf die Politik Adenauers

1. Einfluß der Geschichte durch Analogien

1 vgl. Reinhard Wittram, a. a. O., S. 51

2 vgl. Rede in Berlin, 18. 4. 1950, S. 14, A. Rh.: „Genau wiederholt sich nichts in der Geschichte. Aber immerhin wiederholen sich doch oft in gewissem Sinne Tatbestände und Perioden, die einander gleichen, und die Geschichte ist und bleibt eine Lehrmeisterin für verantwortliche Staatsmänner."

3 vgl. Rede in Berlin, 16. 7. 1952, S. 7, A. Rh.; vgl. auch Rede in Bamberg, 20. 7. 1952: „Wie ist es denn bei totalitären Staaten? Ich bin überzeugt davon: Wenn die anderen Mächte, als Hitler aufrüstete, auch sich stark gemacht hätten, hätte Hitler niemals gewagt, zum Kriege zu schreiten." Zitiert nach Bulletin Nr. 95, S. 936

4 vgl. hierzu K. Adenauer, I, S. 549

5 ebda., vgl. auch S. 382

6 so in einer Rede in Paris, 11. 12. 1953, S. 3, A. Rh.

7 zitiert nach Ms eines Interviews vom 29. 4. 1949, S. 1, A. Rh., für Leo Jankowski, „West-Echo"

8 vgl. Rede in Solingen, 23. 6. 1954, S. 16, A. Rh.; vgl. auch Adenauer vor BA, 12. 2. 1951, S. 15: „Alles hängt bei Verhandlungen mit totalitären Staaten davon ab, ob man mindestens ebenso stark ist wie sie selbst."; vgl. auch K. Adenauer, III, S. 205: „Wir in Deutschland hatten mit einer Diktatur Erfahrungen gemacht und wußten, daß Entgegenkommen von einem Diktator stets als Schwäche ausgelegt wird."

9 vgl. S. 123ff.

10 vgl. S. 70f.

11 vgl. Rede in Berlin/Wedding, 4. 12. 1958, S. 5, A. Rh.

12 vgl. hierzu K. Adenauer, III, S. 241f. und S. 366f.

13 vgl. hierzu K. Adenauer, I, S. 29

14 vgl. hierzu Rede in San Francisco, 11. 4. 1953, S. 5, A. Rh.; vgl. zu Schlußfolgerungen Adenauers aus den Lehren der Weimarer Republik auch seine Ausführungen vor dem Hamburger Zonenbeirat am 24. 11. 1947, wiedergegeben in K. Adenauer, I, S. 127f.

15 vgl. hierzu S. 103

16 vgl. hierzu Reden in: Münster, 8. 9. 1946, S. 20, A. Rh.; Pulheim bei Köln, 13. 9. 1946, S. 24, A. Rh.; Mülheim/Ruhr, 29. 9. 1946, S. 11, A. Rh.

17 vgl. hierzu K. Adenauer, I, S. 143 und 248; vgl. auch Rede in Mülheim/Ruhr, 29. 9. 1946, S. 11, A. Rh.

18 vgl. hierzu insbesondere Rede in Münster, 8. 9. 1946, S. 20, A. Rh.

19 vgl. hierzu Adenauer vor dem Zonenausschuß der CDU, britische Besatzungszone, am 17. 12. 1946, S. 14f., A. Rh.; vgl. auch Rede in Berlin, 18. 4. 1950, S. 8, A. Rh.

20 vgl. hierzu Adenauer vor dem Zonenausschuß der CDU, britische Besatzungszone, am 17. 12. 1946, S. 14, A. Rh.: „Der Friedensvertrag wird nach meiner Meinung noch nicht sobald kommen, und ich weiß nicht, ob es ein großes Unglück ist, wenn er noch nicht kommt. Je mehr der Haß abklingt in den anderen Ländern, je mehr die Erinnerungen an den Krieg und die nationalsozialistischen Greuel zurückliegen, desto besser wird der Friedensvertrag ausfallen. Denken Sie daran, wie ein Friedensvertrag ausgesehen haben würde, der dem deutschen Volke vor einem Jahr diktiert worden wäre. Er würde sich(er) härter aussehen als einer im nächsten Sommer. Die Zeit arbeitet da für uns, auch wenn dieser rechtlose Zustand noch weiter bleiben sollte."

21 vgl. BV, 5. 2. 1955, S. 72; vgl. auch BA, 14. 6. 1952, S. 24

22 vgl. BA, 14. 6. 1952, S. 24

23 vgl. K. Adenauer, III, S. 68; vgl. auch Rede in Berlin, 18. 10. 1952, 3. Bundesparteitag der CDU, Protokoll S. 28; vgl. auch Rede in Bayreuth, 24. 11. 1954, S. 5, A. Rh.

24 vgl. K. Adenauer, II, S. 195; vgl. auch Rede in Dortmund, 26. 7. 1953, S. 16, A. Rh.

25 vgl. BV, 5. 2. 1955, S. 72

26 vgl. BA, 14. 6. 1952, S. 24; vgl. auch München, 25. 11. 1954, S. 12, A. Rh.

27 vgl. BA, 14. 6. 1952, S. 24f.

28 vgl. hierzu S. 128f.

29 vgl. hierzu u. a. Rede in München, 25. 11. 1954, S. 12f., A. Rh.: „Verraten nicht diese Vorschläge, die Stellung der Sozialdemokratischen Partei zu den Pariser Verträgen denselben Mangel an Wirklichkeitssinn, der das deutsche Volk in der Vergangenheit so in das tiefste Elend hineingeführt hat? Ist man sich nicht darüber klar, auch in der Sozialdemokratischen Partei, daß man in einer Welt wie der unsrigen, die so voll von Gefahren ist, daß ein Deutschland in einer Welt, die in dieser Verfassung ist, und in der Deutschland mitten drin liegt ohne irgendeine geschützte Grenze, nicht ohne Freunde sein kann? Was heißt Bündnislosigkeit? Je mehr Freunde wir in der Welt haben, desto besser ist es für uns und die ganze Welt."; vgl. hierzu auch Rede in Hamm/Westf. 13. 2. 1955, S. 9, A. Rh.; vgl. hierzu auch S. 124ff.

30 vgl. Rede Adenauers in Köln, 1. 2. 1919, abgedruckt bei Karl Dietrich Erdmann, a. a. O., insbesondere S. 215f.

31 vgl. hierzu ebda., S. 221

32 vgl. hierzu Karl Dietrich Erdmann, a. a. O., S. 156ff. In einer Verhandlungsniederschrift über eine Besprechung, die am 9. 1. 1924 unter dem Vorsitz des damaligen Reichskanzlers Wilhelm Marx in der Reichskanzlei in Berlin stattfand, ist über Ausführungen Adenauers u. a. folgendes festgehalten: „. . . ein dauernder Friede zwischen Deutschland und Frankreich könne nur dadurch herbeigeführt werden, daß zwischen diesen beiden Ländern eine Gemeinsamkeit der wirtschaftlichen Interessen herbeigeführt werde." Wortlaut der Niederschrift ist abgedruckt bei Karl Dietrich Erdmann, a. a. O., S. 355

33 vgl. hierzu S. 67, 73f. und 113f.; vgl. auch K. Adenauer, I, S. 34f.

34 vgl. Reden in: Neuenkirchen/Kreis Wiedenbrück, 3. 8. 1946, S. 13, A. Rh.; Essen, 24. 8. 1946, S. 19, A. Rh.; Mülheim/Ruhr, 29. 9. 1946, S. 10, A. Rh.: „Gewalt erzeugt immer wieder Gewalt, wenn nicht jetzt, dann in einer späteren Zukunft."

35 zu Analogien: betr. Entstehungsgeschichte der USA Rede in Washington, 8. 4. 1953, S. 9, A. Rh.; betr. Entstehungsgeschichte des Deutschen Reiches vgl. u. a. K. Adenauer, I, S. 314, und IV, S. 146; BA, 4. 7. 1951, S. 7; BV, 9. 11. 1959, S. 5; betr. schweizerische Eidgenossenschaft Rede in London, 14. 5. 1953, S. 19f., A. Rh.

36 vgl. Rede in London, 14. 5. 1953, S. 19f., A. Rh.

37 vgl. hierzu BA, 4. 7. 1951, S. 7f., in Ausführungen zur Montan-Union: „Zum ersten Mal treten wir über schöne Reden hinaus, wir kommen dazu, praktisch zu arbeiten. Die Grundstoffindustrien sind gezwungen, zusammenzuarbeiten. Von der Zukunft können wir sagen, daß dann, wenn der Schumanplan funktioniert, Neuordnungen auf anderen Gebieten die Konsequenz sein werden. Schließlich hat auch der Zollverein über den Niederdeutschen Bund einst zum Kaiserreich geführt. Die wirtschaftliche Zusammenarbeit ist fruchtbarer als politische Diskussionen. Der Schumanplan ist für die Schaffung eines einigen Europas von entscheidender Bedeutung."; vgl. auch Ausführungen Adenauers vor BV, 9. 11. 1959, S. 4f.: „Der Gemeinsame Markt muß betrachtet werden nicht in erster Linie als ein wirtschaftlicher Vertrag, sondern als ein politisches Instrument. Er muß im Zusammenhang betrachtet werden mit dem Europarat, der Montanunion und Euratom, kurz und gut, es handelt sich hier um eine Reihe von politischen Fakten. Die EWG ist in der Hauptsache ein politischer Vertrag, der bezweckt, auf dem Wege über die Gemeinsamkeit der Wirtschaft zu einer politischen Integration Europas zu kommen. Ich darf Sie erinnern an den Norddeutschen Zollverein und daran, daß man im vorigen Jahrhundert über diese wirtschaftlichen Verträge zur politischen Einigung und Verständigung in Deutschland gekommen ist. Hier finden Sie ein Parallelstück."

38 vgl. hierzu in Interview mit George Bailley, „The Reporter", Niederschrift datiert vom 14. 11. 1960, S. 8f., A. Rh.

39 vgl. hierzu K. Adenauer, III, S. 379: „Bei meiner Vorstellung, der Sowjetzone den Status Österreichs zu geben, war ich vor allem von der Hoffnung geleitet, hierdurch den dort lebenden Menschen die Möglichkeit zu einer freien Willensentscheidung bei der Wahl ihrer Regierung zu verschaffen. Es kam mir in erster Linie darauf an, von den Menschen in der Zone den politischen, den geistigen Druck zu nehmen und ihnen die Lebensbedingungen zu erleichtern, selbst für den Preis, daß die Wiedervereinigung nicht unmittelbar durchgeführt würde. Die Chance einer

Wiedervereinigung zu einem späteren Zeitpunkt blieb offen. Immer wieder hatte ich das Beispiel der Geschichte Polens vor Augen, die Zähigkeit und Ausdauer des polnischen Volkes bei der Verfolgung des Zieles, seine Einheit wiederzuerlangen. Wir mußten realistisch unsere Möglichkeiten abschätzen und uns dessen bewußt bleiben, daß das Wichtigste eine Erleichterung des Loses der Menschen in der Zone war."

40 so Adenauer in einer Rede in Köln, 13. 4. 1947, S. 2, A. Rh.: „. . . es gibt in der Geschichte ewige Gesetze. Eines der vornehmsten Gesetze ist, daß auch in der Geschichte Recht Recht bleibt. Auch in der Geschichte folgt dem Bruch des Rechts die Strafe. Wann die Strafe folgen wird, wann die schädlichen Folgen des Rechtsbruches sich zeigen, das weiß man nicht vorher."; vgl. auch in Rede in Bonn, 22. 3. 1952, Bulletin Nr. 56, S. 473

41 so in Interview mit der brasilianischen Zeitung „O Globo", erschienen am 2. 8. 1964, zitiert nach Übersetzung, S. 6, A. Rh.: „Die Geschichte wirkt auf lange Sicht hin zwangsläufig im Sinne der Gerechtigkeit, und zwar mit oder ohne Einwilligung des Betroffenen, wer es auch immer sei."

42 vgl. hierzu S. 189f.

43 vgl. hierzu insbesondere Ausführungen Adenauers vor dem BA, 14. 6. 1952, S. 24f.

44 vgl. hierzu S. 45f.

45 vgl. hierzu K. Adenauer, I, S. 248 und 251

46 vgl. hierzu K. Adenauer, I, S. 251; vgl. auch II, S. 115 und 118

47 vgl. Rede in Berlin, 18. 4. 1950, S. 14f., A. Rh.

2. Einfluß der Geschichte durch genetische Sicht

1 so in Rede in Köln, 24. 3. 1946, S. 4, A. Rh.

2 ebda., S. 3

3 vgl. hierzu insbesondere S. 63ff.; als Beispiel eines außenpolitischen Einzelproblems vgl. BV, 23. 11. 1956, S. 16ff. betr. Suez-Krise von 1956; vgl. hierzu auch K. Adenauer, III, S. 215ff. Als Beispiel eines innenpolitischen Einzelproblems vgl. BV, 24. 2. 1956, S. 6ff. betr. Koalition der CDU/CSU mit der FDP

4 vgl. K. Adenauer, III, S. 315: „Der größte Fehler, den man in der Politik machen kann, den man insbesondere in der Außenpolitik machen kann, weil die in ihr begangenen Fehler sich in der Regel nicht mehr korrigieren lassen, ist, seine Entscheidungen lediglich im Hinblick auf eine augenblickliche Situation zu fällen. Besonders in der Außenpolitik gibt es Entwicklungstendenzen und Entwicklungsreihen, die man niemals ungestraft außer acht läßt. Wenn man sie außer acht läßt, begeht man Fehler, die sich bitter rächen werden."; vgl. auch Rede in Dortmund, 30. 6. 1957, S. 5, A. Rh.

5 vgl. BV, 23. 11. 1956, S. 18: „Glauben Sie mir, es läßt sich über Außenpolitik natürlich sehr schön reden mit allen möglichen Redensarten, aber zur Außenpolitik gehört eine intensive Arbeit, ein genaues Studium der Zusammenhänge und eine historische Kenntnis der Dinge, sonst kann man keine gute Außenpolitik machen."; vgl. auch Rede in Wetzlar, 30. 4. 1952, S. 6, A. Rh.: „Es ist unmöglich, eine geschichtliche Situation aus den Tagesvorgängen und Tagesereignissen heraus zu beurteilen. Auch im Leben der Völker bilden die Ereignisse eine zusammenhängende Kette. Ich muß Ihnen daher in kurzen Zügen die Entwick-

lung in der Welt seit 1945 zu schildern versuchen, damit Sie ein richtiges Verständnis für die jetzt zu treffenden Entscheidungen bekommen."; vgl. auch BV, 3. 6. 1955, S. 56

6 vgl. Rede in Augsburg, 14. 6. 1953, S. 3, A. Rh.: „Die richtige Kenntnis und Beurteilung der gegenwärtigen außenpolitischen Lage ist die erste Voraussetzung, um zu richtigen Entscheidungen zu kommen. Um die außenpolitische Lage aber richtig beurteilen und verstehen zu können, darf man sich nicht lediglich von den Ereignissen eines Tages oder einer Woche beeinflussen lassen. Man muß sich darüber klar sein, daß Außenpolitik mit sehr kühlem Kopfe und mit dem Verstande gemacht werden muß, daß Außenpolitik eine große Summe von Kenntnissen voraussetzt. Kenntnisse insbesondere über die politischen Strömungen und die Ziele der verschiedensten Länder, die zu der gegenwärtigen Lage geführt haben."

7 vgl. Rede Adenauers in Köln, 25. 4. 1961, 10. Bundesparteitag der CDU, Protokoll S. 36

8 vgl. Adenauer vor dem „National Press Club", Washington, 8. 4. 1953, S. 1, A. Rh.

9 Rede Adenauers anläßlich eines Banketts des Vereins der Auslandspresse, Bad Godesberg, 6. 4. 1954, S. 10, A. Rh.: „Man muß in dieser denkwürdigen Zeit, in der wir leben, immer wieder versuchen, sich nicht durch die Ereignisse des Tages oder der Woche beeindrucken zu lassen, man muß bemüht bleiben, tiefer zu sehen und den Entwicklungsstrom zu erkennen."

10 vgl. Rede Berlin, 19. 7. 1954, Bulletin Nr. 133, S. 1198

11 vgl. S. 38, Anmerkung 5

12 vgl. Anmerkung 1

13 als Beispiel sei verwiesen auf die unterschiedlich starke Hervorhebung französisch-russischer Verbindungen, vgl. S. 68, sowie isolationistischer Tendenzen in den USA

14 so traten zum Beispiel in der Argumentation Adenauers betr. den europäischen Zusammenschluß ab etwa Mitte 1955 Hinweise auf die kriegerischen innereuropäischen Auseinandersetzungen der Vergangenheit zurück; ein eklatantes Beispiel für die verändernde Wirkung eines Ereignisses auf die Sicht von Entwicklungsreihen ist der Suez-Konflikt vom Herbst 1956, der für Adenauer die Tendenz des Kräftezerfalls Europas und die sich verfestigende Tendenz der Bipolarität in den Vordergrund rücken ließ, vgl. hierzu Rede Adenauers in Brüssel, 25. 9. 1956, insbesondere S. 2ff.; vgl. auch K. Adenauer, III, S. 226

15 dies wird deutlich insbesondere bei einem Vergleich folgender Reden: Washington, 8. 4. 1953, A. Rh.; Offenbach, 24. 9. 1954, A. Rh.; Brüssel, 25. 9. 1956, A. Rh.; Amsterdam, 23. 11. 1957, A. Rh.

16 vgl. Interview mit Daniel Schorr, CBS, 23. 8. 1962, S. 53, A. Rh.

17 ebda.

18 vgl. K. Adenauer, I, S. 39

19 vgl. S. 70f.

20 vgl. A. Poppinga, a. a. O., S. 217

21 vgl. Pressekonferenz vom 4. 8. 1964, S. 16, A. Rh.

22 vgl. Rede in Solingen, 23. 6. 1954, S. 21, A. Rh.

23 vgl. hierzu BV, 2. 5. 1955, S. 14; vgl. auch Rede in Köln, 2. 9. 1956, S. 4, A. Rh.

24 vgl. Rede in Köln, 2. 9. 1956, S. 5, A. Rh.

25 vgl. K. Adenauer, I, S. 45; vgl. auch Rede in Köln, 24. 3. 1946, S. 5, A. Rh.

26 vgl. hierzu S. 174ff.
27 ebda.
28 vgl. Rede in Köln, 2. 9. 1956, S. 6, A. Rh.; vgl. auch BA, 6. 9. 1952, S. 8
29 vgl. hierzu S. 176ff.
30 vgl. hierzu Rede in Augsburg, 14. 6. 1953, S. 3f., A. Rh.; vgl. auch BV, 3. 6. 1955, S. 15
31 vgl. Rede in Augsburg, 14. 6. 1953, S. 4, A. Rh.
32 vgl. Rede in Offenbach, 24. 9. 1954, S. 2, A. Rh.; vgl. auch Rede in San Francisco, 11. 4. 1953, S. 1, A. Rh.: „Ich bin Europäer, daher gilt mein Hauptinteresse Europa. Aber wir alle: Sie und wir müssen uns darüber klar sein, daß in diesen Zeiten der sich um den Erdball herumziehenden Spannungen zwischen Ost und West die Frage des Fernen Ostens und die Fragen Europas aufs engste zusammenhängen, daß die einen nicht ohne die anderen gelöst werden können."; vgl. auch 4. Bundesparteitag der CDU, Hamburg, 18.–22. 4. 1953, Protokoll S. 218: „Die Dinge in der Welt sind durch die Fortschritte der Technik und des Verkehrs so eng aneinandergerückt, daß jeder Teil der Erde an dem Schicksal der anderen beteiligt ist."; vgl. auch K. Adenauer, IV, S. 31
33 vgl. Rede in Amsterdam, 23. 11. 1957, S. 15, A. Rh.
34 vgl. Rede in Paris, 11. 12. 1953, S. 2, A. Rh.: „Die Verhältnisse in der Welt haben sich so entwickelt, daß man nicht mehr wie früher ein einzelnes Problem für sich betrachten und lösen kann, man muß vielmehr, um richtig urteilen zu können, die ganzen weiten Zusammenhänge sehen; das einzelne Problem ist in sie eingebettet und gewinnt oftmals hierdurch seine besondere Bedeutung, und umgekehrt beeinflußt ein scheinbar alleinstehendes Problem ein ganzes Bündel von politischen Schwierigkeiten . . ."
35 vgl. Rede in Augsburg, 14. 6. 1953, S. 4, A. Rh.
36 vgl. hierzu K. Adenauer, I, S. 346ff.
37 vgl. hierzu K. Adenauer, II, S. 274f.
38 vgl. hierzu BV, 23. 11. 1956, S. 16ff.; vgl. auch K. Adenauer, III, S. 215ff.
39 vgl. hierzu K. Adenauer, III, S. 227f.; die Ausführungen Adenauers stützen sich auf Quellenmaterial aus der damaligen Zeit
40 vgl. hierzu BA, 1. 2. 1960, S. 5f.; vgl. hierzu auch K. Adenauer, IV, S. 20, 73 und 96
41 vgl. hierzu S. 90; vgl. Ausführungen Adenauers zu dem Verhältnis Asien/Europa in der US-Außenpolitik auch vor BV, 5. 2. 1955, S. 5ff.
42 ob Adenauer diese weltweite Interdependenz bereits 1945 in dem Ausmaß in Rechnung stellte wie etwa ab 1950, muß offen bleiben; seine Aussagen unmittelbar nach 1945 deuten darauf hin, daß er vor allem die Interdependenz im europäisch-amerikanischen Raum im Auge hatte
43 vgl. S. 135ff.
44 vgl. Aufsatz Adenauers „Christentum und Staatsgesinnung" in „Echo der Zeit", 1. 1. 1953, A. Rh.
45 vgl. Bundestagsprotokoll vom 20. 9. 1949, 5. Sitzung, S. 23
46 vgl. Rede in Augsburg, 14. 6. 1953, S. 2, A. Rh.
47 ebda., S. 3: „Die deutsche Außenpolitik bekommt noch einen besonderen Inhalt dadurch, daß Deutschland durch den Eisernen Vorhang in zwei Teile geteilt ist. Bei der Beurteilung der deutschen Außenpolitik darf man weiter nicht übersehen, daß die anderen Länder durch den Krieg Waffenbrüder geworden sind und daß diese ehemalige Waffenbrüderschaft sich psychologisch und politisch auch in der

heutigen Außenpolitik noch geltend macht, während Deutschland der Feind war, der geschlagen wurde und der nur sehr langsam und Schritt für Schritt sich wieder Vertrauen erwerben kann, ein Vertrauen, das Deutschland erwerben muß, um überhaupt wieder gleichberechtigt in den Kreis der anderen Nationen eintreten zu können."

48 vgl. hierzu S. 127ff.

49 vgl. Rede in Augsburg, 26. 11. 1954, S. 8, A. Rh.; vgl. auch Rede in Goslar, 22. 4. 1955, S. 1, A. Rh.: „. . . man kann keine gute Wirtschaftspolitik treiben, ohne eine gute Außenpolitik zu treiben, wenn man so am Boden gelegen hat, wie das deutsche Volk im Jahre 1945 am Boden gelegen hat. Denken Sie bitte daran, meine Damen und Herren, nicht nur, wie es in unserem Lande aussah, denken Sie bitte daran, wie im Ausland der deutsche Name nichts mehr galt. Deswegen war es nach unserer Auffassung das erste Erfordernis, dem deutschen Namen wieder zur Geltung zu verhelfen und uns Vertrauen im Auslande zu erwerben. Wirtschaftspolitik mit dem Auslande kann man nur treiben, wenn das Ausland zu uns Vertrauen hat. Wir müssen aber Wirtschaftspolitik mit dem Auslande treiben. Sie wissen, wie es bei uns aussieht; Sie wissen, daß wir viele Rohstoffe überhaupt nicht besitzen; Sie wissen, daß wir Außenhandel treiben müssen, um unser Volk ernähren zu können."

50 vgl. Rede in München, 3. 4. 1950, S. 6, A. Rh.; vgl. auch Rede in Neumünster, 10. 9. 1954, S. 1, A. Rh.

51 vgl. Rede in Dortmund, 26. 7. 1953, S. 5, A. Rh.; vgl. auch BV, 24. 2. 1956, S. 6

52 vgl. BV, 20. 9. 1956, S. 80

53 vgl. Adenauer in Aufsatz „Christentum und Staatsgesinnung" in „Echo der Zeit", 1. 1. 1953, A. Rh.

54 vgl. hierzu Rede in Düsseldorf, 20. 6. 1954, S. 7, A. Rh.: „. . . weil alles, was wir tun, steht und fällt mit einer guten und erfolgreichen Außenpolitik . . ."; vgl. auch Rede in Bochum, 15. 6. 1954, S. 3: „Denn bei einem Lande wie Deutschland, bei einem Lande, das besiegt, das entwaffnet, das besetzt ist, das unter Besatzungsstatut steht, das zum größten Teile geteilt ist, bei einem Lande, das keine Verbindung mehr irgendwelcher Art mit dem Auslande hatte, ist eine gute Auslandspolitik das Fundament auch für die gesamte wirtschaftliche Arbeit."; vgl. auch Rede in Bonn, 18. 11. 1960, S. 5, A. Rh.

55 vgl. Rede in Köln, 2. 11. 1952, S. 4, A. Rh.

56 vgl. Rede in Solingen, 23. 6. 1954, S. 4, A. Rh.; vgl. auch Rede in Dortmund, 12. 10. 1952, S. 2, A. Rh.

57 vgl. hierzu BA, 17. 1. 1958, S. 12: „Außenpolitik in unserem Sinne können wir nur dann treiben, wenn wir innerlich gefestigt sind und eine gute Innenpolitik betreiben. Insofern ist alles das, was wir innenpolitisch tun, eine notwendige Voraussetzung für eine gute Außenpolitik. Innenpolitik und Außenpolitik gehören eng zusammen. Wir wollen eine gute und verantwortungsvolle Außenpolitik und Innenpolitik treiben. Dazu gehört eine gute Parteipolitik. Und die parteipolitische Arbeit kann uns erst das Podium geben, von dem aus wir eine gute Außenpolitik treiben können." Zu der Wechselwirkung von Außen- und Innenpolitik vgl. auch BV, 11. 10. 1954, S. 44; zu den Folgen eines SPD-Wahlsieges vgl. BV, 13. 1. 1956, S. 35; vgl. hierzu auch BV, 24. 2. 1956, S. 6f.: „Was es bedeuten würde, meine Freunde, wenn nach 8 Jahren harter Arbeit im Bundestag nun die SPD in Führung käme in der nächsten Bundesregierung, das brauche ich Ihnen nur mit wenigen Worten zu skizzieren. Dann würde unsere ganze bisherige

Außenpolitik erledigt sein. Es würde damit auch erledigt sein die wirtschaftliche Blüte, die wir haben, weil sie auf dieser Außenpolitik beruht. Man kann das nicht nachdrücklich genug immer wieder sagen; denn in dem Augenblick würde auch der Glaube der Westmächte an das deutsche Volk und an die Bundesrepublik schwinden, so daß wir dann einen katastrophalen Rückgang auch unseres wirtschaftlichen Lebens erleben würden [. . .] Nun stehen wir verhältnismäßig kurz vor der Bundestagswahl des Jahres 1957. Wenn diese Bundestagswahl so ausfiele, daß eine neutralistische Partei wie die SPD in die Regierung und somit gegenüber der FDP in Führung käme, dann würde den Vereinigten Staaten die Lage in Europa höchstwahrscheinlich aussichtslos erscheinen. Und daraus würden die Vereinigten Staaten in ihrem eigenen Interesse gezwungen sein, Konsequenzen zu ziehen. Diese Konsequenzen ziehen heißt, sich mit Sowjetrußland auf Kosten Europas zu verständigen." Vgl. auch BV, 1. 7. 1957, S. 15f.

58 vgl. hierzu insbesondere K. Adenauer, II, S. 322

59 vgl. Rede Adenauers während des 6. Bundesparteitages der CDU, Stuttgart, 26.–29. 4. 1956, Protokoll S. 27

60 vgl. hierzu K. Adenauer, I, S. 252 und 254

61 vgl. Rede in Frankfurt, 30. 6. 1952, S. 5, A. Rh.

62 vgl. BV, 7. 1. 1958, S. 137; vgl. ferner Rede in Bayreuth, 24. 11. 1954, S. 4, A. Rh.; vgl. auch Rede anläßlich eines Banketts des Vereins der Auslandspresse, Bad Godesberg, 25. 3. 1952, S. 1f., A. Rh.: „Die Stellung Deutschlands in seiner Umwelt ist ein Problem, an dem fortlaufend und unablässig gearbeitet werden muß, denn die Beziehungen der Völker untereinander sind nicht starr, sondern in stetiger Entwicklung begriffen."

63 vgl. Pressekonferenz vom 5. 4. 1957, S. 8f., A. Rh.

64 vgl. hierzu u. a. folgende Reden: am 28. 8. 1948, Recklinghausen, S. 7f., A. Rh.; am 8. 4. 1953, Washington, S. 2, A. Rh.; am 23. 11. 1957, Amsterdam, S. 7f., A. Rh.; am 16. 2. 1967, Madrid, abgedruckt in K. Adenauer, IV, S. 238f.; vgl. auch K. Adenauer, I, S. 210

65 vgl. hierzu Rede in Amsterdam, 23. 11. 1957, S. 8, A. Rh.

66 so Rede in Wuppertal/Elberfeld, 5. 5. 1946, S. 16f., A. Rh.; vgl. auch Rede in Düsseldorf, 12. 5. 1946, S. 18, A. Rh.

67 so in Rede in Madrid, 16. 2. 1967, abgedruckt in K. Adenauer, IV, S. 238

68 vgl. hierzu insbesondere Rede in Amsterdam, 23. 11. 1957, S. 8, A. Rh., sowie Rede in Madrid, 16. 2. 1967, abgedruckt in K. Adenauer, IV, S. 238

69 so Arnulf Baring in „Außenpolitik in Adenauers Kanzlerdemokratie", S. 57

70 so Adenauer während des 6. Bundesparteitages der CDU, Stuttgart, 26.–29. 4. 1956, zitiert nach Protokoll S. 76f.

71 vgl. hierzu BV, 7. 2. 1957, S. 4ff.; vgl. hierzu auch BA, 28. 9. 1959, S. 6, im Zusammenhang mit einer Mahnung, behutsam in der Ostpolitik zu sein, und dem Hinweis darauf, daß der Schlüssel zur Entspannung in Moskau liege: „Das wird immer wieder übersehen. Alle Kritiker, die meinen, wenn wir Polen Freundlichkeiten erweisen, könnten wir damit den Ostblock aufweichen, die kennen nicht den Herrn Chruschtschow. Im Gegenteil! Wenn wir Polen gegenüber Freundlichkeiten erwiesen, die von den Polen freundlich erwidert würden, dann würde das in Moskau dem Herrn Gomulka sehr übel angekreidet werden." Hierzu auch K. Adenauer, III, S. 366f., im Zusammenhang mit Ausführungen zu der Situation von Anfang 1957: „Obgleich wir zu den Satellitenstaaten der Sowjetunion, nur mit Ausnahme Jugoslawiens, keine diplomatischen Beziehungen unterhielten,

hatte die Bundesregierung doch nicht versäumt, ihre Aufmerksamkeit auch ihrem Verhältnis zu diesen Staaten zuzuwenden. Besonders die Entwicklung in Polen verfolgte ich mit größtem Interesse. Kenner Polens waren der Auffassung, daß in diesem Land die Entwicklung zur Freiheit hin unaufhaltsam war. Ich hoffte, daß sie sich nicht revolutionär, sondern evolutionär vollziehen würde. Polen mit seinen etwa dreißig Millionen Einwohnern und seinen unmittelbar an die Sowjetzone anschließenden Grenzen war für Sowjetrußland von großer Bedeutung. Ich fürchtete, daß Sowjetrußland, wenn man ihm dazu die Handhabe bieten würde, in Polen mit Gewalt einzugreifen, dort viel grausamer zupacken würde als in Ungarn im November 1956. Dies war auch einer der Gründe, warum wir die Frage der Herstellung der Beziehungen zu Polen und überhaupt zu den Ostblockstaaten mit größter Vorsicht behandelten. Wir mußten an die Frage unseres Verhältnisses zu Polen mit größter Behutsamkeit herangehen, dies insbesondere unmittelbar nach dem Aufstand in Ungarn, als der gesamte osteuropäische Raum sich in einer Gärung zu befinden schien. Eine blutige Revolte in Polen wäre nicht nur eine Katastrophe für Polen selbst. Aus einem Aufstand in Polen konnte nur zu leicht eine große Katastrophe entstehen, die immer weiter um sich greifen würde. Wir wußten, daß die Deutschen in der Sowjetzone das Ulbricht-Regime ablehnten. Eine blutige Revolte in Polen würde sich mit Sicherheit auf die Sowjetzone ausweiten. Die Gefahren, die hierin lagen, brauche ich nicht weiter auszumalen."

72 vgl. Rede in Amsterdam, 23. 11. 1957, S. 8, A. Rh.

73 vgl. K. Adenauer, IV, S. 238

74 vgl. Rede in Bonn, 21. 7. 1948, S. 12, A. Rh.; vgl. auch Rede in Bad Ems, 14. 9. 1951, S. 3, A. Rh.

75 vgl. Rede in Bonn, 21. 7. 1948, S. 12, A. Rh.

76 ebda.

77 ebda.

78 ebda.; vgl. auch vor BA, 12. 1. 1952, S. 10

79 so in Rede in Bad Ems, 14. 9. 1951, S. 4, A. Rh.

80 vgl. hierzu u. a. Rede in Brüssel, 25. 9. 1956, S. 5, A. Rh.; vgl. auch Rede in Amsterdam, 23. 11. 1957, S. 13f., A. Rh.; vgl. auch Rede in Madrid, 16. 2. 1967, abgedruckt in K. Adenauer, IV, S. 239

81 vgl. Rede in Bad Ems, 14. 9. 1951, S. 3, A. Rh.

82 so in Rede in Bonn, 21. 7. 1948, S. 12, A. Rh.

83 vgl. K. Adenauer, I, S. 563

84 so in Rede in Wiesbaden, 16. 11. 1954, S. 3, A. Rh.

85 so in Rede in Offenbach, 24. 9. 1954, S. 2, A. Rh.

86 vgl. hierzu Rede in Straßburg, 3. 8. 1951, S. 17f., A. Rh.

87 vgl. hierzu u. a. Rede in Solingen, 23. 6. 1954, S. 14, A. Rh.; vgl. auch Rede in Wiesbaden, 16. 11. 1954, S. 3, A. Rh.

88 so in Rede in Solingen, 23. 6. 1954, S. 14, A. Rh.

89 vgl. hierzu u. a. Rede in Neumünster, 10. 9. 1954, S. 18f., A. Rh.; vgl. auch unter Anmerkungen 92 und 93

90 so in Rede in Amsterdam, 23. 11. 1957, S. 12, A. Rh.; vgl. auch Rede Adenauers vor dem Europarat in Straßburg, 20. 5. 1954, S. 16, A. Rh.: „Was bedeutet für uns das oft so tragische Erbe unserer Geschichte, wenn wir nicht die Lehre daraus ziehen, daß kein Mitglied dieser europäischen Gemeinschaft heute für sich allein in der Lage ist, seine Existenz zu schützen, und daß wir in dieser Welt voller Gefahren nur zusammenstehen können."

91 so in Rede in Köln, 2. 11. 1952, S. 12, A. Rh.

92 so in Rede in Dortmund, 13. 5. 1950, S. 15, A. Rh.

93 ebda.; vgl. auch Rede in Berlin, 3. 12. 1954, S. 14, A. Rh.: „Wir müssen uns darüber klar sein, daß ohne eine wirkliche Verständigung zwischen Frankreich und Deutschland ein Aufbau Europas nicht möglich ist.“ Vgl. auch BA, 1. 10. 1955, S. 29; vgl. auch Rede am 15. 3. 1964 auf dem 12. Bundesparteitag der CDU, Hannover, Protokoll S. 28

94 in einem Interview Adenauers vom 29. 4. 1949 für Leo Jenkowski, „West-Echo“, heißt es, zitiert nach Ms S. 1f., A. Rh.: „Nur durch den Neuaufbau der europäischen Staatenwelt zu einer Union kann auch das deutsch-französische Verhältnis einer endgültigen Lösung im Sinne einer Verständigung und Zusammenarbeit entgegengeführt werden. Wenn die beiden Völker in gemeinsamer Arbeit zusammenwirken – und ich denke hierbei in erster Linie an die Zusammenarbeit der sich so stark ergänzenden französischen und deutschen Grundstoffindustrien –, so wird der durch den Nationalismus künstlich erzeugte Gegensatz rasch verschwinden. Wir können heute schon feststellen, daß in den großen Schichten unseres Volkes Haßgefühle gegenüber dem französischen Volk nicht bestehen. Es ist an uns, dafür zu sorgen, daß die Abgeschlossenheit, in welcher die Völker leben, beseitigt und ein reger Austausch auf allen Gebieten in Gang gesetzt wird.“

95 so in Rede in Recklinghausen, 14. 8. 1947, S. 17, A. Rh.

96 vgl. hierzu Karl Dietrich Erdmann, a. a. O., S. 215f.

97 vgl. hierzu ebda., insbesondere S. 156ff.; vgl. hierzu Adenauer während einer Pressekonferenz am 4. 8. 1964, S. 5, A. Rh.: „Wir wollten eine Aussöhnung mit Frankreich. Bei dieser Gelegenheit möchte ich Ihnen doch auch einmal sagen, wann es mir absolut klar geworden ist, daß unsere ganze Zukunft auf einer Aussöhnung mit Frankreich beruhte. Das war während der Weimarer Republik. Ich war damals Vorsitzender des Preußischen Staatsrates und hatte als solcher doch immerhin einen gewissen Einblick in die politischen Vorgänge, und ich sah damals, wie wir von allen verlassen waren, wie keiner uns half, und zwar im Hinblick auf unser Verhältnis zu Frankreich. Ich habe mir damals gesagt – ich könnte Ihnen auf Grund eines Geschehnisses, das ich damals erlebt habe, fast Tag und Stunde dafür angeben –, wenn ich jemals dazu berufen sein würde, eine politische Funktion auszuüben, dann würde sie auch die Aussöhnung mit Frankreich umfassen.“ Vgl. hierzu auch A. Poppinga, a. a. O., S. 170ff.

98 die Grundgedanken Adenauers hierzu finden sich sehr gut zusammengefaßt in einem Aufsatz von ihm, „Der richtige Weg“, datiert vom 9. 6. 1949, A. Rh., S. 1f.; vgl. hierzu auch Erklärung Adenauers aus Anlaß der „deutsch-französischen Woche zur Förderung der beiderseitigen Verständigung“ vom 16. 5. 1949, A. Rh.

99 so in einer Rede in Mönchengladbach, 12. 10. 1948, S. 16, A. Rh.; vgl. auch Rede vom 3. 6. 1962, Dortmund, 11. Bundesparteitag der CDU, Protokoll S. 25: „Frankreich und Deutschland haben schwere Kriege miteinander geführt, aber wir sind Nachbarn. Es kann keine europäische Einheit, auch nicht eine Europäische Wirtschaftsgemeinschaft geben, wenn Frankreich und Deutschland nicht Freunde bleiben.“ Vgl. Interview Adenauers mit Dr. Franz Burda, „Bunte“, zitiert nach Niederschrift vom 15. 12. 1966, S. 1, A. Rh.: „In der Außenpolitik ist die Übereinstimmung des Interesses allein die Grundlage des Zusammengehens, nichts sonst. Warum also wir mit Frankreich? Aus einem sehr einfachen Grunde: Wir liegen im Herzen Europas nebeneinander. Die ungeheure Landmasse Ruß-

land, die in wer weiß wie vielen Jahren noch viel mehr bedeuten wird, wird entweder unseren beiden Völkern und damit ganz Europa die Freiheit nehmen – oder keinem. Deswegen haben wir das gemeinsame Interesse."

100 vgl. hierzu Interview Adenauers mit „Die Zeit", zitiert nach Niederschrift, datiert vom 3. 11. 1949, S. 1, A. Rh.

101 Adenauer war geleitet von dem Bestreben, das deutsch-französische Problem von einer möglichst breiten Grundlage aus anzupacken. Die Versöhnung durfte sich nach seinen Vorstellungen nicht etwa nur auf die Regierungsebene beschränken, „sondern sie muß sich möglichst breit und weit ausdehnen auf die beiden Völker in allen ihren Schichten". So in Ausführungen Adenauers vor dem BA, 13. 7. 1962, S. 19; so auch in Gesprächen mit Charles de Gaulle, vgl. K. Adenauer, IV, S. 168–174

102 vgl. hierzu Adenauer während einer Pressekonferenz am 4. 8. 1964, S. 14, A. Rh.: „Warum ist diese enge Beziehung zwischen Frankreich und Deutschland nötig? Weil Sowjetrußland an der Elbe steht. Versteht das denn keiner, was das für Westeuropa bedeutet? Ich meine, das ist doch eine ständige ungeheure Gefahr für Westeuropa, und darum müssen sich insbesondere die beiden größten Staaten Westeuropas auf dem Kontinent zusammenschließen, weil sie zusammen viel stärker sind sowohl politisch wie waffenmäßig, als wenn jeder für sich allein ginge." Vgl. hierzu auch K. Adenauer, IV, S. 237

103 vgl. hierzu BA, 12. 2. 1951, S. 12; vgl. auch BV, 10. 3. 1956, S. 43; vgl. auch BA, 13. 7. 1962, S. 19f.: „Bitte denken Sie daran zurück, daß im vorigen Jahrhundert jahrzehntelang eine intime Verbindung mit dem Zarentum und dem preußischen Königshofe bestanden hat. Im übrigen hat Bismarck damals schon die größten Sorgen geäußert wegen des Drucks des zaristischen Rußlands. Die Jahre nach 1890 haben gestanden im Zeichen einer engen Verbindung zwischen dem zaristischen Rußland und später – seit 1944 – dem kommunistischen Sowjetrußland mit Frankreich. Wenn Sowjetrußland in irgendeine nähere politische Verbindung zu Frankreich käme, wären wir verloren, und umgekehrt, wenn Sowjetrußland in irgendeine nähere politische Verbindung zu Deutschland käme, wäre Frankreich verloren. Diese Gefahr besteht jetzt nicht, aber Menschen kommen und Menschen gehen, und deswegen ist es so notwendig, daß Frankreich und Deutschland so eng aneinandergebracht werden, daß niemals – sei es eine französische, sei es eine deutsche Regierung – jemand auch nur den Gedanken fassen kann, mit Sowjetrußland in nähere Verbindung zu treten (Beifall). Das war für mich seit jeher der Leitgedanke der ganzen Arbeit."

104 vgl. hierzu insbesondere Rede am 15. 3. 1964, 12. Bundesparteitag der CDU, Hannover, Protokoll S. 27f.: „Rußland, meine Damen und Herren, zunächst das zaristische Rußland, später das sowjetische Rußland, hatte sich diese Spannungen zwischen Frankreich und Deutschland zunutze gemacht und mit Frankreich eine Militärkonvention gegen Deutschland geschlossen. Diese Militärkonvention ist in der Folge immer weiter ausgedehnt worden und stellte schließlich eine Umklammerung Deutschlands dar: im Osten von Rußland, im Westen von Frankreich, eine Umklammerung, die eine der wesentlichsten Ursachen für den Ausbruch des Ersten Weltkrieges gewesen ist. Ich wiederhole nochmals: Solchen Entwicklungen baut der deutsch-französische Vertrag ein für allemal vor. Aber darüber hinaus ist die deutsch-französische Verständigung die Voraussetzung und die Grundlage für jede Einigung Europas (starker Beifall). Ein Fortbestehen, auch nur ein latentes Weiterbestehen dieser Spannungen würde jeden Versuch, Zusammenschlüsse in

z. S. 68

Europa herbeizuführen, unmöglich gemacht haben. Und endlich: Der Zusammenschluß Deutschland-Frankreich ist der allein in Westeuropa mögliche Damm gegen eine weitere Ausdehnung der sowjetrussischen Einflußsphäre in Westeuropa." Vgl. zu sowjetrussischen Avancen gegenüber Frankreich u. a. Gespräch Adenauers mit Charles de Gaulle, K. Adenauer, IV, S. 44; vgl. zu entsprechenden Avancen sowjetischerseits gegenüber Antoine Pinay, ebda., S. 55; vgl. zu derartigen Avancen auch gegenüber Guy Mollet, ebda., S. 236f.; vgl. hierzu auch Rede Adenauers am 15. 3. 1964, 12. Bundesparteitag der CDU in Hannover, Protokoll S. 29f.: „Herr Mollet und Freunde von ihm haben mit Herrn Chruschtschow in Moskau im Oktober vergangenen Jahres mehrere lange Unterredungen gehabt, über die Herr Mollet am 9. Januar dieses Jahres in der Gesellschaft für Auswärtige Politik in Bad Godesberg berichtet hat. Mollet und seine Freunde haben nach diesem Bericht insgesamt zwölf Stunden mit Chruschtschow gesprochen. Von diesen zwölf Stunden wurden drei Stunden zur Besprechung der deutschen Fragen gebraucht. Mollet berichtete darüber, Chruschtschow habe mit großer Schärfe und Entschiedenheit erklärt, in der Frage Berlin und der Sowjetzone sei nichts weiter zu verhandeln. Er, Chruschtschow, denke sich die Entwicklung im übrigen folgendermaßen: Im Laufe der Zeit – so hat er laut Mollet ausgeführt – würden immer mehr Deutsche in der Bundesrepublik zu der Erkenntnis kommen, daß der Sozialismus – damit meinte Chruschtschow den Kommunismus – die stärkste Macht auf der Erde sei. Zudem hätten die Deutschen ein Empfinden dafür, wo viel Geld zu verdienen sei, und beim Aufbau Sowjetrußlands sei viel Geld zu verdienen. Er, Chruschtschow, nehme also an, daß im Verlauf der Entwicklung die Deutschen in den russischen Einflußbereich einlenken würden. Als Chruschtschow den Eindruck sah, den diese Ausführungen auf seine französischen Zuhörer machten, hat er – nach dem Bericht von Mollet – gesagt: ‚Wenn Ihnen' – also den Franzosen – ‚diese Entwicklung unangenehm ist, dann müssen Sie zu ihrer früheren Politik, zu einem russisch-französischen Bündnis gegen Deutschland zurückkehren!' Diese Erklärungen Chruschtschows, meine Damen und Herren, haben mich nicht überrascht. Es ist seit langer Zeit meine Ansicht gewesen, daß Chruschtschow dieses Ziel konsequent verfolgt in der Hoffnung, auf diese Weise ganz Westeuropa – nämlich Deutschland, Italien und Frankreich – in den sowjetischen Sog zu bringen."

105 vgl. hierzu u. a. Rede vom 15. 3. 1964, 12. Bundesparteitag der CDU, Hannover, Protokoll S. 28; vgl. auch K. Adenauer, IV, S. 174

106 Interview Adenauers vom Februar 1919 mit einem Sonderberichterstatter des Pariser „Journal", in dem er erklärte, daß Deutschland für die Entente *nur eine Gefahr* biete, „aber eine schwere Gefahr". Auf die Frage, welche Gefahr Adenauer damit meinte, gab er die Antwort: „Den Bolschewismus! Zur Zeit ruiniert jeder Tag uns mehr als ein Kriegstag. Sie können sich denken, welch günstigen Boden die Revolution, so, wie sie diejenigen wünschen, die von allgemeiner Vernichtung träumen, jetzt vorfindet. Wenn der Bolschewismus uns ergreift, wird er nicht viel Zeit brauchen, auch bei Ihnen einzudringen. Indem Sie uns gegen ihn schützen, schützen Sie sich selbst davor." A. Rh., S. 2

107 vgl. Rede in Köln, 24. 7. 1946, S. 19, A. Rh.: „Denn eine Russifizierung auch unseres Gebietes bedeutet natürlich auch den vollkommenen Untergang Frankreichs."

108 vgl. Rede am 28. 3. 1965, 13. Bundesparteitag der CDU, Düsseldorf, Protokoll S. 25

109 so in Rede in Augsburg, 26. 11. 1954, S. 8, A. Rh.

110 vgl. hierzu Rede in Bamberg, 20. 7. 1952, abgedruckt in Bulletin Nr. 95, S. 935; vgl. auch K. Adenauer, I, S. 235

111 vgl. hierzu K. Adenauer, I, S. 235

112 so in Rede in Bamberg, 20. 7. 1952, zitiert nach Bulletin Nr. 95, S. 935

113 vgl. K. Adenauer, I, S. 425

114 so in Rede aus Anlaß eines Banketts des Vereins Auslandspresse in Bad Godesberg, 6. 4. 1954, S. 11, A. Rh.

115 so in Rede in Bern, 23. 3. 1949, abgedruckt in K. Adenauer, I, S. 188

116 so in einem Interview für das französische Fernsehen, 23. 11. 1966, S. 4, A. Rh.

117 vgl. A. Poppinga, a. a. O., S. 348

118 vgl. Rede Adenauers anläßlich der ersten Sitzung des Ministerrats der Montan-Union am 8. 9. 1952, S. 3, A. Rh.: „. . . So hat der Ministerrat eine Verbindungs- und Vermittlerrolle. Er steht im Schnittpunkt zweier Souveränitäten, einer supranationalen und einer nationalen. Er muß den Interessen der Gemeinschaft in gleicher Weise gerecht werden wie den Interessen der einzelnen Staaten und einen Ausgleich finden, der beiden das Ihre zuteil werden läßt. Er muß, wie der Vertrag sagt, die beiderseitigen Interessen harmonisieren. Ihm ist damit als Organ eine Aufgabe gestellt, die als Problem vor jedem steht, der um die Einigung Europas bemüht ist. Denn diese Einigung kann nicht darin bestehen, einen europäischen Zentralismus zu schaffen. Sie muß sich, wie der Vertrag über die Verteidigungsgemeinschaft sagt, auf föderativer oder konföderativer Grundlage vollziehen oder sie wird sich überhaupt nicht vollziehen. Sie muß gleichermaßen der Vielfältigkeit und der Besonderheit der Einzelstaaten, die sich aus der geschichtlichen Vergangenheit ergeben, Rechnung tragen wie der einheitlichen Zusammenfassung, die als Forderung der Zukunft gebieterisch an uns herantritt."

119 vgl. Rede Adenauers vor dem Europarat in Straßburg, 20. 5. 1954, S. 13, A. Rh.

120 vgl. hierzu Rede Adenauers vor dem Ministerrat des Europarates in Straßburg, 11. 9. 1952, S. 4, A. Rh.: „Im Rat der Minister werden in erster Linie Erwägungen zum Ausdruck kommen, die dafür sorgen, daß in dem entstehenden neuen Europa die Vielfalt und Besonderheit unserer Völker, die ja das Wesen Europas ausmachen, nicht zerstört, sondern auf einer höheren Stufe harmonisiert und dadurch gefestigt werden."

121 so in Interview mit Ernst Friedlaender, NWDR, zitiert nach Niederschrift vom 6. 3. 1953, S. 5f., A. Rh.

122 so in Rede in Neumünster, 10. 9. 1954, S. 19, A. Rh.

123 ebda.

124 vgl. hierzu Rede in London, 14. 5. 1953, S. 10, A. Rh.: „Durch zwei Weltkriege ist die wirtschaftliche und politische Stellung Europas in der Welt stark gesunken. In der Welt vor 1914 war das Europa der mächtigen und hochentwickelten Nationalstaaten in jeder Weise führend. Heute ist es sowohl wirtschaftlich als auch militärisch zumindesten von zwei Großmächten überflügelt worden, die aus großräumigen Zusammenschlüssen entstanden sind. Es mag unsere nationale Eigenliebe verletzen, aber wir müssen eingestehen, daß keiner der europäischen Nationalstaaten heute auf sich allein gestellt in der Lage ist, seinen Bürgern Wohlfahrt und Freiheit zu garantieren und das nationale Territorium ausreichend zu schützen. Die Notwendigkeit eines Zusammenschlusses aus wirtschaftlichen und politischen Gründen, zu denen auch militär-politische Gründe treten, ist unbestreitbar. Dieser Zusammenschluß ist die logische und natürliche Entwick-

lungsstufe der europäischen Geschichte. Auch nach einem Abklingen der jetzigen Ost-West-Spannungen bleibt er eine gebieterische Notwendigkeit."

125 vgl. Aufsatz Adenauers „Im Zeichen des Fortschritts", Manuskript datiert vom 30. 4. 1949, S. 2, A. Rh.; der Aufsatz war bestimmt für „Elseviers Weekblad"

126 so in Rede in Amsterdam, 23. 11. 1957, S. 17, A. Rh.; vgl. zu diesem Aspekt der Europapolitik auch Rede Adenauers anläßlich eines Banketts des Vereins Auslandspresse, 25. 3. 1952, S. 4f., A. Rh.: „Diese Tendenzen erfuhren starke Impulse aus der weltpolitischen Situation, insbesondere durch die Haltung Sowjetrußlands. Besonders seit dem Ausbruch des Koreakonfliktes ist die Erkenntnis der Weitsichtigen, daß die klassischen Nationalstaaten jeder für sich nicht in der Lage sind, ihre Freiheit und ihr Territorium zu schützen, Allgemeingut geworden. Die dramatische Beschleunigung der Entwicklung hat dazu geführt, daß unter der Auswirkung dieser Erkenntnisse der Gedanke des europäischen Zusammenschlusses schnellere Fortschritte gemacht hat, als wir sie erwarten konnten."

127 so in Rede in Wiesbaden, 16. 11. 1954, S. 3, A. Rh.; vgl. auch Rede in Düsseldorf, 22. 5. 1948, S. 4, A. Rh.: „Europa steht vor einer entscheidenden Wendung seines Geschicks. Es kommt darauf an, ob Europa, ob der europäische Geist gerettet wird oder ob der Verfall Europas, der seit etwa drei Jahrzehnten eingesetzt hat, unaufhaltsam weitergeht, bis Europa nur noch ein Zipfel Asiens ist. Darum müssen wir, vor allem unsere Jugend, uns mit ganzer Kraft, mit glühendem Herzen und mit Begeisterung in den Dienst des Gedankens der Europa-Union stellen." Vgl. auch Rede in Paris, 11. 12. 1953, S. 4, A. Rh.: „Es gibt nur einen Weg, die Völker und Länder Westeuropas davor zu bewahren, daß sie dem russischen Sog anheimfallen, das ist der Weg der europäischen Integration. Kein Land, ich wiederhole dies mit allem Nachdruck, ist für sich allein in der Lage, der von Sowjetrußland geplanten Eroberung Europas Widerstand zu leisten. Die Staatsmänner und Politiker aller europäischen Staaten müssen Abschied nehmen von Illusionen, sie dürfen nicht rückwärts sehen, sich freuen an der Erinnerung vergangener Macht, sie müssen die Dinge sehen, wie sie jetzt sind, und sie müssen in die Zukunft sehen [. . .] Sie müssen sich jetzt entscheiden: entweder Zusammenschluß in einem integrierten Europa und damit Rettung ihrer Freiheit oder das Verbleiben in der Vereinzelung, um, der eine heute, der andere morgen, russischer Satellitenstaat zu werden." Vgl. auch Rede in Neumünster, 10. 9. 1954, S. 18, A. Rh.

128 so in Rede in Straßburg, 3. 8. 1951, S. 17f., A. Rh.; vgl. auch Rede in Bad Ems, 14. 9. 1951, S. 20ff., A. Rh.

129 vgl. hierzu Gespräche Adenauers mit Charles de Gaulle am 4. 7. 1962, K. Adenauer, IV, S. 168; vgl. hierzu auch Pressekonferenz Adenauers vom 4. 8. 1964, S. 14ff., A. Rh.

130 vgl. hierzu Rede in Wetzlar, 30. 4. 1952, S. 13, A. Rh.; vgl. auch Rede in Wiesbaden, 16. 11. 1954, S. 3, A. Rh.; vgl. auch Rede in Berlin, 19. 7. 1954, abgedruckt in Bulletin Nr. 133, S. 1198

131 vgl. hierzu Rede in London, 14. 5. 1953, S. 9f., A. Rh.; vgl. auch Rede in Wiesbaden, 16. 11. 1954, S. 3, A. Rh.; vgl. auch Rede in Goslar, 22. 4. 1955, S. 3f., A. Rh.; vgl. auch Rede in Brüssel, 25. 9. 1956, S. 1ff., A. Rh.; vgl. auch Rede in Madrid, 16. 2. 1967, abgedruckt in K. Adenauer, IV, S. 239

132 vgl. hierzu Rede in Hamm/Westf., 13. 2. 1955, S. 2, A. Rh.; vgl. auch Rede am 21. 3. 1966, 14. Bundesparteitag der CDU in Bonn, Protokoll S. 38

133 vgl. hierzu Rede in Wetzlar, 30. 4. 1952, S. 13, A. Rh.; vgl. auch Rede in Bay-

reuth, 24. 11. 1954, S. 5 A. Rh.: „Dieser Zusammenschluß Europas, lassen Sie mich das Ihnen sehr klar sagen, ist nicht nur notwendig wegen der uns aus dem Osten drohenden Gefahr. Auch wenn diese Gefahr eines Tages verschwunden sein wird, und sie wird eines Tages verschwinden, dann, meine Damen und Herren, bleibt die Notwendigkeit bestehen, daß, wie die Welt nun einmal geworden ist, mit diesen Fortschritten der Technik und den Fortschritten der Wirtschaft, Europa sich zusammenschließen muß, weil kein einziges europäisches Land für sich allein in der Zukunft wirtschaftlich oder politisch mehr eine Rolle spielen kann."

134 vgl. Rede in Goslar, 22. 4. 1955, S. 3, A. Rh.: „Die Frage Europa ist eine sehr ernste Frage auf eine lange Zukunft hinaus, während die Bedrohung durch Sowjetrußland nach meiner Überzeugung in absehbarer Zeit zu einer Beilegung kommen wird, ohne einen heißen Krieg." Vgl. hierzu auch K. Adenauer, III, S. 19f.

135 vgl. hierzu Rede in Offenbach, 24. 9. 1954, S. 3, A. Rh.; vgl. auch Rede in Brüssel, 25. 9. 1956, S. 5, A. Rh.; vgl. auch Rede in Amsterdam, 23. 11. 1957, S. 8, A. Rh.

136 vgl. hierzu K. Adenauer, III, S. 19 und 219; vgl. auch Rede in Augsburg, 26. 11. 1954, S. 3, A. Rh.; vgl. auch Rede in Amsterdam, 23. 11. 1957, S. 8ff., A. Rh.

137 so in einer Rede vor dem Verein Auslandspresse am 25. 3. 1952, Bad Godesberg, S. 8, A. Rh.

138 vgl. hierzu Rede in London, 14. 5. 1953, S. 10, A. Rh.; vgl. auch K. Adenauer, III, S. 19

139 vgl. hierzu K. Adenauer, IV, S. 238

140 Hans-Peter Schwarz stellt in „Das außenpolitische Konzept Adenauers", „Adenauer Studien", Band 1, S. 87f., zur Methodik Adenauers, die Vereinigung Europas zu erreichen, fest: „Sicher scheint jedenfalls, daß er sich nicht dauerhaft auf bestimmte Verfahrenstechniken der Integration festlegen wollte. Er griff sie dann, und nur dann auf, wenn sie der Maxime gemeinschaftsbezogener Außenpolitik der freiheitlichen Demokratien in optimaler Weise zu entsprechen schienen – optimal hinsichtlich der jeweiligen Konstellation und der Präferenzen der Partner."

141 so Adenauer in Rede in Köln, 24. 3. 1946, S. 23, A. Rh.; vgl. auch K. Adenauer, I, S. 35

142 vgl. Rede in Essen, 24. 8. 1946, S. 20, A. Rh.

143 so in einem Interview vom 29. 4. 1949, mit Leo Jenkowski, „West-Echo", S. 1, A. Rh.

144 vgl. hierzu u. a. Rede in Mülheim/Ruhr, 29. 9. 1946, S. 12, A. Rh.; vgl. hierzu auch K. Adenauer, I, S. 426f.

145 so in Rede in Offenbach, 24. 9. 1954, S. 3, A. Rh.

146 vgl. hierzu K. Adenauer, I, S. 328

147 so wiederholt zu mir in seinen letzten Lebensjahren

148 so in Dortmund, 13. 5. 1950, S. 15, A. Rh.

149 vgl. hierzu K. Adenauer, II, insbesondere S. 289ff.; vgl. hierzu auch Arnulf Baring, „Außenpolitik in Adenauers Kanzlerdemokratie", insbesondere S. 329ff.

150 Adenauer hierzu während einer Pressekonferenz am 4. 8. 1964, S. 7f., A. Rh.

151 vgl. hierzu K. Adenauer, III, S. 220

152 so in Rede in Brüssel, 25. 9. 1956, S. 7, A. Rh.

153 ebda.

154 vgl. hierzu Bruno Bandulet, a. a. O., S. 184f.

155 vgl. hierzu K. Adenauer, I, S. 311ff.

156 vgl. hierzu K. Adenauer, IV, S. 158ff.

157 vgl. hierzu K. Adenauer, IV, S. 192ff.

158 vgl. Rede am 21. 3. 1966, 14. Bundesparteitag der CDU in Bonn, Protokoll S. 39

159 vgl. hierzu u. a. Rede in Köln am 24. 3. 1946, S. 24, A. Rh.; vgl. zur Rolle Großbritanniens in Adenauers Europakonzeption in der unmittelbaren Nachkriegszeit Hans-Peter Schwarz, „Vom Reich zur Bundesrepublik", S. 448f.

160 vgl. Rede in Offenbach, 24. 9. 1954, S. 4, A. Rh.: „Ein solches vereinigtes Europa soll, wenn Großbritannien es irgendwie will, Großbritannien einschließen. Aber Sie wissen, daß Großbritannien eine besondere Lage hat. Wenn es nicht ganz mitgeht bei diesem vereinigten Europa, dann sollte es doch so weit wie irgend möglich mitgehen, denn Großbritannien gehört zu Europa. Und auch die nordischen Länder müssen hinzukommen."

161 Rede Churchills am 19. 9. 1946, Zürich

162 so Adenauer in Mönchengladbach am 12. 10. 1948, S. 15, A. Rh.

163 vgl. hierzu K. Adenauer, I, S. 490ff.; vgl. auch III, S. 255ff. und 263ff.

164 ebda.; vgl. hierzu auch Rede in London, 14. 5. 1953, S. 14, A. Rh.; vgl. auch Rede in Offenbach, 24. 9. 1954, S. 4, A. Rh.; vgl. hierzu auch K. Adenauer, IV, S. 111, 178 und 241

165 so in Rede in Bamberg, 20. 7. 1952, Bulletin Nr. 95, S. 935

166 zur Montan-Union und zur EVG ebda.; zur Montan-Union vgl. auch K. Adenauer, I, S. 425: „Selbstverständlich sollte die Montanunion sich nicht auf die an ihr bisher mitwirkenden sechs Staaten beschränken. Ich hoffte, daß der Kreis der mitwirkenden Völker sich ständig erweitern werde, denn ich wußte, daß der Sinn dieser Union erst dann erfüllt sein konnte, wenn alle europäischen Völker teilnähmen. Selbst wenn sich einige europäische Staaten im Augenblick nicht für eine Zusammenarbeit auf dieser Basis entschlossen, mußten doch Mittel und Wege gefunden werden, die ihnen erlaubten, zu ihrem eigenen und zum Nutzen aller mit der Montanunion zusammenzuarbeiten. Ich dachte insbesondere an Großbritannien." Zur EWG vgl. insbesondere K. Adenauer, III, S. 265ff. Während einer Pressekonferenz am 4. 8. 1964, S. 9f., A. Rh., erklärte er mahnend: „Auch die EWG kann auf die Dauer nicht arbeiten ohne eine Politische Union, weil zu den Maßnahmen, die die EWG vorsieht, die politische Grundlage in den verschiedenen Staaten wenigstens annähernd gleich geschaffen werden muß." Zur Montan-Union und zur EVG vgl. auch Rede am 18. 10. 1952, 3. Bundesparteitag der CDU in Berlin, Protokoll S. 33: „Aber alles in allem genommen, ich für meine Person finde es richtiger, zunächst einmal mit sechs europäischen Staaten anzufangen, als überhaupt nichts zu tun (stürmischer Beifall), theoretische Reden zu halten und dabei Europa einfach verkommen zu lassen." Vgl. auch Rede am 21. 3. 1966, 14. Bundesparteitag der CDU in Bonn, Protokoll S. 40: „. . . es ist an der Zeit. Glauben Sie mir, die Verhältnisse spitzen sich zu. Wenn man sieht, daß die Europäer wirklich ernsthaft wieder an die Schaffung Europas gehen und daß die Sache vorankommt, dann bringen wir einen ganz neuen Akzent in die Weltpolitik hinein (Beifall). Ich gehe so weit zu sagen – weil eben nicht alles auf einmal gemacht werden kann –: Wenn es dann nun kein integriertes Europa ist, so ist es ein nicht-integriertes Europa. Aber Europa muß geschaffen werden, und es wird dann von selbst in sich zusammenwachsen."

167 vgl. K. Adenauer, IV, S. 242; weiter heißt es ebda., S. 243f.: „Die Gefährlichkeit beruht einerseits in der Schnelligkeit, mit der sich umwälzende Machtverschiebungen vollzogen haben und noch vollziehen. Sie liegt weiter in dem Vorhandensein

von Supermächten, deren Bestehen die Gefahr in sich birgt, daß die übrigen Mächte zu mehr oder weniger Bedeutungslosigkeit verurteilt werden, sie werden Werkzeuge des Willens der ganz Großen. Sie liegt schließlich in der Unübersehbarkeit der Entwicklung Rotchinas. Diese Gefährlichkeit der Lage, die außerordentliche Schnelligkeit der Entwicklungen, zwingt Europa zu schnellem, entschlossenem Handeln, zwingt es zur schnellen politischen Einigung, um seine besonderen Interessen zu wahren und damit seine Existenz als Faktor des Weltgeschehens zu erhalten."

168 so in Rede in Straßburg vor dem Europarat, 20. 5. 1954, S. 16, A. Rh.

169 ebda.

170 vgl. hierzu Rede in Brüssel, 25. 9. 1956, S. 1ff., A. Rh.; vgl. auch Rede in Amsterdam, 23. 11. 1957, insbesondere S. 7ff.; vgl. auch Rede in Madrid, 16. 2. 1967, abgedruckt in K. Adenauer, IV, S. 238ff.; vgl. auch K. Adenauer, I, S. 329: „Wenn die akute Spannung des Kalten Krieges, in der wir im gegenwärtigen Augenblick lebten, vorüber sein werde, so werde doch eine latente Spannung weiterhin solange vorhanden sein, wie die Welt in Wirklichkeit nur von diesen beiden Großmächten beherrscht werde."

171 vgl. hierzu Rede in Amsterdam, 23. 11. 1957, u. a. S. 22, A. Rh.

172 vgl. K. Adenauer, III, S. 19

173 vgl. Rede in Brüssel, 25. 9. 1956, S. 5, A. Rh.

174 so in Rede in Wuppertal/Elberfeld, 5. 5. 1946, S. 16, A. Rh.

175 vgl. K. Adenauer, I, S. 329f.

176 so Rede in München, 3. 4. 1950, S. 10, A. Rh.

177 vgl. hierzu insbesondere die Unterredungen Adenauers mit Charles de Gaulle, wiedergegeben in K. Adenauer, IV; vgl. hierzu auch Bruno Bandulet, a.a.O., S. 183ff.

178 Hinweise auf diese Sorge Adenauers u. a. in Notizen Adenauers zu einer Rede in Berlin, datiert vom 28. 11. 1950, A. Rh.; vgl. hierzu auch Rede in Bad Ems, 14. 9. 1951, S. 21, A. Rh.; vgl. hierzu auch S. 84

179 vgl. hierzu S. 84f.; vgl. hierzu auch K. Adenauer, III, S. 325 und 334ff.

180 vgl. Rede in Amsterdam, 23. 11. 1957, S. 7, A. Rh.

181 vgl. hierzu Bruno Bandulet, a. a. O., S. 154ff.

182 vgl. K. Adenauer, IV, S. 240

183 ebda., S. 244f.

184 ebda., S. 240

185 vgl. hierzu Rede in Brüssel, 25. 9. 1956, S. 4, A. Rh.; vgl. auch K. Adenauer, III, S. 18; vgl. auch K. Adenauer, IV, S. 243: „Die Interessen Europas und die der Vereinigten Staaten sind nicht immer identisch, und die europäischen Staaten müssen durch die Einigung Europas in die Lage versetzt werden, auch ihre Interessen zur Geltung zu bringen. Das Wesentliche und Grundsätzliche, die Erhaltung der Freiheit und des Friedens als die höchsten Güter der Menschheit, sind in den Vereinigten Staaten und in Europa in gleicher Weise Ziel der Politik." Vgl. auch ebda., S. 70

186 vgl. hierzu Rede am 28. 8. 1948, Recklinghausen, S. 10, A. Rh.: „Das Interesse der Vereinigten Staaten an den europäischen Dingen in seiner jetzigen Stärke und Intensität wird eines Tages nachlassen, wenn der Gegensatz zwischen den Vereinigten Staaten und Sowjetrußland nachlassen wird, und der wird eines Tages so oder so doch nachlassen." Vgl. auch BV, 20. 9. 1956, S. 34: „Wir müssen immer mit der Möglichkeit rechnen, daß sich namentlich bei der Entwicklung der nuklearen Waffen Amerika zurückzieht. Das Wort von der ‚Festung Amerika' ist

ein Wort, das wir uns immer vor Augen halten müssen." Vgl. auch Äußerung Adenauers zu Charles de Gaulle am 14. 9. 1958, „man könne nicht genau wissen, welches die Haltung der Vereinigten Staaten auf lange Sicht sein werde": in K. Adenauer, III, S. 426; vgl. auch K. Adenauer, IV, S. 65

187 vgl. hierzu insbesondere Rede in Madrid, 16. 2. 1967, abgedruckt in K. Adenauer, IV, S. 240

188 vgl. K. Adenauer, I, S. 355f.

189 vgl. BA, 27. 9. 1951, S. 12: „Wenn die USA sich aus Europa zurückziehen würden, dann wäre ein kommunistisches Europa eine Selbstverständlichkeit." Vgl. auch Rede in Offenbach, 24. 9. 1954, S. 3, A. Rh.: „Eines, meine Freunde, ist völlig klar: Ohne die Hilfe und den Schutz der Vereinigten Staaten ist Europa gegenüber dem Druck Sowjetrußlands machtlos und gefährdet." Vgl. auch BV, 23. 6. 1956, S. 28; vgl. auch BV, 17. 1. 1958, S. 104: „Überlegen Sie einmal, wie es wäre, wenn Amerika nicht mehr zu uns halte! Glauben Sie vielleicht, daß Sowjetrußland uns oder Europa irgendwie fürchten würde? In keiner Weise! Es würde im Handumdrehen mit uns allen glatt fertig werden." Vgl. auch K. Adenauer, III, S. 251 und 335f.; vgl. auch K. Adenauer, IV, S. 19

190 vgl. hierzu K. Adenauer, I, S. 535: „Es herrschte in diesen Jahren eine sehr beliebte politische Illusion in der Bundesrepublik, und zwar glaubten weite Kreise, daß Amerika auf alle Fälle in Europa oder gar an der Elbe gebunden wäre. Die amerikanische Geduld aber hatte ihre Grenzen. Für mich galt: ‚Hilf dir selbst, so helfen dir die Vereinigten Staaten!'" Vgl. auch ebda., S. 406 und 421. Vgl. auch Protokoll des BA, 6. 2. 1955, S. 16, zu Ausführungen Adenauers: „Er müsse immer wieder versichern, daß die Meinung, die Vereinigten Staaten hielten unter allen Umständen daran fest, Europapolitik zu treiben, irrig sei. Bei Betrachtung der Weltpolitik müsse man fragen, ob die Amerikaner in ihrer Asienpolitik durch die Haltung von Rotchina und die augenblicklichen Aktionen in Korea ohne Grund aufmerksam gemacht würden. Man wolle damit die amerikanische öffentliche Meinung beeinflussen. Vom Hochkommissar Conant sei Dr. Adenauer vor zwei Tagen erklärt worden, die amerikanischen Zeitungen schrieben zur Zeit kein Wort mehr über Europa, wir seien in der öffentlichen Meinung der Vereinigten Staaten durch die Vorgänge in Formosa völlig in den Hintergrund getreten, hinzu kämen die Flugzeugabschüsse in Korea. Aus diesen Gründen müßten wir fest ins Auge fassen, daß die Amerikaner auch ohne Europa Politik machen könnten. Aus einem weiteren Grund sei für ihn das Zustandekommen der Westeuropäischen Union von besonders großem Wert, und zwar weil Großbritannien sich daran beteilige, denn es sei fast undenkbar, daß Amerika jemals Großbritannien im Stich lassen würde, selbst wenn es das kontinentale Europa im Stich ließe."

191 vgl. hierzu K. Adenauer, I, S. 407

192 vgl. hierzu ebda., S. 551 und 553

193 vgl. Waldemar Besson, „Die Außenpolitik der Bundesrepublik", S. 58

194 so auch Hans-Peter Schwarz in „Vom Reich zur Bundesrepublik", S. 462; seiner Begründung dieser Feststellung mit dem Hinweis auf Adenauers geringe persönliche Kenntnis des Auslandes kann nicht zugestimmt werden, beigepflichtet aber wird der Auffassung von Schwarz, daß der geographische Faktor in den Überlegungen Adenauers eine entscheidende Rolle spielte

195 vgl. hierzu K. Adenauer, I, S. 244

196 so in Rede in Köln, 13. 4. 1947, S. 12, A. Rh.; vgl. zur Truman-Doktrin auch K. Adenauer, I, S. 112ff.

197 vgl. unter Anmerkungen 185 und 186

198 vgl. hierzu K. Adenauer, I, S. 551 und 553; vgl. hierzu auch BV, 5. 2. 1955, S. 7: „Der Druck, der jetzt indirekt durch Sowjetrußland in Asien ausgeübt wird, hat nach meiner Überzeugung den Zweck, der großen amerikanischen Öffentlichkeit klarzumachen, daß Amerika nicht gleichzeitig in Asien und in Europa festen Fuß fassen und Politik treiben kann. Es ist in der Tat so – und hier geben sich namentlich viele Deutsche einem Irrtum hin –, daß schon immer im westlichen Teil der Vereinigten Staaten, im mittleren Westen, die Frage ‚Asien' eine viel größere Rolle gespielt hat in der öffentlichen Meinung als die Frage ‚Europa'. Das liegt in der Natur der Dinge. Der amerikanische Kontinent ist so groß, daß man es verstehen muß, wenn man etwa in New York hauptsächlich auf das achtet, was in Europa geschieht, in San Franzisko, aber auch schon in Chikago, insbesondere darauf achtet, was in Asien vor sich geht."

199 in Interview mit „Christ und Welt", 17. 9. 1965

200 vgl. Interview mit der „New York Times", 10. 2. 1965

201 ebda.

202 vgl. Rede in Berlin, 1. 2. 1953, S. 6, A. Rh.; vgl. auch K. Adenauer, III, S. 326; vgl. auch K. Adenauer, IV, S. 226

203 Adenauer über ein Gespräch mit Charles de Gaulle vom 9. 2. 1961: „Ich wies darauf hin, daß ich seit Jahren mit steigender Sorge die innenpolitische Entwicklung in den Vereinigten Staaten verfolgt habe. Die größten Sorgen machten mir nicht so sehr die Wirtschaftsfragen, sondern vielmehr die soziale, administrative und erziehungsmäßige Entwicklung sowie die Rassenfrage." In K. Adenauer, IV, S. 81

204 vgl. hierzu Rede in Berlin, 1. 2. 1953, S. 6, A. Rh.; vgl. auch K. Adenauer, I, S. 407

205 vgl. K. Adenauer, I, S. 553

206 vgl. ebda., S. 551

207 vgl. BV, 18. 1. 1958, S. 105

208 vgl. hierzu Adenauer in einer Unterredung mit Charles de Gaulle am 30. 7. 1960 in K. Adenauer, IV, S. 64

209 hierzu Adenauer im Zusammenhang mit Ausführungen zum Radford-Plan in K. Adenauer, III, S. 204

210 vgl. hierzu BV, 20. 9. 1956, S. 33f.; vgl. auch BV, 11. 5. 1957, S. 8f., und BV, 17. 1. 1958, S. 102ff.; vgl. auch K. Adenauer, IV, S. 182

211 vgl. hierzu K. Adenauer, I, S. 348. In diesem Zusammenhang sei hingewiesen auf Ausführungen Adenauers vom Dezember 1953, in denen er Möglichkeiten zur Wahrung des Friedens durch ein atomares Patt umschrieb; Adenauer machte diese Ausführungen im Anschluß an eine Stellungnahme zu Vorschlägen von Präsident Eisenhower zu einer allgemeinen Abrüstung – Rede Adenauers in Paris, 11. 12. 1953, S. 9, A. Rh.: „Ich sehe noch eine zweite Möglichkeit, die schließlich Verständigung, Abrüstung und Frieden erzwingt. Aus der Rede des Präsidenten Eisenhower geht hervor, mit welcher Schnelligkeit die Atomwaffen weiter an Furchtbarkeit gewinnen. Wenn die Atomwaffe einmal soweit ausgebildet ist, daß jeder Staat, der genügend Vorräte von diesen schrecklichsten Instrumenten der Vernichtung besitzt, in jedem anderen Staat alles Leben vernichten kann, dann vernichtet dadurch der Krieg sich selbst. Dann werden die Völker und ihre Leiter erkennen, daß der Krieg kein Mittel mehr ist, Differenzen unter den Völkern auszutragen, da er alle vernichtet. Dann werden die Staaten gezwungen sein, zu friedlichen Methoden zwecks Beilegung ihrer Streitigkeiten zu greifen. Die

z. d. S. 83–85

Entwicklung der Atomwaffe selbst wird dann den Krieg getötet haben. Die Entwicklung der Atomwaffe kann sehr wohl so schnell sein, daß diese Wende in gemessener Zeit eintritt. Diese beiden von mir beschriebenen Möglichkeiten, zu einer allgemeinen Abrüstung und damit zum Frieden zu kommen, können sich sehr wohl in ihrer friedenfördernden Wirkung miteinander vereinen."

212 vgl. unter Anmerkungen 185 und 186; vgl. auch K. Adenauer, III, S. 335

213 vgl. K. Adenauer, III, S. 335f.; vgl. auch IV, S. 182; vgl. auch A. Poppinga, a. a. O., S. 63

214 vgl. K. Adenauer, I, S. 413: „Der beste Weg, um gegen die isolationistischen Strömungen in den Vereinigten Staaten zu wirken, war, immer wieder unser Bekenntnis zur westlichen Kultur, zur demokratischen Lebens- und Staatsauffassung und den christlichen Idealen zu betonen und die Gemeinschaft mit Amerika zu unterstreichen."

215 vgl. hierzu BA, 17. 1. 1958, S. 22; vgl. auch K. Adenauer, III, S. 175; über ein Gespräch vom Dezember 1956 mit dem US-Senator William J. Fulbright berichtet Adenauer, ebda., S. 245: „Ich betonte immer wieder, was vor allem not tue, das sei eine Aktivierung der NATO, und diese könne nur erreicht werden, wenn die Vereinigten Staaten die Führung stärker übernähmen. Fulbright fragte mich, wie ich mir denn praktisch vorstelle, was die Vereinigten Staaten tun sollten, um die Führung zu übernehmen. ‚Nutzen Sie die politischen Möglichkeiten, die der NATO-Vertrag bietet!' erwiderte ich ihm. Diese Möglichkeiten seien bisher nicht ausgewertet worden. Ein militärisches Bündnis könne auf die Dauer ohne politisches Einvernehmen, ohne zumindest eine politische Konsultation zwischen den Partnern nicht bestehen. Der NATO komme zur Zeit fast ausschließlich militärische Bedeutung zu. Ihre politischen und beratenden Aufgaben seien vernachlässigt worden. Es sei unerläßlich, daß hier Abhilfe geschaffen werde." Vgl. auch unter Anmerkung 216

216 vgl. hierzu K. Adenauer, IV, S. 67, 73f., 93ff., 98 und 103; zu dieser Problematik vgl. Henry A. Kissinger, „Was wird aus der westlichen Allianz?", insbesondere S. 262ff.

217 vgl. Pressekonferenz vom 4. 8. 1964, S. 9, A. Rh.: „Ich habe soeben schon hervorgehoben, wie nach meiner Meinung jede Außenpolitik das Wohl des eigenen Landes an erster Stelle sehen muß, und ich will hier Foster Dulles erwähnen, einen treuen und guten Freund und klar denkenden Mann, der zum Beispiel in einer Rede damals öffentlich erklärt hat: Wir Amerikaner treiben in Europa keine deutsche Politik, wir treiben keine französische Politik, wir treiben in Europa amerikanische Politik. Das ist klar und ist richtig, und das ist derselbe Grundsatz, den ich Sie bitte, sich immer vor Augen zu halten: daß eine Außenpolitik, die nicht auf den eigenen Interessen des betreffenden Landes selbst beruht, keine Dauer hat und daher nicht tragfähig ist."

218 vgl. K. Adenauer, I, S. 411f.; zu der Grundhaltung Adenauers vgl. auch insbesondere K. Adenauer, IV, S. 16 und 21

219 vgl. hierzu Adenauer in K. Adenauer, IV, S. 65; vgl. hierzu auch BA, 18. 11. 1960, S. 3f.: „Man muß sich auch darüber klar sein – das haben mir gegenüber Amerikaner zugegeben –, daß, wenn die Sowjets die Bundesrepublik und namentlich auch noch das Potential von Frankreich, Italien und den Benelux-Ländern in die Hand bekommen, sie wirtschaftlich stärker sind als die Amerikaner und daß dann der Kommunismus wirklich eine große Schlacht gewonnen hat. Wo immer wir und mit wem wir auch sprechen, müssen wir daher den Amerikanern klarmachen – die

Einsichtigen sagen, wir wissen es, und deswegen sind wir bereit, die Opfer für Europa zu bringen –, daß es ihre Sache ist, um die es sich hier handelt. Wenn Westeuropa in irgendeiner Form mit seiner Wirtschaft dem Kommunismus und den Sowjets anheimfällt, dann hat Amerika die Schlacht verloren."

220 vgl. hierzu BA, 18. 11. 1960, S. 3f.; vgl. auch K. Adenauer, I, S. 411f.; vgl. auch IV, S. 93

221 vgl. hierzu K. Adenauer, IV, S. 72, 161, 170 und 205

222 vgl. hierzu Henry A. Kissinger, „Was wird aus der westlichen Allianz?", S. 67

223 vgl. hierzu K. Adenauer, I, S. 553; vgl. auch IV, S. 147 und 173; vgl. auch Interview mit Ernst Friedlaender, NWDR, Niederschrift datiert vom 30. 1. 1953, S. 2, A. Rh.

224 vgl. hierzu BV, 25. 4. 1958, S. 9; vgl. auch K. Adenauer, IV, S. 93; vgl. auch unter Anmerkung 230

225 vgl. Rede in Berlin, 1. 2. 1953, S. 6, A. Rh.

226 vgl. hierzu K. Adenauer, I, S. 553

227 ebda.

228 vgl. hierzu BV, 23. 11. 1956, S. 28; vgl. auch Pressekonferenz vom 4. 8. 1964, S. 15; vgl. auch K. Adenauer, IV, S. 64 und 200f.

229 vgl. hierzu K. Adenauer, III, S. 206ff. und 432; vgl. auch hierzu Bruno Bandulet, a. a. O., S. 168

230 vgl. hierzu Rede Adenauers am 3. 6. 1962, 11. Bundesparteitag der CDU in Dortmund, Protokoll S. 22

231 vgl. u. a. Rede Adenauers in Madrid, 16. 2. 1967, abgedruckt in K. Adenauer, IV, S. 243

232 vgl. Rede in Köln, 13. 4. 1947, S. 14, A. Rh.; vgl. auch Rede in Brüssel, 25. 9. 1956, S. 3, A. Rh.; vgl. auch Rede in Wetzlar, 30. 4. 1952, S. 8, A. Rh.: „Die Vereinigten Staaten, die durch den Kriegsausgang in den Besitz einer Macht gekommen waren, wie sie selten einem Volke zuteil wird, haben gezeigt, daß sie wohl erkannt haben, daß der Besitz der Macht und des Reichtums dem Besitzer Pflichten gegenüber der Allgemeinheit auferlegt. Von der späteren Geschichtsschreibung wird die moralische Größe des amerikanischen Volkes und seiner Regierung, die es bei der Ausnutzung seiner Macht, die es gegenüber Europa, besonders auch gegenüber Deutschland, gezeigt hat, als eine der größten Taten eines Volkes in der Geschichte bezeichnet werden." Vgl. auch Interview mit Daniel Schorr, CBS, am 23. 8. 1962, S. 40, in dem sich Adenauer folgendermaßen zur Haltung des amerikanischen Volkes äußerte: „Da möchte ich Ihnen folgendes sagen, was immer meine Überzeugung gewesen ist: Wir sind dem amerikanischen Volk zu größtem Dank verpflichtet, weil es uns damals geholfen hat, wieder aufzustehen von der Erde. Damals habe ich mir gesagt: Jetzt wird sich zeigen, ob das amerikanische Volk ein großes Volk ist oder nicht. Wenn es uns aus Rachsucht am Boden liegen läßt, dann ist es kein großes Volk. Wenn es an die Zukunft denkt, wenn es also weiterdenkt als an das, was jetzt geschehen ist, und uns hülfe, wieder aufzustehen, dann ist es ein großes Volk."

233 so auch Hans-Peter Schwarz in „Das außenpolitische Konzept Konrad Adenauers", „Adenauer Studien", Band 1, S. 80

234 vgl. K. Adenauer, I, S. 245

235 so in einer Formulierung Adenauers in einer Redeskizze, datiert vom 22. 4. 1955, für eine Rede in Goslar, A. Rh.

236 vgl. hierzu BA, 9. 11. 1951, S. 8; vgl. auch Rede in Brüssel, 25. 9. 1956, S. 3,

A. Rh.; vgl. auch BA, 17. 1. 1958, S. 16; vgl. auch Rede in Bonn, 18. 11. 1960, S. 30f., A. Rh.

237 so in einem Gespräch mit US-Senator Dodd, 8. 4. 1964, zitiert nach einer Äußerung Adenauers mir gegenüber

238 vgl. hierzu BA, 9. 11. 1951, S. 8; vgl. auch Rede in Wetzlar, 30. 4. 1952, S. 13, A. Rh.; vgl. auch BA, 17. 1. 1958, S. 16f.; vgl. auch K. Adenauer, IV, S. 17

239 vgl. BA, 17. 1. 1958, S. 16

240 so in einem Informationsgespräch mit dem französischen Journalisten Jean Botrot, 22. 11. 1963, S. 5, A. Rh.

241 so in Rede in Amsterdam, 23. 11. 1957, S. 17, A. Rh.

242 so in Rede in Augsburg, 14. 6. 1953, S. 13, A. Rh.

243 vgl. Rede in Augsburg, 26. 11. 1954, S. 8, A. Rh.

244 vgl. hierzu K. Adenauer, I, S. 244

245 vgl. BA, 14. 6. 1952, S. 17

246 vgl. hierzu BA, 12. 1. 1952, S. 10; vgl. auch Rede in Wetzlar, 30. 4. 1952, S. 13, A. Rh.: „Die sowjetrussische Politik wird teilweise geleitet von Sorge gegenüber einer Bedrohung durch die Vereinigten Staaten. Man will sich möglichst stark machen gegenüber befürchteten Aggressionshandlungen der Vereinigten Staaten." Vgl. auch BA, 14. 6. 1952, S. 17; vgl. hierzu auch K. Adenauer, II, S. 524ff.

247 vgl. unter Anmerkung 246

248 vgl. Rede in Hamm/Westf., 12. 2. 1955, S. 11f., A. Rh.: „. . . es wird in gar nicht langer Zeit von Rotchina her für Sowjetrußland eine viel größere Gefahr drohen, als ihm überhaupt von Europa drohen kann. Man muß eben diese ganzen außenpolitischen Dinge unter diesem größeren und höheren Gesichtspunkt sehen, um eine richtige Entscheidung treffen zu können. Deshalb soll man gegenüber den sowjetischen Drohungen ruhige und starke Nerven behalten." Vgl. hierzu auch K. Adenauer, II, S. 527f.

249 vgl. hierzu Rede in München, 3. 4. 1950, S. 10, A. Rh.; vgl. auch Rede in Solingen, 23. 6. 1954, S. 12, A. Rh.; vgl. auch Rede in Goslar, 22. 4. 1955, S. 5, A. Rh.; vgl. auch BV, 17. 1. 1958, S. 103f.: „Ein wirklicher Gegensatz kann nur entstehen und bestehen zwischen gleichwertigen Gegnern. Der wirkliche Gegensatz besteht nur zwischen Sowjetrußland und den Vereinigten Staaten. Vor den Vereinigten Staaten hatten die Sowjets bisher Angst. Ob sie sie jetzt noch haben, weiß ich nicht. Sie wird noch da sein, aber sie ist durch ihr Selbstbewußtsein auf Grund des Sputniks jedenfalls erheblich geringer geworden. Alle anderen europäischen Staaten spielen nur insofern in diesem politischen Kräftespiel in der Welt eine Rolle, als es für Amerika oder für Sowjetrußland wichtig ist, ob diese auf der einen Seite oder auf der anderen Seite stehen."

250 vgl. BA, 27. 9. 1951, S. 10: „Es ist noch einmal zu wiederholen: Den Russen komme es darauf an, die Integration Europas zu verhindern. Wenn das den Sowjets gelänge, würden sie ihren Machtbereich sehr rasch auf ganz Europa ausdehnen können. Wenn Europa die innere Kraft zum Widerstand gegen die Sowjets nicht aufbringe, würden die USA ihr Interesse an Europa verlieren. Sowjet-Rußland wisse sehr genau, daß eine Integration Europas ohne Deutschland nicht möglich sei. Deshalb laufe der Sowjets größtes Bestreben darauf hinaus, die Einfügung Deutschlands in das Verteidigungssystem des Westens zu hintertreiben." Vgl. hierzu auch Rede in Goslar, 22. 4. 1955, S. 5f., A. Rh.; vgl. auch BV, 17. 1. 1958, S. 104; vgl. auch Rede Adenauers am 3. 6. 1962, 11. Bundesparteitag der CDU, Dortmund, Protokoll S. 22; vgl. auch Rede vom 17. 3. 1964, 12. Bun-

desparteitag der CDU in Hannover, Protokoll S. 505; vgl. auch K. Adenauer, IV, S. 16: „Die Verteidigung Europas durch Amerika liege natürlich im europäischen Interesse, aber ebenso im amerikanischen Interesse, weil die Vereinigten Staaten von der Sowjetunion erledigt würden, wenn diese den europäischen Kontinent besäße. Ein Krieg sei dazu für die Sowjetunion nicht notwendig. Die Sowjetunion sei vielmehr dann die maßgebende Weltwirtschaftsmacht und könne dadurch die amerikanische Wirtschaft völlig durcheinanderbringen und so gar nicht vorauszusehende politische Wirkungen in den Vereinigten Staaten auslösen."

251 vgl. hierzu Rede in Köln, 2. 11. 1952, S. 11, A. Rh.; vgl. auch Rede in Goslar, 22. 4. 1955, S. 5f., A. Rh.

252 vgl. hierzu Rede in Wetzlar, 30. 4. 1952, S. 12f.; vgl. auch Rede in Augsburg, 14. 6. 1953, S. 5f.: „Vor der Türe des von Sowjetrußland beherrschten Gebietes liegen nun die industriellen Gebiete, deren Besitz Sowjetrußland ein stärkeres Kriegspotential geben würde, als es die Vereinigten Staaten zur Zeit haben. Diese Gebiete sind die Bundesrepublik, das nordfranzösische und das belgische Industriegebiet. Durch den Besitz dieser Gebiete würde Sowjetrußland, falls es sie unversehrt bekommt, eine ungeheure Stärkung seiner militärischen und politischen Macht erhalten, sein Kriegspotential würde dann größer sein als das der Vereinigten Staaten. Diese industriellen Gebiete unversehrt in seine Hände zu bekommen, ist das Ziel der sowjetrussischen Politik in Europa. Das ist das Ziel des von ihm in Europa geführten kalten Krieges. Ein von Sowjetrußland um diese Gebiete geführter heißer Krieg würde, ganz abgesehen davon, daß Sowjetrußland sich selbst dadurch den größten Gefahren aussetzte, ihm keinen Gewinn bringen, da bei einem heißen Krieg die oben von mir genannten kriegspotentiellen Gebiete und Industrien restlos zerstört werden würden. Den kalten Krieg zur Erreichung dieses Ziels führt Sowjetrußland mit allen Mitteln."

253 vgl. hierzu BA, 27. 9. 1951, S. 10; vgl. auch BA, 14. 6. 1952, S. 19; vgl. auch Rede in Solingen, 23. 6. 1954, S. 12, A. Rh.

254 Sie bestimmte maßgeblich seine Haltung zur russischen Notenoffensive vom Frühjahr 1952, die nach seiner Überzeugung insbesondere auf die Verhinderung des europäischen Zusammenschlusses gezielt war; sie bestimmte seine Beurteilung der Berliner Außenministerkonferenz vom Februar 1954, die nach seiner Meinung der damalige russische Außenminister Molotow gern als Ansatz eines Rückzuges der Amerikaner aus Europa gesehen hätte; sie bestimmte seine Einschätzung der Genfer Ost-West-Konferenzen des Jahres 1955, und sie bestimmte nach seinem Rücktritt maßgeblich seine Beurteilung des Atomsperrvertrages.

255 vgl. Adenauer hierzu vor BA, 14. 6. 1952, S. 18

256 so Adenauer in einer Rede vor der Nouvelles Equipes Internationales in Bad Ems, 14. 9. 1951, S. 20f., A. Rh.

257 so Adenauer in Rede in Düsseldorf, 20. 6. 1954, S. 21, A. Rh.

258 so Adenauer während einer Pressekonferenz am 4. 8. 1964, Bonn, S. 15, A. Rh.; vgl. Adenauer hierzu auch während des 13. Bundesparteitages der CDU in Düsseldorf am 28. 3. 1965, Protokoll S. 23

259 so vor BA, 17. 1. 1958, S. 22; vgl. auch BV, 13. 1. 1956, S. 15

260 vgl. hierzu Ausführungen Adenauers vor dem BA, 14. 6. 1952, S. 19f.; vgl. auch Rede in Köln, 2. 11. 1952, S. 10, A. Rh.: „Wenn wir den Westen soweit haben, daß er einig und geschlossen ist, und wenn er stark ist, nicht etwa, um damit Sowjetrußland Furcht einzujagen, dann verhandelt Sowjetrußland. Wie jeder Diktaturstaat verhandelt es eben nicht mit schwachen oder ohnmächtigen Part-

z. d. S. 90–92

nern, sondern nur mit einem starken. Wenn wir soweit sind und wenn es dann gelingt, und das muß gelingen, Sowjetrußland die Furcht zu nehmen, daß es angegriffen wird, dann ist der Tag gekommen, an dem mit Sowjetrußland vernünftig verhandelt werden kann über eine Regelung dieser ganzen Spannungen." Vgl. hierzu auch Ausführungen vor BV, 11. 5. 1957, S. 12

261 so vor BV, 23. 11. 1956, S. 29

262 vgl. hierzu Rede in Offenbach, 24. 9. 1954, S. 11, A. Rh.: „Ich bin fest überzeugt, daß, wenn Sowjetrußland sieht, daß es im Wege des Kalten Krieges keinen Sieg mehr erringen kann, und wenn Sowjetrußland sieht, daß der Westen stark, aber verhandlungsbereit ist, dann wird auch Sowjetrußland mit uns verhandeln, und das wird der Anfang einer allgemeinen Entspannung sein." Vgl. hierzu auch K. Adenauer, IV, S. 229

263 so am 18. 10. 1952 während des 3. Bundesparteitages der CDU, Berlin, Protokoll S. 31 f.

264 ebda., S. 32

265 so am 25. 4. 1961 während des 10. Bundesparteitages der CDU, Köln, Protokoll S. 32

266 vgl. hierzu K. Adenauer, IV, S. 97 f. und 120

267 so am 23. 3. 1966 während des 14. Bundesparteitages der CDU, Bonn, Protokoll S. 171

268 so vor BV, 13. 1. 1956, S. 31

269 vgl. hierzu BA, 14. 6. 1952, S. 20 ff.; vgl. auch BV, 17. 1. 1958, S. 17; vgl. hierzu auch K. Adenauer, IV, S. 121, 137 und 223

270 so in Rede in Hannover, 12. 5. 1955, S. 9, A. Rh.

271 Rede vom 11. 12. 1953, Paris, S. 8, A. Rh.

272 vgl. hierzu Rede in Berlin, 2./3. 2. 1957, S. 17, A. Rh.; vgl. Rede in Berlin, 4. 12. 1958, S. 5, A. Rh.

273 vgl. BV, 12. 7. 1956, S. 22

274 vgl. BV, 11. 7. 1961, S. 3

275 vgl. hierzu K. Adenauer, IV, S. 17 und 38 f.

276 vgl. hierzu K. Adenauer, III, S. 240

277 vgl. hierzu K. Adenauer, II, S. 218 ff.

278 vgl. hierzu K. Adenauer, III, S. 228 ff.

279 vgl. hierzu BV, 23. 11. 1956, S. 27 ff.; vgl. auch Rede in Berlin, 2./3. 2. 1957, S. 15, A. Rh.

280 vgl. Rede in Berlin, 2./3. 2. 1957, S. 15, A. Rh.

281 vgl. Rede in Berlin, 4. 12. 1958, S. 5, A. Rh.

282 vgl. unter Anmerkung 275

283 so in einem Informationsgespräch mit dem amerikanischen Journalisten Joseph Kingsbury-Smith, 31. 8. 1966, S. 4, A. Rh.

284 ebda., S. 6; vgl. auch Rede in Tutzing, 19. 7. 1963, S. 5, A. Rh.

285 so in Interview mit Arthur H. Sulzberger, „New York Times", vgl. Niederschrift vom 5. 2. 1965, S. 5 f., A. Rh.

286 so in einem Interview mit dem französischen Fernsehen, ORTF, vgl. Niederschrift vom 10. 2. 1967, S. 2, A. Rh.

287 so in Rede in Hamm/Westf., 13. 2. 1955, S. 11, A. Rh.; vgl. auch Rede in Wiesbaden, 16. 11. 1954, S. 12, A. Rh.: „Sowjetrußland kann gar nicht auf die Dauer drei Probleme lösen. Es kann nicht auf die Dauer aufrüsten, wie es das tut; es kann nicht auf die Dauer seine Bevölkerung, deren Ackerboden zu gering ist, versorgen

und gleichzeitig Rotchina mit industriellen Erzeugnissen versehen, das geht über seine Kräfte. Das weiß Sowjetrußland ganz genau selbst auch. Ich bin der festen Überzeugung, wenn der Westen zu der Einheit zurückgefunden hat, die er in diesem Sommer in so schrecklicher Weise verloren hatte, dann wird auch mit Sowjetrußland über eine allgemeine Entspannung zu verhandeln sein."

288 vgl. hierzu BV, 5. 2. 1955, S. 66; zu den Thesen von Wilhelm Starlinger vgl. seine Schrift „Grenzen der Sowjetmacht im Spiegel einer West-Ost-Begegnung hinter Palisaden 1945–1954", Kitzingen/Main, Holzner-Verlag, 1954, Jahrbuch der Albertus-Universität Königsberg in Preußen, Beiheft 9

289 vgl. hierzu BV, 5. 2. 1955, S. 16f.; vgl. auch BA, 4. 6. 1955, S. 8, im Anschluß an Ausführungen zu inneren Strukturschwächen der Sowjetunion hinsichtlich ihrer Wirtschaft: „Als letzte Schwierigkeit müsse man ansehen, daß durch die außerordentlich starke Vermehrung der chinesischen Bevölkerung für Sowjetrußland in wenigen Jahren in Asien ein viel gefährlicherer Nachbar erwachse, als es jetzt in Europa die mehr oder weniger friedliebenden freien Völker seien." Vgl. auch BV, 11. 12. 1961, S. 17: „Sie müssen dann bedenken, daß der Nachbar von Rotchina Sowjetrußland ist, daß aber dieser Nachbar – Rotchina – über 650 Millionen Einwohner hat; Sowjetrußland hat etwa über 200 Millionen Einwohner. Die Rotchinesen sind zwar in mancher Hinsicht heute noch etwas hinter Sowjetrußland zurück. Sowjetrußland hat also auf der einen Seite als Nachbar Rotchina und auf der anderen Westeuropa. Wenn Sie sich dieses Bild einmal vor Augen halten, dann werden Sie, glaube ich, mit mir darüber übereinstimmen, daß sehr ernste Entwicklungen möglich oder sogar wahrscheinlich sind; ob diese in 5, 10 oder 15 Jahren eintreten, kann kein Mensch heute beurteilen. Chruschtschow hat mir schon, als ich im Herbst 1955 in Moskau gewesen bin, von diesen ernsten und ernsthaften Entwicklungen gesprochen. Deshalb glaube ich, daß man in der deutschen Situation mit unseren brennenden Problemen und unseren Wunden folgendes niemals vergessen darf: Man muß Geduld zeigen, weil die Zeit – soweit das überhaupt von einem Menschen beurteilt werden kann – für uns und nicht gegen uns wirkt." Vgl. auch BV, 7. 2. 1962, S. 19ff.: „Zu Rußland möchte ich noch ein Wort sagen. Ich weiß – ich betone auch hier, ich weiß das –, daß sich gerade Chruschtschow wegen der Entwicklung in Rotchina ernste Sorgen macht. Ich habe schon früher einmal davon gesprochen, daß im September ‚Der Figaro' 3 bebilderte Artikel gebracht hat über die riesigen Arbeiten, die Sowjetrußland in Ostsibirien nach der rotchinesischen Grenze zu macht. Sie haben im Bau das größte Kraftwerk der Welt. Sie haben riesige Fabriken dort gebaut. Sie bauen Städte und Straßen, und sie treffen auch militärische Vorbereitungen. Die Gefahr, die Sowjetrußland vom Osten her droht, ist nicht nur evident, sondern sie wird auch von den Russen erkannt. Chruschtschow hat davon angefangen, als ich im Jahre 1955 mit ihm gesprochen habe. Dann habe ich 3 Jahre später mit Mikojan gesprochen, als er in Bonn war. Sie sagen sich ganz klar, 200 Mill. Russen stehen weit über 600 Mill. Chinesen gegenüber; da kann man nicht durchhalten, wenn man sich nicht stark macht [. . .] Diese Front Sowjetrußlands gegenüber Rotchina, die jetzt aufgebaut wird, ist viel schneller und früher gekommen. Aber das bringt uns zunächst keine Entlastung. Unsere Entlastung beruht nur auf der Einigkeit des Westens. Chruschtschow lebt davon – und jeder andere, der an seiner Stelle säße, hätte wohl die gleiche Hoffnung, die Chruschtschow überall verkündet hat –, daß eines Tages der kapitalistische Westen doch auseinanderfällt. Wenn das geschehen sollte, dann hat er allerdings bis auf weiteres gewonnenes Spiel. Das

 z. S. 97

vornehmste Ziel unserer Politik ist und bleibt also nach meiner Meinung, die Einheit des Westens soweit wie möglich herbeizuführen. Das ist in großen Zügen die gegenwärtige Situation, wie sie mir erscheint." Vgl. auch K. Adenauer, IV, S. 94f., 121 und 223

290 vgl. BV, 5. 2. 1955, S. 67; vgl. auch BV, 11. 12. 1961, S. 17

291 so vor BV, 11. 12. 1961, S. 17

292 vgl. K. Adenauer, IV, S. 94f.

293 vgl. K. Adenauer, II, S. 527f.

294 vgl. hierzu BV, 7. 2. 1962, S. 21; vgl. hierzu auch K. Adenauer, IV, S. 137, über Ausführungen zu diesem Thema gegenüber Charles de Gaulle am 15. 2. 1962 schreibt Adenauer u. a.: „Ich sei überzeugt, der Tag werde kommen, an dem die Sowjetunion im Westen Freunde brauche. Vorher jedoch wird sie versuchen, durch Gewinne im europäischen Westen ihre Kraft gegenüber Rotchina zu stärken. Ich glaubte, daß diese Zeit nunmehr angebrochen sei."

295 so vor BV, 11. 12. 1961, S. 17

296 so vor BV, 25. 4. 1958, S. 3; vgl. auch Rede in Hamburg, 7. 5. 1954, S. 12: „Aber ich glaube doch, daß die Politiker der freien Welt immer, und vielleicht noch stärker als bisher, daran denken müssen, daß Einigkeit und Geschlossenheit ihr bester, vielleicht ihr einziger Schutz sind. Das gilt vor allem von den Politikern Europas, die endlich sich einmal klar darüber werden müssen, daß egoistische Interessen zurücktreten müssen hinter dem großen gemeinsamen Interesse: dem Schutze der Freiheit." Vgl. auch BA, 4. 6. 1955, S. 1; vgl. auch BV, 25. 4. 1958, S. 9: „Wir müssen abwarten und Geduld haben. Der Westen muß einig bleiben! Kein Land darf eine Extratour machen wollen. Sämtliche westlichen Länder müßten es teuer bezahlen, wenn irgendein Land eine Extratour riskieren würde. Es bleibt auch dabei, daß innerhalb der freien Welt die Vereinigten Staaten das einzige Land sind, das die Führerschaft beanspruchen und die Freie Welt aus dieser Verstrickung – die auch die unfreie Welt mit umfaßt – herausführen kann." Vgl. auch Rede Adenauers während des 10. Bundesparteitages der CDU in Köln, 24.–27. 4. 1961, Protokoll S. 32: „Es wird, wie ich hoffe, eines Tages sich doch die Möglichkeit ergeben, mit Sowjetrußland zu verhandeln. Diese Möglichkeit wird sich aber nur dann ergeben, wenn der Westen so stark, so geschlossen und so einig ist, daß Sowjetrußland erkennt, daß es nicht damit rechnen kann, daß im Laufe der Zeit der Westen in seinen Anstrengungen erlahmt und auseinanderfallt." Vgl. auch Rede Adenauers während des 11. Bundesparteitages der CDU in Dortmund, 2.–5. 6. 1962, Protokoll S. 32: „Etwas kann einem manchmal Sorge machen: daß Sowjetrußland zu der falschen Meinung kommen könnte, der freie Westen sei nicht einig. Das muß unter allen Umständen verhütet werden, meine Freunde. Ich bin fest überzeugt, wenn Chruschtschow und seine Leute die feste Überzeugung hätten, daß die freien Völker des Westens einig sind, dann wären wir in manchen Fragen – in der Deutschlandfrage, in der Frage der kontrollierten Abrüstung – sehr viel weiter, als wir jetzt leider gekommen sind."

297 so in Rede in Washington, 8. 4. 1953, S. 5, A. Rh.

298 vgl. Rede Adenauers am 23. 3. 1966 während des 14. Bundesparteitages der CDU, Bonn, Protokoll S. 171

299 vgl. Pressekonferenz Adenauers am 4. 8. 1964, Bonn, S. 15f., A. Rh.

300 so vor BA, 17. 1. 1958, S. 25

301 vgl. Rede Adenauers während des 12. Bundesparteitages der CDU, Hannover, 15. 3. 1964, Protokoll S. 27

302 vgl. A. Poppinga, a.a.O., 124; vgl. auch Rundfunkrede vom 20. 9. 1959, S. 1, A. Rh.

303 vgl. Rede in Berlin, 19. 7. 1954, abgedruckt in Bulletin vom 21. 7. 1954, Nr. 133, s. insbesondere S. 1198

304 vgl. A. Poppinga, a. a. O., S. 347

305 vgl. hierzu K. Adenauer, I, S. 51; vgl. auch A. Poppinga, a. a. O., S. 347f.

306 vgl. A. Poppinga, a. a. O., S. 347

307 vgl. Rundfunkrede Adenauers, zitiert nach Manuskript, datiert vom 23. 3. 1946, S. 16, A. Rh.

308 vgl. Interview mit George Bailley, „The Reporter", zitiert nach Niederschrift vom 14. 11. 1960, S. 3f.

309 vgl. hierzu Rede Adenauers vom 24. 3. 1946, Köln, S. 4, A. Rh.; vgl. auch Rede vom 30. 6. 1952, Frankfurt, S. 4f., A. Rh.

310 vgl. Rede Adenauers vom 24. 3. 1946, Köln, S. 4, A. Rh.

311 ebda.

312 ebda.

313 ebda.

314 ebda., S. 5

315 so in Rede in London, vor dem Chatham House, 6. 12. 1951, S. 3, A. Rh.

316 so u. a. in einer Rede in Straßburg, 3. 8. 1951, S. 2f., A. Rh.; vgl. auch Interview mit Daniel Schorr, CBS, vom 21. 8. 1962, S. 6ff., A. Rh.

317 vgl. Rede in Straßburg, 3. 8. 1951, S. 3, A. Rh.

318 ebda., S. 4

319 vgl. hierzu A. Poppinga, a. a. O., S. 189

320 vgl. unter Anmerkung 327

321 so in Rede in Straßburg, 3. 8. 1951, S. 3, A. Rh.

322 so in Interview für das Deutsche Fernsehen, Erstes Programm, zitiert nach Niederschrift vom 8. 10. 1963, S. 4, A. Rh.

323 ebda.

324 vgl. K. Adenauer, I, S. 353

325 zur Einschätzung der Situation des deutschen Volkes durch Adenauer hinsichtlich der psychologischen Labilität vgl. u. a. Rede Adenauers vom 23. 3. 1949, Bern, zum größten Teil abgedruckt in K. Adenauer, I, S. 182ff.; vgl. auch Rede in Straßburg, 3. 8. 1951, A. Rh.

326 vgl. hierzu K. Adenauer, I, insbesondere S. 50ff.

327 vgl. Adenauer hierzu vor dem Landtag Nordrhein-Westfalen, 3. Vollsitzung, 19. 12. 1946, Protokoll S. 13; Schuld an der Parteienzersplitterung schrieb er hierbei vor allem dem Verhältniswahlsystem zu; vgl. auch 14. Bundesparteitag der CDU, 21.–23. 3. 1966, Bonn, Protokoll S. 31

328 vgl. hierzu u. a. Ausführungen Adenauers während des 2. Bundesparteitages der CDU, Karlsruhe, 18.–21. 10. 1951, Protokoll S. 16f.; vgl. auch Rede in Dortmund, 30. 6. 1957, S. 19: „Ich bin der Auffassung, daß eine starke und gesunde Mittelklasse das beste Fundament eines demokratischen Staatswesens ist." Vgl. hierzu auch A. Poppinga, a. a. O., S. 345

329 vgl. hierzu Adenauer in Rede am 30. 6. 1952, Frankfurt, S. 3, A. Rh.: „Sie wissen, daß ich vom ersten Tage an unentwegt versucht habe, den Zusammenschluß Europas in die Tat umzusetzen. Meine Politik mögen meine politischen Gegner für mehr oder weniger falsch halten, aber das Eine werden sie mir nicht bestreiten können: Ich habe das Wagnis nicht gescheut, Deutschland und die deutsche Politik *neue Wege* zu führen."

330 vgl. hierzu Rede Adenauers in Straßburg, 3. 8. 1951, insbesondere S. 4ff., A. Rh.

331 so Adenauer u. a. in Rede in Kassel, 19. 11. 1954, S. 4, A. Rh.: „Was war denn nun die Ursache, daß das deutsche Volk in so verhältnismäßig wenigen Jahrzehnten so Furchtbares hat erleben müssen? Nun, ich kann, glaube ich, mit Recht sagen, eine nationalistische Übersteigerung und ein mangelnder Sinn für die Realitäten der Politik, und meine Damen und Herren, dieses Deutschland stand allein, es hatte keine Freunde in der Welt, und es genoß kein oder nur sehr wenig Vertrauen. Das, glaube ich, sind die wahren Ursachen dafür, daß dieses furchtbare Schicksal über das deutsche Volk gekommen ist."

332 vgl. hierzu Rede Adenauers am 18. 10. 1952, 3. Bundesparteitag der CDU, Berlin, Protokoll S. 28

333 vgl. Interview mit Ernst Friedlaender, NWDR, zitiert nach Bulletin vom 13. 6. 1953, Nr. 109, S. 926

334 vgl. Rede Adenauers am 18. 10. 1952, 3. Bundesparteitag der CDU, Berlin, Protokoll S. 27

335 vgl. hierzu S. 123ff.

336 so eine Formulierung Winston Churchills im Jahre 1946, vgl. hierzu K. Adenauer, I, S. 41

337 auf einer Pressekonferenz am 4. 8. 1964, Bonn, S. 4, A. Rh., führte Adenauer hierzu aus: „Langsam sahen auch die drei Westalliierten ein, daß sie Deutschland nötig hatten gegenüber Sowjetrußland. Ich sage das ganz offen, denn es ist selbstverständlich, daß die Sieger in einem solchen Kampfe wie dem, der damals zu Ende gegangen war, nicht in erster Linie an uns dachten, wie überhaupt – ich möchte hier einmal ein Wort einfließen lassen, auf das ich vielleicht noch zurückkomme – jede Außenpolitik das Wohl des eigenen Landes an erster Stelle sehen muß, sonst hat sie keine Dauer, sonst ist sie eine vorübergehende Erscheinung. Die drei erkannten, daß Deutschland, die Wiederherstellung Deutschlands, notwendig sei als Damm gegenüber dem nach Westen drängenden Sowjetrußland."

338 vgl. K. Adenauer, I, S. 40

339 so in Rede in Köln, 13. 4. 1947, S. 6, A. Rh.

340 vgl. hierzu u. a. Rede in Essen, 24. 8. 1946, S. 19: „Wir können von unseren westlichen Nachbarvölkern keine Liebe erwarten. Wir müssen auch verstehen, daß sie, Holland, Belgien, Luxemburg und Frankreich, Sicherungen verlangen. Aber Sicherungen lassen sich niemals schaffen durch Gewalt, sei es, daß diese Gewalt in einer endlosen Besatzung oder sogar in Abtrennung besteht."

341 so in Rede in Mülheim/Ruhr, 29. 9. 1946, S. 10f., A. Rh.

342 vgl. S. 73

343 so in Rede in Essen am 24. 8. 1946, S. 20, A. Rh.

344 so in Rede in Mülheim/Ruhr, 29. 9. 1946, S. 10, A. Rh.

345 ebda.

346 vgl. hierzu K. Adenauer, I, S. 245

347 vgl. hierzu S. 127ff.

348 so in Rede in Frankfurt, 30. 6. 1952, S. 6, A. Rh.

349 ebda.; vgl. auch Rede in Bad Ems, 22. 4. 1950, S. 18, A. Rh.; vgl. auch Rede in Hamm/Westf., 13. 2. 1955, S. 2, A. Rh.

350 vgl. hierzu BA, 14. 6. 1952, S. 10; vgl. auch Rede in Frankfurt, 30. 6. 1952, S. 5f., A. Rh.; vgl. auch BV, 3. 6. 1955, S. 23

351 so in Rede in Frankfurt, 30. 6. 1952, S. 5f., A. Rh.

352 so z. B. in einer Rede in Bochum, 15. 6. 1954, S. 5, A. Rh.: „Seien wir uns darüber

klar, man achtet uns, aber man fürchtet uns auch und man liebt uns nicht und wir können nur dann uns zu der Achtung vor unserem Fleiß und unserer Tüchtigkeit das Vertrauen der anderen gewinnen, wenn wir eine klare und stetige und konsequente Außenpolitik treiben." Vgl. hierzu auch Ausführungen Adenauers während des 5. Bundesparteitages der CDU, Köln, 28.–30. 5. 1954, Protokoll S. 165f.; vgl. auch Rede in Hamm/Westf., 13. 2. 1955, S. 2, A. Rh.: „Wie macht denn ein besiegtes Volk Außenpolitik? Lassen Sie mich noch konkreter sprechen: Wie macht ein total besiegtes und entmachtetes Volk, wie unser deutsches Volk, das mitten im Herzen Europas liegt, das von Völkern umgeben ist, die noch bis vor kurzem seine Gegner waren oder seine Gegner sind – wie macht ein solches Volk Außenpolitik? Von einer Illusion vor allem muß man sich freimachen: Man soll sich hüten vor der Selbsttäuschung, daß die Völker, mit denen wir noch vor neun Jahren in einem furchtbaren, in einem erbarmungslosen Kriege waren, der – man muß das immer wieder sagen – von den damaligen nationalsozialistischen Machthabern des deutschen Volkes frivol entfesselt worden ist, das alles vergessen haben. Das ist nicht der Fall, und das Vertrauen zum deutschen Volke, das Vertrauen zu den guten Eigenschaften des deutschen Volkes, kann man sich nur wiedererwerben mit Stetigkeit und mit Geduld, nicht durch einen Zickzackkurs."

353 vgl. hierzu Rede Adenauers im Bayerischen Rundfunk, zitiert nach Manuskript, datiert vom 7. 1. 1953, S. 4f., A. Rh.

354 vgl. hierzu K. Adenauer, I, S. 273ff.

355 so Adenauer während des 7. Bundesparteitages der CDU in Hamburg, 11.–15. 5. 1957, Protokoll S. 243

356 ebda.

357 so Adenauer während des 6. Bundesparteitages der CDU in Stuttgart, 26.–29. 4. 1956, Protokoll S. 27

358 vgl. Rede in Dortmund, 26. 7. 1953, S. 2, A. Rh.

359 vgl. S. 133ff.

360 vgl. hierzu Interview mit Daniel Schorr, CBS, 21. 8. 1962, Teil 3, S. 3: „Von der westlichen Welt muß die Bundesrepublik verlangen, daß sie ihr hilft, mit den Deutschen in der Zone wiedervereinigt zu werden, damit wirklich Frieden in Europa kommt. Ich fürchte, solange diese Wiedervereinigung nicht hergestellt ist, wird ein echter Frieden in Europa nicht sein, wird immer eine Spannung vorhanden sein, wie es sich gerade in diesen Tagen in Berlin sehr stark gezeigt hat, und das ist für niemanden gut."

3. Einfluß der Geschichte durch Prägung von Denkweise und Methodik

1 als Beispiele für diese Denkweise sei auf folgende Reden verwiesen: Rede vom 1. 2. 1919, Köln, abgedruckt in Karl Dietrich Erdmann, a. a. O., S. 214ff.; Rede vom 30. 10. 1919 vor der neugewählten Kölner Stadtverordnetenversammlung, Protokoll der 23. Sitzung vom 30. 10. 1919, S. 331f.; Rede vom 24. 3. 1946, Köln, A. Rh.; Rede vom 23. 11. 1957, Amsterdam, A. Rh.; Rede vom 16. 2. 1967, Madrid, abgedruckt in K. Adenauer, IV, S. 238ff.; vgl. als typisches Beispiel auch Ausführungen Adenauers vor dem BA, 14. 6. 1952, S. 24ff.

2 vgl. K. Adenauer, I, S. 40

3 vgl. Rede in Köln, 24. 3. 1946, S. 23, A. Rh.

4 vgl. A. Poppinga, a. a. O., S. 127

5 vgl. hierzu Hans-Peter Schwarz, „Das außenpolitische Konzept Konrad Ade-

nauers", in „Adenauer-Studien", Band 1, S. 78; er stellt fest, daß sich aus dem dynamischen Geschichtsbewußtsein Adenauers die für seinen außenpolitischen Stil „so kennzeichnende Verbindung von Festigkeit und Geschmeidigkeit" ergeben habe.

6 vgl. hierzu insbesondere S. 101ff.; als eklatantes Beispiel sei genannt Adenauers Äußerung über die Sowjetunion, sie sei „in die Reihe der Völker" eingetreten, „die den Frieden wollen". Diese Äußerung fiel, nachdem Moskau als Friedensvermittler dazu beigetragen hatte, daß eine kriegerische Auseinandersetzung zwischen Indien und Pakistan zum Stillstand kam; vgl. Ausführungen Adenauers während des 14. Bundesparteitages der CDU, Bonn, 21.–23. 3. 1966, Protokoll S. 41 und 175f.

7 vgl. hierzu Rede Adenauers vom 23. 6. 1964, Düsseldorf, S. 4, A. Rh.

8 vgl. Rede in Frankfurt, 30. 6. 1952, S. 8, A. Rh.; vgl. hierzu auch Informationsgespräch mit Dr. Wolfgang Bretholz, „Nationalzeitung" Basel, 14. 2. 1961, S. 1 und 5, A. Rh.

9 vgl. hierzu Rede während des 5. Bundesparteitages der CDU in Köln, 28.–30. 5. 1954, Protokoll S. 12; vgl. auch BV, 19. 9. 1957, S. 12f.; vgl. auch BV, 17. 1. 1958, S. 3f.; vgl. hierzu auch A. Poppinga, a. a. O., S. 213 und 349f.

10 vgl. BV, 19. 9. 1957, S. 12

11 die Liberalen regierten in Kanada vom 23. 10. 1935 bis zum 21. 6. 1957

12 vgl. BV, 19. 9. 1957, S. 10

13 ebda., S. 10ff.

14 BV, 11. 7. 1961, S. 3

15 Kennzeichnend für Adenauers Grundhaltung ist folgende Passage in: K. Adenauer, III, S. 17: „Eine der großen Gefahren, die die Verwirklichung eines vereinigten Europas bedrohen, sehe ich in dem Mangel an Vorausschau der Entwicklung, in der Kleinheit des Denkens, die zu einer Überschätzung des Gewordenen, Bestehenden und zur Blindheit und zur Unterschätzung des Auf-uns-zu-Kommenden führt. Darüber hinaus ist es die Gefahr der Gewöhnung, der wir oft in geistig-politischer Hinsicht begegnen."

16 vgl. u. a.: BV, 13. 1. 1956, S. 35; BV, 1. 7. 1957, S. 8f.; BV, 19. 9. 1957, S. 12ff.; BV, 17. 1. 1958, S. 3f. und 48; BA, 18. 11. 1960, S. 16

17 so die Formulierung Adenauers in einer Äußerung zu mir am 11. 10. 1965

18 vgl. hierzu insbesondere Interview in der „New York Times" vom 10. 2. 1965, Interview in der „Welt am Sonntag" vom 18. 7. 1965 sowie seine Pressekonferenz in Madrid am 17. 2. 1967, A. Rh.

19 vgl. hierzu Ausführungen Adenauers vor der Kölner Stadtverordnetenversammlung am 30. 10. 1919, 23. Sitzung, Protokoll S. 332, in denen er auf die unmittelbar drängenden Aufgaben hinwies, jedoch gleichzeitig erklärte: „So wichtig und bedeutungsvoll diese Fragen für die Bürgerschaft sind, wir dürfen doch nicht vergessen, daß es Tagesfragen sind, die uns nicht den Blick trüben dürfen für andre Fragen, [. . .], deren Lösung oder Nichtlösung für das Schicksal unsrer Stadt aber noch in späteren Jahrhunderten von größter Bedeutung sein wird." Es folgte die Skizzierung weit in die Zukunft reichender Pläne; zur Situation nach 1945 vgl. Rede Adenauers vom 1. 10. 1945 vor der Kölner Stadtverordnetenversammlung, auszugsweise wiedergegeben in K. Adenauer, I, S. 30ff.; vgl. auch Rede Adenauers am 12. 10. 1948, Mönchengladbach, S. 16, A. Rh.; zur Frage der Wiedervereinigung Deutschlands vgl. K. Adenauer, III, S. 379

20 vgl. hierzu Aktennotiz Adenauers vom 9. 10. 1945 in K. Adenauer, I, S. 34f., sowie Schreiben Adenauers an den damaligen Oberbürgermeister von Duisburg, Weitz, vom 31. 10. 1945, auszugsweise wiedergegeben in K. Adenauer, I, S. 39f.; vgl. hierzu auch zahlreiche Reden des Jahres 1946, u. a. vom 28. 7. 1946 in Osnabrück, S. 10, A. Rh.: „Kein Akt der Gewalt wird Westeuropa den Frieden geben, den es so dringend bedarf, wenn nicht ganz Westeuropa untergehen soll. Es gibt konstruktive Mittel, kein Mittel der Gewalt, die nach unserer festen Überzeugung die Sicherheit in Westeuropa vor einer Wiederholung von Kriegen schaffen können in einer Weise, die allen Beteiligten nutzt und frommt. Wir glauben, daß in erster Linie eine Verflechtung der wirtschaftlichen Interessen Westdeutschlands mit den westlichen Nachbarn einschließlich Englands die sicherste Grundlage für eine dauernde kulturelle und politische Annäherung ist. Es mag vielleicht kühn sein, in diesem Augenblick, in dem wir uns ja überhaupt noch nicht frei bewegen können, schon von solchen Dingen zu sprechen und fast so zu tun, als ob man auf gleich und gleich mit unseren Siegern verhandeln könnte, das können wir natürlich nicht, aber bei der Regelung dieser Angelegenheit handelt es sich auch bei uns und sicher bei unseren Kindern und Kindeskindern um Sein oder um Nichtsein. Wir wollen keinen neuen Krieg. Nicht nur die jetzt lebende Generation darf keinen Krieg mehr erleben, auch die folgenden Generationen dürfen keine Kriege mehr in Europa erleben."

21 so Adenauer in I, S. 245; vgl. hierzu auch Aktennotiz des damaligen Ministerialdirektors Herbert Blankenhorn über eine Besprechung Adenauers mit den Hohen Kommissaren am 27. 10. 1949, abgedruckt in K. Adenauer, I, S. 251

22 so Adenauer in I, S. 245

23 vgl. hierzu insbesondere Rede in München, 3. 4. 1950, S. 10, A. Rh.

24 Diese Methode kennzeichnete Adenauer am 3. 8. 1946, Neuenkirchen/Kreis Wiedenbrück, S. 2, A. Rh., folgendermaßen: „Immerhin ist es vielleicht doch dankenswert, wenn man einmal in einem größeren Rahmen alles aneinanderreiht und ein Bild zu geben versucht, wie es heute in Deutschland und in der Welt aussieht – nicht Einzelheiten, sondern ein Gesamtbild, und das will ich jetzt versuchen." Er meinte, durch das Aufzeigen der inneren Zusammenhänge der außenpolitischen Ereignisse „bekomme man einen besseren Einblick in den zukünftigen Verlauf der Dinge", so vor BA, 4. 6. 1955, S. 1; ihm kam es darauf an, „das große Ganze" in den Blick zu bekommen, vgl. hierzu BV, 29. 1. 1960, S. 23; typisch für Adenauers Ausführungen vor Parteigremien ist folgender Einstieg, BV, 22. 9. 1960, S. 4: „Auf der Tagesordnung stehen heute einige Gesetze, die ganz sicher eine große Rolle spielen. Sie können nur richtig gewürdigt werden auf dem Hintergrund einer Betrachtung über die allgemeine außenpolitische und innenpolitische Lage. Deswegen möchte ich Ihnen vorschlagen, daß wir mit einer allgemeinen Darstellung und Besprechung der außenpolitischen und innenpolitischen Lage beginnen."

25 vgl. hierzu Seite 53, Anmerkung 3, betr. Suez-Krise von 1956, BV, 23. 11. 1956, S. 16ff.; betr. Koalition der CDU/CSU mit der FDP BV, 24. 2. 1956, S. 6ff.

26 zitiert nach Günter Gaus, „Zur Person", S. 53

27 vgl. hierzu S. 67 und 73f.

28 so Adenauer in I, S. 245; vgl. hierzu auch Rede in Düsseldorf, 23. 6. 1964, S. 4f., A. Rh.: „Die Außenpolitik eines jeden Landes – Sie mögen ein Land nehmen, welches Sie wollen – wird in erster Linie von den eigenen Interessen des betreffenden Landes geleitet. Auch Zusammenschlüsse und Bündnisse haben nur dann

Kraft und Bestand, wenn sie im wesentlichen dem gemeinsamen Interesse aller dem Bündnis angehörenden Partner dienen. Ich meine hier nicht materielle Interessen, sondern ich meine das Wort ‚Interessen' ganz allgemein. Zur Erhärtung dessen möchte ich ein Wort von John Foster Dulles zitieren. Er hat einmal gesagt: Wir Amerikaner treiben in Europa keine französische Politik, wir treiben keine deutsche Politik, wir treiben in Europa amerikanische Politik. Das war ein sehr offenes, ein sehr klares und ein sehr richtiges Wort. Gerade diejenigen, die sich mit Politik und insbesondere mit Außenpolitik beschäftigen – das trifft auf diesen Kreis ganz sicher zu –, müssen sich immer darüber klar sein, daß die Außenpolitik in der Hauptsache von den Interessen des betreffenden Landes getragen wird und nicht etwa aus Liebe zu den anderen, auch wenn es sich um ideelle Motive oder soziologische Ansichten wie kommunistisch oder nichtkommunistisch handelt. Es liegt mir daran, das in einem solchen Kreise, wie er hier versammelt ist, ganz klar und deutlich auszusprechen, damit man nicht in Illusionen verfällt, die nachher große Enttäuschungen hervorrufen." So auch während Pressekonferenz am 4. 8. 1964, Bonn, S. 9, A. Rh.

29 Dies wird deutlich in Ausführungen Adenauers vor dem BV, 7. 2. 1962, S. 14; dgl. in Ausführungen während einer Pressekonferenz am 4. 8. 1964, S. 9, A. Rh.

30 vgl. hierzu S. 106f. und S. 135ff.

31 vgl. S. 73ff.

32 vgl. Rede am 24. 3. 1946, Köln, S. 23, A. Rh.

33 vgl. hierzu insbesondere Rede in Mülheim/Ruhr, 29. 9. 1946, S. 10, A. Rh.

34 vgl. hierzu insbesondere Rede Adenauers im Bayerischen Rundfunk, Manuskript datiert vom 7. 1. 1953, S. 4f., A. Rh.; zur Politik des „Schritt für Schritt" vgl. auch Rede in Augsburg, 14. 6. 1953, S. 3, A. Rh.; vgl. hierzu auch I, S. 422

35 vgl. hierzu u. a. K. Adenauer, I, S. 535

36 ebda.

37 ebda.

38 vgl. hierzu A. Poppinga, a. a. O., S. 102

39 vgl. K. Adenauer, I, S. 68

40 ebda.

41 zu den „Londoner Empfehlungen" vgl. K. Adenauer, I, S. 133

42 so in einer Stellungnahme Adenauers vor dem Landtag von Nordrhein-Westfalen am 14. 7. 1948, zitiert nach hektografierter Niederschrift, S. 4, A. Rh.

43 so in Ausführungen Adenauers am 21. 9. 1949, vgl. hierzu K. Adenauer, I, S. 234f.; vgl. hierzu auch Rede in Bonn, 21. 7. 1948, S. 5, A. Rh.

44 vgl. hierzu Ausführungen Adenauers vor dem Landtag von Nordrhein-Westfalen am 14. 7. 1948, hektografierte Niederschrift, S. 7, A. Rh.; vgl. hierzu auch K. Adenauer, I, S. 166f. und S. 213f.

45 vgl. hierzu K. Adenauer, I, S. 275

46 so in K. Adenauer, I, S. 164f.

47 vgl. hierzu ebda., S. 167; vgl. hierzu auch Rede in Recklinghausen am 28. 8. 1948, S. 12, A. Rh., im Anschluß an Ausführungen zur politischen Ohnmacht Deutschlands: „Gegenüber manchen anderen Meinungen habe ich von Anfang an mit Entschiedenheit den Standpunkt vertreten, daß – solange es uns Rußland durch seine Politik unmöglich macht, eine politische Organisation ganz Deutschlands herbeizuführen – wir wenigstens den Teil Deutschlands, der nicht unter russischer Herrschaft steht, politisch neu organisieren müssen." Vgl. hierzu auch Rede in Bonn am 30. 1. 1949, S. 4ff., A. Rh.; vgl. auch K. Adenauer, I, S. 167

48 vgl. Bundestagsprotokoll vom 20. 9. 1949, 5. Sitzung, S. 29

49 so in K. Adenauer, I, S. 213; vgl. hierzu auch Bundestagsprotokoll vom 20. 9. 1949, 5. Sitzung, S. 29

50 Bezeichnend hierfür ist folgende Passage in K. Adenauer, I, S. 245f.: „Es lag im Interesse der Vereinigten Staaten, daß Deutschland wieder stark würde. Daher konnten die zahlreichen Diskriminierungen, wie zum Beispiel das Ruhrstatut, das Besatzungsstatut und die Bestimmungen über unsere Bewaffnung sie mit sich brachten, nur vorübergehender Natur sein. Das deutsche Volk konnte auf die Dauer ohne Freiheit, ohne Gleichberechtigung kein vollkommener Partner der Völker sein, deren Interessen den unsrigen gleichgerichtet waren. Das waren die Leitgedanken meiner Politik gegenüber den Westmächten während all der Jahre, in denen ich Bundeskanzler war und die Richtlinien der Politik zu bestimmen hatte." Vgl. hierzu auch Rede in Düsseldorf, 23. 6. 1964, S. 4f., zitiert unter Anmerkung 28

51 so in Rede im Bayerischen Rundfunk, zitiert nach Niederschrift vom 7. 1. 1953, S. 6f., A. Rh.; vgl. hierzu auch BA, 6. 9. 1952, S. 38; vgl. auch Rede in Solingen, 23. 6. 1954, S. 14, A. Rh.; vgl. auch BV, 11. 10. 1954, S. 17

52 so vor BA, 6. 2. 1955, S. 15

53 vgl. hierzu Rede in Bonn, 30. 1. 1949, S. 15f., A. Rh.

54 vgl. hierzu u. a. Hans Maier, a. a. O., S. 15ff.

55 vgl. hierzu Adenauer in I, S. 426

56 so vor BA, 6. 9. 1952, S. 38f.

57 so in K. Adenauer, I, S. 329

58 vgl. hierzu BA, 13. 7. 1962, S. 15: „Man wird nach meiner Meinung – die ich von Anfang an gehabt habe – bei diesem Aufbau der Politischen Union immer systematisch weitergehen müssen. Je näher man sich kennengelernt hat, auch in politischer Beziehung, um so schneller wird man weiterkommen; bis schließlich doch die Integration von gewissen Teilen der Hoheitsrechte stattfinden kann. Aber man sollte hier den größten Wert auf den Anfang legen. Wenn man sofort das Äußerste will – was unerreichbar ist – und infolgedessen nicht zu einem Anfang kommt, dann tötet man den Gedanken dieser Europäischen Politischen Union."

59 so vor BV, 24. 2. 1956, S. 68

60 so vor BA, 6. 9. 1952, S. 21

61 vgl. hierzu K. Adenauer, II, S. 66ff.

62 vgl. ebda., S. 528

III. Die Bedeutung der Geschichte für das Grundsätzliche in der Politik Adenauers

1. Das Grundsätzliche als Konzeption der Westorientierung

1 so Adenauer in einer Rede in Bonn, 18. 11. 1960, S. 6, A. Rh.

2 so u. a. in Rede für Bayerischen Rundfunk, Manuskript vom 7. 1. 1953, S. 4, A. Rh.; so in Rede in Berlin, 3. 12. 1954, S. 3, A. Rh.; so in Rede in Dortmund, 30. 6. 1957, S. 16, A. Rh.; vgl. auch K. Adenauer, I, S. 97

3 vgl. hierzu u. a. BA, 12. 1. 1952, S. 9f.

4 so in Berlin, 3. 12. 1954, S. 7, A. Rh.

5 so in Rede beim 14. Bundesparteitag der CDU, Bonn, 21.–23. 3. 1966, Protokoll S. 37

z. d. S. 117–123

6 so in Rede in Goslar, 22. 4. 1955, S. 7, A. Rh.: „Unsere Politik, meine Freunde, die Politik der Christlich-Demokratischen Union und der Regierungskoalition in Bonn, in der die Christlich-Demokratische Union kraft ihrer großen Zahl von Mandaten führend ist, hat als oberstes Prinzip ihrer seit 1949 betriebenen Politik gehabt die politische und wirtschaftliche Anlehnung an den Westen und die Schaffung Europas, wie ich dies eben gekennzeichnet habe, weiter, dieses Europa zu stärken, damit dann vernünftige Verhandlungen mit den Sowjetrussen über die Wiedervereinigung Deutschlands und über eine allgemeine Entspannung in der Welt ermöglicht werden."

7 so in Interview mit Daniel Schorr, CBS, 23. 8. 1962, S. 42, A. Rh.

8 so in K. Adenauer, I, S. 97

9 vgl. hierzu u. a. Rede in Bochum, 15. 6. 1954, S. 4f., A. Rh.: „Für uns, meine Freunde, für uns, für die Kreise der beiden Bekenntnisse müssen wir davon ausgehen, daß das Leben nur lebenswert und vernünftig ist, wenn es gelenkt wird vom Boden der christlichen Weltanschauung, für uns Christen, für die die Freiheit und die Würde der Person ein Fundament unserer ganzen Lebensauffassung ist, für uns Christen gibt es nur eins: Anschluß an die freien Völker der freien Welt, die gleich uns auf dem Boden der christlichen Weltanschauung stehen." Vgl. auch Rede in Düsseldorf, 20. 6. 1954, S. 25, A. Rh.

10 so in K. Adenauer, I, S. 96f.

11 so in K. Adenauer, II, S. 17

12 vgl. hierzu Rede in Bochum, 15. 6. 1954, S. 4f., A. Rh.; vgl. auch Rede in Essen, 10. 7. 1961, S. 8, A. Rh.

13 In einer Rede Adenauers am 17. 12. 1946 anläßlich der Eröffnung einer Zonenausschußtagung der CDU der britischen Zone, S. 5, A. Rh., erklärte er, er sei der Ansicht, „daß es eine Synthese zwischen Ost und West, d. h. eine Synthese zwischen der russischen und unserer westlichen Auffassung, niemals geben darf". Es versteht sich von selbst, daß Adenauer in dieser Äußerung zum Ausdruck bringen wollte, daß für ihn eine Synthese zwischen Kommunismus und Christentum ausgeschlossen war. Es gibt keinerlei Anhaltspunkte, die dafür sprächen, daß Adenauer diese grundsätzliche Einstellung in den folgenden Jahren geändert hätte.

14 so in Rede in Köln, 2. 11. 1952, S. 3, A. Rh.

15 so in Rede in Dortmund, 30. 6. 1957, S. 1, A. Rh.; vgl. hierzu auch Rede Adenauers am 18. 10. 1952 während des 3. Bundesparteitages der CDU in Berlin, Protokoll S. 28

16 so in Interview mit Ludwig von Danwitz, WDR, zitiert nach Niederschrift vom 4. 1. 1961, Anhang II des „Nachrichtenspiegels" des Bundespresseamtes, S. 12, A. Rh.; vgl. hierzu auch Rede in Dortmund, 30. 6. 1957, S. 10, A. Rh.; vgl. auch Rede in Kassel, 19. 11. 1954, S. 5, A. Rh.

17 so in K. Adenauer, I, S. 96; vgl. auch Rede in Bochum, 15. 6. 1954, S. 3, A. Rh.

18 vgl. hierzu K. Adenauer, I, S. 96

19 so in Rede in Goslar, 22. 4. 1955, S. 4f., A. Rh.

20 vgl. hierzu Ausführungen Adenauers vor BA, 6. 9. 1952, S. 13f.; vgl. auch Rede in Augsburg, 14. 6. 1953, S. 8, A. Rh.; vgl. hierzu auch K. Adenauer, II, S. 69ff.

21 so in Rede in Augsburg, 14. 6. 1953, S. 8, A. Rh.

22 vgl. hierzu vor BA, 12. 2. 1951, S. 13: „Sollte es zu einer Neutralisierung Deutschlands kommen, so würde sie in einem heißen Krieg niemals beachtet werden. Ein Blick auf die Karte zeigt, daß wir ganz einfach zwischen den beiden Blocks zerquetscht würden. Der Krieg würde über uns hin und her ziehen wie in Korea.

Eine Neutralisation würde also nicht unseren Schutz bedeuten, sondern unsere Vernichtung. Aber auch, wenn der heiße Krieg nicht ausbricht, zeigt ein Blick auf die Karte unser Schicksal. Wir würden politisch und wirtschaftlich sehr schnell in das Kraftfeld der Sowjetunion kommen und ein russischer Satellitenstaat werden. Auch das würde die Kriegsgefahr erhöhen." Vgl. auch BA, 14. 6. 1952, S. 21; vgl. auch Rede in Paris, 11. 12. 1953, S. 7f., A. Rh.; vgl. auch Rede in Düsseldorf, 20. 6. 1954, S. 25, A. Rh.: „. . . es gibt für Deutschland nur eine Möglichkeit: das Zusammengehen mit den freien Völkern des Westens, nicht mit Sowjetrußland; das kommt auch für keinen Deutschen in Frage, aber auch nicht eine Neutralisierung, die genau dasselbe bedeuten würde, nur mit einem Zeitzünder." Zu Adenauers Urteil über eine Neutralisierung der Bundesrepublik vgl. auch BA, 18. 11. 1960, S. 3f.

23 vgl. hierzu BA, 27. 9. 1951, S. 12

24 vgl. hierzu K. Adenauer, I, S. 96

25 vgl. hierzu BA, 6. 9. 1952, S. 17; vgl. auch Rede in Augsburg, 14. 6. 1953, S. 7f., A. Rh.; vgl. auch Rede in Essen, 10. 7. 1961, S. 8f., A. Rh.

26 vgl. hierzu Rede in Augsburg, 14. 6. 1953, S. 8, A. Rh.

27 so in Rede in Kassel, 19. 11. 1954, S. 5, A. Rh.

28 so ebda., vgl. auch Rede in Essen, 10. 7. 1961, S. 9, A. Rh.

29 so vor BA, 27. 9. 1951, S. 12

30 so in Rede in Bonn, 30. 1. 1949, S. 17, A. Rh.

31 vgl. hierzu BA, 14. 6. 1952, S. 11; vgl. auch Rede in Bochum, 15. 6. 1954, S. 5f., A. Rh.; vgl. auch Rede in Solingen, 23. 6. 1954, S. 11, A. Rh.: „Die Spannungen zwischen Sowjetrußland einerseits und den drei Westalliierten auf der anderen Seite wuchsen weiter. Das Jahr 1950 – man kann jetzt davon sprechen – war wohl mit eine der gefährlichsten Zeiten für das deutsche Volk. Denn damals drohte die Gefahr, daß eine Verständigung zwischen den beiden Seiten, den Sowjets auf der einen Seite und den drei anderen auf der anderen Seite, erfolgen würde auf dem Rücken des deutschen Volkes. Deswegen war unsere Politik und mußte unsere Politik sein, auf jede mögliche Weise Anschluß zu finden, Verbindung zu finden mit dem Westen, damit der Westen uns kennenlernte, damit der Westen Verbindung zu uns bekam, damit wir dem Westen ein Partner würden, auf dessen Gewinnung er Wert legen mußte, auch im eigenen Interesse. Wir mußten alles tun, daß wir nicht verhökert wurden. Denken Sie auch daran, daß damals noch das Potsdamer Abkommen als die Grundlage der vier Siegermächte galt." Vgl. hierzu auch BV, 3. 6. 1955, S. 24

32 vgl. hierzu u. a. Rede in London, 14. 5. 1953, S. 4f., A. Rh.: „Ich pflichte Sir Winston Churchill in seiner Grundauffassung bei, daß zwei Voraussetzungen gegeben sein müssen, um zum Frieden zu kommen. Der Wille zum wirklichen Frieden muß vorhanden und die Durchführung des Vorsatzes, überall in der Welt den heißen und kalten Krieg zu beenden und Frieden zu schließen, muß gesichert sein. Es darf niemand die Furcht haben, daß ein solcher Vorsatz von irgend jemandem nicht durchgeführt wird. Nur durch eine kontrollierte Abrüstung kann der Welt eine solche Furcht genommen werden [. . .] Auch die Frage der Wiedervereinigung Deutschlands darf man nicht als eine Einzelfrage betrachten, die für sich allein gelöst werden könnte. Auch sie kann nur gelöst werden, wenn die beiden von mir gekennzeichneten Voraussetzungen erfüllt sind." Vgl. auch Rede in München, 21. 11. 1958, S. 18, A. Rh.; vgl. auch Rede in Bonn, 18. 11. 1960, S. 24ff., A. Rh.: „Ich bin der festen Überzeugung, meine Freunde, daß, wenn erst

einmal die Abrüstung effektiv begonnen hat, dann eine solche Entspannung eintritt, daß auch die anderen politischen Probleme – auch das Problem Berlin und der Zone – sich viel leichter und besser lösen lassen, als wenn diese Spannung in der Welt bleibt."

33 vgl. Rede in Bochum, 15. 6. 1954, S. 3, A. Rh.

34 so in Rede in Solingen, 23. 6. 1954, S. 10, A. Rh.

35 vgl. hierzu Rede in Amsterdam, 23. 11. 1957, S. 12, A. Rh.

36 vgl. hierzu A. Poppinga, a. a. O., S. 269ff.

37 so in Rede in Bochum, 15. 6. 1954, S. 6, A. Rh.

38 so vor BA, 27. 9. 1951, S. 12

39 so vor BA, 14. 6. 1952, S. 8

40 so in K. Adenauer, I, S. 246

41 vgl. hierzu BA, 14. 6. 1952, S. 10

42 so in Rede in Düsseldorf, 20. 6. 1954, S. 21, A. Rh.

43 ebda., S. 22

44 vgl. hierzu Ausführungen Adenauers während des 12. Bundesparteitages der CDU, Hannover, 17. 3. 1964, Protokoll S. 503

45 vgl. hierzu S. 63ff.

46 vgl. Rede in Köln, 2. 11. 1952, S. 3, A. Rh.

47 ebda.; vgl. auch Rede in Hamm/Westf., 13. 2. 1955, S. 9, A. Rh.

48 vgl. hierzu BV, 3. 6. 1955, S. 62

49 vgl. hierzu S. 92ff.

50 vgl. hierzu S. 86

51 vgl. S. 126, Anmerkung 32

52 vgl. hierzu BV, 3. 6. 1955, S. 61f.

53 vgl. Interview mit Daniel Schorr, CBS, 21. 8. 1962, S. 8, A. Rh.

54 vgl. hierzu S. 68f.

55 vgl. hierzu K. Adenauer, I, S. 39

56 vgl. ebda., S. 245f.

57 vgl. Rede in Düsseldorf, 20. 6. 1954, S. 21, A. Rh.; vgl. auch Rede in Solingen, 23. 6. 1954, S. 11, A. Rh.

58 vgl. hierzu Interview mit Daniel Schorr, CBS, am 21. 8. 1962, S. 3, A. Rh.: „Von der westlichen Welt muß die Bundesrepublik verlangen, daß sie ihr hilft, mit den Deutschen in der Zone wiedervereinigt zu werden, damit wirklich Frieden in Europa kommt. Ich fürchte, solange diese Wiedervereinigung nicht hergestellt ist, wird ein echter Frieden in Europa nicht sein, wird immer eine Spannung vorhanden sein, wie es sich gerade in diesen Tagen in Berlin sehr stark gezeigt hat, und das ist für niemanden gut." Vgl. hierzu auch K. Adenauer, III, S. 234: „Zur Frage der Wiedervereinigung war meine Einstellung folgende: Wenn das gegenwärtige Regime in der Sowjetzone auf lange Zeit beibehalten würde, wenn die Teilung Deutschlands zu einer Art Dauerzustand werden sollte, wenn nicht die geringste Hoffnung auf die Wiedervereinigung gegeben war, dann konnte unter Umständen eines Tages eine Lage entstehen, bei der auf Grund einer Verschiebung der politischen Kräfte oder auch infolge einer Änderung der Einstellung der Westmächte zu dieser Frage es in einem entmutigten, ungeduldig gewordenen Deutschland dazu kommen würde, daß die Sowjetunion in diesem Lande einen bedeutenden Einfluß erringen könnte. Was das für Frankreich, für Italien, für ganz Europa bedeuten würde, lag auf der Hand."

59 vgl. S. 105f.

60 so in Rede in Bern, 23. 3. 1949, S. 2, A. Rh.

61 vgl. hierzu Rede in Bonn, 21. 7. 1948, S. 12, A. Rh.; vgl. auch Rede in Köln, 21. 5. 1950, S. 15, A. Rh.

62 vgl. hierzu Interview mit Ernst Friedlaender, NWDR, Manuskript datiert vom 22. 2. 1954, S. 5, A. Rh.

63 so in Rede in Hamm/Westf., 13. 2. 1955, S. 8, A. Rh.

64 so in Rede in Bonn, 21. 7. 1948, S. 12, A. Rh.

65 Verwiesen sei auf die Rede Adenauers vom 21. 3. 1965 während des 14. Bundesparteitages der CDU in Bonn, vgl. insbesondere S. 38ff. des Protokolls

66 vgl. hierzu Rede in Recklinghausen, 14. 8. 1948, S. 6, A. Rh.: „Das deutsche Volk kann den Anspruch auf seine Einheit niemals aufgeben. Wir wissen, daß wir niemals werden daran denken können und dürfen, einen Anspruch mit Gewalt durchzusetzen. Aber wir sind auf Grund der Lehren der deutschen Geschichte seit 100 Jahren zutiefst der Überzeugung, daß Recht letzten Endes stärker ist als brutale Macht." Vgl. vor allem Erklärung der Bundesregierung vom 3. 10. 1954 über die Respektierung des Artikels 2 der UN-Satzung und über den Verzicht auf gewaltsame Änderung der gegenwärtigen Grenzen, diese Erklärung wurde in die Pariser Verträge vom 23. Oktober 1954 aufgenommen, vgl. Wortlaut in „Dokumentation zur Deutschlandfrage", Hauptband I, Hrsg. Heinrich Siegler, S. 229

67 vgl. S. 124f.

68 vgl. BV, 30. 9. 1955, S. 23; vgl. auch Rede in Solingen, 23. 6. 1954, S. 16, A. Rh.

69 so in Rede in Wiesbaden, 16. 11. 1954, S. 12, A. Rh.

70 so vor BV, 2. 5. 1955, S. 16

71 so in Rede in Dortmund, 26. 7. 1953, S. 16, A. Rh.

72 vgl. hierzu Rede in Augsburg, 14. 6. 1953, S. 7, A. Rh.: „Wir helfen ihnen nicht, wenn die Bundesrepublik sich auch in die sowjetrussische Macht begeben würde. Ein solcher Schritt wäre gleichbedeutend mit dem Untergang des gesamten deutschen Volkes, mit dem Untergang unserer Freiheit und alles dessen, was uns heilig ist. Das würde keine Hilfe für die 18 Millionen Deutsche hinter dem Eisernen Vorhang sein. Im Gegenteil, es würde ihnen dadurch die Hoffnung auf den Tag der Befreiung, die ihnen hilft, ihre jetzige Sklaverei zu ertragen, genommen werden. Die Wiedervereinigung Deutschlands bedeutet Wiedervereinigung in Freiheit und in Frieden." Vgl. hierzu auch BV, 30. 9. 1955, S. 49

73 vgl. hierzu BA, 27. 9. 1951, S. 12; vgl. auch BA, 6. 9. 1952, S. 13

74 so vor BA, 14. 6. 1952, S. 18

75 vgl. hierzu BA, 4. 6. 1955, S. 2

76 so vor BV, 11. 7. 1958, S. 13

77 ebda.

78 vgl. hierzu K. Adenauer, I, S. 39

79 so vor BV, 11. 7. 1958, S. 14

80 vgl. hierzu BV, 5. 2. 1955, S. 70; vgl. auch BA, 4. 6. 1955, S. 22f.; vgl. auch BV, 30. 9. 1955, S. 22ff.; vgl. auch BV, 11. 7. 1958, S. 14; vgl. hierzu auch K. Adenauer, II, S. 124

81 so vor BV, 5. 2. 1955, S. 70; vgl. auch BV, 30. 9. 1955, S. 23

82 vgl. Interview mit Ernst Friedlaender, NWDR, am 5. 3. 1952: „Erst wenn der Westen stark ist, ergibt sich ein wirklicher Ausgangspunkt für friedliche Verhandlungen mit dem Ziel, nicht nur die Sowjetzone, sondern das ganze versklavte Europa östlich des Eisernen Vorhangs zu befreien, in Frieden zu befreien." Zitiert nach Bulletin vom 6. 3. 1952, Nr. 27, S. 262

83 vgl. hierzu BV, 5. 2. 1955, S. 70; vgl. auch BA, 4. 6. 1955, S. 22f., und BV, 30. 9. 1955, S. 22ff.

84 so vor BV, 3. 6. 1955, S. 30

85 so vor BV, 30. 9. 1955, S. 23 und 41

86 so vor BV, 30. 9. 1955, S. 23

87 so vor BV, 5. 2. 1955, S. 70

88 so vor BV, 30. 9. 1955, S. 23

89 ebda.

90 ebda.

91 so vor BV, 30. 9. 1955, S. 49f.; vgl. hierzu auch BV, 3. 6. 1955, S. 55

92 so vor BV, 30. 9. 1955, S. 41

93 ebda.

94 ebda., S. 42

95 so vor BV, 2. 6. 1962, S. 72

96 vgl. hierzu K. Adenauer, II, S. 20f.

97 vgl. hierzu BV, 30. 9. 1955, S. 42; vgl. auch BV, 10. 3. 1956, S. 24; vgl. auch BV, 2. 6. 1962, S. 72: „In unserer Zeit, in der von der öffentlichen Meinung der Welt nicht geduldet wird, daß im Innersten Afrikas noch ein koloniales Volk besteht, wird aber fast geduldet, daß im Herzen Europas 16 Millionen Menschen der Freiheit entbehren müssen."

98 vgl. hierzu BV, 10. 3. 1956, S. 24

99 vgl. hierzu BV, 30. 9. 1955, S. 51

100 vgl. hierzu BV, 10. 3. 1956, S. 24

101 vgl. hierzu Rede Adenauers am 17. 3. 1964 während des 12. Bundesparteitages der CDU in Hannover, Protokoll S. 504

102 vgl. S. 119; vgl. auch K. Adenauer, I, S. 41

103 so in Rede in Recklinghausen, 14. 8. 1947, S. 6, A. Rh.

104 so in K. Adenauer, III, S. 380

105 vgl. hierzu K. Adenauer, II, S. 436; vgl. hierzu insbesondere Artikel 7 des Deutschlandvertrages, „Dokumentation zur Deutschlandfrage", Annexband III, hrsg. von Heinrich Siegler, S. 119

106 vgl. hierzu K. Adenauer, I, S. 341ff.; vgl. hierzu auch BA, 14. 6. 1952, S. 10f.

107 vgl. hierzu die ausgezeichneten Ausführungen von Hans Buchheim in seinem Aufsatz „Adenauers Deutschlandpolitik" in „Konrad Adenauer, Ziele und Wege", insbesondere S. 92f.

108 vgl. hierzu Rudolf Augstein, a. a. O., S. 50

109 vgl. K. Adenauer, II, S. 513

110 vgl. S. 97, Anmerkung 296

111 vgl. hierzu Regierungserklärung vom 20. 9. 1949, Bundestagsprotokoll, 5. Sitzung des Deutschen Bundestages, S. 30: „Wenn ich vom Frieden in der Welt und in Europa spreche, dann [. . .] muß ich auf die Teilung Deutschlands zurückkommen. Die Teilung Deutschlands wird eines Tages – das ist meine feste Überzeugung – wieder verschwinden. [. . .] Ich fürchte, daß, wenn sie nicht verschwindet, in Europa keine Ruhe eintreten wird. [. . .] Diese Teilung Deutschlands ist durch Spannungen herbeigeführt worden, die zwischen den Siegermächten entstanden sind. Auch diese Spannungen werden vorübergehen. Wir hoffen, daß dann der Wiedervereinigung [. . .] nichts mehr im Wege steht." Bereits aus Adenauers Aktennotiz vom 9. 10. 1945 geht deutlich hervor, daß er, solange die Spannungen bestanden, mit einer Trennung Deutschlands rechnete, vgl. K. Adenauer, I,

S. 35; in einem Interview vom 4. 1. 1961 mit Ludwig von Danwitz, WDR, zitiert nach Anhang II des „Nachrichtenspiegel" des Bundespresseamtes vom 5. 1. 1961, S. 12, A. Rh., heißt es: „Ich war mir von Anfang an klar darüber, daß die Sowjetunion den von ihr besetzten Teil Deutschlands nur dann wieder freigeben würde, wenn eine allgemeine Regelung der großen, weit über das Gebiet und Geschick Deutschlands herausreichenden Gegensätze erreicht sein würde," Vgl. hierzu auch BV, 2. 5. 1955, S. 16: „Was die Wiedervereinigung angeht, so glaube ich, daß sie nur kommen wird – ich sage nicht als Endpunkt – im Zuge einer allgemeinen Entspannung. Wir müssen daher bestrebt sein, eine solche allgemeine Entspannung herbeizuführen."

112 vgl. S. 88ff.

113 vgl. hierzu Interview mit Ernst Friedlaender, NWDR, Niederschrift datiert vom 22. 2. 1954, S. 6, A. Rh.

114 ebda.

115 vgl. S. 89, vgl. u. a. auch BV, 3. 6. 1955, S. 61f.: „Der entscheidende Punkt für Sowjetrußland ist doch der, daß Sowjetrußland irgendwie das Gefühl bekommt, es wird nicht angegriffen werden von den Vereinigten Staaten. Erst wenn es das Gefühl bekommt, dann wird es bereit sein, mit sich reden zu lassen und zu einer Verständigung zu kommen."

116 vgl. hierzu Interview mit Ernst Friedlaender, NWDR, Niederschrift datiert vom 22. 2. 1954, S. 6, A. Rh.

117 so Adenauer in einer Erklärung im WDR am 16. 10. 1956, zitiert nach Niederschrift S. 3, A. Rh.: „Man hat so viel – zustimmend oder kritisierend – von der ‚Politik der Stärke' gesprochen. Aber gerade die Kritiker, so scheint es mir, sind dabei dem Irrtum verfallen, Stärke mit Gewalt zu verwechseln. Eine Politik der Stärke ist, wie wir sie verstehen, keine Politik der Gewalt. Im Gegenteil! Durch eine ruhige, stetige und dadurch an Stärke gewinnende Politik wollen wir dem Frieden dienen. Denn auf diesen Elementen, meine Damen und Herren, beruht der Frieden auf der Welt, nicht auf der Schwäche. Völker, die die Gewalt anbeten und sie vor das Recht stellen, gefährden den Frieden zwar in erster Linie, aber schwache, unsichere, in ihrer Politik schwankende Völker gefährden den Frieden kaum weniger, weil sie die Gewalttätigen zur Ausübung der Gewalt anreizen und durch ihre Schwäche ein ständiges Element der Unsicherheit bilden."

118 vgl. S. 94ff.

119 vgl. hierzu K. Adenauer, I, S. 539

120 vgl. Hans-Peter Schwarz in „Das außenpolitische Konzept Konrad Adenauers" in „Adenauer-Studien", Band 1, S. 87

121 vgl. hierzu u. a. Rede in Wiesbaden, 16. 11. 1954, S. 11f., A. Rh.: „Keiner darf glauben, daß etwa das Problem der Wiedervereinigung Deutschlands gelöst werden wird, ohne daß eine solche Entspannung eintritt; Sowjetrußland gibt dieses Pfand nicht so ohne weiteres aus der Hand. Daher ist unsere ganze Politik darauf gerichtet, uns für diese allgemeine Entspannung in der Welt einzusetzen, weil wir der festen Überzeugung sind, daß es dann auch möglich sein wird, die Wiedervereinigung Deutschlands in Frieden und Freiheit herbeizuführen." Vgl. auch BV, 10. 3. 1956, S. 24: „Man muß sich auch darüber klar sein – eine These, die ich seit jeher vertreten habe –, daß die Wiedervereinigung keine Frage ist, die für sich allein gelöst werden kann und wird. Sie wird gelöst werden im Rahmen einer größeren Entwicklung." Vgl. auch Rede in Berlin am 2./3. 2. 1957, S. 20, A. Rh.; vgl. auch BV, 11. 7. 1958, S. 14

122 vgl. hierzu Interview mit Ernst Friedlaender, NWDR, Niederschrift datiert vom 22. 2. 1954, S. 5, A. Rh.

123 ebda.

124 so in Rede in Berlin, 2./3. 2. 1957, S. 21, A. Rh.

125 vgl. hierzu Rede in London, 14. 5. 1953, S. 4, A. Rh.; vgl. auch BV, 3. 6. 1955, S. 17f.: „Ich bin der Auffassung, daß nur eine kontrollierte Abrüstung wirklich der Welt Entspannung und sie dem Frieden näher bringen kann . . . Nach meiner festen Überzeugung ist die Frage einer wirklich kontrollierten Abrüstung bei der Entwicklung, die die Waffentechnik genommen hat, das entscheidende Moment für die Frage, ob wir in der Welt zum Frieden kommen oder nicht." Vgl. auch ebda., S. 31f.: „Wenn es uns gelingt – und das muß unser Ziel sein –, eine allgemeine Entspannung in der Welt herbeizuführen, dann wird nach meiner festen Überzeugung auch die Frage der Wiedervereinigung gelöst werden. Wenn es uns nicht gelingt, dann werden wir weiter warten müssen. Und das wollen wir auch. Aber der einzige Weg, um zu einer möglichst baldigen Wiedervereinigung Deutschlands in Frieden und Freiheit zu kommen, das ist der Weg über die allgemeine Entspannung. Die anderen großen Länder in der Welt, insbesondere die Vereinigten Staaten und Großbritannien, wollen uns dabei helfen, nicht nur aus Erbarmen und Mitleid mit den Menschen in der Sowjetzone, sondern weil sie ganz genau wissen, daß, solange diese Frage nicht gelöst ist, eine Gefahr inmitten Europas weiter besteht für den allgemeinen Frieden in der Welt." Vgl. auch ebda., S. 55: „Die Entspannung kann nur dann eintreten, wenn eine wirkliche Abrüstung erfolgt. Man kann doch nicht von einer Entspannung unter den Völkern reden, wenn sie sich gegenüberstehen, jeder mit einer Bombe in der Hand." Vgl. auch Rede in Berlin, 2./3. 2. 1957, S. 21, A. Rh.; vgl. auch BV, 11. 7. 1958, S. 14. Der Ansicht von Bruno Bandulet, a. a. O., S. 48, daß die „Politik der Stärke" für Adenauer eine Alternative war zum Verfolg einer Politik, die das deutsche Problem eines Tages im Rahmen einer „globalen Friedensregelung" zu lösen suchte, kann nicht zugestimmt werden. Die „Politik der Stärke", wie Adenauer sie verstand, zielte auf eine allgemeine Friedensregelung im Zuge einer Entspannung; Entspannung und „Politik der Stärke" waren für Adenauer dialektisch aufeinander bezogen.

126 so Hans Buchheim in „Adenauers Deutschland- und Außenpolitik" in „Politische Bildung", 4. Jhg., 1971, Heft 2, S. 35

127 vgl. hierzu S. 84f.

128 vgl. hierzu Interview mit Ernst Friedlaender, NWDR, zitiert nach Bulletin vom 26. 4. 1952, Nr. 47, S. 489, in dem dieser Adenauer gegenüber bemerkte, es falle ihm schwer zu begreifen, wie sich aus der Einbeziehung der Bundesrepublik in den Westen die deutsche Wiedervereinigung „ohne weiteres" ergeben solle. Hierauf Adenauer: „Ohne weiteres gewiß nicht. Aber erstens ist ein anderer Weg gar nicht sichtbar, und zweitens ist es auch für die Sowjets keine sinnvolle Politik, sich jahrelang auf ein aussichtsloses Wettrüsten einzulassen."

129 vgl. K. Adenauer, I, S. 539

130 Hans-Peter Schwarz schreibt in „Das außenpolitische Konzept Konrad Adenauers" in „Adenauer-Studien", Band 1, S. 97: „In der Publizistik der sechziger Jahre ist es üblich geworden, die Unvereinbarkeit der Adenauerschen Außenpolitik mit den maßgebenden Tendenzen der Entspannungsperiode hervorzuheben. Derartige Feststellungen erfassen aber die Eigentümlichkeit dieser Politik nicht richtig." Dieser Feststellung wird voll und ganz zugestimmt.

131 vgl. unter Anmerkung 129

132 vgl. hierzu Bruno Bandulet, a. a. O., S. 165ff.

133 vgl. hierzu Hans-Peter Schwarz in „Das außenpolitische Konzept Konrad Adenauers“ in „Adenauer Studien“, Band 1, S. 95

134 vgl. hierzu K. Adenauer, III, S. 369

135 vgl. hierzu Ausführungen Adenauers am 23. 3. 1966 während des 14. Bundesparteitages der CDU in Bonn, Protokoll S. 171f.; vgl. hierzu auch A. Poppinga, a. a. O., S. 56ff.

136 vgl. hierzu K. Adenauer, III, S. 376ff.

137 vgl. hierzu Bruno Bandulet, a. a. O., S. 232f.

138 zur allgemeinen Gedankenführung Adenauers hierzu vgl. K. Adenauer, III, S. 365ff.; ebda., S. 253, stellt Adenauer im Zusammenhang mit dem Ausgang der Genfer Ost-West-Konferenzen des Jahres 1955 fest: „Diese sowjetische Haltung bekräftigte meine Überzeugung, daß die deutsche Wiedervereinigung nur auf dem Wege einer europäischen Gesamtlösung zu finden sein werde. Ich stimmte mit dem Präsidenten der Europa-Union, Friedlaender, vollkommen überein, der in einer Analyse zur Situation der europäischen Einigungspolitik im Dezember 1955 erklärte: Wir in Deutschland müßten lernen, die Wiedervereinigung nicht als nationales, sondern als gesamteuropäisches Problem anzusehen.“

139 vgl. hierzu Hans Buchheim in „Adenauers Deutschlandpolitik“ in „Konrad Adenauer, Ziele und Wege“, S. 90f.

140 so Hans-Peter Schwarz in „Das außenpolitische Konzept Konrad Adenauers“, „Adenauer-Studien“, Band 1, S. 99

141 so Adenauer vor Deutschem Bundestag, 115. Sitzung, 2. Wahlperiode, Protokoll S. 6162

142 vgl. hierzu Hans Buchheim in „Adenauers Deutschlandpolitik“ in „Konrad Adenauer, Ziele und Wege“, S. 94f.

143 Die Sorge Adenauers wegen eines zu starken Engagements der USA in Asien sollte auch unter diesem Aspekt gesehen werden.

144 vgl. hierzu BV, 3. 6. 1955, S. 65f.; vgl. auch BV, 30. 9. 1955, S. 45

145 ebda.

146 vgl. hierzu S. 118

147 vgl. hierzu die Rede Adenauers in Amsterdam, 23. 11. 1957, S. 8ff.; vgl. auch Rede Adenauers in Madrid, 16. 2. 1967, K. Adenauer, IV, S. 238 und 242

148 vgl. hierzu Adenauer in Pressekonferenz am 4. 8. 1964, S. 16: „Außenpolitik bedarf natürlich einer sehr scharfen Berechnung und Abschätzung der Kräfte; aber Außenpolitik bedarf auch etwas der Phantasie. Man muß die verschiedenen Möglichkeiten sehen, die kommen können. Es kann niemals eine Außenpolitik sich nur festlegen dürfen auf eine Möglichkeit, denn es sind immer verschiedene Möglichkeiten, die kommen können; aber man muß sie sehen, und man muß die gefährlichsten Möglichkeiten an die Spitze seiner Beobachtungen stellen und sich auch danach richten.“

149 vgl. S. 11

150 vgl. S. 96

151 vgl. hierzu BV, 30. 9. 1955, S. 6f.; vgl. hierzu auch Rede Adenauers am 21. 3. 1966 während des 14. Bundesparteitages der CDU in Bonn, Protokoll S. 33

152 vgl. unter Anmerkungen 1 und 2

153 so in Rede in Augsburg, 26. 11. 1954, S. 8, A. Rh.

154 vgl. Rede in Köln, 2. 11. 1952, S. 3, A. Rh.; vgl. auch BV, 13. 1. 1956, S. 35

155 vgl. hierzu insbesondere Rede in Hamm/Westf., 13. 2. 1955, S. 8f.
156 vgl. S. 83
157 vgl. S. 79f. und 84
158 vgl. S. 63ff.
159 vgl. A. Poppinga, a.a.O., S. 96
160 vgl. S. 110ff.
161 vgl. hierzu Bruno Bandulet, a. a. O.
162 Zur Europapolitik Adenauers wird demnächst eine ins einzelne gehende Studie von Werner Weidenfeld vorgelegt werden.
163 Zur Ostpolitik Adenauers wird verwiesen auf den Band III der „Adenauer-Studien", insbesondere den ausgezeichneten Aufsatz „Adenauers Deutschland- und Ostpolitik 1954–1963" von Klaus Gotto, S. 3ff.

3. Die Relevanz der Geschichte für die Grundsätze und die Konzeption der Westorientierung

1 vgl. A. Poppinga, a. a. O., S. 128
2 so in Interview mit Daniel Schorr, CBS, am 23. 8. 1962, S. 53, A. Rh.
3 vgl. S. 54f.
4 vgl. hierzu unter Anmerkung 33 der Einleitung
5 Ein offenkundiges Beispiel hierfür ist Adenauers Beurteilung der Entwicklung des Nationalismus, deren verhängnisvollen Verlauf er vor allem mit darauf zurückführte, daß im politischen Leben der Einfluß des Naturrechts zurücktrat und der Staat zum „Götzen" wurde. Vgl. hierzu insbesondere Rede Adenauers in Bamberg am 20. 7. 1952, veröffentlicht in Bulletin, Nr. 95, S. 935; als weiteres Beispiel sei verwiesen auf Adenauers Sicht der Entwicklung des Staatsbegriffs in Deutschland, vgl. hierzu S. 112f.; als letztes Beispiel sei genannt Adenauers Kennzeichnung des Geschehens seiner Zeit als einer Auseinandersetzung zwischen Christentum und Materialismus, vgl. hierzu S. 57f. und 174ff.
6 so in Interview mit Will McBride, „Twen", 17. 2. 1966, S. 7, A. Rh.
7 so in Rede in Berlin am 18. 4. 1950, S. 14, A. Rh.; vgl. auch A. Poppinga, a. a. O., S. 259
8 vgl. A. Poppinga, a. a. O., S. 259
9 vgl. hierzu S. 183f.
10 so in Rede in Köln, 13. 4. 1947, S. 2, A. Rh.
11 vgl. S. 107
12 vgl. hierzu S. 184f.
13 vgl. hierzu S. 171ff.
14 zu Nation vgl. Rede Adenauers in Bamberg am 20. 7. 1952, veröffentlicht in Bulletin, Nr. 95, S. 935; zu Staat vgl. S. 175ff.; Europa erhielt für Adenauer letztlich Sinn dadurch, daß durch seine Realisierung, nämlich Zusammenschluß der europäischen Staaten, die Freiheit künftiger Generationen gesichert wurde, vgl. hierzu Rede in Düsseldorf, 20. 6. 1954, S. 26, A. Rh.: „. . . wenn es uns nicht gelingt, Europa zu einigen, Europa wieder herzustellen als eine Vormacht des christlichen Abendlandes, wenn es uns nicht gelingt, die europäische Wirtschaft zusammenzubauen und zu einer großen Wirtschaft zu machen, dann hat unsere Jugend keine Zukunft mehr, und um unserer Jugend willen halten wir fest an der Politik, die wir bisher mit Erfolg durchgeführt haben." Vgl. auch Rede in Augsburg, 26. 11. 1954, S. 8, A. Rh.

15 vgl. hierzu ebda.; der Generationenzusammenhang, in dem Adenauer dachte, wird besonders deutlich in Ausführungen einer Rede in Düsseldorf, 21. 6. 1954, S. 22f., A. Rh., die er im Zusammenhang mit Erläuterungen zur EVG vortrug; vgl. auch Rede in München, 25. 11. 1954, S. 3, A. Rh.; vgl. auch K. Adenauer, III, S. 379

16 so Rudolf Bultmann in „Das Verständnis der Geschichte im Griechentum und im Christentum“ in „Der Sinn der Geschichte“, S. 65

17 vgl. hierzu u. a. Rede in Münster, 8. 9. 1946, S. 6, A. Rh., in der er zu anstehenden Gemeinde- und Kreistagswahlen erklärte, daß sie „von einer Bedeutung sind, die weit, weit hinausgeht über alle Wahlen zu diesen Körperschaften, die jemals vorher getätigt worden sind.“ Vgl. hierzu auch Rede Adenauers anläßlich des 4. Bundesparteitages der CDU in Hamburg, 18.–22. 4. 1953, Protokoll S. 52 und 214

18 so in Rede in Bamberg, 2. 6. 1957, S. 4, A. Rh.

19 vgl. hierzu unter Anmerkung 15; vgl. insbesondere Rede Adenauers in Berlin, 10. 10. 1963, veröffentlicht in „Konrad Adenauer – Würdigung und Dank“, S. 31ff.

Die Weltanschauung Konrad Adenauers – Konturen, Schwerpunkte und Perspektiven seiner geistigen Grundhaltung –

I. Zur Einführung

1 so in Rede in Mönchengladbach, 2. 6. 1946, S. 6, A. Rh.: „Für mich ist Politik nicht lediglich Methode, Umweg, Ausweg; für mich ist Politik und für die gesamte CDU ist Politik das Verfolgen von Zielen, die man sich gesetzt hat auf Grund der Weltanschauung, die man in sich trägt.“

2 vgl. hierzu u. a. Rundfunkansprache Adenauers, Manuskript datiert vom 23. 3. 1946, S. 4ff., A. Rh.; vgl. auch Rede in Recklinghausen, 28. 8. 1948, S. 3ff., A. Rh.; vgl. auch BA, 6. 9. 1952, S. 21, wo er den Standpunkt vertrat, „daß das Weltanschauliche letzten Endes doch das Entscheidende ist und das Entscheidende bleiben muß“; vgl. auch Rede am 15. 3. 1964 während des 12. Bundesparteitages der CDU, Hannover, Protokoll S. 31f.; vgl. auch K. Adenauer, I, S. 50ff.

3 so in Rundfunkansprache Adenauers, Manuskript datiert vom 23. 3. 1946, S. 5, A. Rh.

4 so in K. Adenauer, I, S. 97

5 ebda., S. 51

6 ebda., S. 52

7 so Adenauer während des 11. Bundesparteitages der CDU, Dortmund, am 4. 6. 1962, Protokoll S. 205

8 Dies geht deutlich aus den Ausführungen Adenauers ebda. hervor.

9 vgl. Karl Jaspers, a. a. O., S. 142

10 ebda., S. 1

II. Konrad Adenauer ein „rheinischer Antäus“?

1 vgl. insbesondere Arnulf Baring, „Außenpolitik in Adenauers Kanzlerdemokratie“, S. 48ff.; vgl. auch Rudolf Morsey, „Vom Kommunalpolitiker zum Kanzler“

z. d. S. 156–164

in „Konrad Adenauer, Ziele und Wege“, S. 15f.; vgl. auch Hans-Peter Schwarz, „Vom Reich zur Bundesrepublik“, S. 435

2 vgl. Wilhelm Hausenstein, a. a. O., S. 70

3 vgl. Arnulf Baring, „Außenpolitik in Adenauers Kanzlerdemokratie“, S. 48ff.

4 ebda., S. 55

5 ebda., S. 49f.

6 ebda., S. 50

7 vgl. insbesondere S. 112f.

8 zur allgemeinen Problematik vgl. insbesondere Karl Jaspers, a. a. O., S. 142

9 vgl. hierzu A. Poppinga, a. a. O., S. 86

10 so Henry Cord Meyer in „Das Zeitalter des Imperialismus“ in „Propyläen Weltgeschichte“, hrsg. von Golo Mann, Band 9, S. 72

11 Oswald Spengler, „Der Untergang des Abendlandes“, München, Beck, 1923

12 José Ortega y Gasset, „Der Aufstand der Massen“, Stuttgart, DVA, 1931

13 Von großem Einfluß auf Adenauer waren die Schriften von Carl Hilty, vgl. hierzu Paul Weymar, a. a. O., S. 38; über Carl Hiltys Werk vgl. Hanspeter Mattmüller, „Carl Hilty 1833–1909“, Verlag von Helbing & Lichtenhahn, Basel und Stuttgart, 1966; zur Lektüre Adenauers hatten nach Auskunft von Ria Reiners geb. Adenauer, Dr. Konrad Adenauer jun. und Dr. Max Adenauer gehört nach ihrem jeweiligen Erscheinen sowohl Oswald Spengler, „Der Untergang des Abendlandes“, als auch José Ortega y Gasset, „Der Aufstand der Massen“; an Zeitungen schätzte Adenauer das „Berliner Tageblatt“, insbesondere die Leitartikel von Theodor Wolff; ferner gehörten zu seiner regelmäßigen Lektüre: „Hochland“, „Kosmos“, „Kölner Stadtanzeiger“, „Kölnische Volkszeitung“, „Kölnische Zeitung“

14 Aufschlußreich hierüber ist insbesondere ein Interview Adenauers mit „Rheinischer Merkur“, erschienen am 21. 2. 1948.

15 Rede Adenauers vom 4. 1. 1951 anl. der Verleihung des Ehrenbürgerrechts der Stadt Köln, A. Rh.

16 so in Interview Adenauers mit „Rheinischer Merkur“, erschienen am 21. 2. 1948

17 vgl. hierzu Adenauer in einer Rede anl. der Wiedereröffnung der Kölner Universität, 12. 6. 1919, A. Rh.; auf die Bedeutung des geistigen Hintergrundes von Köln für Adenauer weist insbesondere Arnulf Baring hin in „Außenpolitik in Adenauers Kanzlerdemokratie“, S. 48f.

18 so in Interview Adenauers mit „Rheinischer Merkur“, erschienen am 21. 2. 1948

19 ebda.

20 so in einem Beitrag Adenauers zu „Eine Enquete über die Rolle des griechisch-lateinischen Geisteserbes in der Bildungsgesellschaft von morgen“, in: „Wort und Wahrheit“, 1964, Heft 1, S. 11; vgl. auch Ausführungen Adenauers während des 11. Bundesparteitages der CDU, Dortmund, am 4. 6. 1962, Protokoll S. 205f.; vgl. Rede Adenauers vom 25. 12. 1960, S. 3f., A. Rh. sowie K. Adenauer, III, S. 17

21 vgl. hierzu Ausführungen Adenauers in der Schallplattenaufnahme „Aus meinem Leben“, a. a. O.; vgl. auch Beitrag Adenauers zu „Eine Enquete über die Rolle des griechisch-lateinischen Geisteserbes in der Bildungsgesellschaft von morgen“ in: „Wort und Wahrheit“, 1964, Heft 1, S. 11

22 vgl. hierzu Christopher Dawson, „Die Gestaltung des Abendlandes“, Fischer-Bücherei Nr. 381, Frankfurt am Main und Hamburg 1961, insbesondere S. 41

23 Ciceros „Über den Staat“ gehörte in seinen letzten Lebensjahren zum festen Bestandteil der für den Urlaubsaufenthalt bestimmten Lektüre.

24 so in Rundfunkansprache vom 25. 12. 1960, S. 4, A. Rh.; in dem Beitrag Adenauers zu: „Eine Enquete über die Rolle des griechisch-lateinischen Geisteserbes in der Bildungsgesellschaft von morgen“ in: „Wort und Wahrheit“, 1964, Heft 1, S. 11, heißt es: „Ich fühle mich und meine Weltanschauung geprägt von den beiden großen Komponenten der abendländischen Kultur, dem Christentum und dem Humanismus der griechisch-römischen Antike.“

25 vgl. Rundfunkansprache vom 25. 12. 1960, S. 4, A. Rh.; vgl. auch unter Anmerkung 20

26 Die mangelnde begriffliche Schärfe im Gebrauch dieser Adjektive läßt sich in den Äußerungen Adenauers von 1945 bis 1967 nachweisen. Paradigmatisch möchte ich folgendes anführen: Am 12. 7. 1956 erklärte er vor Parteifreunden, BV, S. 21, er sei „zutiefst“ davon überzeugt, „daß nur eine auf christlichem Boden stehende Partei wirklich die Rettung bringen kann“. In ähnlichem Zusammenhang erklärte er am 10. 5. 1962, BV, S. 80: „Ist die Zeit der christlichen Parteien vorbei? Ich möchte gerade unter Hinweis auf die kommunistische Gefahr in der Welt – die man nach meiner Meinung nicht groß genug sehen kann – darauf aufmerksam machen, daß nur eine auf christlich-humanistischer Basis stehende Partei allein dem kommunistischen Atheismus entgegentreten kann.“

27 so in Rede in Bamberg, 2. 6. 1957, S. 3, A. Rh.

28 so in Rede in Bonn, 7. 4. 1946, S. 6, A. Rh.

29 so vor BV, 13. 1. 1956, S. 35

30 so in Rundfunkansprache vom 25. 12. 1960, A. Rh.

31 so in Interview mit „Deutsche Tagespost“, Würzburg, zitiert nach Bulletin vom 24. 8. 1962, Nr. 156, S. 1325

32 vgl. hierzu insbesondere Christopher Dawson, a. a. O.

33 vgl. u. a. Rede in Brüssel, 25. 9. 1956, S. 10, A. Rh.; vgl. auch Rede in Amsterdam, 23. 11. 1957, S. 4ff., A. Rh.; vgl. auch K. Adenauer, I, S. 182; vgl. auch K. Adenauer, III, S. 17

34 so in Interview mit Will McBride, „Twen“, zitiert nach Niederschrift vom 17. 2. 1966, S. 23, A. Rh.

35 so in Rede in Bonn, 7. 4. 1946, S. 5, A. Rh.

36 so in Rede in Essen, 24. 8. 1946, S. 6, A. Rh.; vgl. hierzu auch Rede in Pulheim bei Köln, 13. 9. 1946, S. 5, A. Rh.; vgl. auch Rede am 21. 3. 1966 während des 14. Bundesparteitages der CDU, Bonn, Protokoll S. 32

37 vgl. hierzu Rede in Bonn, 7. 4. 1946, S. 5, A. Rh.; vgl. auch Rede in Mönchengladbach, 2. 6. 1946, S. 2, A. Rh.: „Die christliche Weltanschauung, das Christentum, die Grundsätze des Christentums stellen an die Spitze aller ihrer Forderungen den Wert und die Würde der Person; sie erblicken in jeder Person, und mag sie noch so niedrigen Standes sein, etwas, das unendlich größer und unendlich höher ist als alles Materielle. Von diesem Standpunkte aus, daß der Wert und die Würde eines jeden Menschen, einer jeden Person etwas Einmaliges und Unersetzliches ist, haben wir die Forderungen unseres Programms aufgebaut. Von hier aus bestimmt sich unser Verhältnis zum Staat, von hier aus bestimmt sich unser Verhältnis zur Wirtschaft, und von hier aus bestimmt sich unser Verhältnis zur Kultur.“ Vgl. auch Rede in Osnabrück, 28. 7. 1946, S. 3, A. Rh.: „Wir achten in jedem Menschen die von Gott gesetzte Person; ihre Würde, ihre Freiheit ist die Grundlage für unsere gesamte Arbeit im Staat, in der Wirtschaft, in der Kultur.“ Vgl. auch Rede Adenauers am 15. 3. 1964 während des 12. Bundesparteitages der CDU, Hannover, Protokoll S. 31: „Unsere, die christliche Weltanschauung [. . .] geht

z. d. S. 168–170

davon aus, daß jeder einzelne Mensch von Gott stammende, im Naturrecht begründete Rechte gegenüber jedem, auch gegenüber seinem Staat und seinem Volk hat. Wir sind des Glaubens, daß die Würde und die Freiheit des einzelnen Menschen geachtet werden müssen und von niemandem verletzt werden dürfen."

38 vgl. handschriftlichen Redeentwurf, datiert vom 23. 9. 1951, S. 4f., A. Rh.

39 so in Rede in Bamberg, 2. 6. 1957, S. 3, A. Rh.; vgl. auch Rede in Bochum, 13. 7. 1957, S. 2, A. Rh.

III. Weltsicht und Menschenbild

1 In einer Rede in Bonn, 7. 4. 1946, S. 5, A. Rh., heißt es: „Der Fundamentalsatz des Programms unserer Partei, der Satz, von dem alle Forderungen unseres Programms ausgehen, ist ein Kerngedanke der christlichen Ethik: Die menschliche Person hat eine ihr von Gott verliehene einzigartige Würde, und der Wert jedes einzelnen Menschen ist unersetzlich."

2 so in einer Rede anläßlich eines Banketts des Vereins Auslandspresse, Bad Godesberg, 6. 4. 1965, S. 10, A. Rh.

3 so Adenauer während des 5. Bundesparteitages der CDU, Köln, 28.–30. 5. 1954, Protokoll S. 164

4 so in K. Adenauer, I, S. 242; vgl. auch K. Adenauer, III, S. 313

5 so während des 2. Bundesparteitages der CDU, Karlsruhe, 18.–21. 10. 1951, Protokoll S. 18

6 so in Rundfunkansprache vom 25. 12. 1950, a. a. O., S. 38

7 so in Rundfunkansprache vom 25. 12. 1955, a. a. O., S. 74

8 vgl. BV, 3. 6. 1955, S. 130f.; vgl. auch Rede in Köln, 2. 9. 1956, S. 6, A. Rh.; vgl. auch Rede in Bamberg, 2. 6. 1957, S. 2, A. Rh.; vgl. auch BV, 10. 5. 1962, S. 106 und 108

9 so vor BV, 10. 3. 1956, S. 58

10 so in Rundfunkansprache vom 25. 12. 1955, a. a. O., S. 75; vgl. auch Ausführungen Adenauers während des 11. Bundesparteitages der CDU, Dortmund, Protokoll S. 329; vgl. auch Interview mit Will McBride, „Twen", Niederschrift vom 17. 2. 1966, S. 10, A. Rh.

11 vgl. hierzu Bemerkungen Adenauers während des 5. Bundesparteitages der CDU, Köln, 28.–30. 5. 1954, Protokoll S. 164; vgl. auch 8. Bundesparteitag der CDU, Kiel, 18.–21. 9. 1958, Protokoll S. 23; vgl. auch Rede in Madrid, 16. 2. 1967, abgedruckt in K. Adenauer, IV, S. 238ff.

12 so in Interview mit Will McBride, „Twen", zitiert nach Niederschrift vom 17. 2. 1966, S. 10f., A. Rh.

13 so in handschriftlichem Redeentwurf, datiert vom 23. 9. 1951, S. 2, A. Rh.

14 vgl. hierzu insbesondere Interview mit Will McBride, „Twen", Niederschrift vom 17. 2. 1966, A. Rh.; vgl. auch Rede vom 16. 2. 1967 in Madrid, abgedruckt in K. Adenauer, IV, S. 238ff.

15 aus Notizen zu einer Rede vor dem „Verein Unions-Presse", datiert vom 17. 11. 1956, A. Rh.

16 so in Rede in Hamburg, 1. 10. 1956, S. 3, A. Rh.

17 so in Rede während des 1. Bundesparteitages der CDU, Goslar, 20.–22. 10. 1950, Protokoll S. 12f.

18 vgl. hierzu u. a. Rede in Köln, 20. 6. 1919, A. Rh.; Rede in Köln, 2. 11. 1952, S. 3,

A. Rh.; Ausführungen Adenauers während des 11. Bundesparteitages der CDU, Dortmund, 2.–5. 6. 1962, Protokoll S. 328; Ausführungen Adenauers während des 14. Bundesparteitages der CDU, Bonn, 21.–23. 3. 1966, Protokoll S. 33

19 so in Rundfunkansprache vom 25. 12. 1960, A. Rh.

20 vgl. hierzu Ausführungen während des 1. Bundesparteitages der CDU, Goslar, 20.–22. 10. 1950, Protokoll S. 12f.; vgl. auch Rede in Amsterdam, 23. 11. 1957, S. 7, A. Rh.

21 so in Rundfunkansprache am 25. 12. 1955, a. a. O., S. 75: „Wir leben in einer Periode der zur Gefahr für alle gestalteten Unruhe in der Welt. Diese Periode begann vor 50 Jahren – ihr Ende ist noch nicht abzusehen." In den Äußerungen Adenauers bis zu seinem Tode trifft man auf keinerlei Hinweise, die Anlaß geben zu der Annahme, daß er diese Meinung geändert hätte.

22 ebda., S. 75f.

23 so in Interview mit Will McBride, „Twen", zitiert nach Niederschrift vom 17. 2. 1966, S. 11, A. Rh.

24 vgl. S. 156

25 so in Rede während des 1. Bundesparteitages der CDU, Goslar, 20.–22. 10. 1950, Protokoll S. 12

26 ebda.; vgl. auch Interview mit Daniel Schorr, CBS, 23. 8. 1962, S. 54, A. Rh.; vgl. auch Rede in Madrid, 16. 2. 1967, abgedruckt in K. Adenauer, IV, S. 242

27 so in Rede in Frankfurt, 30. 6. 1952, S. 8, A. Rh.

28 so in Rede während des 1. Bundesparteitages der CDU, Goslar, 20.–22. 10. 1950, Protokoll S. 12

29 ebda.; vgl. auch unter Anmerkung 26

30 Insbesondere spricht für diese Annahme der Grundtenor der Rede Adenauers vom 28. 8. 1922 während der 62. Generalversammlung der Katholiken Deutschlands in München, a. a. O., S. 43–53; diese Annahme wird bestätigt durch Ria Reiners geb. Adenauer, Dr. Konrad Adenauer jun. und Dr. Max Adenauer.

31 so nach übereinstimmenden Aussagen von Ria Reiners geb. Adenauer, Dr. Konrad Adenauer jun. und Dr. Max Adenauer

32 so in Rundfunkansprache vom 25. 12. 1960, A. Rh.

33 so in Rede in Essen, 24. 8. 1946, S. 5, A. Rh.; vgl. auch Rede in Köln, 2. 11. 1952, S. 2ff., A. Rh.; vgl. auch Rede in Düsseldorf, 20. 6. 1954, S. 25, A. Rh.; vgl. auch Rede in Köln, 2. 9. 1956, S. 5, A. Rh.; vgl. auch Rede Adenauers während des 11. Bundesparteitages der CDU, Dortmund, 2.–5. 6. 1962, Protokoll S. 206

34 so in Rede Adenauers vom 28. 8. 1922, München, a. a. O., S. 47

35 so in Rede in Osnabrück, 28. 7. 1946, S. 1, A. Rh.; vgl. auch Rede in Münster, 8. 9. 1946, S. 2, A. Rh.; Rede in Recklinghausen, 28. 8. 1948, S. 3 und 7, A. Rh.

36 vgl. hierzu S. 113

37 so in Rede in Essen, 24. 8. 1946, S. 5, A. Rh.

38 so in Rede in Münster, 8. 9. 1946, S. 2, A. Rh.; vgl. auch Rede in Siegburg, 3. 9. 1946, S. 2, A. Rh.

39 so in Rede in Siegburg, 3. 9. 1946, S. 2, A. Rh.

40 so in Rede in Bonn, 7. 4. 1946, S. 5, A. Rh.

41 so in Rede in Mülheim/Ruhr, 29. 9. 1946, S. 3, A. Rh.

42 In einer Rede in Dortmund, 30. 6. 1957, S. 20, A. Rh., heißt es: „Nirgendwo prägt sich das Christentum, die christliche Überzeugung stärker aus als in dem Verlangen nach Freiheit, in dem Verlangen der freien, innerlich gefestigten Persönlichkeit."

z. d. S. 172–175

43 so in Rede in Neuenkirchen/Kreis Wiedenbrück, 3. 8. 1946, S. 2, A. Rh.

44 so in Rede in Essen, 24. 8. 1946, S. 5, A. Rh.

45 vgl. unter Anmerkung 33

46 vgl. hierzu den SPD-Pressedienst vom 3. 6. 1957, Nr. 3, 2/36/–/kd.; vgl. auch in „Vorwärts" vom 7. 6. 1957 den Artikel „Der Tag von Bamberg und München"; vgl. auch SPD-Pressedienst vom 24. 6. 1957, XII/140, S. 7; vgl. auch SPD-Pressedienst vom 27. 6. 1957, P/XII/143, S. 7; vgl. auch Kommuniqué über die Sitzung des Vorstandes der SPD vom 12. 7. 1957

47 so in Rede in Köln, 2. 11. 1952, S. 2f., A. Rh.

48 so in Rede in Köln, 2. 9. 1956, S. 5, A. Rh.

49 vgl. S. 110ff.

50 vgl. hierzu Rede in München, 28. 8. 1922, a. a. O., S. 47; vgl. auch Rede in Essen, 24. 8. 1946, S. 5, A. Rh.; vgl. auch Rede in Solingen, 23. 6. 1954, S. 21, A. Rh.

51 so in Rede in Düsseldorf, 20. 6. 1954, S. 25, A. Rh.

52 so vor BV, 2. 5. 1955, S. 13; vgl. auch Rede in Solingen, 23. 6. 1954, S. 21, A. Rh.

53 Dies ist insbesondere in den Reden Adenauers aus dem Jahre 1946 nachweisbar.

54 vgl. hierzu BV, 29. 1. 1960, S. 18f.

55 vgl. hierzu insbesondere Reden der unmittelbaren Nachkriegszeit, u. a. Rede in Neuenkirchen/Kreis Wiedenbrück, 3. 8. 1946, S. 10, A. Rh.; vgl. auch Rede in Siegburg, 3. 9. 1946, S. 2, A. Rh.; vgl. auch Rede in Münster, 8. 9. 1946, S. 4, A. Rh.

56 Es wurde darauf hingewiesen, daß Adenauer in konkreten Inhalten dachte, weniger in Begriffen, vgl. S. 33; eine Konsequenz hiervon war, daß er gleiche Inhalte mit verschiedenen Worten umschrieb, vgl. S. 192, und andererseits verschiedene Inhalte mit dem gleichen Wort zu umfassen suchte, wofür gerade der Begriff des Materialismus ein Beispiel bietet.

57 so in Rede in Münster, 8. 9. 1946, S. 4, A. Rh.

58 vgl. Rede in Augsburg, 26. 11. 1954, S. 7, A. Rh.; vgl. auch BV, 5. 2. 1955, S. 137; vgl. auch BV, 30. 9. 1955, S. 17; vgl. auch Ausführungen während des 11. Bundesparteitages der CDU, Dortmund, 2.–5. 6. 1962, Protokoll S. 206; vgl. auch K. Adenauer, III, S. 428

59 so in Rede in Hannover, 11. 8. 1946, S. 7, A. Rh.; vgl. auch Rede in Essen, 24. 8. 1946, S. 5, A. Rh.

60 so in Rede in Münster, 8. 9. 1946, S. 3, A. Rh.

61 so in Rede in Mülheim/Ruhr, 29. 9. 1946, S. 3f., A. Rh.; vgl. hierzu auch handschriftlichen Redeentwurf vom 23. 9. 1951, S. 9f., A. Rh.: „Eine solche unbeschreibbare, erniedrigende Abhängigkeit des Menschen vom Staate, wie sie im Ostblock besteht, ist, wie ich schon erwähnte, nur möglich, weil dort der Staat die Summe der politischen und gleichzeitig der wirtschaftlichen Macht hat, weil so seine Untertanen nicht nur politisch, sondern auch wirtschaftlich in absoluter Abhängigkeit ihr Leben fristen müssen."

62 so in Rede in Mülheim/Ruhr, 29. 9. 1946, S. 3f., A. Rh.; vgl. auch handschriftlichen Redeentwurf vom 23. 9. 1951, S. 7ff., A. Rh.

63 so in Rede in Bad Ems, 14. 9. 1951, S. 8, A. Rh.

64 vgl. hierzu insbesondere Redeentwurf vom 23. 9. 1951, S. 7ff., A. Rh.

65 ebda., S. 8

66 vgl. Rede in Köln, 2. 9. 1956, S. 4ff., A. Rh.

67 so vor BA, 6. 9. 1952, S. 8

68 vgl. K. Adenauer, I, S. 62

69 so in Rede in München, 28. 8. 1922, a. a. O., S. 48

70 vgl. Rede in Bad Ems, 14. 9. 1951, S. 13, A. Rh.

71 so in Rede in Recklinghausen, 28. 8. 1948, S. 4, A. Rh.

72 ebda.

73 so in Rede in Heidelberg, 21. 7. 1949, S. 16, A. Rh.

74 vgl. hierzu Rede in Bad Ems, 14. 9. 1951, S. 13, A. Rh.

75 vgl. hierzu Rede in Bad Ems, 14. 9. 1951, S. 15, A. Rh.; vgl. auch BA, 6. 9. 1952, S. 8; vgl. auch Ausführungen Adenauers während des 11. Bundesparteitages der CDU, Dortmund, 2.–5. 6. 1962, Protokoll S. 205f.

76 so während des 11. Bundesparteitages der CDU, Dortmund, 2.–5. 6. 1962, Protokoll S. 205

77 so in Rede in Bamberg, 2. 6. 1957, S. 2, A. Rh.

78 so in Rede in Köln, 2. 9. 1956, S. 5, A. Rh.

79 vgl. Rede in Mülheim/Ruhr, 29. 9. 1946, S. 3, A. Rh.; vgl. auch Rede in Bad Ems, 14. 9. 1951, S. 16, A. Rh.: „Diese materialistische Einstellung führt in ihrer Konsequenz zu kommunistischen und diktatorischen Entwicklungen, jedenfalls zu Entwicklungen, die sich über das Recht der Einzelperson hinwegsetzen." Vgl. auch Rede in Düsseldorf, 20. 6. 1954, S. 25, A. Rh.

80 vgl. Rede in Mülheim/Ruhr, 29. 9. 1946, S. 3, A. Rh.

81 vgl. Rede in Köln, 2. 9. 1956, S. 5, A. Rh.

82 so in Rede in Berlin, 19. 7. 1954, zitiert nach Bulletin Nr. 133, S. 1198

83 so in Rede in Frankfurt, 30. 6. 1952, S. 8, A. Rh.

84 so in handschriftlichem Redeentwurf, 23. 9. 1951, S. 14f., A. Rh.

85 so in Rede in Berlin, 19. 7. 1954, zitiert nach Bulletin Nr. 133, S. 1198

86 vgl. Rede in Frankfurt, 30. 6. 1952, S. 14, A. Rh.

87 so in handschriftlichem Redeentwurf, 23. 9. 1951, S. 15f., A. Rh.

88 so in Rede in Bonn, 21. 7. 1948, S. 13, A. Rh.

89 vgl. hierzu Rede in Frankfurt, 30. 6. 1952, S. 9, A. Rh.

90 vgl. ebda.; vgl. auch Rede in Köln, 18. 5. 1957, S. 2, A. Rh.

91 so in Rede in London, 14. 5. 1953, S. 4f., A. Rh.

92 vgl. Rundfunkansprache vom 25. 12. 1951, a. a. O., S. 38

93 vgl. hierzu Rede in Frankfurt, 30. 6. 1952, S. 18f., A. Rh.

94 vgl. hierzu Rede in Köln, 2. 9. 1956, S. 5, A. Rh.

95 so in Rede in München, 28. 8. 1922, a. a. O., S. 50; er führte ebda. weiter aus: „Die Großstadt braucht nicht so zu sein, wie sie ist, sie braucht ihre Bewohner nicht wurzellos zu machen. Man muß die heutige Großstadt in langsamer, weitsichtiger Arbeit umbilden in einen Organismus, der aus einem Geschäftszentrum und in sich gegliederten kleinstädtischen, ja *dörflichen Gebilden* besteht. So umgestaltet, gewährt auch die Großstadt ihren Bewohnern den Zusammenhang mit Erde und Natur, ja auch das haltgebende Zugehörigkeitsgefühl zu einer kleineren Gemeinschaft." Vgl. auch den Aufsatz K. Adenauers, „Aufgaben der Großstadt", erschienen im „Kölner Lokal-Anzeiger", 18. 10. 1927, Abend-Ausgabe, Nr. 300, S. 3

96 vgl. Rede in München, 28. 8. 1922, a. a. O., S. 50

97 ebda., S. 51

98 so in Rede in Münster/Westf., 8. 9. 1946, S. 18, A. Rh.: „Es muß dafür gesorgt werden, daß beim Wiederaufbau der zerstörten Städte die Menschen nicht mehr in Mietskasernen eingepfercht werden, sondern daß sie mit Grund und Boden, mit Sonne, Licht und Luft wieder in Berührung kommen, und es muß ihnen die

Möglichkeit gegeben werden, daß sie durch ihrer Hände Arbeit im Laufe der Zeit ein Eigenheim mit Garten erwerben können. In der Entstehung unserer Großstädte, in denen die Menschen so zusammengepreßt wurden und wurzellos geworden sind, ist ein großer Teil der Ursachen enthalten für die politische Instinktlosigkeit unseres Volkes, das jeder Phrase nachgelaufen ist. Mäßiger Besitz möglichst vieler ist der sicherste Schutz der Demokratie und der Freiheit."

99 so in Rede in Recklinghausen, 14. 8. 1947, S. 10, A. Rh.: „Nach meiner Überzeugung, die sich seit vielen Jahren gebildet hat, ist die Urteilslosigkeit, die Unstetigkeit in weiten Schichten zum sehr großen Teil darauf zurückzuführen, daß wir ein Land der großen Städte geworden waren. In den großen Städten, wie sie planlos bei uns entstanden waren, waren die Menschen losgerissen von der Erde und der Natur, wurzellos, heimatlos. Der Krieg hat unsere Städte grausam zerstört und vernichtet. Aber diese Zerstörung und Vernichtung gibt uns auch beim Wiederaufbau eine Möglichkeit, eine große Chance, die wir nicht ungenutzt vorübergehen lassen dürfen: Die Möglichkeit, durch eine kluge und vorausschauende Planung die übermäßige Verstädterung des deutschen Volkes zu beseitigen." Vgl. auch Rede in Dortmund, 28. 7. 1946, S. 5, A. Rh.

100 vgl. hierzu Rede in Bonn, 7. 4. 1946, S. 10, A. Rh.: „Wenn wir an den Wiederaufbau unserer zerstörten Städte und Ortschaften und industriellen Unternehmungen gehen, dann wollen wir lernen aus den Fehlern der Industrialisierung, des Entstehens unserer großen Städte. Die Zusammenballung großer Menschenmassen auf engstem Raum darf sich unter keinen Umständen wiederholen, und ebenso wenig darf die sich daraus ergebende Wertsteigerung des Grund und Bodens einzelnen zugute kommen. Ich erblicke seit vielen Jahren in dieser verfehlten Boden- und Siedlungspolitik der früheren Zeit eine der Hauptquellen für die Entwurzelung und materialistische Einstellung unseres Volkes. Hier sehe ich eine bodenreformerische Aufgabe größten Ausmaßes von vitalster Bedeutung für die Zukunft unseres Volkes." Vgl. auch Rede in Bern, 23. 3. 1949, S. 13f., A. Rh.: „Die Lösung des Wohnungsproblems ist aber das Fundament für jeden politischen, körperlichen, ethischen und moralischen Wiederaufbau." Vgl. hierzu auch Rede in Dortmund, 26. 7. 1953, S. 4, A. Rh.; vgl. hierzu auch Rede während des 13. Bundesparteitages der CDU, Düsseldorf, 28.–31. 3. 1965, Protokoll S. 21; vgl. auch K. Adenauer, I, S. 212

101 so in Rede in Bonn, 21. 7. 1948, S. 13, A. Rh.

102 vgl. hierzu Rede in San Francisco, 11. 4. 1953, S. 3, A. Rh.: „Die Gefahr der Entpersönlichung ist nur zu sehr mit der Entwicklung der modernen Technik verbunden. Entpersönlichung, Vermassung macht den Weg frei für den totalen Staat."

103 vgl. hierzu Rede vor der Georgetown University, Washington, 7. 4. 1953, S. 3, A. Rh.

104 so in Rede in Frankfurt, 30. 6. 1952, S. 13f., A. Rh.

105 so ebda., S. 13f.; vgl. auch Rede vor der Georgetown University, Washington, 7. 4. 1953, S. 3, A. Rh.

106 so in Rede in Frankfurt, 30. 6. 1952, S. 8, A. Rh.

107 vgl. hierzu Rede in Bonn, 21. 7. 1948, S. 13, A. Rh.: „Jedes Kollektiv wird letzten Endes beherrscht durch ganz wenige Leute." Vgl. auch Rede in Berlin, 19. 7. 1954, Bulletin, Nr. 133, S. 1198

108 vgl. unter Anmerkung 105 und 107

109 so in Rundfunkansprache vom 25. 12. 1958, a. a. O., S. 101

110 so in Rede in Hannover, 11. 8. 1946, S. 1, A. Rh.
111 vgl. Rede in Köln, 21. 5. 1950, S. 3f., A. Rh.
112 vgl. A. Poppinga, a. a. O., S. 72f.
113 ebda.
114 ebda., S. 144 und 255
115 vgl. BV, 2. 5. 1955, S. 13: „Seien wir uns alle darüber klar, daß die ganze Entwicklung unseres Lebens, der wir entgegengehen, absolut zum Materiellen hingeht, zu nichts anderem. Das gilt von oben bis unten. Ich nehme keinen Stand aus . . . Ich fürchte für unser deutsches Volk, daß wir auf dem Wege zum Materiellen schließlich doch zum Materialismus kommen." Vgl. auch Rede in Köln, 2. 9. 1956, S. 5, A. Rh.; vgl. auch Rundfunkansprache vom 25. 12. 1955, a. a. O., S. 75
116 vgl. Rede in Köln, 2. 9. 1956, S. 5, A. Rh.
117 vgl. ebda., S. 5; vgl. auch Rundfunkansprache vom 25. 12. 1955, a. a. O., S. 75
118 so in Rede vor der Georgetown University, Washington, 7. 4. 1953, S. 3, A. Rh.
119 so vor BV, 10. 5. 1962, S. 106
120 vgl. K. Adenauer, III, S. 184
121 so vor BV, 13. 1. 1956, S. 8
122 so vor BV, 17. 1. 1958, S. 88
123 vgl. hierzu Rundfunkansprache, 25. 12. 1956, a. a. O., S. 85: „Der Mensch muß weiterstreben, ständig und unermüdlich. Von früher Jugend an hat mir mein Vater das eingeprägt."
124 so in Rede in Berlin, 19. 7. 1954, Bulletin Nr. 133, S. 1198
125 so in Interview mit der brasilianischen Zeitung „O Globo", erschienen am 2. 8. 1964, zitiert nach Übersetzung, S. 6, A. Rh.
126 vgl. BV, 25. 2. 1964, S. 166; vgl. auch BV, 3. 6. 1955, S. 131
127 vgl. S. 21
128 ebda.
129 so in Rede anläßlich der Verkündung des Bundesjugendplanes, 18. 12. 1950, S. 2, A. Rh.
130 vgl. u. a. Rede in Recklinghausen, 14. 8. 1947, S. 18, A. Rh.; Rundfunkansprache, 25. 12. 1955, a. a. O., S. 76; Rede in Bamberg, 2. 6. 1957, S. 2, A. Rh.
131 so in Rede in Köln, 13. 4. 1947, S. 2, A. Rh.
132 so in Rede in Hamburg, 9. 10. 1949, S. 29, A. Rh.
133 so vor BV, 23. 11. 1956, S. 140; vgl. auch Äußerung Adenauers im Zusammenhang mit einer Auseinandersetzung mit Gustav Heinemann, dem damaligen Bundesinnenminister, über die Wiederbewaffnung der Bundesrepublik, in K. Adenauer, I, S. 373
134 so in Tagebuchnotizen von Valda Sauter, deren Mann zu der damaligen Zeit Konrad Adenauer porträtierte, 5. 7. 1930, wiedergegeben mit Genehmigung von Frau Ria Reiners
135 so vor BV, 13. 1. 1956, S. 151
136 vgl. hierzu Rundfunkansprache, 25. 12. 1955, a. a. O., S. 75; vgl. auch Rundfunkansprache, 25. 12. 1957, a. a. O., S. 95: „Alles ist in Frage gestellt, aber alles liegt doch mit Gottes Hilfe in unserer Hand. Ja, die Zukunft liegt in unserer Hand, aber nur mit Gottes Hilfe. Seine Hilfe steht für uns bereit, aber nur dann, wenn wir bereit sind, sie zu gebrauchen."
137 ebda.
138 so während des 11. Bundesparteitages der CDU, Dortmund, 2.–5. 6. 1962, Protokoll S. 19

139 vgl. Rundfunkansprache, 25. 12. 1958, a. a. O., S. 102; vgl. auch 10. Bundesparteitag der CDU, Köln, 24.–27. 4. 1961, Protokoll S. 324: „Frieden ist ja nicht nur der Frieden nach außen, Frieden muß auch im Innern des Menschen sein, wenn er wirklich ein menschenwürdiges Leben führen soll, und den Frieden im Innern, meine Freunde, den hat der Mensch nicht, wenn er nicht frei ist, weil die Freiheit dem Menschen angeboren ist."

140 vgl. Rede vom 18. 10. 1917, S. 2, A. Rh.

141 so in Rede in Dortmund, 28. 7. 1946, S. 4, A. Rh.

142 so in Rede in Berlin, 5. 12. 1958, S. 6, A. Rh.

143 vgl. hierzu Rede in Pulheim bei Köln, 13. 9. 1946, S. 16, A. Rh.; vgl. auch Ausführungen während des 11. Bundesparteitages der CDU, Dortmund, 2.–5. 6. 1962, Protokoll S. 19f.

144 ebda.; vgl. auch Notizen für eine Rede in Stuttgart, datiert vom 4. 11. 1950, S. 7, A. Rh.; vgl. auch Rede in Berlin, 5. 12. 1958, S. 6, A. Rh.; vgl. auch BV, 23. 5. 1960, S. 18 und S. 48

145 ebda.

146 vgl. Rede in Osnabrück, 28. 7. 1946, S. 3, A. Rh.; vgl. auch handschriftlichen Redeentwurf vom 23. 9. 1951, S. 11f., A. Rh.

147 ebda.

148 vgl. hierzu Rede in Berlin, 5. 12. 1958, S. 6, A. Rh.; vgl. auch Ausführungen während des 11. Bundesparteitages der CDU, Dortmund, 2.–5. 6. 1962, Protokoll S. 19f.

149 so in Rundfunkansprache, 25. 12. 1954, a. a. O., S. 68f.; vgl. auch Rundfunkansprache, 25. 12. 1956, S. 84

150 so in Rundfunkansprache, 25. 12. 1951, a. a. O., S. 38f.

151 so in Rede in Frankfurt, 30. 6. 1952, S. 16f., A. Rh.

152 vgl. unter Anmerkung 7 und 8

153 so in Rede in Frankfurt, 30. 6. 1952, S. 15, A. Rh.

154 so in Rundfunkansprache, 25. 12. 1957, a. a. O., S. 93

155 so in Rundfunkansprache, 25. 12. 1956, a. a. O., S. 86

156 ebda.

157 so in Rede in Berlin, 1. 2. 1953, S. 7, A. Rh.; ähnlich vgl. Rundfunkansprache, 25. 12. 1952, a. a. O., S. 46f.; vgl. auch Rede in Frankfurt, 8. 2. 1955, S. 11, A. Rh.

158 so in handschriftlichem Redeentwurf, 23. 9. 1951, S. 13, A. Rh.

159 so in Rundfunkansprache, 25. 12. 1951, a. a. O., S. 39

160 so in Rundfunkansprache, 25. 12. 1956, a. a. O., S. 86

161 so in Rede in Recklinghausen, 4. 8. 1946, S. 2f., A. Rh.

162 vgl. Rede in Hannover, 12. 2. 1955, S. 1, A. Rh.; vgl. auch K. Adenauer, III, S. 297

163 Adenauer war generell der Auffassung, daß das ganze Leben von Gefahren umgeben sei, daß man aber trotzdem leben und versuchen müsse, der Gefahren Herr zu werden, vgl. BV, 2. 5. 1955, S. 75

164 so in Rundfunkansprache, 25. 12. 1955, a. a. O., S. 75

165 ebda.

166 Adenauer war in Äußerungen zu dieser Frage sehr zurückhaltend; es finden sich hierzu nur kurz hingeworfene Bemerkungen, vgl. A. Poppinga, a. a. O., S. 278 und 286

167 so u. a. Alfred Grosser, a. a. O., S. 178, der Adenauer als „ein Muster an Ausgeglichenheit und Gelassenheit" bezeichnet

168 vgl. hierzu S. 157

169 vgl. Rede anläßlich eines Banketts des Vereins Auslandspresse, Bad Godesberg, 6. 4. 1954, S. 10, A. Rh.; vgl. auch S. 110ff.

170 vgl. S. 21

171 so in Rede während des 12. Bundesparteitages der CDU, Hannover, 14.–17. 3. 1964, Protokoll S. 32

172 ebda.

173 Dies ist meine persönliche Erfahrung bei Gesprächen mit Konrad Adenauer.

174 vgl. Eugen Gerstenmaier anläßlich der Trauerfeier für Konrad Adenauer im Deutschen Bundestag am 25. 4. 1967, a. a. O., S. 28f.: „Der Beobachter, der es nur von außen sieht, ist leicht geneigt, anzunehmen, daß es Konrad Adenauer beschieden war, mehr oder weniger selbstverständlich mit dem Traditionsgut des christlichen Glaubens zu leben. Ich habe ziemlich lange gebraucht, um zu erkennen, daß diese Annahme falsch ist. Zwar hat sich der kritische Kopf dieses Mannes nie erlaubt, kurzerhand über die ererbte Form und Ordnung der christlichen Existenz in dieser Welt hinwegzugehen. Aber die Qual der Skepsis hat ihn lange begleitet. Er hätte das Zeug dazu gehabt, ein Zyniker zu werden, wenn ihn nicht jene Furcht vor dem Chaos, mehr aber noch die Ehrerbietung für den Kern der christlich-abendländischen Tradition davor zurückgehalten hätten. Es bedurfte aber wohl seines langen und oft schmerzlichen Erleidens der Welt, um ihn zu der persönlichen Erkenntnis der Wirklichkeit Gottes zu führen. Diese Erfahrung wurde die orientierende Mitte seines persönlichen Lebens. Sie reichte in Tiefen, die ihn über den Moralismus hinaustrugen und die ihn auch Herr werden ließen über seinen eigenen Skeptizismus, ja über gelegentliche Anwandlungen von Verzweiflung."

175 vgl. A. Poppinga, a. a. O., S. 274f.

IV. Werte – Rangordnung und Begründung

1 so in Rede während des 8. Bundesparteitages der CDU, Kiel, 18.–21. 9. 1958, Protokoll S. 22

2 so Leo Strauss, a. a. O., S. 44

3 ebda., S. 38

4 vgl. hierzu Eric Voegelin, a. a. O., S. 34

5 vgl. BV, 10. 5. 1962, S. 125

6 vgl. Rede in Solingen, 23. 6. 1954, S. 21, A. Rh.

7 vgl. Rede in Dortmund, 28. 8. 1946, S. 8, A. Rh.

8 vgl. Rede während des 7. Bundesparteitages der CDU, Hamburg, 11.–15. 5. 1957, Protokoll S. 6

9 vgl. Rede während des 3. Bundesparteitages der CDU, Berlin, 17.–19. 10. 1952, Protokoll S. 143

10 vgl. Rede in Wuppertal/Elberfeld, 5. 5. 1946, S. 7, A. Rh.; vgl. Rede in Dortmund, 12. 10. 1952, S. 9, A. Rh.; vgl. Rede während des 3. Bundesparteitages der CDU, Berlin, 17.–19. 10. 1952, Protokoll S. 148

11 vgl. Rundfunkansprache, 25. 12. 1952. a.a.O., S. 45; vgl. auch S. 183ff.

12 vgl. Rede in Wuppertal/Elberfeld, 5. 5. 1946, S. 5, A. Rh.: „Aus dem Christentum folgt, daß wir ausgehen müssen von dieser Wahrheit: daß der Mensch, die Einzelperson, der Ursprung alles dessen sein muß, daß auf ihn alles hinzielen muß, was

an Recht, an Ordnung, an Wirtschaft geschaffen wird." Vgl. auch A. Poppinga, a. a. O., S. 130

13 vgl. Rede in Köln, 24. 3. 1946, S. 6, A. Rh.: „Der Fundamentalsatz des Programms der CDU, der Satz, von dem alle Forderungen unseres Programms ausgehen, ist ein Kerngedanke der christlichen Ethik: Die menschliche Person hat eine einzigartige Würde, und der Wert jedes einzelnen Menschen ist unersetzlich. Aus diesem Satz ergibt sich eine Staats-, Wirtschafts- und Kulturauffassung, die neu ist gegenüber der in Deutschland seit langem üblichen. Nach dieser Auffassung ist weder der Staat noch die Wirtschaft noch die Kultur Selbstzweck; sie haben eine dienende Funktion gegenüber der Person." Vgl. auch Rede in Wuppertal/Elberfeld, 5. 5. 1946, S. 5, A. Rh.; vgl. auch Rede in Recklinghausen, 4. 8. 1946, S. 5, A. Rh.; vgl. auch Rede während des 12. Bundesparteitages der CDU, Hannover, 14.–17. 3. 1964, Protokoll S. 31 f.; vgl. auch Rede während des 14. Bundesparteitages der CDU, Bonn, 21.–23. 3. 1966, Protokoll S. 31 f.

14 zu Staat: vgl. Rede in Recklinghausen, 4. 8. 1946, S. 5, A. Rh.: „Der preußische Staatsbegriff, wie er durch Hegel entwickelt wurde und wie er jahrzehntelang in allen Tonarten in Preußen und in dem verpreußten Deutschland gepriesen wurde, der gipfelte darin, daß er sagt: Der Staat steht über allem. An sich auf den ersten Blick ein schönes Wort. Aber was wird aus einer solchen Maxime, wenn langsam, aber ständig, die moralischen Begriffe schwinden. Es entwickelte sich daraus der Nationalsozialismus; denn der Nationalsozialismus ist nichts anderes gewesen als eine Fortsetzung dieses Gedankens, ein Fortdenken bis in die letzten Konsequenzen hinein, daß der einzelne kein Recht hat gegenüber dem Staat, daß der Staat das Höchste ist auf Erden, und daß alles andere, der einzelne Mensch sich dem unterzuordnen hat. Wir von der Christlich Demokratischen Union nehmen einen prinzipiell anderen Standpunkt ein. Wir gehen davon aus, von dem eminent christlichen Gedanken, daß die Person das Höchste auf der Welt ist und nicht der Staat." Vgl. auch Rede Adenauers während des 8. Bundesparteitages der CDU, Kiel, 18.–21. 9. 1958, Protokoll S. 24
zu Nation: vgl. Rede in Bamberg, 20. 7. 1952, Bulletin Nr. 95, S. 935

15 so Otto von Bismarck in einer Reichstagsrede, Berlin, 24. 2. 1881, Gesammelte Werke 12, S. 194

16 vgl. Gilbert Ziebura, „Ideologische Grundlagen der Außenpolitik de Gaulles" in Europa-Archiv 1965, Folge 8, S. 278

17 so in Rede in Mülheim/Ruhr, 29. 9. 1946, S. 3, A. Rh.

18 so in Rede während des 8. Bundesparteitages der CDU, Kiel, 18.–21. 9. 1958, Protokoll S. 22

19 ebda.

20 so in Rede während des 10. Bundesparteitages der CDU, Köln, 24.–27. 4. 1961, Protokoll S. 324

21 so in Rede in Mülheim/Ruhr, 29. 9. 1946, S. 3, A. Rh.

22 so vor BV, 17. 1. 1958, S. 74; vgl. auch Rede in Recklinghausen, 28. 8. 1948, S. 4, A. Rh.: „Die persönliche Freiheit ist und bleibt das höchste Gut des Menschen." Vgl. auch Rede in Bern, 23. 3. 1949, S. 7, A. Rh.; vgl. auch Rede in Berlin, 10. 10. 1963, S. 7, A. Rh.: „Ich kann mir nichts Grausameres, nichts Schrecklicheres denken – wir haben es doch zum Teil an uns selbst erlebt –, als ein Leben in der Diktatur und in der Sklaverei."

23 vgl. S. 170

24 vgl. hierzu Susanne Miller, a. a. O., S. 15: „Die Sozialdemokratie war zwar als

Freiheitsbewegung angetreten, sie hat jedoch von Anbeginn an die Gleichheit als das Regulativ der Freiheit angesehen."

25 vgl. S. 178f.; vgl. hierzu auch Rede Adenauers während des 8. Bundesparteitages der CDU, Kiel, 18.–21. 9. 1958, Protokoll S. 24

26 vgl. Rede in Dortmund, 12. 10. 1952, S. 3, A. Rh.; vgl. Rede in London, 14. 5. 1953, S. 19, A. Rh.; vgl. Rede in Madrid, 16. 2. 1967, abgedruckt in K. Adenauer, IV, S. 243

27 vgl. Rede in Recklinghausen, 28. 8. 1948, S. 4f., A. Rh.; vgl. Rede in London, 6. 12. 1951, S. 2, A. Rh.; vgl. K. Adenauer, I, S. 382

28 vgl. Rede in Bern, 23. 3. 1949, S. 2, A. Rh.; vgl. auch Interview für amerikanisches Fernsehen (es ist aus den Unterlagen nicht ersichtlich, für welche amerikanische Fernsehanstalt), Niederschrift datiert vom 22. 12. 1950, S. 1, A. Rh.

29 so in Rede in Berlin, 18. 4. 1950, S. 17, A. Rh.

30 so in Rundfunkansprache, 25. 12. 1952, a. a. O., S. 45

31 Es wird die These vertreten, daß Adenauer über die Jahre gleichbleibend das Begriffspaar Freiheit und Frieden als erstrangig beurteilte. Der Eindruck der Gleichrangigkeit mit dem Begriffspaar Freiheit und Recht wird hervorgerufen durch Adenauers apodiktische Formulierungsweise, die eine Eigenart seines Redestils war.

32 so in Rundfunkansprache, 25. 12. 1952, a. a. O., S. 45

33 so in Rede in Dortmund, 12. 10. 1952, S. 3, A. Rh.

34 vgl. Rede in London, 6. 12. 1951, S. 5f., A. Rh.; vgl. auch Ausführungen Adenauers während des 10. Bundesparteitages der CDU, 24.–27. 4. 1961, Protokoll S. 324

35 vgl. Rundfunkansprache, 25. 12. 1952, a. a. O., S. 46: „Haben wir nicht erfahren, daß alle Glieder eines Volkes untrennbar miteinander verbunden sind? Haben wir nicht erkannt, daß niemand sein Geschick von dem Geschick seines Volkes, seinen Frieden, seine Freiheit, sein Glück von dem Frieden und der Freiheit seines Volkes trennen kann und trennen darf?"

36 vgl. hierzu Rede in London, 6. 12. 1951, S. 5f., A. Rh.: „Der Begriff der Freiheit hat in unserer Zeit einen erweiterten Inhalt bekommen. Er umschließt neben der politischen und religiösen Freiheit auch die soziale Freiheit, ich meine damit die Freiheit von Hunger und Not, die Freiheit zu persönlicher und wirtschaftlicher Entfaltung."

37 so in Rundfunkansprache, 25. 12. 1952, a. a. O., S. 44

38/39 S. 140f., Anmerkung 117

40 so in Rundfunkansprache, 15. 1. 1958, S. 8, A. Rh.

41 so in Rundfunkansprache, 25. 12. 1952, a. a. O., S. 45

42 so in Rede in Recklinghausen, 28. 8. 1948, S. 4f., A. Rh.

43 so in Rede in London, 6. 12. 1951, S. 2, A. Rh.

44 vgl. hierzu Rede in Recklinghausen, 14. 8. 1947, S. 8f., A. Rh.; vgl. auch Rede während des 1. Bundesparteitages der CDU, Goslar, 20.–22. 10. 1950, Protokoll S. 21

45 so in Rede in Berlin, Freie Universität, 5. 12. 1958, S. 6, A. Rh.

46 vgl. hierzu Rede in Recklinghausen, 28. 8. 1948, S. 4f., A. Rh.

47 vgl. hierzu K. Adenauer, III, S. 239f., wo er im Zusammenhang mit dem Aufstand in Ungarn im Jahre 1956 auf die Machtlosigkeit der Vereinten Nationen hinweist und der von ihr vertretenen rechtlichen und moralischen Normen

48 vgl. hierzu Rede während des 5. Bundesparteitages der CDU, Köln, 28.–30. 5. 1954, Protokoll S. 163

49 so in Rede in Recklinghausen, 28. 8. 1948, S. 5, A. Rh.; vgl. auch Rede in Köln, 13. 4. 1947, S. 9, A. Rh.

50 so in Rede in Recklinghausen, 14. 8. 1947, S. 9, A. Rh.

51 vgl. unter Anmerkung 47; vgl. auch BA, 17. 1. 1958, S. 25

52 vgl. hierzu Rede während des 12. Bundesparteitages der CDU, Hannover, 14.–17. 3. 1964, Protokoll S. 31f.; vgl. auch Rede während des 1. Bundesparteitages der CDU, Goslar, 20.–22. 10. 1950, Protokoll S. 21

53 vgl. Rede während des 1. Bundesparteitages der CDU, Goslar, 20.–22. 10. 1950, S. 21: „Die Grundlage des Gemeinschaftslebens im Staate und unter den Völkern muß wieder die Hochachtung und der Respekt vor den Rechten der Einzelpersonen und der Völker werden, vor Rechten, die nicht willkürlich geschaffen, sondern die tief im Naturrecht verankert sind."

54 ebda.

55 vgl. hierzu Rede in Recklinghausen, 14. 8. 1947, S. 9, A. Rh.

56 vgl. hierzu Interview mit Will McBride, „Twen", 17. 2. 1966, S. 16, A. Rh.; er vertrat hier die Auffassung, daß, wenn er von der Zeit des Nationalsozialismus absehe, man in Deutschland vorher „gar nicht so undemokratisch" gewesen wäre. Unter Bezug auf das Kaiserreich erklärte er: „Wir hatten das gleiche allgemeine, freie Wahlrecht zum Reichstag und in den verschiedenen Bundesländern; aber in einem waren wir nicht demokratisch – es gab gewisse Domänen zum Fortkommen, sowohl in der Armee wie im Grundbesitz wie auch bei den Regierungsstellen. Ich spreche jetzt von Preußen – wir waren erobertes Land; das Rheinland ist ja 1815 preußisch geworden; wir waren katholisch und waren infolgedessen verdächtig. Ich hätte z. B. nie den kühnen Plan haben dürfen, einmal in eine Regierungsstelle zu kommen, weil ich katholisch war und Rheinländer, ganz aussichtslos! Also, im praktischen Gebrauch waren wir auf vielen Gebieten undemokratisch." Vgl. auch Interview mit Günter Gaus, 29. 12. 1965, a. a. O., S. 56: Auf die Frage, ob er den gesellschaftlichen Wandel, der mit dem Zusammenbruch des Kaiserreiches verbunden war und eingesetzt hatte, gutgeheißen habe oder ob er die gesellschaftliche Ordnung vor 1918, die stärkere Bindung an gesellschaftliche Gruppen als sympathischer empfunden habe, kam die Antwort: „Sie gebrauchen den Ausdruck ‚gesellschaftliche Bindung'. Ich würde sagen: ‚die Kastenbildung.' Und Kastenbildung ist schlecht. Natürlich habe ich diese Entwicklung zur Demokratie hin außerordentlich begrüßt." Ähnlich äußerte er sich in dem bereits angeführten Interview mit Will McBride, s. o., S. 19, auf die Frage, was er sich unter Demokratie vorstelle, kam die Antwort: „Gleichheit! – Ich meine keine Kasten, keine Klassen!"

57 vgl. Rede in Köln, 24. 3. 1946, S. 6, A. Rh.; vgl. auch Rede in Recklinghausen, 14. 8. 1947, S. 9, A. Rh.

58 vgl. hierzu Niederschrift eines Fernsehinterviews, aufgenommen am 22. 12. 1950 für amerik. Fernsehen, S. 1, A. Rh., vgl. unter Anmerkung 28

59 vgl. S. 192

60 so in Rede in Bonn, 7. 4. 1946, S. 2, A. Rh.

61 vgl. Rede in Bamberg, 20. 7. 1952, veröffentlicht in Bulletin Nr. 95, S. 935: „In dem demokratisch-parlamentarisch regierten Staat, in dem dieses System der Demokratie bis in die letzte Gemeinde hinein verwirklicht wird, trägt ein jeder von uns Verantwortung, der eine mehr, der andere weniger; aber jeder hat

Verantwortung; wir tragen sie alle; und diese Verantwortung kann uns niemand abnehmen." Vgl. auch Rede in Berlin, 19. 7. 1954, veröffentlicht in Bulletin Nr. 133, S. 1197f.; vgl. auch Rundfunkansprache, 25. 12. 1962, A. Rh.

62 vgl. A. Poppinga, a. a. O., S. 135

63 vgl. Rede in Bonn, 7. 4. 1946, S. 6, A. Rh.; vgl. auch K. Adenauer, I, S. 47,

64 so in Rede in Bad Ems, 22. 4. 1950, S. 2, A. Rh.

65 so während des 12. Bundesparteitages der CDU, Hannover, 14.–17. 3. 1964, Protokoll S. 503

66 so in Rede in Bad Ems, 22. 4. 1950, S. 2, A. Rh.; vgl. auch Rede in Köln, 18. 10. 1917, S. 1, A. Rh.: „Streit der Meinungen und Streit der Parteien muß sein, denn er ist die Wurzel des Fortschritts."

67 so in Rede in Dortmund, 26. 7. 1953, S. 15, A. Rh.

68 vgl. Rede in Köln, 21. 5. 1950, S. 3f., A. Rh.: „Man soll kritisieren, man soll Opposition treiben, eine jede Regierung braucht Opposition, weil keine Regierung und kein Mensch unfehlbar ist und auf seine Fehler und Schwächen aufmerksam gemacht werden muß." Vgl. auch Rede in Dortmund, 26. 7. 1953, S. 15, A. Rh.

69 vgl. hierzu Rede in Köln, 13. 4. 1947, S. 9, A. Rh.: „Macht ist an sich nichts Böses, aber Macht kann etwas sehr Böses werden in der Hand derjenigen, die die Macht besitzen. Darum wollen wir von der CDU nirgendwo, weder im wirtschaftlichen noch im politischen noch im staatlichen Leben, eine Zusammenballung von Macht, die die Freiheit des Volkes oder des einzelnen gefährden könnte." Vgl. auch ebda., S. 11; vgl. auch Rede in Recklinghausen, 28. 8. 1948, S. 4f., A. Rh.; vgl. auch Ausführungen Adenauers während des 8. Bundesparteitages der CDU, Kiel, 18.–21. 9. 1958, Protokoll S. 23

70 vgl. Rede in Bonn, 7. 4. 1946, S. 6, A. Rh.: „Demokratie muß mehr sein als parlamentarische Regierungsform: Sie ist eine Weltanschauung, die ebenfalls wurzelt in der Auffassung von der Würde, dem Werte und den unveräußerlichen Rechten eines jeden einzelnen Menschen, die das Christentum entwickelt hat. Demokratie muß diese unveräußerlichen Rechte und den Wert eines jeden einzelnen Menschen achten im Staatswesen, im wirtschaftlichen und im kulturellen Leben." Vgl. auch K. Adenauer, I, S. 47

71 vgl. Carl Joachim Friedrich, a. a. O., S. 13

72 ebda.

73 vgl. Ausführungen Adenauers während des 8. Bundesparteitages der CDU, Kiel, 18.–21. 9. 1958, Protokoll S. 22

74 vgl. Ausführungen Adenauers während des 6. Bundesparteitages der CDU, Stuttgart, 26.–29. 4. 1956, Protokoll S. 156; vgl. auch K. Adenauer, I, S. 45

75 vgl. Rundfunkansprache, 25. 12. 1952, a. a. O., S. 44

76 vgl. Rede in Recklinghausen, 14. 8. 1947, S. 9, A. Rh.; vgl. auch Rede während des 1. Bundesparteitages der CDU, Goslar, 20.–22. 10. 1950, Protokoll S. 21

77 vgl. Rede in Köln, 24. 3. 1946, S. 6, A. Rh.

78 Dies wird insbesondere deutlich in Ausführungen Adenauers während des 7. Bundesparteitages der CDU, Hamburg, 11.–15. 5. 1957, Protokoll S. 7

79 vgl. Rede in Paris, 9. 11. 1964, S. 1, A. Rh.

80 vgl. unter Anmerkung 78

81 vgl. Carl Joachim Friedrich, a. a. O., S. 12

82 vgl. Aristoteles, „Politik", Erstes Buch 1252/30–35 in der im Rowohlt-Verlag erschienenen Ausgabe nach der Übersetzung von Franz Susemihl, bearbeitet mit Numerierung, Gliederungen und Anmerkungen, herausgegeben von Nelly

Tsouyopoulos und Ernesto Grassi, in der Reihe „Rowohlts Klassiker der Literatur und der Wissenschaft", Bd. 171–173, 1968

83 vgl. Aristoteles, „Nikomachische Ethik" und „Politik"

84 vgl. unter Anmerkungen 17–22; vgl. auch Rede in Köln, 13. 4. 1947, S. 9ff., A. Rh.; vgl. insbesondere handschriftlichen Redeentwurf vom 23. 9. 1951, S. 4ff., A. Rh.

85 vgl. S. 166ff.; vgl. auch Ausführungen während des 11. Bundesparteitages der CDU, Dortmund, 2.–5. 6. 1962, Protokoll S. 206

86 vgl. hierzu Eric Voegelin, a. a. O., S. 43f.

87 vgl. hierzu ebda., S. 40f.

88 vgl. hierzu Leo Strauss, a. a. O., S. 46

V. Die Bedeutung der Weltanschauung für das Grundsätzliche in der Politik Adenauers

1 vgl. hierzu insbesondere Rundfunkrede vom 23. 3. 1946, S. 5f., A. Rh.; Rede während des 3. Bundesparteitages der CDU, Berlin, 17.–19. 10. 1952, Protokoll S. 147f.; Rede während des 12. Bundesparteitages der CDU, Hannover, 14.–17. 3. 1964, Protokoll S. 31f.

2 vgl. hierzu Rede in Pulheim bei Köln, 13. 9. 1946, S. 5, A. Rh.; so auch in Rede in Bochum, 13. 7. 1957, S. 2, A. Rh.; Adenauer und die von ihm geführte CDU standen mit dieser Auffassung keineswegs isoliert, sondern bewegten sich im Rahmen einer allgemeinen westeuropäischen Entwicklung, deren Ursprung im 19. Jahrhundert zu finden ist, vgl. hierzu Karl Buchheim, „Geschichte der Christlichen Parteien in Deutschland", Ernst Deuerlein, „CDU/CSU 1945–1947 – Beiträge zur Zeitgeschichte", Michael P. Fogarty, „Christliche Demokratie in Westeuropa"

3 so in Rundfunkrede vom 23. 3. 1946, S. 5, A. Rh.

4 vgl. hierzu Rede in Köln, 24. 3. 1946, S. 5ff., A. Rh.

5 so in Rede während des 3. Bundesparteitages der CDU, Berlin, 17.–19. 10. 1952, Protokoll S. 148

6 vgl. S. 186, Anmerkung 147

7 vgl. hierzu K. Adenauer, I, S. 58 und 215; vgl. auch Rede in Bochum, 13. 7. 1957, S. 4f., A. Rh.; vgl. auch Rundfunkansprache vom 25. 12. 1957, a. a. O., S. 96: „Keine Einrichtung, keine Sorge des Staates kann die Familie ersetzen." Vgl. auch Rundfunkansprache vom 25. 12. 1961, A. Rh.: „Die Festigung der Familie, ihr Zusammenhalt besonders gerade in unserer zerrissenen Zeit ist ein durch nichts zu ersetzendes Gut."

8 so in K. Adenauer, III, S. 313; vgl. auch Rede in Dortmund, 30. 6. 1957, S. 14, A. Rh.

9 vgl. A. Poppinga, a. a. O., S. 274

10 vgl. Rede während des 7. Bundesparteitages der CDU, Hamburg, 11.–15. 5. 1957, Protokoll S. 214

11 so in Rede vor der Georgetown-University, Washington, 7. 4. 1953, S. 3, A. Rh.; vgl. auch Rede während des 7. Bundesparteitages der CDU, Hamburg, 11.–15. 5. 1957, Protokoll S. 214

12 so in Rede vom 10. 10. 1929, S. 2, A. Rh.

13 so in Rede in Recklinghausen, 4. 8. 1946, S. 5, A. Rh.

14 so in Rede in Bonn, 7. 4. 1946, S. 5, A. Rh.

15 vgl. K. Adenauer, I, S. 46

16 so in Rede in Köln, 24. 3. 1946, S. 5, A. Rh.; so auch in Rede in Bonn, 7. 4. 1946, S. 5, A. Rh.

17 so in Interview mit Daniel Schorr, CBS, am 21. 8. 1962, S. 3, A. Rh.

18 so in Rundfunkansprache vom 25. 12. 1962, A. Rh.

19 vgl. Rede während des 8. Bundesparteitages der CDU, Kiel, 18.–21. 9. 1958, Protokoll S. 24; vgl. auch Rede während des 12. Bundesparteitages der CDU, Hannover, 14.–17. 3. 1964, Protokoll S. 31f.

20 vgl. hierzu Rede in Essen, 24. 8. 1946, S. 7, A. Rh.; vgl. auch Rede in Heidelberg, 21. 7. 1949, S. 16f., A. Rh.; vgl. auch BV, 17. 1. 1958, S. 74f.

21 vgl. Rede in Heidelberg, 21. 7. 1949, S. 16, A. Rh.; vgl. S. 175

22 vgl. S. 199, Anmerkung 69

23 vgl. hierzu S. 77ff.

24 so vor Landtag Nordrhein-Westfalen, 4. 3. 1947, s. Vollsitzung, Protokoll S. 21, A. Rh.; vgl. auch Rede in Köln, 13. 4. 1947, S. 9, A. Rh.; vgl. auch Rede in Recklinghausen, 14. 8. 1947, S. 4, A. Rh.: „Das machtverteilende Prinzip – lassen Sie mich das mit größtem Ernst und mit größtem Nachdruck sagen – bringt nach unserer Überzeugung die beste Ordnung auf wirtschaftlichem, auf politischem Gebiet und auch im Verhältnis der Völker untereinander.“ Vgl. auch K. Adenauer, I, S. 60

25 vgl. hierzu Rede in Recklinghausen, 14. 8. 1947, S. 6f., A. Rh.: „Es ist uns Ernst mit der Forderung nach einem föderalistisch aufgebauten Deutschland. Das Wesen des Föderalismus ist vielen heutigen Deutschen unbekannt und fremd, weil seit 1918 in Deutschland die zentralistische Staatsauffassung, das zentralistische Denken immer mehr zur Herrschaft gelangte, bis diese Staatsauffassung im nationalsozialistischen Deutschland ihren Kulminationspunkt erreichte. Föderalismus, föderalistisches Denken ist eine Anwendung des Prinzips der Machtverteilung auf den staatlichen Organismus.“

26 vgl. hierzu Rede in Köln, 13. 4. 1947, S. 11, A. Rh.: „Wir wollen das Prinzip der verteilenden Macht auch im staatlichen Leben angewendet wissen. Darum wollen wir, wenn irgend möglich, überall die Selbstverwaltung eingeschaltet wissen, einmal, weil wir glauben, daß die Selbstverwaltung eine ausgezeichnete Erzieherin der Männer und Frauen zu Bürgern ist, die in ihr tätig sind, und zweitens, weil wir durch diese Einschaltung der Selbstverwaltung verhindern, daß sich in staatlicher Hand zuviel Macht ansammelt.“ Vgl. auch Rede in Recklinghausen, 14. 8. 1947, S. 7f., A. Rh.; vgl. auch Rede in Bonn, 7. 4. 1946, S. 15, A. Rh.: „Die Gemeinde ist für uns die Keimzelle jedes staatlichen Lebens, in ihr üben sich die politischen Kräfte, und durch sie erst, durch die Arbeit in ihr erhält der Bürger ein konkretes Staatsgefühl und ein konkretes Verantwortungsgefühl.“ Vgl. auch Rede in Bonn, 18. 11. 1960, S. 49, A. Rh.

27 so in Rede in Dortmund, 28. 7. 1946, S. 6, A. Rh.; vgl. auch BV, 17. 1. 1958, S. 35f.: „Vor allem müssen wir darauf drängen, daß eine Politik eingeschlagen wird, die verhindert, daß Mammutgebilde immer größer werden, damit nicht die kleinen und kleineren industriellen Existenzen von ihnen aufgefressen werden [. . .], denn das wäre das Ende der Demokratie.“ Vgl. auch Rede während des 6. Bundesparteitages der CDU, Stuttgart, 26.–29. 4. 1956, Protokoll S. 24; vgl. auch 8. Bundesparteitag der CDU, Kiel, 18.–21. 9. 1958, Protokoll S. 23

28 vgl. S. 157

29 vgl. S. 190

30 vgl. hierzu Rede während des 5. Bundesparteitages der CDU, Köln, 28.–30. 5. 1954, Protokoll S. 164; vgl. insbesondere auch Rede während des 7. Bundesparteitages der CDU, Hamburg, 11.–15. 5. 1957, Protokoll S. 131; vgl. auch Rede in Dortmund, 30. 6. 1957, S. 20, A. Rh.; vgl. auch Rede während des 8. Bundesparteitages der CDU, Kiel, 18.–21. 9. 1958, Protokoll S. 22

31 vgl. hierzu Rede in Bonn, 30. 1. 1949, S. 12, A. Rh.

32 Zu dieser Problematik in der Politik Adenauers bedarf es einer eingehenden Einzelstudie; im Rahmen dieser Arbeit muß der allgemeine Hinweis genügen, daß Adenauer sich durchaus der Spannung zwischen Religion und Politik bewußt war, vgl. S. 21; vgl. auch Rede in Siegburg, 3. 9. 1946, S. 2, A. Rh.; vgl. auch BV, 10. 3. 1956, S. 79

33 vgl. S. 172, Anmerkung 19

34 so in Rede während des 2. Bundesparteitages der CDU, Karlsruhe, 18.–21. 10. 1951, Protokoll S. 18; vgl. hierzu auch Rede in Bamberg, 2. 6. 1957, S. 3f., A. Rh.: „Es mag einmal Zeiten gegeben haben, in denen man Politik und Religion auseinanderhalten konnte, und zwar deswegen, weil damals die ganzen Völker gläubig waren und weil damals alle Politik auf dem Fundament des Christentums gegründet war. In dieser Zeit leben wir nicht! Bei uns stehen gegeneinander: *die* Politiker und *die* Politik, die auf christlichem Boden stehen, und die Politik, die nicht auf christlichem Boden steht, die Politik – lassen Sie mich das noch einmal wiederholen, denn in keiner Weise läßt sich das prägnanter ausdrücken –, die die Freiheit der Person achtet und die deswegen jede nur mögliche Freiheit geben will, um die Persönlichkeit zu entfalten. Auf der anderen Seite steht die Politik, die auf dem Boden der Staatsallmacht oder auf dem Boden der Macht des Kollektivs steht und die dem Menschen nicht die persönliche Freiheit geben will. Wenn die Zeiten so geworden sind wie diese Zeit, in der wir leben und in der wir Aufgaben zu erfüllen haben, dann kann man in Wahrheit nur Politik treiben, wenn man von den Grundlagen der christlichen Religion ausgeht."

35 so in Rede in Bonn, 7. 4. 1946, S. 6, A. Rh.

Ergebnis

1 vgl. S. 155f.

2 vgl. S. 174, Anmerkung 33

3 vgl. S. 57, Anmerkung 22

4 vgl. S. 202f.

5 Zu dieser Problematik sind Einzelstudien erforderlich; insbesondere Adenauers Verhältnis zur SPD sollte Gegenstand einer kritischen Analyse unter diesem Gesichtspunkt sein.

6 vgl. S. 13, Anmerkung 24

7 vgl. S. 55, Anmerkung 12

8 ebda.

9 vgl. S. 11, Anmerkung 6

Quellenverzeichnis

Aufsätze Konrad Adenauers, 1927–1967: Archiv der Stiftung Bundeskanzler-Adenauer-Haus, Rhöndorf/Rhein

Interviews und Pressegespräche Konrad Adenauers, 1919–1967: Archiv der Stiftung Bundeskanzler-Adenauer-Haus, Rhöndorf/Rhein, zum Teil unveröffentlicht

Reden Konrad Adenauers, 1906–1967: Archiv der Stiftung Bundeskanzler-Adenauer-Haus, Rhöndorf/Rhein

stenographische Protokolle der Kölner Stadtverordnetenversammlungen 1917–1933

stenographische Protokolle der CDU-Bundesparteivorstandssitzungen 1950–1967, Bundesgeschäftsstelle der CDU, Bonn, unveröffentlicht

stenographische Protokolle der CDU-Bundesparteiausschußsitzungen 1950–1967, Bundesgeschäftsstelle der CDU, Bonn, unveröffentlicht

Parteitagsprotokolle der CDU 1950–1966, Bundesgeschäftsstelle der CDU, Bonn

Verhandlungen des Landtages Nordrhein-Westfalen, stenographische Protokolle 1946–1948

Verhandlungen des Deutschen Bundestages, stenographische Protokolle 1949–1967

Konrad Adenauer: „Erinnerungen 1945–1953“, Stuttgart, Deutsche Verlags-Anstalt, 1965

Konrad Adenauer: „Erinnerungen 1953–1955“, Stuttgart, Deutsche Verlags-Anstalt, 1966

Konrad Adenauer: „Erinnerungen 1955–1959“, Stuttgart, Deutsche Verlags-Anstalt, 1967

Konrad Adenauer: „Erinnerungen 1959–1963, Fragmente“, Stuttgart, Deutsche Verlags-Anstalt, 1968

Konrad Adenauer: „Glauben an den Sieg des Lichtes“, Weihnachtsansprachen 1949–1958“, Buxheim/Allgäu, Martin-Verlag, ohne Jahresangabe

Rede Konrad Adenauers vom 28. August 1922 als Präsident der 62. Generalversammlung der Katholiken Deutschlands, München, abgedruckt in: „Die Reden gehalten in den öffentlichen und geschlossenen Versammlungen der 62. Generalversammlung der Katholiken Deutschlands zu München – 27. bis 30. August 1922“, Fränkische Gesellschafts-Druckerei GmbH, 1922

Konrad Adenauer: „Aus meinem Leben“, Schallplattenaufnahme, Electrola GmbH, Köln 1961

Heinrich von Siegler (Hrsg.): „Dokumentation zur Deutschlandfrage – Von der Atlantik-Charta 1941 bis zur Berlin-Sperre 1961“, 2. ergänzte und erweiterte Auflage in drei Bänden, Hauptband I: Von der Atlantik-Charta 1941 bis zur Aufkündigung des Berlin-Status durch die UdSSR 1958, Hauptband II: Von der Aufkündigung des Berlin-Status durch die UdSSR 1958 bis zur Berlin-Sperre 1961, Annexband III: „Wortlaut der Verträge“, Bonn–Wien–Zürich, Siegler & Co., Verlag für Zeitarchive, 1961

Literaturverzeichnis

Alexander, Edgar, „Adenauer und das Neue Deutschland", Recklinghausen, Paulus Verlag, 1956

Altmann, Rüdiger, „Das Erbe Adenauers", Stuttgart, Seewald Verlag, 1960

Altmann, Rüdiger, „Das deutsche Risiko", Stuttgart, Seewald Verlag, 1962

Arntz, Helmut (Hrsg.), „Regierung Adenauer 1949–1963", Wiesbaden, Franz Steiner Verlag, 1963

Augstein, Rudolf, „Konrad Adenauer und seine Epoche" in: „Die Ära Adenauer – Einsichten und Ausblicke", Frankfurt am Main, Fischer Bücherei Nr. 550, 1964

Bandulet, Bruno, „Adenauer zwischen West und Ost – Alternativen der deutschen Außenpolitik", München, Weltforum Verlag, 1970

Baring, Arnulf, „Die westdeutsche Außenpolitik in der Ära Adenauer" in: „Politische Vierteljahresschrift", März 1968, Heft 1, S. 45–55

Baring, Arnulf, „Außenpolitik in Adenauers Kanzlerdemokratie", München–Wien, R. Oldenbourg Verlag, 1969

Besson, Waldemar, „Prinzipienfragen der westdeutschen Außenpolitik" in: „Politische Vierteljahresschrift", März 1968, Heft 1, S. 28–44

Besson, Waldemar, „Die Außenpolitik der Bundesrepublik – Erfahrungen und Maßstäbe", München, R. Piper & Co. Verlag, 1970

Bismarck, Fürst Otto von, Die Gesammelten Werke Bd. 1–15, herausgegeben in den Jahren 1924–1932, und zwar Bd. 1–13 bei Otto Stollberg & Co., Verlag für Politik und Wirtschaft, Berlin, und Bd. 14–15 bei Deutsche Verlags-Gesellschaft mbH, Berlin

Bölling, Klaus, „Die zweite Republik – 15 Jahre Politik in Deutschland", Köln–Berlin, Verlag Kiepenheuer & Witsch, 1963

Buchheim, Hans, „Die Deutschland- und Außenpolitik Konrad Adenauers" in: „Politische Bildung", April 1971, Heft 2, S. 31–42

Buchheim, Hans, „Adenauers Deutschlandpolitik" in: „Konrad Adenauer – Ziele und Wege", Mainz, von Hase & Koehler Verlag, 1972

Buchheim, Karl, „Geschichte der christlichen Parteien in Deutschland", München, Kösel-Verlag, 1953

Bultmann, Rudolf, „Das Verständnis der Geschichte im Griechentum und im Christentum" in: „Der Sinn der Geschichte", München, Verlag C. H. Beck, 4. Auflage 1970

Craig, Gordon A., „Deutsche Staatskunst von Bismarck bis Adenauer", Düsseldorf, Droste Verlag, 1961

Dahrendorf, Ralf, „Konflikt und Freiheit – Auf dem Weg zur Dienstklassengesellschaft", München, R. Piper & Co. Verlag, 1972
Dawson, Christopher, „Die Gestaltung des Abendlandes", Frankfurt am Main/Hamburg, Fischer Bücherei Nr. 381, 1961
Deuerlein, Ernst, „CDU/CSU 1945–1957 – Beiträge zur Zeitgeschichte", Köln, Verlag J. P. Bachem, 1957
Dreher, Klaus, „Der Weg zum Kanzler – Adenauers Griff nach der Macht", Düsseldorf–Wien, Econ Verlag, 1972
Eckardt, Felix von, „Ein unordentliches Leben", Düsseldorf–Wien, Econ Verlag, 1967
Erdmann, Karl Dietrich, „Adenauer in der Rheinlandpolitik nach dem Ersten Weltkrieg", Stuttgart, Ernst Klett Verlag, 1966
Erdmenger, Klaus, „Das folgenschwere Mißverständnis – Bonn und die sowjetische Deutschlandpolitik 1949–1955", Freiburg im Breisgau, Verlag Rombach, 1967
Finckenstein, Graf Finck von, „Adenauer – Ein Porträt", Starnberg, Josef Keller Verlag, 1965
Fogarty, Michael P., „Christliche Demokratie in Westeuropa 1820–1953", Basel–Freiburg–Wien, Verlag Herder, 1959
Friedrich, Carl Joachim, „Die Politische Wissenschaft", Freiburg–München, Verlag Karl Alber, 1961
Gadamer, Hans-Georg, „Wahrheit und Methode", Tübingen, Verlag J. C. B. Mohr (Paul Siebeck), zweite Auflage 1965
Gaus, Günter, „Zur Person", 2. Band, München, Feder Verlag, 1966
Gerstenmaier, Eugen, Rede anläßlich der Trauerfeier für Konrad Adenauer im Deutschen Bundestag am 25. 4. 1967, in: „Würdigung und Abschied", Hrsg. Deutsche Verlags-Anstalt, Stuttgart, 1967
Gotto, Klaus, „Adenauers Deutschland- und Ostpolitik 1954–1963" in „Adenauer Studien", Band 3, Mainz, Matthias-Grünewald-Verlag, 1974
Grewe, Wilhelm G., „Deutsche Außenpolitik der Nachkriegszeit", Stuttgart, Deutsche Verlags-Anstalt, 1960
Grosser, Alfred, „Deutschlandbilanz", München, Carl Hanser Verlag, 1970
Hanrieder, Wolfram F., „West German Foreign Policy 1949–1963 – International Pressure and Domestic Response", Stanford/Cal., Stanford University Press, 1967
Hausenstein, Wilhelm, „Pariser Erinnerungen", München, Günter Olzog Verlag, 1961
Hegel, Georg Wilhelm Friedrich, „Vorlesungen über die Philosophie der Geschichte" in der Ausgabe des Suhrkamp Verlages, Frankfurt am Main 1970
Heidenheimer, Arnold J., „Adenauer and the CDU", The Hague, Verlag Martinus Nijhoff, 1960
Heuss, Theodor, „Tagebuchbriefe 1955–1963", Veröffentlichung des Theodor Heuss Archivs, Tübingen–Stuttgart, Rainer-Wunderlich-Verlag, 1970
Hiscocks, Richard, „Germany revived – an appraisal of the Adenauer era", London, Verlag Victor Gollancz, 1966
Jaspers, Karl, „Psychologie der Weltanschauungen", Berlin–Heidelberg–New York, Springer Verlag, 6. Auflage 1971
Kissinger, Henry A., „Was wird aus der westlichen Allianz?", Wien–Düsseldorf, Econ Verlag, 1965
Koch, Thilo, „Stabilität und ihr Preis" in: „Die Ära Adenauer – Einsichten und Ausblicke", Frankfurt am Main, Fischer Bücherei Nr. 550, 1964
Kopp, Otto, „Adenauer – Eine biographische und politische Dokumentation", Stuttgart, Seewald Verlag, 1963

Lindemann, Helmut, „Konrad Adenauer", München–Bern–Wien, Scherz Verlag, 1965
Maier, Hans, „Konrad Adenauer" in: „Politiker des 20. Jahrhunderts", 2. Band, Hrsg. Rolf K. Hocevar, Hans Maier, Paul-Ludwig Weinacht, München, Verlag C. H. Beck, 1971
Mann, Golo, „Der Staatsmann und sein Werk" in: „Die Ära Adenauer – Einsichten und Ausblicke", Frankfurt am Main, Fischer Bücherei Nr. 550, 1964
Mann, Golo, „Konrad Adenauer" in: „Zwölf Versuche", Frankfurt am Main, Verlag S. Fischer, 1973
Meyer, Henry Cord, „Das Zeitalter des Imperialismus" in: „Propyläen-Weltgeschichte", 9. Band, Frankfurt am Main/Berlin, Propyläen-Verlag, 1960
Miller, Susanne, „Das Problem der Freiheit im Sozialismus", Frankfurt am Main, Europäische Verlagsanstalt, 1964
Morsey, Rudolf, „Der politische Aufstieg Konrad Adenauers 1945–1949" in: „Adenauer Studien", Band 1, Mainz, Matthias-Grünewald-Verlag, 1971
Morsey, Rudolf, „Brüning und Adenauer – Zwei deutsche Staatsmänner", Düsseldorf, Droste Verlag, 1972
Morsey, Rudolf, „Vom Kommunalpolitiker zum Kanzler" in: „Konrad Adenauer – Ziele und Wege", Mainz, von Hase & Koehler Verlag, 1972
Netzer, Hans-Joachim (Hrsg.), „Adenauer und die Folgen", München, Verlag C. H. Beck, 1965
Osterheld, Horst, „Konrad Adenauer – Ein Charakterbild", Bonn, Eichholz Verlag GmbH, 1973
Pikart, Eberhard, „Theodor Heuss und Konrad Adenauer – Ihre Einstellung zu Demokratie und Parlamentarismus" in: „Adenauer Studien", Band 1, Mainz, Matthias-Grünewald-Verlag, 1971
Poppinga, Anneliese, „Meine Erinnerungen an Konrad Adenauer", Stuttgart, Deutsche Verlags-Anstalt, 1970
Prittie, Terence, „Konrad Adenauer – Vier Epochen deutscher Geschichte", Stuttgart, Verlag Goverts, 1971
Rothfels, Hans, „Bismarck und der Staat", Stuttgart, Verlag W. Kohlhammer, 3. Auflage 1958
Schmid, Carlo, „Adenauers Werk" in: „Die Ära Adenauer – Einsichten und Ausblicke", Frankfurt am Main, Fischer Bücherei Nr. 550, 1964
Schwarz, Hans-Peter, „Vom Reich zur Bundesrepublik", Neuwied–Berlin, Hermann Luchterhand Verlag, 1966
Schwarz, Hans-Peter, „Das außenpolitische Konzept Konrad Adenauers" in: „Adenauer Studien", Band 1, Mainz, Matthias-Grünewald-Verlag, 1971
Schwering, Leo, „Frühgeschichte der Christlich-Demokratischen Union", Recklinghausen, Kommunal-Verlag, 1963
Srbik, Heinrich Ritter von, „Metternich – Der Staatsmann und der Mensch", München, Verlag F. Bruckmann, 1925
Stehkämper, Hugo, „Konrad Adenauer und Reichskanzleramt während der Weimarer Zeit" in: „Aus kölnischer und rheinischer Geschichte", hrsg. von Hans Blum, Köln, Verlag Wamper, 1969
Strauss, Leo, „Naturrecht und Geschichte", Stuttgart, K. F. Koehler Verlag, 1956
Strobel, Robert, „Adenauer und der Weg Deutschlands", Luzern–Frankfurt am Main, Verlag C. J. Bucher, 1965
Voegelin, Eric, „Die neue Wissenschaft der Politik", München, Verlag Anton Pustet, 1959

Walden, Matthias, „Keine Alternativen“ in: „Die Ära Adenauer – Einsichten und Ausblicke“, Frankfurt am Main, Fischer Bücherei Nr. 550, 1964

Weymar, Paul, „Konrad Adenauer – Die autorisierte Biographie“, München, Kindler Verlag, 1955

Wighton, Charles, „Adenauer – Democratic Dictator, a critical biography“, London, Muller, 1963

Wittram, Reinhard, „Das Interesse an der Geschichte“, Göttingen, Verlag Vandenhoeck & Ruprecht, 3. Auflage 1968

Worliczek, Adalbert, „Bonn – Moskau – Die Ostpolitik Adenauers“, München, Isar Verlag, 1957

Ziebura, Gilbert, „Ideologische Grundlagen der Außenpolitik de Gaulles“ in: „Europa Archiv“, 1965, Folge 8, S. 275–284

Ziebura, Gilbert, „Die deutsch-französischen Beziehungen seit 1945 – Mythen und Realitäten“, Pfullingen, Verlag Günther Neske, 1970

Anneliese Poppinga

Meine Erinnerungen an Konrad Adenauer

Arnulf Baring, Professor für Politikwissenschaft an der Freien Universität Berlin, schrieb über dieses Buch in der Zeitschrift „Der Spiegel“:

„Mir schwante Schlimmes. Die Erinnerungen einer Sekretärin an den ersten Kanzler der Bundesrepublik? Ich erwartete eine Apotheose. Aber noch nie haben mich meine Vorahnungen derart getrogen. Wir verdanken Fräulein Poppinga nicht nur eine überaus anschauliche Schilderung der letzten Lebensjahre Adenauers, jener Zeitspanne zwischen seinem erzwungenen Rücktritt im Herbst 1963 und seinem Tod, April 1967. Wir verdanken ihr, was wir bisher von keinem der wichtigen Männer seiner Umgebung, von keinem Politiker oder Publizisten gesehen haben: ein lebenswahres Porträt Adenauers, geschrieben von einem, der ihn aus der Nähe beobachten konnte, aber bei aller Verehrung distanziert genug war, das Beobachtete aufzuschreiben.“

Deutsche Verlags-Anstalt

Konrad Adenauer

Erinnerungen in vier Bänden.

Band 1
Erinnerungen 1945–1953
Das authentische Selbstzeugnis eines großen Staatsmannes, der nach der Meinung der Deutschen am meisten für Deutschland getan hat.

Band 2
Erinnerungen 1953–1955
Adenauers Erinnerungen an eine Zeit großer, dramatischer Ereignisse. Der Höhepunkt ist Adenauers Aufenthalt in Moskau und die Schilderung seiner Gespräche mit Chruschtschow.

Band 3
Erinnerungen 1955–1959
Der Bericht Adenauers von einer Fülle weltpolitischer Ereignisse und Probleme aus seiner Sicht und seinem eigenen Erleben.

Band 4
Erinnerungen 1959–1963
Diesen letzten Band konnte Konrad Adenauer nicht mehr selbst vollenden, aber er ist ausschließlich von ihm geschrieben und nur durch Zeittafeln und ein Namens- und Sachregister für alle 4 Bände ergänzt.